普通高等教育“十一五”国家级规划教材

中国科学院规划教材·会计学与财务管理系列

会计制度设计

（第三版）

张明霞　侯文哲　主　编

马云平　副主编

科学出版社

北　京

内 容 简 介

会计制度设计的内容主要是先界定会计制度和会计制度设计的概念，然后确定了会计制度设计的主要方法，最后根据企业的经营特点和管理需求设计适合企业的会计组织机构，设计适合企业的原始凭证、账簿、账务处理程序、财务会计报告以及设计适合企业主要业务的管理制度和业务流程，如货币资金工资业务、存货固定资产业务、采购销售业务、成本和投资业务管理制度和业务流程等。

这是一本理论性与实践性相结合的书籍，适合高等院校会计学、财务管理等相关专业学生使用，也适合从事企业会计管理工作的人员学习使用。

图书在版编目（CIP）数据

会计制度设计 / 张明霞，侯文哲主编. —3 版. —北京：科学出版社，2018.3

普通高等教育“十一五”国家级规划教材

中国科学院规划教材·会计学与财务管理系列

ISBN 978-7-03-056118-3

Ⅰ. ①会… Ⅱ. ①张… ②侯… Ⅲ. ①会计制度-设计-高等学校-教材 Ⅳ. ①F233

中国版本图书馆 CIP 数据核字（2017）第 324885 号

责任编辑：王京苏 郝 静 / 责任校对：彭 涛

责任印制：徐晓晨 / 封面设计：蓝正设计

科学出版社出版

北京东黄城根北街 16 号

邮政编码：100717

http://www.sciencep.com

北京九州迅驰传媒文化有限公司印刷

科学出版社发行 各地新华书店经销

*

2007 年 9 月第 一 版 开本：787×1092 1/16

2013 年 2 月第 二 版 印张：20 1/4

2018 年 3 月第 三 版 字数：474 000

2024 年 7 月第二十次印刷

定价：48.00 元

（如有印装质量问题，我社负责调换）

第三版总序

“会计学与财务管理系列教材”第一版于 2007 年 5 月出版，2012 年系列教材再版，到 2017 年已历经 10 年时间，系列教材发行总量超过 50 万册，部分教材已经累计印刷数十次，全国有数十所高校的数万名师生使用了我们的教材，对这套教材给予了充分的信任与关注。在服务广大读者和师生的同时，系列教材得到了诸多荣誉：《基础会计学》《高级财务会计》《财务管理》《财务通论》《会计制度设计》被评为普通高等教育“十一五”国家级规划教材，并获得省级教学成果一等奖；《基础会计学》《财务管理》分别获得黑龙江省第十四届社科成果一等奖、二等奖；《基础会计学》《中级财务会计》《财务管理》《成本会计》被确认为省级精品课配套教材；《基础会计学》《成本会计》荣获教育部“十二五”普通高等教育本科国家级规划教材。一套系列教材能够获得如此多的奖励与成就，皆源于广大读者的支持与厚爱。

伴随着我国走进新时代，“创新驱动”“一带一路”倡议成为我国社会经济发展的重要战略，大数据、云计算、互联网、人工智能等新科技的高速发展，推动着新业态、新模式和新理念不断涌现；数字经济的迅猛发展更令会计和财务管理等相关专业人才培养重新思考、重新定位；新的会计规范出台，新的理论不断产生、完善，都要求我们的教材无论从内容上还是形式上与时俱进、不断更新完善，才能为培养出更多符合社会发展的创新型、应用型、复合型高素质专门人才提供支撑。为此，本系列教材进行第三次改版。承蒙读者们 10 年关注与厚爱，更加激励我们将此套系列教材打造成为精品，以成为“经典教材”为奋斗目标。

本次再版修订，本系列教材继续保持所具有的优势特色。

（1）知识体系完整，各教材内容相互紧密衔接。

（2）内容新颖全面，逻辑思维清晰严谨，知识点讲解准确，语言表述通俗易懂。

（3）理论与实际结合紧密，操作性、应用性强。

（4）习题资料及案例内容翔实，突出学生的能力训练和综合素质的培养。

（5）注重现实，放眼未来。许多教材中对学科研究前沿做出专题介绍，开阔学生视野，形成良好的专业发展引导和思维延展，培养学生创新意识。

此外，教材的主编又根据实际情况做出相应的修订，主要包括以下几种情况。

（1）由于社会发展、环境变化，所形成的新思想、新理念、新方法及科学研究新成果，在相应教材中予以反映。

（2）国家法规及会计准则、会计制度（如《政府会计制度》）等的修订，导致原有教材内容的不适应。

（3）增加最近几年出现的引起学术界普遍关注的经典商业案例。

（4）部分教材的习题资料进一步充实完善。

（5）由读者建议而适当调整的内容。

本系列教材在第三版修订中，得到科学出版社的责任编辑王京苏、郝静的大力支持，也得到许多读者提供的意见与建议。在教材编写过程中，借鉴和参考了国内外学者的相关研究成果，在此一并表示感谢。

张　林

2018 年 1 月

第二版总序

2007年5月，黑龙江省高校会计学教师联合会组织编写的“会计学及财务管理系列教材”由科学出版社出版发行，本套系列教材是中国科学院规划教材。其中，《基础会计学》《高级财务会计》《会计制度设计》《财务管理》《财务通论》被评为普通高等教育“十一五”国家级规划教材，并获得省级优秀教学成果一等奖；《基础会计学》《财务管理》分别获得黑龙江省第十四届社科成果一等奖、二等奖。本套系列教材的再版，是在原系列教材的基础上结合近几年国内外会计及财务管理领域理论、方法及应用的变化和教学内容、教学方法改革的需要，在保持原教材特色与优点的前提下，对会计学及财务管理专业领域的技术方法、阐述内容进行全面修订而形成的系列新作。

针对普通地方高校培养应用型、复合型人才需要的“会计学及财务管理系列教材”自出版至今，重印了多次，取得了很好的社会反响。此系列教材已成为哈尔滨商业大学、哈尔滨工业大学、东北农业大学、东北林业大学、东北石油大学、黑龙江大学、黑龙江八一农垦大学和黑龙江科技学院等多所高校经济管理类专业学生的专业课指定教材、硕士研究生入学考试教材，同时作为会计学和财务管理专业课教材，被国内多所高校选用。各高校的教师和同学在使用的过程中给予了此系列教材一致好评，认为此系列教材不仅详细地介绍了理论知识、专业技术，而且运用大量的案例将晦涩的理论知识变得易于理解和掌握，可以说很好地将理论与实践结合了起来，填补理论空白的同时，为学生日后的实践提供了很好的指导。越来越多的高校选择此系列教材作为经济管理类专业学生的指定用书。

虽然此系列教材自出版以来取得了一定的成绩，但是我们清楚地知道仍有很多地方需要修订及进一步完善。21世纪的头10年中，会计学及财务管理领域的发展日新月异，无论是国际、国内的理财环境，还是会计学及财务管理运用的具体方法都有了翻天覆地的变化，这也对会计学及财务管理的学习提出了更高的要求。在这样的大环境下，我们绝对不敢停下前进的步伐，必须紧跟发展的大潮，把握发展的方向，紧扣发展的脉搏，为会计学及财务管理的发展贡献力量，并为提高会计学及财务管理的教学质量而努力。各界同仁的支持与肯定就是我们发展的原动力，各方的质疑声更是我们改正的明镜，在各个方面的共同作用下，我们一定会越走越好。我们再版本系列教材的目的就是更好地为各位教师、同学服务，你们的满意就是对我们最大的肯定。

在再版“会计学及财务管理系列教材”的过程中，我们虽然收集了大量的素材，作了全面的准备，但是我们发现在相关理论、方法、实务的理解上仍然存在一定的差距，所以不可能对会计学及财务管理领域出现的所有问题都进行全面的阐述。加之编写人员学识所限，教材中难免有不恰当之处，恳请各位读者不吝赐教，以便进一步修订、完善。

“会计学及财务管理系列教材”的再版，借鉴和参考了国内外许多专家学者的研究成果，在此一并表示感谢！

2011 年 6 月

第一版总序

21 世纪是一个以网络化、信息化、数字化、知识化为重要特征的新经济时代。新时代飞速发展的市场经济对经济与管理类的专业教育提出了新的要求。顺其大势，我国会计学和财务管理学科的理论研究、实践改革和人才培养都呈现出一派前所未有的繁荣景象。这表明我国的会计学和财务管理学科正以蓬勃的生机向前发展着。随着我国市场经济和现代企业制度的建立和逐步完善，新世纪的会计、财务管理教育面临新的挑战。因此，培养通晓商业惯例和会计准则，掌握财务与会计管理技术与方法，适应 21 世纪市场竞争的高级财务与会计管理人才，已经成为普通高等院校会计学与财务管理专业人才培养的基本目标。

2006 年 2 月，新会计准则和审计准则的颁布以及 2007 年 1 月 1 日新会计准则在上市公司的实施，是我国会计改革进程中的一次重大举措，会计热又一次被推向了高潮。为了更好地将新会计准则贯彻下去，更快地让学生掌握新的会计准则体系，适应新准则下的财务与会计管理工作，我们借鉴了国内外优秀的会计和财务管理类教材，以新会计准则和新审计准则为基础，编写了会计学及财务管理专业系列教材，共计 20 本，包括《基础会计学》《会计学》《中级财务会计》《高级财务会计》《成本会计》《会计制度设计》《政府与非营利组织会计》《审计学》《财会专业英语》《财务管理》《财务通论》《公司财务》《高级财务管理》《管理会计》《财务报告分析》《国际财务管理》《会计信息系统》《证券投资与评估》《资产评估》《纳税筹划理论与实务》。其中，《基础会计学》《高级财务会计》《会计制度设计》《财务管理》和《财务通论》被评为普通高等教育“十一五”国家级规划教材。

本套系列教材由黑龙江省高校会计学教师联合会组织编写，由科学出版社出版。我们认为在大众化教育的背景下，集中各校优势，通过合作方式实现教学资源优化配置，编写一套适用于普通地方高校培养应用型、复合型人才要求的教材，对加强各校的合作交流、推动师资培养、促进相关课程的教学改革，是一件一举多得的好事。编审委员会由哈尔滨商业大学、哈尔滨工业大学、东北林业大学、东北农业大学、黑龙江八一农垦大学、大庆石油学院、黑龙江大学、黑龙江科技学院、齐齐哈尔大学、哈尔滨理工大学 10 所高校的教师组成，其中包括教学经验丰富、学术造诣较深的老教师，风华正茂的中年教师以及具有足够成长后劲的青年骨干教师。本系列教材的主编均由教学经验丰富的教授担任。

我们从多年的教学实践中深切感受到，教材和教学质量有着十分密切的关系。教材规定了教学内容，是教师授课取材之源，也是学生求知和复习之本，没有优秀的适用教材，也就无法提高教学质量。丢开教材，欲求提高教学质量，不啻缘木求鱼。换言之，没有优秀的教材，就没有优秀的高等教育；没有高质量的人才培养，就没有高水平的大学。我国目前各高等院校会计学专业和财务管理专业所使用的教材，尽管版本众多，内容和结构有所差别，各校可选择的空间较大，但仍有进一步改革之必要。这是因为：第一，目前各高校所使用的教材，大都编写于21世纪初，很多都没有体现2007年实施的新会计准则，再加上计算机、网络技术和电子商务的不断发展，原有的教材内容需要大范围的更新；第二，随着会计和财务管理理论与实践的发展，人们对会计和财务管理的认识不断发生变化，对于原有教材的有些内容也需要在新的认识基础上重新解读，使学生能够在更宽广的视野和更高的层次上掌握会计和财务管理的专业知识；第三，尽管各种版本的会计和财务管理专业教材内容和结构都不尽相同，但是侧重理论教学、奠定科研基础、培养本科生毕业后从事研究工作的教材偏多，而适合于培养应用型、复合型人才的普通地方高校的教材却少之又少；第四，现有教材在体系结构上大多采用教材、案例、习题相分离的编排形式，而且有的教材根本没有案例，这给强调动手能力和实际操作能力的大众化教育模式的专业课教学带来诸多不便，需要加以改进。正因为如此，我们在不断反思会计与财务管理教育改革与创新培养目标、不断修正完善教学计划的基础上，摸索培养特色人才的新定位、新理念、新途径，针对现有教材存在的缺点，改善以往简单地选用重点大学教材的状况，编写了本系列教材，力图为普通地方高校会计学和财务管理专业提供一套具有理论性、实践性、指导性的优秀教材。这套系列教材的编写本着务实、求新、继承与开拓的精神，定位于会计学、财务管理本科专业必修课，是对两个专业本科教学内容的总体设计和完善，目的是为进一步建立和完善会计学和财务管理学科体系奠定基础，以求通过科学、先进、实用的教学体系培养出适合我国经济发展需要的会计和财务管理应用型和复合型人才。为了保证教材具有高起点、高质量，我们在编写与出版过程中突出以下三点：①“质量第一，开拓创新”是编写教材的指导思想。通过本系列教材，期望展示我们各所学校的教学改革和教材建设的成果。②以“借鉴国际通用教材体例、实现系列教材的国际化风格”为编写教材的基本原则。广泛借鉴国际流行的教材编写风格，适应新世纪人才培养的新要求。③以“主编负责，合约约束”为质量保证手段。

本套教材主要体现了以下几个特点。

（1）内容新颖全面。本系列教材的编写建立在新颁布的《企业会计准则》《企业会计准则—应用指南》《审计准则》《公司法》《证券法》等制度和法律的基础上，融合了新准则、新法规中的新规定，是新准则颁布之后较早、较全的一套系列教材。其中，不仅体现出了会计专业教材中的很多具体准则变化的业务处理（如《企业会计准则—金融工具确认和计量》《企业会计准则—资产减值》），而且财务管理相关知识的最新变化也同样出现在本套系列教材中（如新《公司法》中关于利润分配的变化、财务报表分析中财务指标的变化）。

会计是一种国际商业语言，随着世界经济的一体化、市场竞争的国际化，需要国际惯例协调的范围越来越广，所以在系列教材的编写过程中，我们参考了相当多的会计学和财务管理学方面的经典国际知名教材，以国际会计最新发展趋势为依据，充分体现我国的会计准则和国际准则的实质性趋同，力争使本套教材成为教师指导学生的一个有用工具，使学生能够通过学习教材掌握最新的财务与会计知识的专业技能，同时具有国际“变通”能力。

（2）系统性和可操作性。系统性是指本系列教材体现了知识体系的架构、知识点的交叉渗透，以及各自的逻辑关系。一方面，在内容结构体系安排上体现了由简单到复杂、由易到难的渐进过程，适用于教与学。另一方面，在内容选择和体例编排上都充分考虑了不同阶段、不同知识结构学生的需要，基本解决了教学层次多，但教材单一、内容滞后的矛盾。两个专业的教材分别包括了初级（如《基础会计学》《财务通论》）、中级（如《中级财务会计》《公司财务》）和高级（如《高级财务会计》《高级财务管理》）三个层次的教学内容，而且最大限度地避免了课程内容的交叉与重复。本套教材的可操作性主要体现了理论与实际的紧密联系，强调实际操作能力的培养，从培养应用型、复合型人才的宗旨出发，各教材根据需要设置了复习思考题、计算分析题及案例分析等，旨在培养学生独立思考、独立处理业务、独立解决问题的能力。

（3）便于教师教学和学生学习。为了方便教师教学和学生学习，在每部教材中均安排了如下内容：①每章前面设有导言和重要概念，章后有小结；②注重对习题和案例的编写，每章后面根据需要设置有复习思考题（其中包括简答题、计算题）和案例分析。如此安排便于学生明确各章学习重点并对学习内容产生兴趣。通过大量的习题和经典案例，让教师的教学达到更好的效果，为学生的学习和理解提供了更好的工具，有利于锻炼学生综合分析问题和解决问题的能力。

（4）突出学生综合素质和创新能力的培养。我们认为，社会经济的发展状况将本科会计学和财务管理教育定位为：为企事业单位、金融机构和财务咨询或服务机构培养从事会计、理财工作和其他相关经济管理工作的具有综合素质的人才。这类人才应该具有以下特点：有很强的适应性；有不断吸收新知识的能力；有进一步发展的潜力；有一定的创新能力；有较高的综合素质；有国际化意识或全球意识。

作为培养新世纪高级应用型、复合型人才的系列教材，除了要强化学生的基础知识和基本技能以外，还应注意学生综合分析能力和判断决策能力的培养，引导学生打破常规、勇于创新，将素质教育融入教材之中。以学生自主创新能力培养为核心的教学，要求教师在完成必要的知识教学和技能培训目标的同时，培养学生的自主学习能力和创新能力，最终达到提高学生综合素质的目的。在编写教材时，每位作者都努力站在企业或组织的整体角度考虑和阐述问题，以期达到扩展会计学及财务管理专业学生视野的目的，实现对学生综合能力和创新意识的培养。

（5）突出现实性和适应性。根据新世纪人才的培养目标，本系列教材立足于我国国情和当前经济现实，与我国正在进行的市场经济建设相适应，具有较强的应用性。同时又面向未来，在吸收国际先进理论与技术方法的基础上，注意了我国普通地方高校本科教学的适用性。本套教材以新颁布的《公司法》《证券法》等法律规范为依据进行编写，以保证教材中介绍的会计、财务管理知识能够在新的法律环境下更好地应用。

本套系列教材能够顺利出版，要感谢哈尔滨商业大学等10所高校领导和教师们的大力支持，感谢科学出版社的鼎力帮助，感谢所有主编和参编人员的通力合作，感谢所有有关兄弟院校会计、财务管理界同仁多年来的友好协作与真诚关怀。不积跬步，无以至千里。

我们希望通过这套会计学和财务管理专业系列教材的编撰，能够对会计和财务管理的理论与实务做出一个相对清晰的描述和阐释。我们越深入这一过程，就越强烈地意识到，在传播会计和财务管理知识体系这一艰巨而复杂的任务中，我们尚处于开端处。尽管我们做了较长时间的准备，所有编写人员也付出了艰辛的劳动，但由于经济环境的迅速变化，对国内外现状的掌握不可能全面、透彻，加之编写人员学识所限，教材中难免有不妥甚至谬误之处，恳请读者不吝赐教，以便在今后修订时更正和完善。

2007年7月

前　言

我国的企业在成长过程中都经历了从小到大，从弱到强，从单一经营到多种经营，从涉入一个行业到多个行业，从单一货币交易到多种货币交易的过程。随着企业经营规模的扩大，企业的配套管理也就越来越重要，而企业管理的重要组成部分就是制度化管理，其中会计制度又是制度化管理的重要部分。

《会计制度设计》是企业管理学的一部分，也是会计学中较为重要的部分。会计制度设计是以一定的理论、原则为指导，根据《中华人民共和国会计法》《企业会计准则》《会计基础工作规范》《总会计师条例》等有关规定，结合企业工作实际，运用文字、图表等形式，对全部会计核算与监督业务的内容、会计事务处理程序和方法，以及单位负责人和会计人员的工作责任进行系统规划的方法。企业会计制度设计得好会提高企业的会计信息质量、工作效率，完善企业内控制度，防止贪污舞弊现象的发生。因此如何根据企业实际设计出适合企业的会计制度是本书的宗旨。

《会计制度设计》第一版出版于 2007 年，第二版出版于 2012 年，2018 年进行再次修订，这次修订保留了原有教材编写的思路，就是从会计制度设计理论和方法出发，以实用性为重点，遵从由浅入深、循序渐进、点面结合的原则，提高学生的会计制度设计能力，使学生设计理论和设计方法得到全方位的提高，同时也突出了教材的实用性。

本书从内容和结构来看，在基本设计理论和设计方法的基础上，重点从以下几个方面入手：不同管理要求下的企业会计组织机构的设立；阐述通用原始凭证、账簿、财务报告设计的同时，突出不同行业特殊业务凭证、账簿、财务报告的设计；根据企业实际业务和会计业务的联系及内控要求设计其流程；同时对涉及会计业务的管理制度进行设计。此次修订重点是完善成本费用税收业务会计制度的设计，对知识陈旧的部分进行更新。

本书由张明霞、侯文哲主编，马云平副主编负责全书的规划工作，本书的主编负责对书稿进行全面的修改、补充和总纂。本书各章执笔人依次为张明霞编写第一章、第八章、第九章、第十章，高淑梅编写第二章，侯文哲编写第三章、第四章、第七章、第十一章，马云平编写第五章、第六章，杨明编写第十二章。教材在编写过程中还参考了很多会计制度设计相关知识的书籍和许多大中型企业的实际业务，在此表示衷心的感谢！

本书是一本理论性与实践性相结合的书籍，适合高等院校会计学、财务管理、企业管理等专业学生使用，也适合从事企业会计管理工作的人员学习使用。

本书的编写受作者水平的限制还存在许多不足，书中可能有诸多不尽如人意的地方，在此恳请读者批评指正。

编　者

2018 年 1 月

目录

第一章

会计制度设计概论

本章主要介绍了会计制度与会计制度设计的概念，会计制度设计的意义和任务、原则，会计制度设计的程序和方法。

会计制度是由政府部门、单位通过一定程序制定的具有一定强制性的会计行为准则和规范，它是会计方法和程序的总称。会计制度设计是以一定的理论、原则为指导，根据《中华人民共和国会计法》(以下简称《会计法》)的有关规定，结合会计工作实际，运用文字、图表等形式，对全部会计核算与监督业务的内容、会计事务处理程序和方法，以及单位负责人和会计人员的工作责任进行系统的规划的方法。会计制度设计的重点是如何根据国家有关规定和企业的具体实际情况，灵活使用会计制度设计方法，完成企业的会计制度设计任务。

【重要概念】 会计制度　会计制度设计　文件式说明法　表格法

第一节　会计与会计制度

一、会计与会计制度概述

会计是以货币作为主要计量单位，运用专门的程序和方法，对各个单位的经济活动所反映的信息进行归集、汇总、分析与报告的系统，其本质是一种经济管理活动。会计有两大基本职能：反映和监督，即首先，会计用货币计量单位来记录和计算各单位日常发生的经济事项；其次，将这些记录的事项，整理加工为有用的信息；最后，以财务报表的形式将有用信息反映给信息接收和利用的对象，以供其进行决策。

会计工作烦琐、细致，涉及单位庞杂的经济业务的细枝末节、方方面面，更涉及有关各方经济利益的维护。为保证会计信息质量，在进行反映和监督时，不仅要运用专门的方法和程序，而且要遵循一定的规范，这个规范就是会计制度。会计制度质量的高低，直接关系到会计工作水平，因此，必须设计一套科学合理、严密有效的会计制度。

会计制度是由政府部门、单位通过一定程序制定的具有一定强制性的会计行为准则和规范，它是会计方法和程序的总称。政府部门制定的统一会计制度作为行政法规，强制性较大；单位内部会计制度作为单位规章，其强制性相对较小。单位会计制度要在符合有关国家会计制度规定的基础上进行设计。

二、会计制度的作用

会计是经济管理的一个重要组成部分，会计制度是各单位管理的重要规范，并在企业管理中具有重要的作用，具体表现为以下两个方面。

（一）有利于提高会计信息质量，维护市场经济秩序的正常运行

我国会计工作是由财政部负责管理的。财政部根据《会计法》制定的统一会计制度，是重要的政府行政法规，是国家管理会计工作的规范，是各单位进行会计核算与监督的依据。在现代市场经济条件下，企业等单位，作为经营者，自主经营、自负盈亏，并向投资者提供应分配利润，向政府交纳税金，因此，它们要生存和发展，就必须做到以收抵支、有所盈利。为避免各单位在经营过程中受利益驱动，出现假账真做、真账假做等违法、违规行为，保证会计资料真实可靠、维护市场正常经济秩序，要求有一系列规章制度来规范各单位会计核算、会计监督等会计工作的各个方面，这就是会计制度。由此可见，会计制度运用确认、计量、记录、分类、披露等特殊手段规范会计工作，是保证会计信息真实完整、保护资产安全、维护市场经济秩序正常运行的重要手段，同时也是管理当局既定政策得以贯彻执行、国家各项法规得以遵循的有力保证。

正是在会计制度的制约下，会计才能真实反映经济情况、控制经济过程、考核经济效果、预测经济前景、参与经济决策、有效发挥其监督作用，提高会计工作质量，从而保证会计及相关工作的有序运行，进而有利于维护市场经济秩序的正常运行。

（二）有利于会计控制功能的发挥，保护单位财产安全，提高经济效益

会计控制是指单位内部应用会计方法和其他有关方法，对财务、会计工作和有关经济业务所进行的控制。会计控制不仅包括内部牵制，即为了保护财产所实行的控制，而且还包括为了保证会计信息质量而采取的控制。总之，把会计控制作为内部控制的一种主要手段，其目的在于保护单位资产，确保财务记录的真实可靠，减少经济犯罪，提高会计信息的质量和会计工作效率，从而为提高经济效益服务。

各单位依据《会计法》和财政部统一制定的会计制度，作为单位会计控制的载体，是管理的重要组成部分，是单位所有管理制度中最根本的制度，是内部管理中一个信息与控制系统。没有健全的会计制度，所有的管理都失去了依据，因为会计工作提供的信息资料，是其他管理活动赖以进行的基础。而会计科目的设置、会计凭证的填制、会计账簿的登记，以及会计报表的编制等会计事务的处理，只有以会计制度加以规范，才能保证其顺利、正常运行，才能保证会计信息的客观、准确，满足管理和控制的需要。

为了及时掌握经济信息，增强自我约束的能力，各单位必须建立健全内部会计制度，加强内部会计监督。由此可见，会计控制是单位内部控制的重要组成部分，

而会计制度作为会计控制的载体，体现了会计控制的内容和方法，并且会计制度本身就具有控制功能，它对于保护财产安全和提高会计信息的可靠性具有不可替代的作用。

三、会计制度的演变

会计是随着社会生产的发展和加强管理的要求而产生的，并随着社会经济，特别是市场经济的发展和科学技术的进步而不断完善、提高。会计制度作为会计行为准则和规范，是实践经验的总结，随着会计的发展而不断演变。

我国会计制度管理体系，也经过了一系列发展过程。改革开放前，我国传统的会计制度是按照不同所有制，分不同部门和行业设计制定的。由于这种会计制度体现不同所有制与国家之间不同的经济利益分配关系，体现不同的部门利益和习惯，不同的会计制度在会计处理方法和程序上存在很大的差异，从而导致不同单位提供的会计资料缺乏可比性。这样既不能满足国家加强宏观经济管理和调控的需要，也不利于改革开放政策的贯彻执行。1992 年，党的十四大召开，确定我国经济体制改革的目标是建立社会主义市场经济体制。市场调节经济的作用日益增强，有力地推动了我国生产力的发展。但同时，一些单位受到利益的驱动，随意改变会计核算方法和程序的情况越来越严重，以致造成一些单位会计工作秩序混乱，国家宏观调控和经济决策得不到真实、完整的会计数据的支撑。为了消除传统会计制度存在的弊端，整肃会计工作的混乱和制约会计信息失真，更好地发挥会计的作用，1993 年，我国对企业会计制度进行了重大改革，改变了过去按所有制形式、分不同部门和行业制定会计制度的做法，加大统一会计制度的力度，相继制定了一批全国性的统一的会计制度，形成了比较完备的会计核算制度体系。会计制度已成为各单位进行会计核算和会计监督的重要规则与宏观经济调控机制的重要组成部分。但是，随着改革开放的不断深化和社会主义市场经济的快速发展，会计工作中潜在问题明显地暴露出来，为了进一步规范会计行为，保证会计资料真实、可靠，维护经济秩序，从 1997 年到 1999 年，我国已发布了 9 项具体会计准则和《股份有限公司会计制度》，其中现金流量表、债务重组和非货币交易准则，适用于所有企业，其他 6 项具体会计准则适用于上市公司。1999 年 10 月 31 日，经第九届全国人民代表大会常务委员会第十二次会议通过，重新修订了《会计法》，更加完善了我国新时期会计工作的纲领。1999 年 9 月 22 日，中国共产党第十五届中央委员会第四次全体会议通过《中共中央关于国有企业改革和发展若干重大问题的决定》，提出加强和改善企业管理，必须“建立健全全国统一的会计制度”。2000 年我国出台了《企业会计制度》《企业财务报告条例》，2001 年出台了《金融企业会计制度》，2004 年出台了《小企业会计制度》，截至 2003 年陆续发布了 16 项会计准则，这些制度与准则对推动我国企业会计制度的建设起了重要的作用。2006 年为了促进会计适应经济发展的需要，维护公众利益的需要，加强经济管理的需要，会计国际化的需要，我国重新制定了新的准则体系，这个准则体系包括会计基本准则、会计具体准则和会计具体准则指南三部分，取消之前出台的《企业会计制度》和《金融企业会计制度》，国家层次的会计制度发生了较大的变化。

国家对企业会计管理方面的制度在近年来也发生了一些变化，如国家颁布的《会计法》等，在宏观上对企业的会计相关行为进行了规定。

从企业来看，最初的会计作为记录经济活动的一种方法，由生产者或经营者兼管，只是生产职能的一个附带部分。此时的会计规范带有相当程度的自发性，可称为自发阶段。随着生产的发展、工商企业的出现，会计从生产职能中分离出来，成为一种独立的职能，并逐步形成专门从事这一工作的专职人员，这时会计规范由从事会计工作的专职人员凭自己的经验来掌握，带有相当的随意性，也可称其为原始阶段。直至近代，由于科学技术的发展、商品交换的发达、企业规模的扩大、经济管理的加强、会计人员的增多，会计逐渐发展成为企业内部的一个职能机构，对会计规范的要求也有所提高，企业有专门的机构、专门的核算方法进行核算，可称其为近代阶段。随着企业所有权和经营权的分离，企业债权、债务的增多，经济责任关系的深化，企业会计报表所反映的经营成果和财务状况不仅要满足企业经营者的需要，还要满足投资者、债权人和潜在投资者、债权人及社会其他方面的需要。企业会计报表需要委托会计师事务所进行审查鉴证，以取信于社会。为了确立企业会计报表的评价、鉴定标准，国家已制定发布企业会计准则，并作为企业制定会计制度的依据，企业根据国家的有关准则、相应的管理制度及企业的经营特点制定适合企业的会计制度，可称其为现代阶段。在现代社会，由于市场经济的发达、企业经营的多元化、涉及业务的多样化、使用人才的高级化、信息需求的数量化等因素的影响，企业越来越重视内部会计制度的建设，并以此规范企业的经济行为、管理责任等。

四、会计制度的种类

根据不同的划分标准，可对会计制度做以下分类。

（一）根据会计制度制定单位分类

根据会计制度制定单位划分，会计制度可分为统一会计制度和单位内部会计制度。

1. 统一会计制度

统一会计制度由财政部制定颁布，其主要内容包括：会计凭证、会计科目、会计账簿的设置，会计业务的处理程序和方法，会计报表的编制、审批，会计档案的管理以及其他会计事务等。统一会计制度有两个基本特点：一是适用范围广；二是主要规范会计业务处理的共性问题。

2. 单位内部会计制度

单位内部会计制度是指各单位根据会计法规和统一会计制度，结合本单位经济活动特点，自行制定的内部会计制度。其目的是加强会计核算与监督、管好用好资金、改善经营管理，以提高经济效益。单位内部会计制度具有两个特点：一是适应面窄，一般只适合本单位使用；二是具有个性特点，适用性和针对性较强。

（二）根据会计制度提供的信息分类

根据会计制度提供的信息划分，会计制度可分为财务会计制度和管理会计制度。

1. 财务会计制度

财务会计是指通过一系列核算和监督的专门技术与特定方法，把特定单位在一定日期的财务状况和一定时期内的经营成果及现金流动情况，按特定的方法编制成通用格式的财务报告，将相关信息提供给单位外部有关的集团和个人，以便于其进行决策的对外报告会计。财务会计制度作为需向外部披露财务信息的会计工作的规范，具有一定的外向性。

2. 管理会计制度

管理会计是指以现代管理为基础，以提高经济效益为目的，将财务资料等各种信息，运用数学、统计学的一系列技术方法，通过整理、计算、分析，主要向单位内部各级管理人员提供用以对日常经济活动进行预测、决策、评估和控制信息的对内报告会计。管理会计制度作为单位为加强经济管理、提高经济效益而自行制定的会计制度，属于内向型会计制度，本书不对其做详细介绍。

本书所涉及的会计制度主要是指单位会计制度中的财务会计与管理会计制度设计的内容。

五、会计制度的特点

会计制度作为会计人员从事会计工作的准则和规范，具有以下特点。

（一）依法设计

《会计法》是我国会计核算、会计监督和会计管理的基本法律，统一会计制度的设计和制定，应当以《会计法》为依据，不得与会计法的规定相违背和抵触；单位内部会计制度的设计，必须以《会计法》和统一会计制度为依据，结合本单位经济活动特点，不得违背。因此，合法性是现代会计制度的一大特点。

（二）目的明确

会计制度作为会计工作的规范，具有明确的目的。其主要目的包括保证会计信息真实完整、提高会计信息的质量、提高会计工作效率、减少经济犯罪、保护财产安全、加强经济管理、维护市场经济秩序正常运行等。

（三）系统完整

会计是以货币为主要计量单位，运用专门的程序和方法，对各单位的经济活动进行连续、系统、综合的反映和监督的经济管理活动，它由会计科目、会计凭证、会计账簿、会计报表、会计核算形式、账务处理程序及处理方法等系统组成。从整体意义上讲，它是经济管理中的一个信息与控制系统，是经济管理的一个分支系统。因此，研究会计制度应当运用系统论原理，对其进行整体研究。

（四）强制执行

会计制度作为会计规范，是对会计实践经验的总结，反过来它又用于指导实践。那么，无论是作为行政法规的统一会计制度，还是作为单位会计规范的内部会计制度，都要求在特定主体范围内执行，执行者都应承担一定的经济责任和法律责任，可见，会计制度具有强制执行的特点。

第二节 会计制度设计的意义和任务

一、会计制度设计的意义

会计制度设计是以一定的理论、原则为指导，根据《会计法》的有关规定，结合会计工作实际，运用文字、图表等形式，对全部会计核算与监督业务的内容、会计事务处理程序和方法，以及单位负责人和会计人员的工作责任进行系统的规划的方法。对于各单位而言，会计制度设计就是以《会计法》和国家统一会计制度为依据，运用一定的理论和技术，把单位的会计组织机构、会计核算、会计监督和会计业务处理程序等加以具体化、规范化，以便据此指导和处理会计工作的过程。

如前所述，会计制度作为会计行为规范，是各单位组织会计工作的重要依据，也是各单位做好会计工作的重要条件。只有设计出科学、合法、合理的会计制度，才能保证会计信息质量、加强经济管理、维护正常市场经济秩序。搞好会计制度设计意义重大，具体表现为以下几点。

（一）搞好会计制度设计是保证会计信息质量的需要

会计制度是各单位准确计量资产、负债和所有者权益，客观反映单位财务状况的基础；也是准确计量收入、成本费用和利润，分析盈亏情况及其原因，加强经济管理，提高经济效益的基础。只有设计出科学、合法、合理的会计制度，才能保证各单位真实、可靠、完整地进行会计核算，客观地提供会计信息，保证会计信息质量。这既有利于各单位建立一套内部会计信息系统，满足内部管理的需要，同时，会计信息经过汇总、分类、上报，也有利于满足单位外部各有关方面的需要，为投资者、债权人等做出正确决策提供可靠的依据，并为国家宏观管理部门制定相应经济决策提供可靠的依据。

（二）搞好会计制度设计是建立健全内部控制制度的需要

内部控制是各单位在其内部对经济活动和其他管理活动所实施的控制，即一个单位为提高经营效率和充分获取与使用各种资源，达到既定管理目标，在其内部正式实施的各种制约和调节的组织、计划、方法和程序。内部控制制度就是将内部控制的内容和方法以文字或图表形式做出具体规定，并付诸实施，使其制度化。

从整个管理经营角度看，内部控制可分为管理控制和会计控制两大类。其中，会计控制主要是指单位内部运用会计方法和其他有关方法，对财务、会计工作和有关经济业务所进行的控制。会计控制不仅包括内部牵制，还包括为保证会计信息质量而采取的控制。会计控制的内容包括：可靠的内部凭证制度、健全的账簿制度、合理的会计政策和会计程序、科学的预算制度、定期盘点制度和严格的内部稽核制度等。由此可见，会计控制是内部控制系统的重要组成部分，会计控制与其他管理控制交叉进行，可有效进行内部控制。因此，建立一套科学、合法、合理的会计制度，对保证会计控制运行、健全内部控制系统具有重要意义。

（三）搞好会计制度设计是防止经济犯罪发生的需要

搞好会计制度设计是依法进行会计核算和会计监督的制度保证，科学、合法、合理的会计制度能堵住财务管理上的漏洞，实施会计监督，整顿会计工作秩序。通过会计制度的约束，可以纠正一些单位会计工作混乱、管理松懈的问题，杜绝不设账、造假账等种种违法行为，有效防止贪污、挪用公款、偷税漏税、经济诈骗、腐败奢侈等违法犯罪行为的发生，可防止财产流失，保护财产安全，加强经济管理，提高经济效益。

（四）搞好会计制度设计是维护市场经济秩序正常运行的需要

在市场经济条件下，会计信息已成为一种重要的社会资源，为社会公众所关注。各单位以市场为导向组织生产经营，需要及时掌握各种真实、可靠的信息；投资者进行风险判断，做出投资决策，需要及时掌握各种真实、可靠的信息；债权人、税务机关及其他关系部门和个人，为满足各自需要，也需要及时掌握各种真实、可靠的信息。从社会经济生活看，设计科学、合法、合理的会计制度，直接关系到会计信息的真实、可靠、完整，关系到社会各方的利益。因此，搞好会计制度设计能有效地维护社会安定、维护市场经济秩序正常运行。

二、会计制度设计的任务

会计制度设计的任务主要有以下几个。

（一）明确会计组织机构的设置和会计人员的职责

会计的基本职能是对各单位发生的经济活动进行连续、系统、完整的核算与监督，为了履行这些职能，首先需要设置会计组织机构、明确会计人员的职责。《会计法》明确规定：各单位应当根据会计业务的需要，设置会计组织机构，或者在有关机构中设置会计人员并指定会计主管人员；不具备设置条件的，应当委托经批准设立从事会计代理记账业务的中介机构代理记账。

为了保证会计人员能够独立履行会计职权，不受其他部门的干扰，设置会计组织机构、配备会计人员时要充分考虑单位业务的特点、业务量的大小、单位的规模以及单位内部的管理体制。各单位会计组织机构设置和会计人员配备一般有三种形式：一是独立的机构，独立的人员；二是没有独立的机构，但有独立的人员；三是既无独立的机构，又无独立的人员，委托有关中介机构代理记账。但无论采取何种形式，会计制度中都应明确规定有关人员在这其中应当承担的责任，明确其分工，有组织、有领导地进行会计工作，建立起会计工作的正常秩序，充分发挥会计人员的积极性，提高会计工作的效率。

（二）建立科学严密的会计指标体系

当单位在生产经营活动中发生了《会计法》所规定的经济业务事项时，会计上都要对有关经济业务进行整理、加工，使之成为符合管理所需的会计信息。任何一个单位都处于一定的社会经济环境中，与其他各个方面有着密切的联系，所以其提供的会计信息要满足各有关方面了解其财务状况、经营成果和现金流量的需要。归纳起来，单位提供的会计信息必须满足以下方面的需要。

（1）会计信息是国家宏观经济管理部门制定财政经济政策、开展宏观调控、进行税收管理的依据，会计信息应当满足国家宏观管理的需要。

（2）会计信息是投资者评价一个单位的投资风险和报酬，从而决定是否进行投资，是否继续持有投资的依据，会计信息应当满足投资者进行投资决策的需要。

（3）会计信息是债权人评价一个单位的信贷风险，分析其能否到期还本付息的依据，会计信息应当满足债权人进行信贷决策的需要。

（4）会计信息应当满足单位的客户进行商业决策，评价经营风险的需要。

（5）会计信息应当满足单位加强内部经营管理，预测发展前景，合理制定战略决策的需要。

只有满足以上有关方面需要的会计信息才是有用的会计信息，而会计信息主要是以会计指标体系加以反映的。因此，会计制度设计的一项根本任务是建立科学严密的会计指标体系。会计指标是设计会计科目、设置账户、编制会计报告的依据，其体系设计要考虑全面，使其反映的信息真实、可靠、客观，满足各有关方面需要。各种指标应当相互联系、互相补充、相辅相成地构成一套科学严密的会计指标体系。

（三）设计科学适用的会计核算制度

会计核算职能是会计的基本职能，会计核算制度是会计制度的基本组成部分。会计核算主要包括会计科目的设置、会计凭证的编制、会计账簿的登记和会计报表的编制与分析。为了满足各方面对会计信息的要求，应当在会计制度中设计一整套科学的程序和方法，包括如何以会计科目、会计凭证、会计账簿、会计报表等完成信息的收集、整理、分类、计算、登记、分配、汇总和存储，所有这些内容，构成了会计核算制度的具体内容。所以设计会计制度的又一根本任务就是设计科学适用的会计核算制度，为进行日常会计核算工作提供依据。一个科学适用的会计核算制度，既能简化会计核算手续，又能全面、及时、准确地提供管理所需的各种会计信息，满足各项经济业务的管理要求。

（四）制定行之有效的会计控制和会计监督制度

会计控制与会计监督交织进行，贯穿于经济业务的全过程。会计控制和会计监督包括事前、事中与事后的控制和监督，内容比较广泛。

会计控制和会计监督主要有以下目的：首先，会计必须监督各项经济活动不违反国家制定的有关法规、政策和各项财经制度，确保会计核算的合法性，使会计信息具有客观性和真实性；其次，会计必须监督会计核算过程中所采用的方法符合现行会计制度，确保会计核算的合理性，使会计信息具有可比性；最后，通过各项监督手段和监督工具保护各项财产物资的安全与完整、合理使用资金和各项财产物资，保证生产经营有效运转，提高经济效益。

在会计制度的设计中，应当制定行之有效的会计控制和会计监督制度。会计控制和会计监督制度包括：明确规定所有经办人员在业务分工处理上和凭证手续上的岗位责任，促使其自觉遵守国家财经纪律，认真保护财产物资，不断提高经济效益，保证会计信息的正确性和真实性；制定必要的规章制度，如会计组织机构内部稽核控制制度、审批报销控制制度、各项开支的控制制度、财产清查制度、资金调度控制制度、年度财务预算控制制度、销售及收入控制制度、物资采购控制制度、定额和标准控制制度、对外投资控制制度、固定资产和无形资产的投资控制制度、资产处置控制制度等，以便在日常的会计工作中有所依循。

第三节　会计制度设计的原则

会计制度设计是一项设计范围广、技术性要求强的复杂工作，为能设计出科学、合理的会计制度，应坚持下列基本原则。

一、合法性原则

合法性原则是指会计制度设计必须符合国家法律、法规和政策的规定，并将其要求具体落实到会计制度中。

首先，《会计法》是我国会计工作的根本大法，对会计核算、会计监督、会计组织机构和会计人员及会计工作管理等内容做了明确规范，各单位必须依其办理会计事务；其次，统一会计制度作为规范各单位会计行为标准的规范，既是各单位提供相互可比、口径一致的会计资料的必要依据，也是国家财政经济政策在会计工作中的具体体现，同时还是维护社会经济秩序的重要保证。因此，各单位在设计会计制度过程中，必须坚持合法性原则，贯彻《会计法》的有关规定，符合统一会计制度，严格遵守财政部统一制定的各项准则、制度。

二、协调性原则

协调性原则是指会计制度设计的内容应该与国际惯例相协调，以适应国际经济交流与会计交流的需要。

中国已加入世界贸易组织（World Trade Organization，WTO），WTO是经济全球化的产物，也必将加速经济的全球化扩张。国际贸易和国际经济往来日益扩大，这必将对我国的政治、经济、文化生活产生巨大冲击。会计是一门深受社会经济政治环境影响的学科，必将给我国会计制度设计带来前所未有的机遇和挑战。因此，各单位在会计制度设计过程中，必须坚持协调性原则，在有关会计政策的选择、会计程序和方法的规定、会计报告体系的设计中，应在立足本国实际的基础上，注意与国际会计准则接轨，充分借鉴国际会计惯例，但对国际会计准则既不能照搬照抄，也不能盲目推崇。

三、真实性原则

真实性原则是指会计制度设计过程中必须强调会计信息的真实、客观、完整、可靠，以有利于各有关方面的使用。

会计既是一项理财工作，也是一项管理活动，会计工作的基本目标就是提供会计信息。各单位会计核算所提供的会计信息不仅要满足单位内部管理的需要，还要满足投资者、债权人及政府部门等方面预测和决策的需要。一方面，就一个单位而言，会计信息是记录本单位经济活动发生情况和结果的数据资料，能够准确、全面地反映本单位生产经营过程中存在的薄弱环节、存在的问题和发展变化趋势，因此，会计信息是改善单位内部经营管理的重要依据。会计人员可据此提出改进建议，管理者可据此做出改善管理、提高效益的决策。另一方面，就整个社会而言，会计信息是投资者、债权人以及政府部门评价单位财务状况和经营成果、做出投资决策、进行国家财政、税收和宏观经济调控的重要依据。由此可见，会计信息是引导社会资源优化配置和维护社会经济秩序的重要依据。

总之，会计制度是否规范直接影响会计资料的质量，所以，会计制度设计应把提高或保证会计信息质量放在重要位置。各单位在进行会计制度设计时，对会计核算的依据、会计核算的内容和基本程序的设计，必须符合法律制度有关信息生成和披露的规定，以规范会计核算秩序，保证会计信息的真实、完整、客观、可靠。

四、适用性原则

适用性原则是指会计制度设计的内容作为会计行为规范，必须具有针对性，适应本单位的业务特点，体现本单位经营管理的实际需要。

国家机关、社会团体、公司、企业、事业单位和其他组织，可以说不论设立形式、组织结构，还是规模大小、经营范围、经营方式都千差万别，互不一致。会计制度作为各单位组织会计工作的行为规范，必须切合各单位的客观实际，才能行之有效。因此，设计会计制度，必须坚持适用性原则，切忌生搬硬套；否则，就无法满足管理和控制的需要，也就失去了使用价值。

五、有效性原则

有效性原则是指会计制度设计的内容有效性、制度实施有效性及制度实施后的结果有效性。

会计制度设计的目的，在外是为保证会计信息质量，有助于信息使用者的有效使用；在内是为了提高管理水平，提高经济效益。所以，设计会计制度，首先要注意制度设计的内容以及制度实施后的效果是否有利于保证会计信息质量，有利于各有关方面对信息的有效利用，有利于单位加强岗位责任、经济核算、管理控制，有利于提高管理水平、经济效益；其次要注意会计制度设计的内容是否通俗易懂，操作规程是否既符合会计工作的规律和要求，又切实可行，因为会计制度要用来指导会计实践，既应该健全、严密，也应该易懂可行，只有这样，才能容易被人掌握、贯彻、实施，才不至于出现漏洞，并充分发挥其应有作用，收到实效。

六、稳定性原则

稳定性是指会计制度作为指导会计工作的行为规范，一经制定，就不应轻易变动，特别是有关经济业务的会计处理方法应保持相对稳定，以便于执行，避免造成会计核算方面的混乱和会计信息失真。

会计制度设计的稳定性并不是说会计制度是一成不变的，相反，会计制度设计应随着客观形势的发展变化，不断改进。因此，在会计制度设计中应妥善处理稳定性与改进之间的辩证关系。《会计法》第十八条规定："各单位采用的会计处理方法，前后各期应当一致，不得随意变更；确有必要变更的，应当按照国家统一的会计制度的规定变更，并将变更的原因、情况及影响在财务会计报告中说明。"要想使会计制度在较长时间内能够保持稳定，会计制度设计必须运用科学理论做指导，进行深入调查研究，分析经济活动的发展趋势，具有一定的预见性，使会计制度内容切合实际，有关条文又有一定的弹性，以便于进行必要的修改、补充。

第四节　会计制度设计的程序方法

会计制度设计程序，是指会计制度设计工作，从开始到最后完成的整个过程，按照一定的顺序进行设计的步骤。明确会计制度的设计程序，可以使会计制度设计工作有条不紊地进行，提高工作效率，保证会计制度质量，增强会计制度的科学性。

一、会计制度设计的程序

会计制度设计的程序，一般可分为准备、设计、试行、修正、审定和执行中完善修订六个阶段。

（一）准备阶段

准备阶段的主要任务是成立会计制度设计小组、提出会计制度设计要求和开展调查研究。

1. 成立会计制度设计小组

会计制度设计是一项艰巨而繁重的工作，应配备一定数量的设计人员，成立设计小组。配备会计制度设计人员时，要注意各方面的人员搭配，如具有丰富实践经验、对本单位情况了如指掌的高级会计师、会计师；来自会计教学和会计研究战线、具有厚实理论功底的会计专家；见多识广、对不同行业和不同单位会计工作现状有充分了解的注册会计师；等等。由这些具有较高会计业务能力、扎实会计理论知识、熟悉会计法规的各类人员组成会计制度设计小组，并指定负责人，做好会计制度设计的组织准备。

2. 提出会计制度设计要求

在会计制度设计之前，应根据单位的业务特点、制度实施范围、会计业务水平及经营管理需要，提出相应的设计要求，具体包括以下几项。

（1）明确会计制度设计的目的和内容。会计制度设计工作，按设计工作所涉及的范围可分为全面设计和局部设计两种类型；按设计内容可分为会计核算、会计管理、会计组织等类型。设计会计制度首先要明确会计制度设计的目的和内容，以便更合理地安排设计工作，提高工作效率。

（2）确定会计制度设计的时间安排。会计制度设计的时间安排主要是指对会计制度设计做时间预算，安排设计的进度和各项内容完成的时间。时间安排要根据设计类型确定，如全面设计，时间要长一些；局部设计，时间可短一些，要有一个进度表。

（3）确定设计人员的职责分工。进行人员分工应结合会计制度设计小组每个成员的具体条件，对全体设计人员统一安排、各有侧重、合理分工，既能明确各自职责，又能互助合作，共同完成设计任务。

3. 开展调查研究

为使会计制度适应业务需要，满足管理要求，便于实施，必须结合会计制度设计的目的和内容、单位生产经营情况和管理特点以及现行会计制度的情况，做好调查研究工作。只有在充分调查研究的基础上，才能设计出高质量的会计制度。调查研究的主要内容一般包括以下几个方面。

（1）单位生产经营的基本情况。单位生产经营的基本情况包括单位的性质与规模、筹资方式与资本构成、业务特点与产品特点、生产工艺过程与定额管理、盈利与利润分配及经济效益等。总之，凡与会计制度设计有关的生产经营情况，均须详细调查，作为会计制度设计的参考。摸清单位的生产经营情况后，如果单位从事的是产品生产业务，应编制主要产品生产程序图，包括耗用的主要材料、零部件或半成品、生产工艺的主要工序和产品完工的全部生产过程；如果单位从事的不是产品生产业务，应勾画出主要经营业务流程图以及这些经营业务所涉及的主要经济业务内容。

（2）单位经营管理特点。单位经营管理特点主要体现在单位内部组织机构设置情况及其各自的职责权限、人员配置和相互协作关系、单位所采用的经营管理政策等。了解单位的经营管理特点后，应编制单位组织机构系统图，包括组织的横向结构和纵向结构、各部门的职责权限和人员配备等内容。

（3）单位现行制度实施情况。如果不是新建单位，首先要了解单位现行制度的有关情况，包括会计科目、会计凭证、会计账簿、会计报表的设置及其格式、核算组织体系、内部控制制度及成本核算控制方法等，只有充分了解现行会计制度的基本内容、特点、实施情况和存在的问题，才能在充分借鉴的基础上，设计出质量更高、适用性更强的会计制度。

（4）其他相关情况。调查研究工作应全面、细致，除对以上内容进行调查研究外，对其他可能影响会计制度设计的方面也要加以重视，如本单位有关规章制度、同行业先进单位的会计制度等。

（5）广泛征询意见。在开展调查研究过程中，要广泛征询单位领导、各职能部门特别是会计部门以及主要会计人员对将要设计的会计制度的要求和意见，以指导设计工作，确定设计工作的整体思路和工作重点。

（二）设计阶段

上述准备工作完成后，会计制度设计便进入实际设计阶段。这一阶段包括拟订设计大纲、设计编写和讨论定稿三项工作。

1. 拟订设计大纲

拟订设计大纲是对所设计的项目，在事前调查研究的基础上，拟订纲领性规划。一般情况下，会计制度的设计大纲应当包括：会计管理工作的总体思路设计、会计科目设计、会计凭证、会计账簿、会计报表设计、账务处理程序设计、货币资金业务处理程序设计、存货及固定资产业务处理程序设计、购销业务处理程序设计、成本业务处理程序设计、会计制度设计的进度计划和应注意的问题等。

2. 设计编写

设计编写是根据会计制度设计大纲所拟订的各项内容，分别进行具体设计，形成会计制度草案的设计过程，这是整个设计工作的中心环节。在此过程中，既可对设计大纲中未拟订部分加以补充，也可对各项内容进行协调。这一部分的具体内容将在以后各章节详细讲解，在此不再赘述。但在会计制度设计编写过程中，必须在坚持会计制度设计各项基本原则的基础上，处理好以下问题。

（1）兼顾有关各方对信息的需要。会计制度作为会计工作的行为规范，对会计信息的生成有极大的影响。在会计制度设计中，要兼顾投资者、债权人、单位客户等对信息的需要，还要兼顾国家宏观经济管理对信息的需要及单位微观经济管理对信息的需要，不可偏于任何一方，而忽略其他方面。

（2）正确处理科学性与简明性的关系。会计制度设计必须具有科学性，要统一、系统、严谨，以如此高质量的会计制度为指导，会计工作才不至于出现漏洞。但会计工作毕竟是一项针对性和技术性都较强的工作，因此，设计会计制度时，还必须注意考虑单位会计工作的具体情况，各项内容的设计应该具体、明确、通俗易懂、简便易行，防止出现模棱两可、似是而非的现象。

（3）适应单位内部控制的要求。首先，要注意处理好会计部门与其他各有关业务部门的关系，互相支持；其次，要注意处理好会计制度与其他制度的关系，应该从一盘棋出发，互相配合；最后，要充分体现会计工作分工协作的原则，以利于互相牵制、控制，提高管理水平。如会计人员的分工，要实行“回避”制度，管钱、管物、管账的人员要注意责权分开，个人不能既管钱（物），又管账，应该钱账分管。《会计法》规定：“出纳人员不得兼任稽核、会计档案保管和收入、支出、费用、债权债务账目的登记工作。”这些规定，在设计会计制度时，必须认真贯彻执行。

3. 讨论定稿

经过以上程序设计出会计制度后，应先在设计小组内部进行讨论。讨论通过后，指定专人进行文字总纂，然后提交负责人审定。如无异议，可作为会计制度草案提出；如有异议，可再经讨论、修改后作为会计制度草案提出。

（三）试行阶段

会计制度作为会计工作的行为规范，不仅涉及范围广，而且，制度内容要与实际紧密相连，因而，会计制度设计是一项十分复杂、重要的工作。即使在制度设计过程中，已做了周密、严谨的考虑和安排，仍有可能存在不当之处，或过繁不适用，或过简不能满足管理需要，或内控不严谨，存在漏洞等。因此，会计制度草案形成后，必须先试行。在试行过程中，设计者应深入基层进行现场观察和测定，去发现草案中的缺陷和薄弱环节，听取各方意见，进行检查验证，以较深入地发现一些问题，再做进一步修改。一般，新会计制度必须经过三次月结、一次季结的试行阶段。

（四）修正阶段

经过试行后，应将试行情况进行小结，对正反两方面意见进行筛选、分析，肯定正确部分，修改、补充有缺陷部分，吸收有益建议，进行修正。

（五）审定阶段

修正后的会计制度设计草案应组织讨论，首先要组织会计专家讨论，并发动会计人员进行讨论，报送总会计师、总经济师、单位负责人、主管部门进行审查。设计人员根据各方面的意见进行修改补充，最后定稿，作为正式会计制度贯彻实施，并报主管部门备案。

（六）执行中完善修订阶段

会计制度实施后，应定期检查其执行情况，企业随着经济业务种类的增加、兼并其他不同行业的企业以及信息使用者对信息的新需求等，都需要根据其具体情况增加和完善会计制度，以满足企业对会计管理规范的需要。完善企业会计制度是一个长期不间断的过程，因为企业在不同的外部市场与不同的企业内部环境下对其的要求是不同的，因此完善与修订会计制度是必须有的步骤。

二、会计制度设计的方法

会计制度设计方法是对会计制度内容进行阐述的一种形式，是会计制度的外在表现。目前我国对会计制度设计的方法归纳起来有这三种：文件式说明法、表格法、图式法。

（一）文件式说明法

文件式说明法是使用文字说明阐述会计制度所要确定的内容，并以法规的形式固定下来，要求企业所有员工必须执行。如现金管理制度、存货管理制度、固定资产管理制度，工资管理制度等。这种方法是企业使用最多的会计制度设计方法。其主要特点是以通俗易懂又恰当合理的语言规范会计制度包含的几个方面，并具体到相应的细节部分，既具有一定的系统性，又具有一定的规范性。企业的文件式说明文件可以根据业务内容分类形成一个会计文件体系，如会计核算文件、会计管理制度文件、会计分析制度文件、会计检查文件。本书的侧重点在于会计管理制度方面，企业可以给这些文件定义为一定的序号，如 2020 会（字）第 1 号文件总（字）第 123 号文件。

案例 1-1　东方集团差旅费用报销办法

2020 会（字）第 2 号文件总（字）第 102 号文件

为了规范企业差旅费的报销，合理使用差旅费用，特制定本制度。

第一条　凡是出差人员，必须填写《公出审批单》，履行审批程序。各部门人员公出，由各部门负责人审批；执行总裁公出由常务执行总裁审批。

第二条　出差人员以审批后的《公出审批单》到财务部门填写《借款单》借支差旅费。

第三条　差旅费报销标准根据出差人员的职位和出差地点不同而不同，具体如下：

1. 总裁级别的人员，特区出差，交通伙食补助每天 100 元，住宿费用 400 元；
省外地区，交通伙食补助每天 80 元，住宿费用 300 元；
省内地区，交通伙食补助每天 50 元，住宿费用 200 元；
2. 处级经理，特区出差，交通伙食补助每天 60 元，住宿费用 280 元；
省外地区，交通伙食补助每天 50 元，住宿费用 220 元；
省内地区，交通伙食补助每天 20 元，住宿费用 100 元；
3. 科级经理，特区出差，交通伙食补助每天 40 元，住宿费用 200 元；
省外地区，交通伙食补助每天 30 元，住宿费用 140 元；
省内地区，交通伙食补助每天 20 元，住宿费用 80 元；
4. 其他人员，特区出差，交通伙食补助每天 40 元，住宿费用 150 元；
省外地区，交通伙食补助每天 30 元，住宿费用 80 元；
省内地区，交通伙食补助每天 20 元，住宿费用 60 元。

第四条　公出原则上以乘火车卧铺为主，处级以上人员公出乘火车 48 小时不能到达的，或者遇到紧急公出任务的，经过常务执行总裁审批可乘飞机、软卧、轮船一、二等舱。

第五条　住宿票据核销超标准的部分由个人承担；如住宿自理，按标准的 50%补贴个人其他差旅费。

第六条　如因特殊情况，实际出差天数超过原定计划天数，需要按公出审批程序办理延续手续，否则超过天数的费用不予以报销。

第七条　公出人员不允许借公出办私事，绕道乘车。

第八章　公出人员返回本单位后，限三日内持票据到财务部门报销，逾期一周仍未报销，又未说明原因的，在当月工资中扣回。

本制度的解释权由财务部门负责。

（二）表格法

表格法主要是针对会计制度中涉及的会计凭证及会计账簿、会计报表的格式进行设计所采用的方法，这些方法可以更加直观地说明某个数据的形成及各种数据共同说明的问题，为企业管理当局管理企业，完善内部控制，提高管理效率，降低成本提供依据。

表格法要根据其设计的目的来研究其内容。如自制原始凭证的设计，要考虑业务的内容，内部票据的控制，各部门的协调等因素，又要考虑其外观格式、票据尺寸的大小、用纸的厚度、凭证装订的美观、便于长期保存等。如会计账簿账页的设计，可以根据企业的账户特点来考虑其内容的设计，金融企业的外币存款明细账要设置双重计量单位，既有外币数额又有人民币数额，还要有所采用的汇率；农副产品收购企业对收购的活禽活畜实行双重计量单位，既有只数，又有千克数。会计报表特别是内部报表的设计，要根据企业管理的需要提供真实的数据，各企业的经营特点不同对内部报表的需求不同，这就要根据具体情况来设计，如存货报表，内容上要包括存货的种类、数量、金额，还要包括储存中积压商品、过期商品、质量不符合标准商品，同时还要考虑存货的周转天数等，具体格式如表 1-1 所示。

表 1-1　存货表

编制单位：　　　　　　年　　月　　日　　　　　　金额单位：

科目	行次	期末余额		
		本期计划	本期实际	上期实际
一、库存材料				
1. 原材料				
2. 包装物				
3. 低值易耗品				
二、在途材料				
三、委托加工材料				
四、在产品				
五、半成品				
六、产成品				
合计				
附注：				
一、存货全期平均余额				
1. 每百元销售占用的存货资金				
2. 存货周转率				
二、存货中包括				
1. 已经提取变现损失准备的存货		账面实际成本	可变现净值	可能发生损失
2. 可变现值低于成本的存货				
3. 待处理的存货（短缺或毁损）				
4. 已批准进行处理的存货				

会计主管：　　　　　　　　复核：　　　　　　　　制表

（三）图式法

图式法是为了说明经济业务在企业各部门间协调的顺序或者是经济业务处理的先后顺序而设计的方法。这种方法是采用各种图来表示业务，比文件式说明法直观，便于了解，使办事人员提高工作效率。图式法根据其采用框图的不同又可以细分为不同的方法。

1. 同一部门业务处理流程框图法

为了说明同一部门业务处理过程，可设置单纯的框图来说明其程序，由于涉及面较小，这种图的设计要求不高，只要能阐述清楚就可以。框图的规定较粗略，可以只使用一两种符号。如财务部门的付款结算方式的选择，具体可参见第八章中的图 8-5。

2. 不同部门会计业务流程图法

有些业务涉及企业几个部门，在此情况下，为了表示原始凭证、账簿的格式不同，凭证在各部门间的分配，以及业务处理的过程程序，就可以使用多种符号来表示不同的内容。如采购材料验收入库流程图、销售发出商品流程图、工资业务会计处理流程图、固定资产报废流程图等。

本章小结

会计制度是由政府部门、单位通过一定程序制定的具有一定强制性的会计行为准则和规范，它是会计方法和程序的总称。政府部门制定的统一会计制度作为行政法规，强制性较大；单位内部会计制度作为单位规章，其强制性相对较小。单位会计制度的制定要在符合有关国家会计制度规定的基础上进行。根据不同的划分标准，可对会计制度做以下分类：统一会计制度和单位内部会计制度；财务会计制度和管理会计制度。

会计制度设计是以一定的理论、原则为指导，根据《会计法》的有关规定，结合会计工作实际，运用文字、图表等形式，对全部会计核算与监督业务的内容、会计事务处理程序和方法，以及单位负责人和会计人员的工作责任进行系统规划的方法。对于各单位而言，会计制度设计就是以《会计法》和国家统一会计制度为依据，运用一定的理论和技术，把单位的会计组织机构、会计核算、会计监督和会计业务处理程序等加以具体化、规范化，以便据此指导和处理会计工作的过程。会计制度设计的原则是合法性、协调性、有效性、真实性、适用性和稳定性。会计制度设计的程序经过了准备阶段、设计阶段、试行阶段、修正阶段和审定阶段，最后是完善阶段。会计制度设计的方法主要有文件式说明法、表格法和图式法。

复习思考题

1. 会计制度的作用是什么？

2. 会计制度是如何演变的？
3. 会计制度的种类有哪些？
4. 会计制度的特点是什么？
5. 会计制度设计的意义是什么？
6. 会计制度设计的任务是什么？
7. 会计制度设计的原则是什么？
8. 会计制度设计的程序有哪些？

第二章

会计组织机构的设计

本章主要介绍了会计组织机构设计原则、设置会计组织机构的不同模式、会计人员岗位分工和各岗位的基本职责范围以及各种规模的企业会计组织机构和岗位职责的设计等。会计组织机构作为企业经营管理机构中的一个至关重要的职能部门，是各企业必不可少的。会计组织机构的设置以及机构内会计岗位的设计，要严格按国家有关会计法规的要求进行，并和企业自身的规模大小、经营特征及管理组织形式等具体情况相适应。

【重要概念】 会计组织机构　会计岗位　集中核算　分散核算

第一节　会计组织机构的设置原则和形式

会计组织机构是制定和执行会计制度，组织和处理会计工作的职能部门。建立健全会计组织机构、有效协调各职能岗位之间的运作是保证会计工作正常进行、充分发挥会计管理作用的一个重要条件。

一、会计组织机构的设置原则

会计组织机构的设置是会计制度在组织上的落实，它涉及会计部门和会计人员的内部分工。各企业的经营规模和业务类型不同，其会计机构设置不能千篇一律。在一个企业中，会计组织机构是否健全，各职能岗位之间的运行是否协调，将对会计工作质量产生直接的影响。因此，建立适合本企业情况的会计组织机构是改进会计工作、提高会计信息质量的首要环节。具体设置会计组织机构，则根据各单位的规模大小、经营特征及管理组织形式等情况予以决定。一个科学有效、高质量的会计组织机构的设置，通常应该遵循下列基本原则。

（一）效益性原则

经济效益的最大化是企业管理的最终目的，因此，设计会计组织机构时，首先要遵循成本与效益原则。将会计组织机构运行成本与其创造的价值比较，即通过投入与产出比较，确定会计组织机构的效益，即会计组织机构提供会计信息、进行内部控制、开展各项管理工作所产生的效益，应该大于会计组织机构的管理成本。因此会计组织机构的设置并不是越复杂越好，要遵循效益性原则设计会计组织机构，控制内部管理费用和运行成本。

（二）系统性原则

会计作为经济管理活动的重要组成部分，其组织机构则是企业经营管理组织系统下的一个子系统，该系统要与采购、生产、营销等子系统协调一致，以保证企业成为一个有机的、完整的组织体系。因此，会计组织机构的设计要与企业其他组织密切衔接配合。会计工作的组织环节和机构的设置范围的确定，取决于企业经营管理组织系统的规模、管理方针及战略规划。

小型企业，规模小，业务量少，生产组织不复杂，通常按生产运作的程序来设置管理组织机构，对整个经营活动实行集中管理。在这一条件下，会计发挥单一的核算作用，其组织机构规模较小。

大中型企业，由于经营规模扩大，需要会计组织渗透到企业的整个经营过程和各个管理领域，便于会计及时全面地反映企业经营成果，并对企业经营发展前景做出经济上的判断。所以大中型企业或财务收支数额较大、会计业务较多的企业，应单独设置会计组织机构，如在企业内部单独设置会计处、部、科、股及组等职能部门，以便及时组织本单位各项经济活动和财务收支的核算，实行有效的会计监督。

集团性企业规模大、业务量大、涉及的地区和行业多，它的管理系统不只是控制总公司，而且控制子公司，并相应调整经营方针和发展战略。会计的作用相应增大，负责集团的资本运营、财务管理、内外经济事项协调，因此它的会计组织机构通常是一个独立于其他管理部门的单位——财务公司。

事业行政单位设置会计组织机构，也应同本单位事业规模、人员编制以及担负的预算会计工作相适应。事业规模大、会计业务多的主管会计单位和二级会计单位应当单独建立会计组织机构。事业规模不大、会计业务不多的二级会计单位和基层会计单位，不可单独设置会计组织机构，但应配备专职或兼职会计人员和出纳人员办理会计工作。人员和经费都很少的县级直属机构，可以按隶属关系或者性质，归口成立联合会计单位，单独设立联合会计组织机构或者配备专职会计人员、出纳人员办理联合会计工作。

（三）控制性原则

实行会计控制（监督）是会计的基本职能之一，是企业内部管理的一种需要，也是一种自我约束的机制。通过会计控制，可以更好地贯彻企业的经营方针，实现经营目标。为了充分发挥会计的控制职能，必须使会计控制具有组织上的保证，即合理设置会计组织机构。因此会计组织机构的设置应满足企业管理的要求，并控制企业的整体经济活动。从资金筹集、资金周转、资金退出到各业务流程，都需要通过会计的专门方法来反映和监督，依据防护性监控原理，建立会计工作运行过程中的关键点，控制运作流程。因此会计组织机构内部工作人员要有明确的职责和工作分工，要贯彻内部控制制度，做到部门之间、人员之间职责清晰，任务明确，建立岗位责任制和内部牵制制度，执行岗位轮换制度和回避制度，做到工作既相互联系又相互制约，形成一套控制体系。

（四）效率性原则

会计组织机构的设置应有利于提高会计工作的效率，应贯彻精简和提高效率的原则，按照统一的目标或任务，设置各层次机构和各岗位，实现最优组合；按照专业化特点，确定各机构、各岗位和人员的具体目标与任务；财会人员合理分工协作以利于内部协调，并明确各级各岗位职责范围，建立岗位责任制；实行集权与分权相结合，调动各层次、各职能部门和员工的主动性与积极性，更好地完成任务；促使会计信息的传递及时、畅达，会计组织与其他组织配合良好，提高工作效率，避免人力、物力的浪费和低效率的工作环境，以保证整个企业高效率运行。

（五）以人为本原则

财务人员是会计组织中最活跃的因素，会计组织机构的设计要有利于发挥人的主动性、积极性和创造性，要与人员的专业、特长、志趣相结合，要为每个人履行职责和行使权限创造良好的条件，为提高员工的素质进行培养教育，并制定人员绩效评价制度。

二、企业会计组织机构的设置形式

我国《会计法》规定：各单位应当根据会计业务的需要，设置会计组织机构，或者在有关机构中设置会计人员并指定会计主管人员；不具备设置条件的，应当委托经批准设立从事会计代理记账业务的中介机构代理记账。因此企业应该按照规模大小设置与之相适应的会计组织机构，并在岗位分工方面形成一定的内部牵制机制。

企业会计组织机构设置在考虑是否单独设置和人员配备上有如下三种形式：第一，单独设置会计组织机构。一个单位是否单独设置会计组织机构，往往取决于单位规模的大小。一个单位的规模，往往决定了这个单位内部职能部门的设置，也决定了会计组织机构的设置与否、经济业务和财务收支的繁简。经济业务多、财务收支量大的单位，有必要单独设置会计组织机构，以保证会计工作的效率和会计信息的质量及经营管理的要求。第二，设置专职会计人员。对于财务收支数额不大、会计业务较简单的企业，根据《会计法》规定，可以不单独设置会计组织机构，但应在有关机构，如经营管理、计划、统计或综合性机构，或者办公室配备专职会计人员，并指定会计主管人员。第三，代理记账。不配备专职会计人员的企业，应根据《会计法》及有关规定委托代理记账。代理记账是指由社会中介机构、服务机构或具备一定条件的单位代替独立核算的单位办理记账、算账及报账业务。

在单独设置会计组织机构的企业，企业内部会计组织机构的设计模式可以从会计、财务两个职能是否分设的角度设计适应自身特点的会计组织机构模式。

（一）会计与财务的分立与合并设置

1. 会计与财务分立设置

按照效率原则可以分别设置会计组织机构与财务机构。这种形式是将会计对资金运动的反映、监督职能与财务管理对资金的筹集、调度与分配职能分别由会计部门和财务部门来履行的一种机构设置形式。采取分设形式，有利于实现反映、监督与财务管理两种不同职责的分工，更有效地实行岗位责任制和取得工作专门化的比较效率；有利于提高会计工作的效率；有利于加强会计内部控制，建立相互监督、相互牵制的内控机制，从而减少错弊出现的可能性。由于大型企业的经营范围广泛、业务繁多，适宜采用分设形式。这样，既有利于提供详细和公允的会计信息，又有利于经营决策活动的顺利进行。

企业会计与财务分立的会计组织结构中，很多大型企业采用总经理下的财务副总经理负责制，该组织形式下又分为财务部、会计部，财务与会计组织机构分设。财务部设有财务长，内设资金组、信用管理组，分别负责资金预算、资金筹措及投资、客户信用调查及坏账处理；会计部设有会计长，负责成本和利润计划、款项结算、提供会计信息、税务处理、成本核算等。如图 2-1 所示。会计组织内部设立信用管理机构或岗位对客户信用进行调查，有利于提高应收账款质量。这一点值得我国企业借鉴，我国很多企业由营销部门评价客户信用，内部控制存在一定的缺陷，容易造成呆账、坏账，信用风险增大。

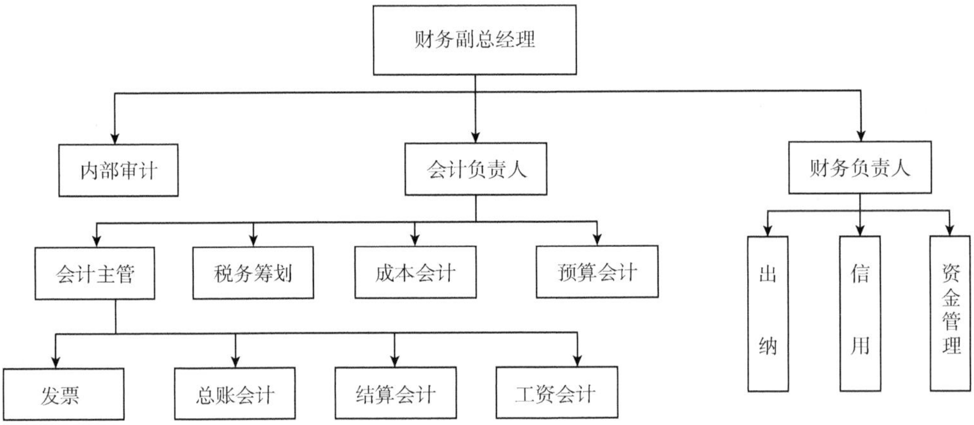

图 2-1　企业会计与财务分立的会计组织结构

股份公司会计组织机构的设置形式中，部分股份公司的经营范围广泛、业务繁多，适宜采用分设形式，如图 2-2 所示。这样，既有利于提供详细和公允的会计信息，又有利于经营决策活动的顺利进行。

2. 会计与财务合并设置

按照效益原则可以将会计与财务合并设置。这种形式是将会计对资金运动的反映、监督职能与财务管理对资金的筹集、调度和分配职能统一由一个部门来履行的一种机构设置形式。由于会计职能与财务管理职能的关系十分密切，采取合并设置形式不仅有利于减少财务会计人员，而且有利于减少会计凭证的传递环节，加快会计凭证的传递速度，从而提高会计工作效率；同时，可以减少会计信息的传递时间和失真的可能性，从而提高财务管理的及时性、针对性和有效性。

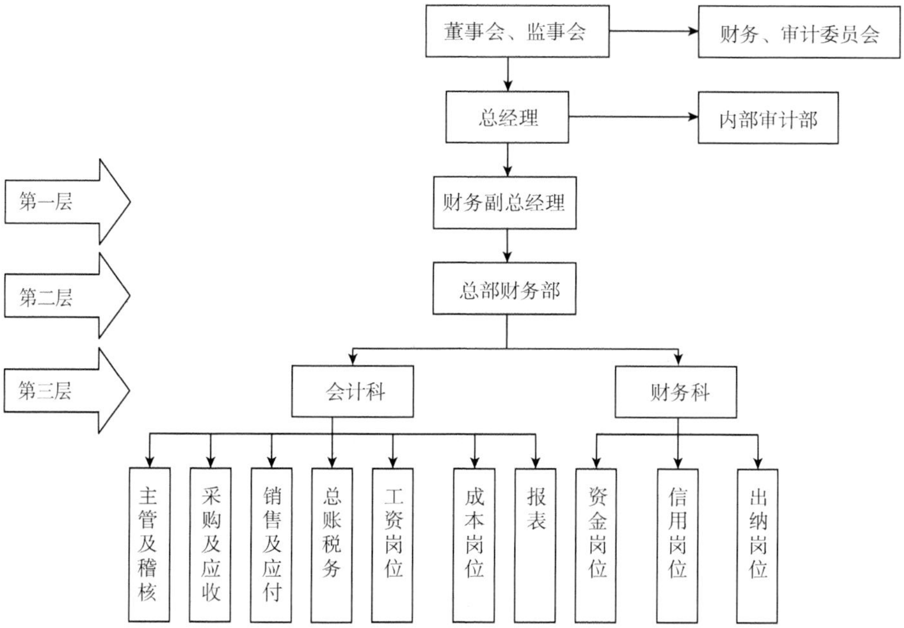

图 2-2　股份公司会计组织机构的设置形式

在我国，会计工作和财务工作都是综合性经济管理工作，它们之间的关系非常密切，因此通常把二者合并在一起，设置一个财务会计组织机构，如企业的财务处、财务科。所以，会计组织机构通常是指财务会计部门。我国部分商业零售企业设立会计与财务合一的组织结构，如图 2-3 所示。

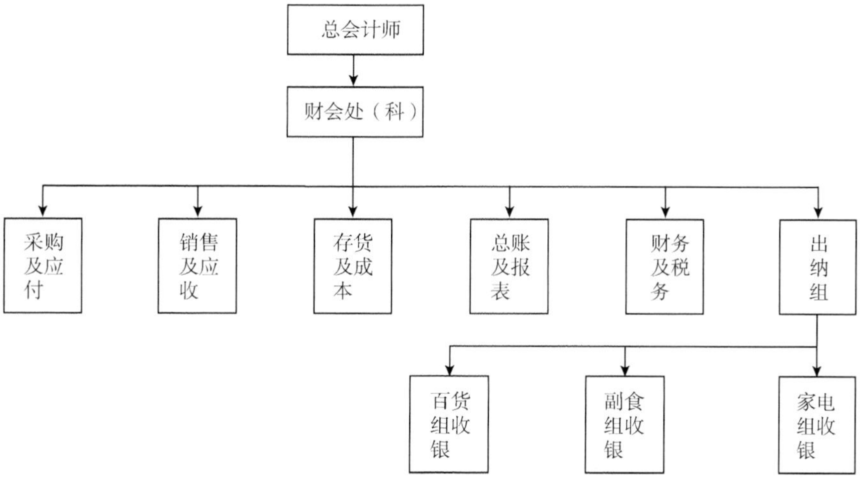

图 2-3　我国部分商业零售企业设立会计与财务合一的组织结构

企业会计业务和会计人员太少，财务会计组织机构还可能与计划等职能部门合并设置为一个科室，但是不管合并设置的形式如何，仍应设置专人从事会计工作，并明确会计人员的职责范围和要求。中小型企业的经营业务较简单，会计业务不多，一般宜采用合并设置形式。

（二）会计组织机构的集中与分级设置

从企业会计工作组织系统来看，依据在企业中所处的位置，会计组织机构可以采取集中设置和分级设置两种形式。

1. 会计组织机构集中设置

会计组织机构集中设置是指仅在企业一级设置会计组织机构，企业内部的部门、单位则不设置会计组织机构，不办理会计业务。在这种情况下，会计业务由企业会计组织机构集中办理，故通称“集中核算”，也称为集权式管理。会计组织机构集中设置代表了所有者的利益，会计组织以所有者利益为导向。财务总监直接参与财务活动、信息、处理过程等，其优点是有利于维护所有者利益；缺点是容易导致所有者与经营者权责不清，而且权力高度集中在财务总监手中，影响下属财务经理的积极性、主动性。同时，在这种形式下，企业总部与各分支机构之间实行集权管理，由总部会计组织掌握财务决策权、资金调度权、成本考核权等。因此，集权式管理的财务决策自上而下，有利于严密控制，但易于导致决策高风险。

通常，大中型企业经营管理组织系统较为复杂、生产经营规模较大、业务量较多，与此相适应，会计核算组织机构也较为庞大。如果此种类型企业的经营管理组织系统采用集权式，会计核算组织机构也就相应采用集权式管理。在集权式管理结构下，企业独立设置一个财会部，直接隶属于企业最高管理部门，并在其领导下直接管理整个企业的财会工作。其组织机构的设置情况如图 2-4 所示。

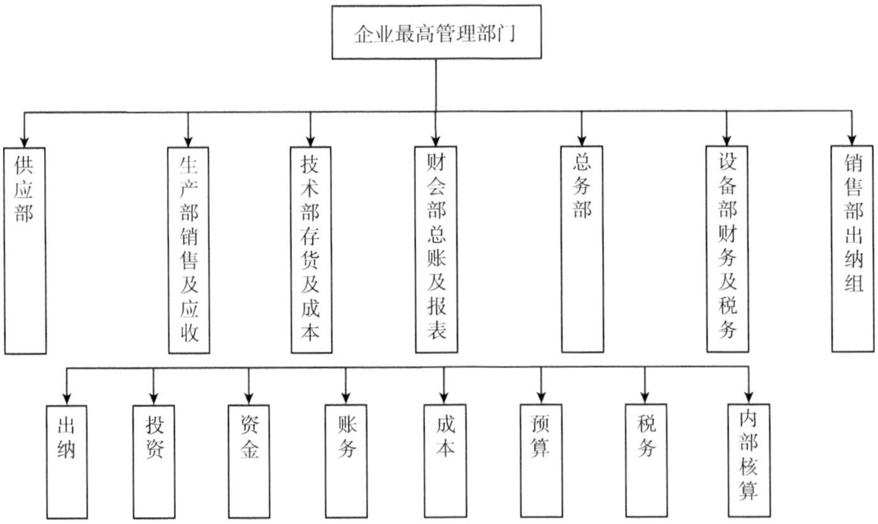

图 2-4 会计组织机构集中设置

小型企业经营管理组织系统较为简单、生产经营规模较小、业务量较少，与此相适应，会计核算组织机构也较为精简。小型企业的经营管理组织系统一般均为集权式，会计核算组织机构也相应采取集权式管理，成为厂部管理机构中的一个岗位。

2. 会计组织机构分级设置

会计组织机构分级设置是指除了在企业一级设置会计组织机构外，在企业内部各部门、单位也相应地设置会计组织机构，办理本级范围内相应的会计业务。会计业务由会计组织机构以及部门、单位会计组织机构分级办理，故通称“分级核算”或分权式管理。在这种形式下，董事会将经营管理权授予总经理，总经理享有较大的经营管理权。在总经理下，专设负责财会工作的财务副总经理，财务副总经理由总经理提名、董事会聘任，对总经理负责，形成经营者主导的会计组织。从总部与分支机构之间的分权管理来看，在总部与各分支机构之间进行分权，将一大部分权力分配给各分支机构。如果大中型企业的经营管理组织系统采用分权式管理方式，则其会计核算组织机构也就相应采用分级核算的会计组织形式。企业可以在企业总部设置一个财会总部，负责与总部经营管理相应的会计管理事务，总部会计组织主要责任是信息处理、信息反馈、绩效评价；同时，在各相对独立的单位（如事业部、子公司、分公司）设立财会部，权力下移，各分支机构会计组织享有重要权力，承担成本管理、资金管理等责任，各单位财务部门具体负责本单位的财会业务。总部会计组织与各分支机构会计组织之间建立相对松散的会计管理系统，其组织机构的设置情况参见图 2-5。

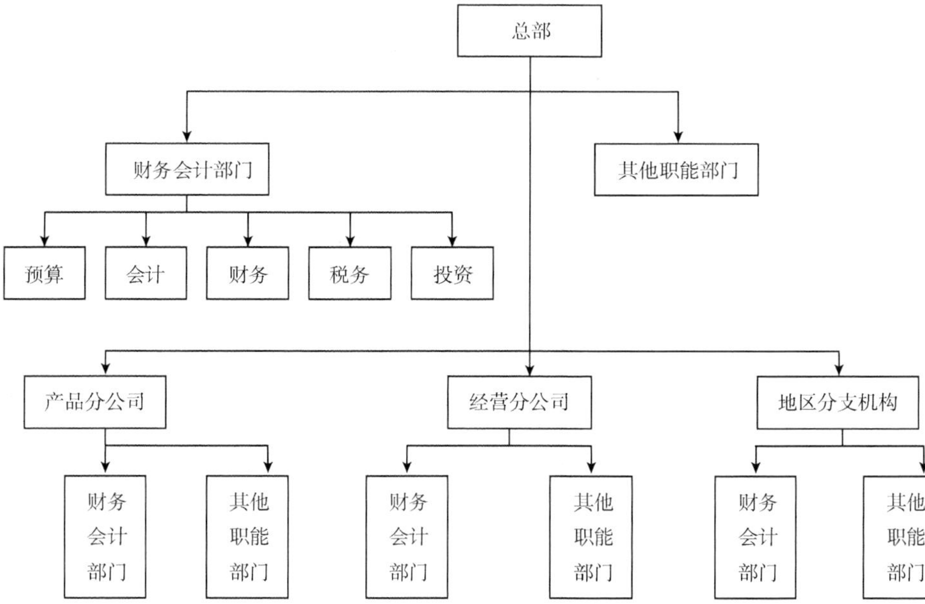

图 2-5　会计组织机构分级设置

这种分权式管理机构的会计核算组织机构不仅适用于特大型企业，而且适用于企业集团。

三、会计组织机构中会计岗位的设置

企业应根据会计组织机构的设置情况设立相应的会计岗位，并配备相应的会计人员。

（一）会计岗位的设置原则

财务会计工作岗位是对一个单位的财务会计工作进行具体分工而设置的各个职能岗位。在会计组织机构内部设置财务会计工作岗位，有利于明确分工和各个岗位的职责，同时也是配备适当数量的会计人员的客观依据之一。会计工作岗位应根据会计工作客观性原则进行设置，做到“因事设岗、按岗设人、人员精干、各司其职”，达到会计岗位设置合理性和有效性的目的。具体而言，会计工作岗位的设置一般应遵循以下基本原则。

1. 满足会计业务的需要

各单位所属行业的性质、自身的规模、业务的内容数量和会计核算与管理的要求不同，会计工作岗位的设置条件和具体要求也不尽相同。在设置会计工作岗位时，要从本单位会计业务量和会计人员配备的实际情况出发，按照效益和精简的原则划分会计工作岗位，以满足会计业务的需要。

2. 符合内部牵制原则

会计工作岗位可以一人一岗、一人多岗或一岗多人。但是，为了避免职责不清、人浮于事和手续混乱等问题的发生，会计工作岗位的设置应符合内部牵制要求，要注意不相容职责的分离，凡涉及企业款项和财物收付、结算及登记的任何一项工作，必须由两人或两人以上分工处理，如出纳人员不得兼任稽核、会计档案保管和收入、支出、费用、债权债务账目的登记工作，即遵循钱、账、物分管制度；出纳人员以外的会计人员不得经管现金、有价证券和票据；会计组织机构负责人（会计主管人员）不得兼任出纳和监事工作；会计人员不得兼任内部审计工作；记账人员不得兼任采购员和保管员工作等。

3. 有利于提高会计人员的业务素质

会计人员工作岗位的设置，并不要求会计人员长期固定在某一个工作岗位上。会计人员之间的分工，应当有计划地进行轮换，以便会计人员能够比较全面地了解和熟悉各项会计工作，激励会计人员不断积极进取，提高业务素质，保证会计工作质量，同时也在一定程度上有助于防止违法乱纪问题的发生。

4. 有利于建立岗位责任制

会计工作岗位责任制是在企业单位会计组织机构内部，按照会计工作内容和会计人员情况对会计工作所做的分工，并明确经济责任的一种企业单位内部会计管理制度。不同的企业单位，可以根据会计业务的需要设置会计工作岗位，确定各岗位的相应职责。《会计基础工作规范》中示范性地提出了会计工作岗位的设置方案，将会计工作岗位划分为：总会计师、会计组织机构负责人或者会计主管人员、出纳、稽核、资本基金核算、收支往来核算、成本费用核算、财务成果核算、财产物资核算、工资核算、总账核算、对外财务会计报告编制、会计电算化、会计档案管理 14 个岗位。这种岗位设置方法，基本上包括了会计业务的主要内容，为建立岗位责任制奠定了较完整的基础，是企业单位具体制定会计工作岗位比较理想的参考方案。

（二）会计岗位的主要职责

会计岗位是指企业设置的从事会计工作、办理会计事项的具体职位。不同企业单位，可以根据会计业务的需要，设置会计工作岗位，确定各岗位的相应职责。企业会计工作各岗位主要职责如下。

（1）总会计师岗位。总会计师是指企业根据《会计法》《总会计师条例》规定设置的，在企业负责人领导下主管经济核算和财务会计工作的负责人。其主要职责包括：负责提出会计组织机构和会计岗位设置、会计人员配备的方案；考核会计组织机构负责人的业绩；对会计人员的任免、晋升、调动、奖惩提出意见；负责会计人员的岗位培训，维护会计人员依法行使职权；对会计工作进行监督、检查和指导；组织编制和执行企业预算、定额，组织筹集资金，拟订资金使用方案；按授权批准制度规定审批财务收支；负责协调会计组织机构与企业行政领导、各职能部门的关系，沟通企业与外部相关部门的关系，解决相关环节出现的矛盾和问题；参与金额较大或者重大经济合同的研究，会签影响企业重大利益的经济合同；制止和纠正违法违规的行为，制止无效时，提请企业负责人处理；等等。

（2）会计组织机构负责人或会计主管人员。会计组织机构负责人是指单独设置会计组织机构的企业，设置的会计组织机构的行政和业务负责人（如财务处、科、部、股长）。会计主管人员是指不单独设置会计组织机构的企业，依法设置的行使会计组织机构负责人职权的专职会计人员。他们的主要职责包括：负责会计组织机构的行政管理工作；负责确定会计核算控制点；组织本单位的财务工作；负责筹资事项；组织制定本单位的财务会计制度、财务计划；定期进行财务分析；组织本单位会计人员理论和业务学习；对会计人员进行考核等。

（3）出纳岗位。出纳岗位负责现金与银行存款收付业务。其主要职责有：办理现金收付和银行结算业务；登记现金和银行存款日记账；保管库存现金和各种有价证券，保证现金账户余额与库存现金相符；负责银行存款日记账和银行对账单的核对；保管有关印章、空白收据和空白支票等。

（4）工资岗位。工资岗位负责工资核算工作。其主要职责有：掌握员工人数及工种、工资等级、工资标准等与工资相关的情况；计算员工的各种工资和奖金，办理工资结算，并进行有关明细核算；依法计提（计交）养老、失业和医疗保险金，计提（计拨）福利费、工会经费和教育经费等与工资相关的税费和基金；参与制订工资总额计划；控制工资总额支出，分析工资总额计划的执行情况等。

（5）收支往来核算岗位。其主要职责有：协助会计组织机构负责人建立健全预算控制制度等与收支、往来有关的内部会计控制制度；正确确认、计算收入，计提与收入有关的税费；配合有关部门保证收入款项的及时回笼；复核或受权审核或编制有收支、往来结算相关的会计凭证；负责与对方债务（权）人核对往来账目，保证双方账面数额一致和无弄虚作假情况；积极掌握债务人的资信情况；计提坏账准备，对确实无法收回的应收款项和无法支付的应付款项，查明原因，并按规定报批处理；定期为有关部门或人员和相关领导提供收支、债权、债务信息等。

（6）资本基金岗位。其主要职责有：协助会计组织机构负责人建立健全与资本、基金相关的账务处理程序制度；负责实收资本（股本）、资本公积和盈余公积及基金明细核算；审查与所有者权益相关的资料，正确确认、计算所有者权益；负责实收资本（股本）备查簿的登记等。

（7）成本费用核算岗位。其主要职责有：拟定成本核算管理办法；编制成本费用计划；建立各项原始记录和定额资料；审核各项费用开支；正确地归集和分配费用，计算产品成本，登记费用成本明细账；会同有关部门制定产品标准（计划）成本，编制成本费用报表，并进行成本费用的分析和考核。

（8）财务成果核算岗位。财务成果核算岗位负责财务成果的核算。其主要职责有：配合有关部门制订利润计划，并落实到各相关部门；正确计算本年利润；正确计算并及时解缴有关税费，按规定分配利润；复核或受权审核与财务成果有关的原始凭证，填制记账凭证，登记有关明细账；进行利润分析和考核等。

（9）财产物资核算岗位。其主要职责有：会同有关部门拟定财产物资的管理办法；协助会计组织机构负责人（会计主管）建立健全财产清查制度、计量验收制度等与财产物资有关的内部会计控制制度；编制固定资产核算依据清册；负责固定资产折旧和大修理费用的计提与分配；存货、固定资产、在建工程和无形资产减值准备的合理计提；配合成本费用岗位合理分摊材料成本差异；复核或受权审核相关的原始凭证，填制记账凭证，登记相关财产明细账及备查簿；审查汇编采购计划，控制采购成本；分析库存商品及其他财产物资的储存情况和使用效果及在建工程成本控制情况；定期或不定期抽查账实相符情况；按规定及时编制财产物资内部会计报表，向财产物资管理部门和相关领导提供财产物资信息；监督、指导实物负责人登记保管账（卡），并定期或不定期核对账目等。

（10）总账核算岗位。其主要职责有：组织各会计岗位及时传递会计凭证；负责登记总账，编制总账科目余额试算平衡表；组织督促各会计岗位登记明细账和相关备查簿，进行结账和对账；对经营活动的未来现金流量进行预测，编制资金预算；综合分析企业财务状况和财务成果，进行财务预测，提供财务决策资料等。

（11）稽核岗位。其主要职责有：负责监督和督促会计人员正确执行法律、法规、国家统一规定以及履行岗位职责；核查重要会计印章的保管和使用情况；稽核原始凭证的真实、合法、准确、完整，稽核记账凭证、会计账簿、会计报表等会计资料的真实、完整；督促有关人员及时纠正与处理稽核中发现的问题；总结稽核中所发现问题的根源及其规律，提出进一步完善内部会计控制制度或改善会计工作的建议等。

（12）对外财务会计报告编制岗位。其主要职责有：协助会计组织机构负责人（会计主管）制定内部会计报告制度；编制或组织编制会计报表、报表附注和财务情况说明书；编制和组织编制内部会计报表；按规定向财务会计报告使用人提供财务会计报告；需经注册会计师审计的，应配合注册会计师对财务会计报告的审计等。

（13）会计电算系统管理岗位。会计电算系统管理岗位是指直接从事管理、操作、维护电子计算机及其会计软件系统的工作岗位。按照《会计电算化工作规范》的要求，可以划分为电算主管、软件操作、审核记账、电算维护、电算审查、数据分析等岗位，由本企业人员进行会计软件开发的，还可设置软件开发岗位。各岗位主要职责有：负责协调电子计算机及会计软件系统的运行工作；负责输入会计凭证内容等会计数据和输出会计凭证、会计账簿、会计报表等其他会计资料；负责对输入电脑的会计凭证及其内容进行审核，操作会计软件登记机内会计账簿，对打印输出的会计账簿、会计报表进行确认；负责保证电子计算机硬件、软件的正常运行，管理机内会计数据；监督电子计算机及会计软件系统的运行，防止利用电子计算机进行舞弊；负责对电子计算机内的会计数据进行分析；负责对会计软件的定点开发和升级开发等。

（14）档案管理岗位。在会计组织机构内的会计档案管理工作属于会计岗位，负责制定会计档案的立卷、归档、保管、查阅和销毁的管理制度；负责会计档案的保管工作等。

以上各岗位，应体现责权利相结合，以责为中心。各企业单位经营规模大小各异、组织和管理模式不一，业务经营特点有别、业务繁简程度不同、会计人员配备数量也不同，因此有的企业可能无法按上述内容做出详尽的设岗及分工。各企业单位应根据实际情况及管理要求，按照《会计法》等有关法规规定，对会计人员进行合理分工，可一人一岗、一人多岗或一岗多人。

第二节 小型企业会计组织机构的设计

小型企业一般是指资产规模不大、人员较少的企业。不同规模的企业，在会计组织结构上有明显的差别。小型企业与大中型企业的划分，应根据国家统计局等部委和相关制度对企业资产规模、从业人数和销售额的规定来确定。小型企业本身的特点是经营规模和范围较小，经济业务单一，经营过程、企业的组织形式和管理要求简单，财务与会计业务量不大。企业通常按生产经营业务程序建立组织机构，对整个生产经营活动实行集中管理，组织体系通常利用垂直式管理体系，管理跨度较小，一般采取简单的“直线制”组织管理方式，即厂长（经理）对业务和职能部门均实行垂直式领导，各级管理人员在职权范围内对直线下属有指挥和命令权力，并对此承担全部责任。小企业一般为集权式管理，会计组织机构也采取集权式管理，以提供信息、税务处理、成本核算为主要职责。因此，对小企业而言，会计组织以核算职能为主，会计组织机构较为精简，财会人员较少。针对小型企业的上述特点，在会计组织机构设计中要考虑企业经营管理组织体系的设置，并与之保持一致。会计核算只能采用集中核算方式，即由会计组织机构统一办理。会计部门可以是厂部管理组织中的一个职能部门即会计科或股，通常设置会计主管、出纳、明细账会计、总账会计等岗位，并配备财务会计人员 2～6 人；也可以不单独设置会计组织机构，而在管理部门设会计组织，并指派一人担任财务主管，如会计与办公室合并，而会计只有 2～3 人，即出纳、明细账会计、总账会计，其中总账会计可由会计主管兼任。

小型企业会计组织机构虽然设置较为简单，但在进行会计业务处理时，还要遵循会计的基本操作规程，按岗定责，实行内控制度，健全业务流程。

一、设置独立的会计组织机构

（一）会计组织机构的设计

小型企业在具备条件的情况下，如具有较为充足的资金，即能保证企业简单再生产资金周转的需要；生产产品的业务流程或从事其他经营业务流程较为复杂；在会计人员的素质能保证企业正常业务的核算等情况下，企业可以设置独立的会计组织机构。其会计组织机构人员的设置和岗位的配置，可根据企业的实际情况来确定。如企业可设置一位财务负责人兼职企业内部的会计财务管理工作和企业报表的编制工作；设置一位登记总账的会计人员，负责企业所有总账的登记任务；设置一位登记明细账的会计人员，负责会计部门所有明细账的登记工作；设置一位出纳人员，负责企业现金的收付工作的现金日记账的登记工作；同时还可以根据需要在下属有关部门设置仓库保管员和兼职报账员等。企业也可以在配备会计人员时，多设置或少设置几个岗位。小型企业会计组织机构如图 2-6 所示。

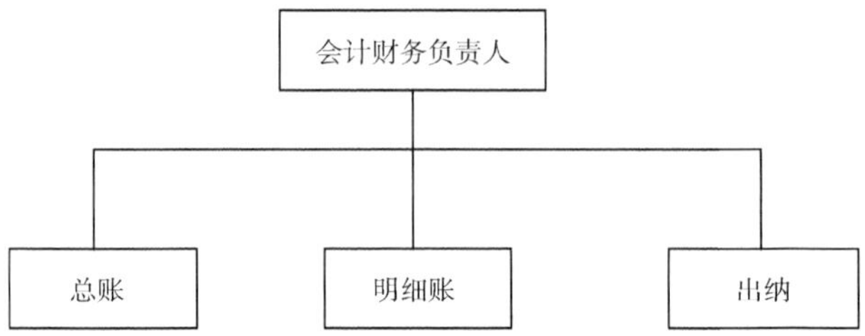

图 2-6 小型企业会计组织机构

（二）会计部门岗位职责的设计

在小型企业中，从事会计工作的人员一般有 2～6 人，具体分工有出纳、明细账会计、总账会计和财务会计负责人，总账会计也可兼任财务负责人。各岗位应明确职责范围、具体内容和要求，建立健全会计岗位责任制，从而提高会计工作效率，保证会计信息质量。表 2-1～表 2-4 是设置财务会计负责人、出纳、明细账会计和总账会计四个岗位的某小型企业的会计岗位职责的基本内容。

表 2-1 财务会计负责人岗位基本职责和要求

序号	基本职责和要求
1	具体负责本企业的财务与会计的日常管理工作
2	组织制定本企业的各项财务与会计制度，并监督其贯彻执行
3	组织编制本企业的财务成本计划、资金筹措计划，并监督其落实
4	会同有关部门拟定企业各项固定资产的投资方案和流动资金定额
5	负责企业各种税费的计算和缴纳工作
6	负责企业各项财务分析工作
7	参加企业有关生产经营管理会议，参与有关经营预测、决策和各部门业绩考评工作
8	参与拟定和审核经济合同、协议和其他经济文件
9	负责向本企业领导和职代会报告企业的财务状况与经营成果，审查对外提供的财务报告
10	组织财会人员的理论和业务学习，负责财会人员的考核，参与研究财会人员任用和调整工作
11	组织、协调部门内外关系，完成领导交办的其他与财务会计有关的管理工作

表 2-2　出纳岗位基本职责和要求

序号	基本职责和要求
1	严格按照国家有关现金管理和银行结算制度的规定办理现金收付和银行结算有关业务
2	办理各种票据的收付业务
3	登记现金和银行存款日记账以及有关票据辅助登记簿，月末要编制“银行存款余额调节表”，核对现金及银行存款账面余额与银行对账单余额
4	负责保管库存现金和各种有价证券，对于现金和各种有价证券，要确保其安全和完整无缺
5	负责妥善保管有关印章、空白收据和空白支票，但签发支票所使用的各种印章，不得全部交由出纳一人保管
6	具体办理各种税金的申报和扣缴业务
7	其他与现金、银行存款收付有关的业务

表 2-3　明细账会计岗位基本职责和要求

序号	基本职责和要求
1	根据审核无误的会计凭证登记各种明细账
2	办理各种债权债务往来款项的结算业务
3	定期进行明细账与总账的核对工作
4	定期对各项财产物资进行财产清查，以保证账实相符
5	计算提取固定资产折旧额，编制“固定资产折旧费用计算分配表”
6	根据各项相关费用计划，编制各种费用分配表
7	根据存货出库凭证和明细记录，按照领用部门和用途编制“材料费用分配表”
8	归集和分配制造费用
9	办理其他与明细账业务有关的各项工作

表 2-4　总账会计岗位基本职责和要求

序号	基本职责和要求
1	组织各岗位及时传递会计凭证
2	审核原始凭证，填制并审核记账凭证
3	根据审核无误的会计凭证登记总分类账
4	计算分配应付职工薪酬
5	编制“水电费费用分配表”和“产品成本计算表”
6	月份终了编制总账科目余额试算平衡表并与有关明细账核对，保证账账相符
7	定期编制资产负债表、利润表、现金流量表，并核对其他报表
8	定期进行成本分析
9	管理会计凭证和账表，每年终了，整理会计凭证和其他会计资料，需要归档的会计资料，应按有关规定及时归档
10	定期进行账证、账账、账实、账表核对，提高会计信息质量
11	完成其他与总账业务有关的工作

二、在有关机构中设置会计人员

小型企业在规模较小、业务量少或者是提高工作效率的情况下，可以不设置专门的会计组织机构，而是在企业内部的相应部门设置会计人员，至于会计人员设在哪个部门，要根据企业的管理要求或组织形式来确定。如企业可在办公室设置会计人员进行会计核算，办公室的负责人也是会计财务的负责人，其会计人员设置多少可根据企业的具体情况来确定。一般情况下，办公室的负责人也是会计财务的负责人，因此办公室主任多数不会兼职总账的登记工作，最多是兼职会计报表的编制工作，在这种情况下，办公室至少要配备一名或两名会计人员，另外还要配备出纳人员。

在有关机构中设置专职会计人员，其岗位责任与设置独立会计组织机构情况相同，参见表 2-1～表 2-4。其会计组织机构如图 2-7 所示。

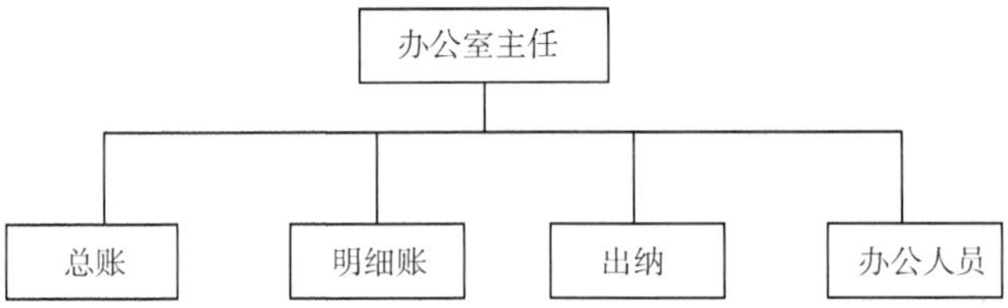

图 2-7　在有关机构中设置专职会计人员的组织机构

三、采用代理记账

我国《会计法》第三十六条明确规定，不具备设置会计组织机构和会计人员条件的“应当委托经批准设立从事会计代理记账业务的中介机构代理记账”。《会计基础工作规范》第八条规定，“没有设置会计机构和配备会计人员的单位，应当根据《代理记账管理暂行办法》委托会计师事务所或者持有代理记账许可证的其他代理记账机构进行代理记账”。其中《代理记账管理暂行办法》中，对代理记账机构设置的条件、代理记账的业务范围、代理记账机构与委托人的关系、代理记账人员应遵循的道德规则等做了具体的规定。

代理记账机构应具备下列条件：至少有 3 名持有会计从业资格证书的专业人员，同时聘用一定数量相同条件的兼职从业人员；主管代理记账业务的负责人必须有会计师以上专业资格；代理记账机构要有健全的代理记账业务规范和财务管理制度；机构的设立依法经过工商管理部门或者其他管理部门核准登记。

代理记账机构可以根据委托人的委托，办理企业相关的会计业务，如审核原始凭证、填制记账凭证、登记总账和明细账、编制会计报表、定期计算交税等业务。

代理记账机构依照委托合同的规定从事代理记账业务，在从事代理记账的过程中要严格遵守国家相应的财经制度、法规、纪律等。其代理从业人员也必须遵照会计人员的有关规定进行记账或履行相应的义务。企业在采用代理记账时要做好与代理机构相应的衔接和配合工作，指定专人或兼职人员负责管理、配合代理记账工作。

第三节 大中型企业会计组织机构的设计

大中型企业的经营规模和范围大，从业人数多，企业的经营内容和过程以及企业的组织形式与管理要求较复杂，财务与会计业务量也较大。企业为了适应错综复杂的经营状况，通常采用“直线职能制”形式，即将供、产、销各个经营环节中的人、财、物的管理，分散到各个职能部门分别负责，各职能部门下设职能组，深入生产经营的各个环节。因此，各职能部门之间既有纵深的管理路线，又有横向的业务联系。针对大中型企业本身的特点，其会计组织的职能定位、权责分配、岗位设置需要满足经营管理的要求，在业务处理、信息加工、财务管理等方面与企业经营规模、业务量相适应。企业的会计与财务既可以作为两个职能部门设置，也可以作为一个职能部门设置，但会计与财务的岗位和职责必须分离。同时，大中型企业的会计组织机构的设计，还应根据企业经营管理特点以及所处的环境，明确其业务导向。如果大中型企业建立以财务管理为中心的管理体制，则需要在会计组织中配置较强的财务管理力量，如高素质的财务管理人员、机构设置和组织职能要突出财务管理的中心地位；如果以成本管理为中心，则需要在会计组织内配置足够的成本专家，给予其必要的权力。有些企业在不同的管理层次分别建立以投资为中心的会计组织、以资产管理为中心的会计组织、以成本管理为中心的会计组织等。

大中型企业的经济活动较为复杂、资金流量大、内部控制复杂，企业通常设置总会计师或财务副总经理一职，并根据需要设置财务中心或内部银行进行资金管理，设置专门岗位负责资金筹措、投资研究，考核、评价代理人绩效，编制财务预算和成本计划、利润计划等。

根据我国《会计法》和《总会计师条例》的规定，大中型企业、事业单位、业务主管部门应设置总会计师，负责管理企业的会计组织机构。我国《会计法》第三十六条第二款规定：“国有的和国有资产占控股地位或者主导地位的大、中型企业必须设置总会计师。”我国的《会计基础工作规范》对设置总会计师也做了三个方面的规定：一是总会计师应由有会计师以上专业技术资格的人员担任。二是设置总会计师的单位，总会计师应行使《总会计师条例》规定的职责、权限。三是总会计师的任命（聘任）、免职（解聘）依照《总会计师条例》和有关法律的规定办理。要求国有大中型企业、事业单位和业务主管部门总会计师的任免执行《总会计师条例》第十五条的规定：企业的总会计师由本单位主要行政领导人提名，政府主管部门任命或者聘任；免职或者解聘程序与任命或者聘任程序相同。事业单位和业务主管部门的总会计师依照干部管理权限任命或者聘任；免职或者解聘程序与任命或者聘任程序相同。城乡集体所有制企业事业单位总会计师的任免，参照《总会计师条例》的有关规定进行；其他单位总会计师的任免，按照有关法律规定进行。

《会计基础工作规范》对会计组织机构负责人、会计主管人员的任职资格也做出了具体规定，要求具备六个方面条件：一是政治思想条件，即要坚持原则、廉洁奉公。二是专业技术资格条件，即要有会计专业技术资格。三是工作经历条件，即主管一个单位或者单位内一个重要方面的财务会计工作不少于两年。四是政策业务水平条件，即熟悉国家财经法律、法规、规章和方针、政策，掌握本行业业务管理的有关知识。五是组织能力，即要有较强的组织能力。六是身体条件，即要求身体状况能够适应本职工作的要求。

在大中型企业，尤其是大型国有或国有资产占控股地位或主导地位的大型企业，会计组织是以总会计师为首的，以财务与会计经理为主管的，包括一些分部的财务与会计组织的体系。

一、大中型工业制造企业会计组织机构的设计

（一）大中型工业制造企业会计组织结构

大中型工业制造企业的生产经营过程是以生产过程为中心，实现供、产、销三个过程的统一，生产经营过程较为复杂，管理层次较多，财务与会计业务量也大。与此相适应，大中型工业制造企业的会计组织机构规模大，会计人员多，会计工作分工也较细。图 2-8 是某大型机械制造企业的会计组织结构，是一个总会计师领导下的集中核算组织模式，并把会计与财务分别设置部门。在其会计组织机构中，单独设置总会计师岗位，总会计师是企业财会工作的最高负责人，全面负责企业的经济核算工作，他的行政职务是副总经理，直接对厂长负责。总会计师下辖三个部门：审计部、会计部和财务部。财务部与会计部分设，其中，会计部和财务部根据工作需要和管理要求分设若干下属部门，其中的会计主管、材料物资、工资核算、成本核算、固定资产、总账报表和稽核等岗位，可以视具体情况按“一人多岗”“一人一岗”“一岗多人”设置。

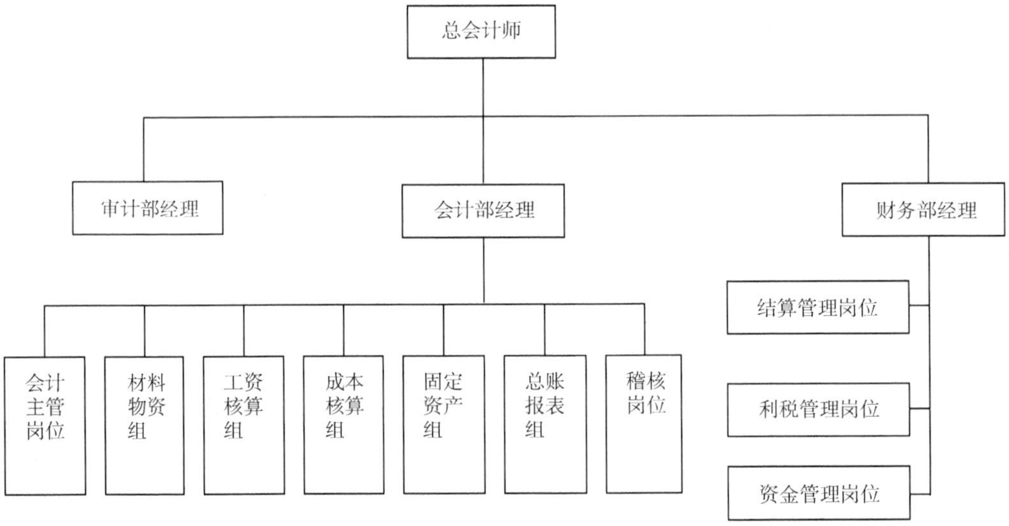

图 2-8 某大型机械制造企业的会计组织结构

（二）大中型工业制造企业会计岗位的职责

我国《会计基础工作规范》中规定：“会计工作岗位，可以一人一岗、一人多岗或者一岗多人。但出纳人员不得兼管稽核、会计档案保管和收入、费用、债权债务账目的

登记工作”，“会计工作岗位一般可分为：会计机构负责人或者会计主管人员，出纳，财产物资核算，工资核算，成本费用核算，财务成果核算，资金核算，往来结算，总账报表，稽核，档案管理等。开展会计电算化和管理会计的单位，可以根据需要设置相应工作岗位，也可以与其他工作岗位相结合”，“会计人员的工作岗位应当有计划地进行轮换”。在大中型工业企业中，一般配备较多的财务与会计人员，以分担较为繁重的财务与会计工作。因此，“一岗一人”“一人多岗”的现象较少，而“一岗多人”的现象较为普遍。在此情况下，企业应注意建立健全相应的岗位责任制和岗位竞争与奖惩机制。表 2-5～表 2-17 是企业会计组织机构中各会计核算、财务管理岗位及基本职责的具体内容。

表 2-5 总会计师岗位基本职责和要求

序号	基本职责和要求
1	领导企业财务与会计工作，组织经济核算，实施经济责任制，并对财务与会计组织机构设置、人员的配备和任用、专业职务的聘任等事项提出方案和建议
2	审核、批准企业的会计制度和制度的实施，审核和批准会计部门编制的各种报表
3	负责组织编制财务计划、单位预算，协调各项经济计划、业务计划
4	审查生产、技术、经营和投资方案和经济效益，审查重大开支项目
5	审批企业财务收支，组织进行成本费用的预测、计划、控制、核算、分析和考核
6	参与制订企业新产品、技术改造、产品定价、工资奖金等方案，参与拟定企业重大经营决策
7	组织和监督企业贯彻执行国家的各项财经法令、制度、纪律、法规，保护企业财产的安全与完整
8	负责组织会计人员的学习，并定期对会计人员进行考核
9	领导交办的其他与财务、会计有关的管理工作
	要求：总会计师必须由具有 5 年以上财务与会计管理工作经验的高级会计师担任

表 2-6 会计部经理岗位基本职责和要求

序号	基本职责和要求
1	具体负责本企业的会计管理工作，执行总会计师确定的经济计划
2	参与组织制定本企业的各项会计管理制度，并监督贯彻执行
3	熟悉本企业的供应、生产、销售情况，参与各部门的经济活动，并为企业整体经营预测、决策提供会计信息
4	参与拟定经济合同、协议及其他经济文件
5	负责会计人员的考核，并根据会计人员的实际情况调整其工作岗位
6	负责向总会计师报告会计工作情况，向企业内部有关会计报告使用者报告企业的财务状况、经营成果和现金流量情况
7	审核企业对外报送的财务报告
8	组织本部门会计人员的理论和业务学习，负责会计人员的业绩考核，参与研究会计人员的任用和调整
	要求：会计部经理必须由具有 3 年以上会计管理经验的高级会计师或会计师担任

表 2-7 财务部经理岗位基本职责和要求

序号	基本职责和要求
1	具体负责本企业的财务管理工作
2	参与组织制订本企业的各项财务管理制度、财务成本计划、信贷计划及利润计划等，并监督贯彻执行
3	在总会计师的指导下，负责组织企业财务预算的编制、审核、汇总、上报、下达等具体工作
4	跟踪监督、分析企业财务预算的执行情况，提出改进企业预算管理的措施和建议
5	负责各项税费的计算、申报、缴纳及扣缴、退税有关事项
6	负责企业各项资金的调度事项
7	会同有关部门制定、下达企业各项资金定额管理指标
8	组织本部门财务人员的理论和业务学习，负责财务人员的业绩考核，参与研究财务人员的任用和调整
	要求：财务部经理必须由具有 3 年以上财务管理经验的高级会计师或会计师担任

表 2-8 出纳岗位基本职责和要求

序号	基本职责和要求
1	负责办理现金收付、银行结算、票据和其他有价证券的收付业务
2	登记现金日记账、银行存款日记账和票据备查簿
3	负责保管库存现金和各种有价证券
4	负责保管有关印章、空白收据和空白支票
5	领导交办的其他与出纳有关的结算工作

表 2-9 材料物资核算岗位基本职责和要求

序号	基本职责和要求
1	会同有关部门拟定企业材料核算与管理的实施办法
2	负责材料采购、库存材料及材料成本差异的明细核算
3	会同有关部门编制材料成本目录，确定材料消耗定额
4	参与库存材料的盘点，分析库存的储备情况
5	编制发出材料费用分配表
6	负责有关其他流动资产物资的明细核算工作
7	领导交办的其他与材料核算有关的工作

表 2-10 工资核算岗位基本职责和要求

序号	基本职责和要求
1	会同有关部门拟定工资核算与管理办法
2	根据职工人数、工资等级和工资标准，编制审核工资结算汇总表，办理代扣款项
3	根据规定审查奖金计算表
4	负责工资的明细核算
5	办理其他有关应付职工薪酬事项

表 2-11 成本核算岗位基本职责和要求

序号	基本职责和要求
1	会同有关部门拟定企业成本管理与核算办法
2	会同有关部门拟定产品成本核算方法
3	负责加强成本管理的基础工作，健全各项原始记录、定额管理和计量检验等制度
4	审核各车间转来的各项要素费用的原始凭证
5	审核有关原始凭证编制记账凭证
6	按照成本核算方法的规定，正确归集、分配生产费用，计算产品成本，编制产品成本计算单
7	审核车间成本和备用金开支
8	编制有关半成品入库和领用、完工产品入库的记账凭证
9	负责有关成本费用的明细核算
10	编制有关产品成本、费用的会计报表，进行成本、费用的分析和考核
11	协助有关部门建立在产品台账和自制半成品登记簿
12	协助有关部门、车间和班组组织经济核算

表 2-12 固定资产核算岗位基本职责和要求

序号	基本职责和要求
1	会同有关部门拟定企业固定资产价值管理与核算的实施办法
2	负责计提固定资产折旧，编制固定资产折旧计算表
3	负责固定资产后续支出的计算、分配
4	负责具体进行固定资产的明细核算和有关应付购货款的结算
5	参与固定资产的清查与盘点工作，分析固定资产的使用效果
6	办理其他与固定资产有关的业务

表 2-13 稽核岗位基本职责和要求

序号	基本职责和要求
1	会同有关部门拟定企业稽核管理的实施办法
2	负责监督和督促会计人员正确执行法律、法规、国家统一规定以及履行岗位职责
3	核查重要会计印章的保管和使用情况
4	稽核原始凭证的真实、合法、准确、完整性，稽核记账凭证、会计账簿、会计报表等会计资料的真实、准确、完整性
5	督促有关人员及时纠正与处理稽核中发现的问题
6	审核有关资产的购置与处置
7	总结稽核中所发现问题的根源及其规律，提出进一步完善内部会计控制制度或改善会计工作的建议
8	追踪审核各项已决定办理事项的执行情况
9	办理其他与会计稽核有关的工作

表 2-14　总账报表岗位基本职责和要求

序号	基本职责和要求
1	会同有关部门拟定企业总账报表管理、登记、编制实施办法
2	负责登记企业各总分类账簿
3	编制有关账项调整的记账凭证，并登记总账
4	编制总账科目余额试算平衡表，并与有关明细账核对，保证账账相符
5	编制资产负债表、所有者权益变动表及相关附表
6	办理会计凭证、账簿、报表等各项会计档案资料的归档手续，并予以妥善保管
7	办理其他与总账报表有关的核算工作

表 2-15　结算管理岗位基本职责和要求

序号	基本职责和要求
1	会同有关部门拟定企业往来结算管理与核算的实施办法，建立往来款项的清算手续和制度
2	会同有关部门拟定企业资信调查和催款的实施办法
3	对赊销对象和投资对象进行信用调查，确定可予提供信用的对象和政策
4	办理与供应单位、购买单位和其他单位、个人的往来结算业务，并负责其明细核算
5	对拖欠款者进行债务催收和清理
6	负责各项备用金、财务费用的审核、计算和相关明细核算
7	负责其他往来的审核、计算和相关明细核算
8	定期核对往来款项，做到账实相符
9	负责其他与往来结算有关的管理工作

表 2-16　利税管理岗位基本职责和要求

序号	基本职责和要求
1	会同有关部门编制利润计划，拟定企业利税管理与核算的实施办法
2	经常督促检查各部门利润计划的落实与完成情况，保证利润计划的实现
3	负责销售款项的结算业务
4	负责进行销售和利润的明细核算
5	负责进项税金、利润分配的明细核算
6	负责税务登记、变更，编制税务报表，税务分析、税务筹划等
7	具体办理各项税费的计算、申报、缴纳及扣缴、退税有关事项
8	负责有关营业外收入、营业外支出、补贴收入等的审核和明细核算
9	正确进行各项利润指标的计算
10	负责编制利润表、利润分配表和其他有关附表，并进行利润的分析和考核
11	负责其他与利税核算有关的管理工作

表 2-17 资金管理岗位基本职责和要求

序号	基本职责和要求
1	会同有关部门拟定资金管理与核算实施办法
2	编制企业流动资金计划和银行贷款计划
3	负责组织企业资金的筹措和供应
4	具体负责企业流动资金调拨、组织流动资金供应和其他资金的分配，考核资金的使用效果
5	具体进行融资市场投资
6	具体进行利率、汇率、证券价格和企业现金流量的预测，编制现金预算
7	编制企业费用、成本计划，并考核其执行情况
8	进行所有者权益、投资、筹资有关内容的明细核算
9	编制现金流量表、财务情况说明书，并综合分析企业的财务状况、经营成果和现金流量情况
10	进行财务预测，提供经营决策所需要的有关资料
11	负责领导交办的其他与资金筹划、资金投入和运用、财务预算管理和财务分析有关的管理工作

二、大中型商业零售企业会计组织机构

大中型商业零售企业的主要经营业务是组织商品的购、销、存业务，进货的原则是勤进快销，因此资金流动性较大；又由于经营品种很多，需要按商品品种的类别来核算，即按柜组核算。大中型商业零售企业的会计组织机构在总会计师领导下，设置财会处或者财会科，科内的出纳组主管各柜组的现金收支，核算组主管各柜组的进、销、存业务。图 2-9 所示为 JMS 百货大楼的会计组织机构设置，这是一个总会计师领导下的集中核算组织模式，并把会计与财务合并设置为财务处。在其会计组织机构中，单独设置总会计师岗位，总会计师是企业财会工作的最高负责人，全面负责企业的经济核算工作。其各相关岗位职责设计参见表 2-5～表 2-17 的有关内容。

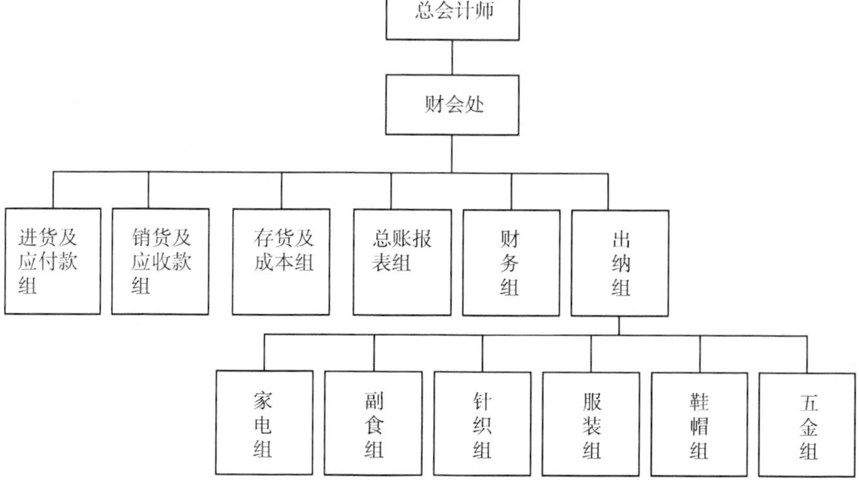

图 2-9 JMS 百货大楼的会计组织机构设置

三、金融行业会计组织机构

金融行业的主要业务是经营货币资金，即经营现金的收付款业务、联行转账业务、储蓄存款业务、外汇业务、信贷业务等。金融行业货币收付业务量较大、经营风险性也较大，因此科学地设置会计组织机构，对于加强资金管理、有效监控货币资金流动具有重要的意义。其会计组织机构如图 2-10 所示。

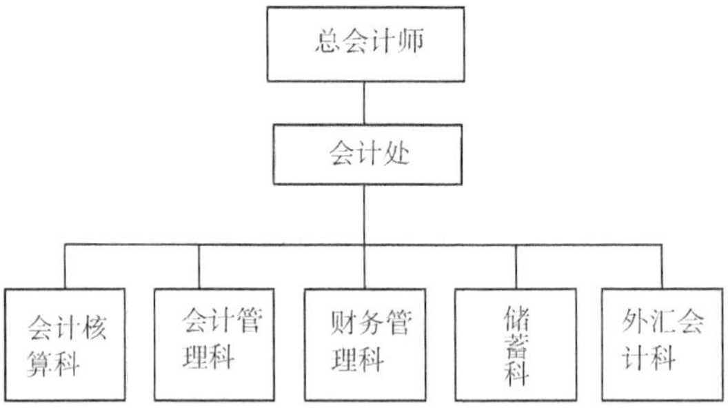

图 2-10 金融行业会计组织机构

第四节 集团企业会计组织机构的设计

集团企业是指拥有多个分公司、子公司和其他分支机构的企业，是以资本为主要纽带，通过持股、控股等方式紧密联结、协调行动，具有层次性、稳定性的企业群体。其特点是规模大型化、经营多样化，其业务属于综合性的、跨行业的、多样性的经营。此外，在许多情况下还具有资本国际化特点。从资本形成来看，可以是股份制的，也可以是非股份制的；从其分支机构所处的地域来看，可以是国内的，也可以是跨国的。

一般的股份制集团企业由核心企业、成员企业、配套企业、一般协作企业等构成。核心企业是集团企业的经营管理中心，它按照股份制的原则和功能来管理企业，不仅以产品和技术来连接各成员企业，更重要的是以资本的形式控制和调控成员企业的经营活动。核心企业运用集团的综合经营能力，强化集团公司开发、服务、协调和控制的职能，扩大公司的对外辐射能力，发展集团经济。成员企业主要有两种：一种是核心企业的直属单位，另一种是核心企业的被控企业。核心企业与直属单位的关系是行政隶属关系，各直属单位都是核心企业的分支机构，它们与核心企业的关系是总公司与分公司的关系。另一类成员企业是被控企业，它们是集团企业的基本组成部分，核心企业通过掌握一定量的控股股份来与其发生经济联系。核心企业与被控企业的关系是母公司与子公司的关系。配套企业是企业间通过相互参股，一些与核心企业与成员企业有业务联系的企业和社会团体通过购买集团企业的股票，成为与集团有比较密切联系的半紧密层。一般协作企业是集团的外围组织，它们与集团企业是经济协作关系。

一、集团企业会计组织机构的设置

集团企业中的控股子公司是独立的法人单位，实行独立核算、自负盈亏，集团企业依据其控股份额，通过法定程序，对董事会、股东会、经理人员的选任加以控制，达到控制子公司业务活动的目的。因此控股子公司的会计组织机构的设置可按照上述两种企业设置要求来确定。

企业集团内部联合的紧密程度、组织结构、经营领域及经营复杂性、经营规模、生产经营特点等决定了相应的会计组织模式。集团公司的会计组织机构设计与上述单体公司（大中型企业和小企业）的会计组织机构有许多相似之处：企业集团中的母公司和子公司，也应根据其经营规模和范围的大小，经营过程和企业的组织形式的特点及管理要求，采取会计与财务分设模式或者合并设置的形式，并在其内部设置相应的机构和岗位。其不同之处在于：财务会计职责范围更大，分工更细，且一般要在母公司或子公司下属的分公司和分支机构设置财务会计部门。图 2-11 所示为 A 公司会计组织模式。A 公司在天津最初投资建厂时，业务量小，采取集权式会计组织。随着业务迅速扩大，1998 年改为适度分权的事业部形式，日常财会业务主要在事业部一级完成。其会计组织结构为：总部财务副总经理领导总部财务部，并在董事会设有审计委员会领导内部审计，对世界各地分支机构财务活动进行监督检查；按地区（亚洲、美洲）分设财务总监和地区财务中心，每一地区分布的子公司（中国天津、中国苏州、马来西亚）设有财务部，子公司下有分部，各分部又有财务部，其会计组织共有四级，参见图 2-11。有的跨国企业为资金营运，还建立了各种资金经营机构，如再开票公司、财务子公司、避税子公司等，开展现金管理，根据需要还可设置规划部、经营部、信贷部等职能部门。其中，再开票公司是指为资金管理而设立的贸易中介公司，对跨国公司内部交易进行多边净额结算。当跨国企业进行内部贸易时，如出口子公司向进口子公司提供货物或服务，再开票公司负责交易的结算。

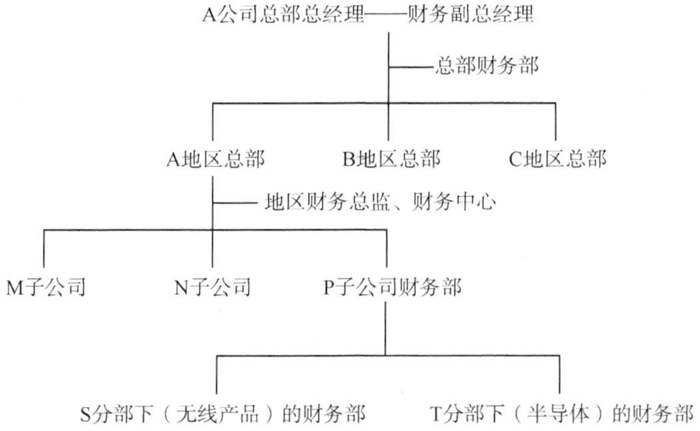

图 2-11　A 公司会计组织模式

二、集团企业会计岗位职责

集团企业即母公司会计岗位的设置，应根据集团对分公司管理的繁简程度、提供信息的详细程度来确定。图 2-11 所示的 A 公司，在会计组织机构设置、人员配备方面，注意重视东道国资金市场、税收政策、资源分布、产品或服务市场等方面的研究。根据企业的发展和管理需要，设置财务副总经理，负责跨国企业财务活动，直接向总经理或总裁报告。财务副总经理下有若干名财务经理，分别负责会计信息处理、合并会计报表、财务预算监督、税务筹划、资金运作、政策研究等，在世界各地子公司委派财务总监，代表母公司对子公司进行会计监督、财务管理。集团公司的会计组织机构设计与上述单体公司（大中型企业和小企业）的会计组织机构有许多相似之处，前面所述单体公司企业各会计岗位职责，应在集团企业会计岗位职责的设计中得以充分体现。同时，还应相应地增设反映整个集团中非独立核算的分公司及其他分支机构的财务状况、经营成果和现金流量信息的岗位职责，资金调度与监督岗位职责，母公司合并报表岗位职责等。并且预算管理、投资核算与管理、税收筹划等方面的要求，应比单体公司更严格、具体。

现将集团企业会计岗位职责范围设计方面的特殊要求列示如下，参见表 2-18～表 2-22；与单体公司相似的各会计岗位职责，具体内容参见前面所述表 2-1～表 2-17，在此不再赘述。

表 2-18 会计岗位与合并会计报表岗位职责范围

序号	职责范围
1	负责制定总公司、分公司和各分支机构的会计核算制度及实施规则
2	指导分公司和其他分支机构的日常会计核算
3	明确各有关责任中心的经济责任
4	审核、汇总分公司及分支机构的个别会计报表，编制整个企业集团的合并会计报表
5	统一整个企业集团的会计分析指标及口径
6	考核各分公司及分支机构的经营业绩

表 2-19 财务岗位职责范围

序号	职责范围
1	综合分析各分公司及分支机构的资金占用、使用情况及其效益
2	组织调查和分析各分公司及分支机构所在地区（或国家）的金融环境和法律环境等
3	在总公司、分公司和其他分支机构三者之间，根据资金需要量，合理筹集并有效地分配和调度资金
4	负责监督分公司及其他分支机构各项资金使用的合理性、安全性
5	协助（或代办）分公司及其他分支机构对外借款及其偿还事项

表 2-20　税收筹划岗位职责范围

序号	职责范围
1	收集、分析各分公司及其他分支机构所在地（或国家）的各项税法规定及其变更情况，并提出相应的调整措施和建议
2	确定各分公司及其他分支机构在筹建和经营过程各阶段的税务筹划内容、重点和方法，统筹和指导各分公司及其他分支机构各种税种的纳税筹划工作
3	协助（或代办）分公司及其他分支机构各种税款的计算、申报、缴纳、扣缴和退税等事项
4	汇总和分析各分公司及其他分支机构纳税情况
5	负责协调公司所属各部门之间的相关税务事项

表 2-21　投资岗位职责范围

序号	职责范围
1	调查收集集团公司、分公司及其他分支机构的投资需求和意见
2	组织调查和预测企业集团有关项目的投资环境，进行各投资项目的可行性研究
3	安排和落实已定投资项目所需资金，并跟踪分析和监督投资计划的执行情况
4	分析已完工并交付使用的投资项目的经济效益，并提出调整意见
5	管理控股子公司
6	处理其他与投资有关的事项

表 2-22　预算管理岗位职责范围

序号	职责范围
1	拟定总公司、分公司及其他分支机构的预算管理办法和具体实施措施
2	指导和归集分公司及其他分支机构的各项业务预算，并汇总编制集团公司整体的各项财务预算
3	具体组织实施财务预算，及时进行必要的调整，并进行有效的监督
4	分析与考核财务预算的执行结果

第五节　内部核算下会计组织机构的设计

内部核算是指运用货币结算形式，把企业各部门、车间、科室的经济核算统一组织起来，使企业内部各核算单位之间的经济往来形成买卖关系，使厂内各核算单位之间按等价交换原则统一通过企业内部银行进行结算，以更好地促进经济核算制的实行，提高下属部门工作积极性，同时也提高了企业整体的经济效益。企业内部银行是将商业银行的信贷与结算职能和方式引进企业内部，来充实和完善企业内部经济核算的办法。在运用和发展责任会计基本功能上，将“企业（基础）管理”“金融信贷（银行机制）”“财务管理（会计核算）”三者融为一体。一般是将企业的自有资金和商业银行的信贷资金统筹运作，在内部银行统一调剂、融通运用，通过吸纳企业下属各单位闲散资金，调剂余缺，减少资金占用，活化与加快资金周转速度，提高资金使用效率、效益，与目标成本管理、企业内部经济责任制有机结合，并监督、考核、控制和管理。一般而言，企业内部银行适用于具有较多责任中心的企事业单位，如企业集团、大中型实体性企业、控股性总公司、大型事业单位。一般小型企业或责任实体少的企事业单位不适用。

一、内部核算下会计组织机构的设置

企业设置内部核算的目的是加强各部门、车间、科室的业务核算，使各部门、车间、科室既能保持核算的独立性，又不破坏企业整体核算。同时企业还可统一调配资金，加强资金的管理。设置内部银行，涉及内部银行岗位的设置和内部责任制的建立，以及内部银行与财会处（或科）的业务协调问题。目前内部核算机构有两种设计方式：一种是在企业财会部门内部附设核算中心（图 2-12）；另一种是在企业内部设立内部银行（图 2-13）。其中第一种设计方式适用于规模小、分支机构少、管理要求较低的企业；第二种设计方式适用于规模大、分支机构多、管理要求高的大中型企业。

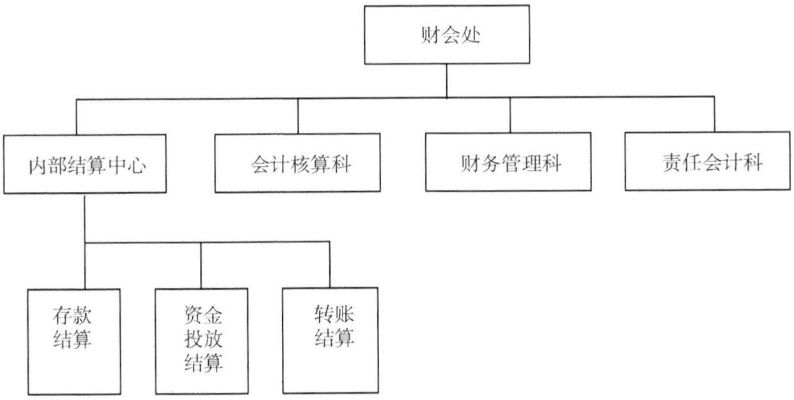

图 2-12　在企业财会部门内部附设核算中心

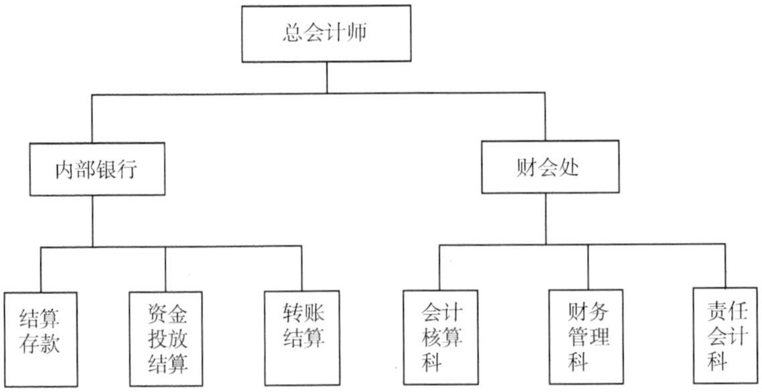

图 2-13　在企业内部设立内部银行

二、内部银行会计岗位职责

内部银行模拟银行的运作机制，发行内部货币作为内部经济业务交换的媒介；通过吸收存款、发放贷款来融通资金；同时内部集中核算可为企业考核各部门经济责任，实行内部资金控制和进行内部管理提供条件。

（一）内部银行核算的内容

内部银行核算的内容取决于企业对各部门的财务管理方式和各部门的经营特点。对于封闭生产经营单位，应核算其资金、成本、收入、利润；对工艺性生产单位，应核算其成本、资金和内部利润；对于供销部门而言，供应部门主要核算采购成本、内部利润和采购费用，生产部门主要核算生产成本和制造费用，销售部门主要核算货款结算、销售成本结转、销售费用和内部利润；对职能科室，主要核算经费；对后勤单位，主要核算营业外支出、福利费。在确定内部核算范围时，可先将分厂车间和供产销部门纳入结算范围，待结算水平提高后，再将其他单位、部门纳入结算范围。

（二）内部银行会计岗位基本职责

1. 结算存款岗位职责

负责建立存款账户。各责任中心都必须在内部银行开立账户，编制账号，办理存款，定期计算利息，同时办理印鉴登记业务，以便办理结算业务时查对。其中，印鉴包括财务专用章和负责人印章，如有遗失，应及时办理更换手续。

2. 资金投放结算岗位职责

内部银行根据核定的资金定额，将款拨入各部门的账户，同时填制拨款通知单，分别交给各部门结算人员和财会部门。

3. 转账结算岗位职责

各部门之间相互提供物资、劳务，应通过内部银行办理转账结算，由购入方开出内部支票或内部结算单，交内部银行转账，转账各方和内部银行分别入账。如属于上缴款项应填制缴款单进行转账；如属于下拨款项，由内部银行填制转账通知单；如属于收回拨款，根据收回数额，填制转账通知单直接从其账户扣款，并通知各部门记账；如属于收回借款，应计算利息，并办理转账手续。各部门与企业外部办理结算，应通过内部银行中转，最终财会部门进行银行转账结算。

案例 2-1　黑龙江省某制药厂会计组织机构及会计部门和会计人员工作职责

一、会计组织机构

该制药厂为大型制药企业，会计组织机构设置形式为财务经理领导下，财务与会计合并的分散会计核算模式，其会计组织机构如图 2-14 所示。

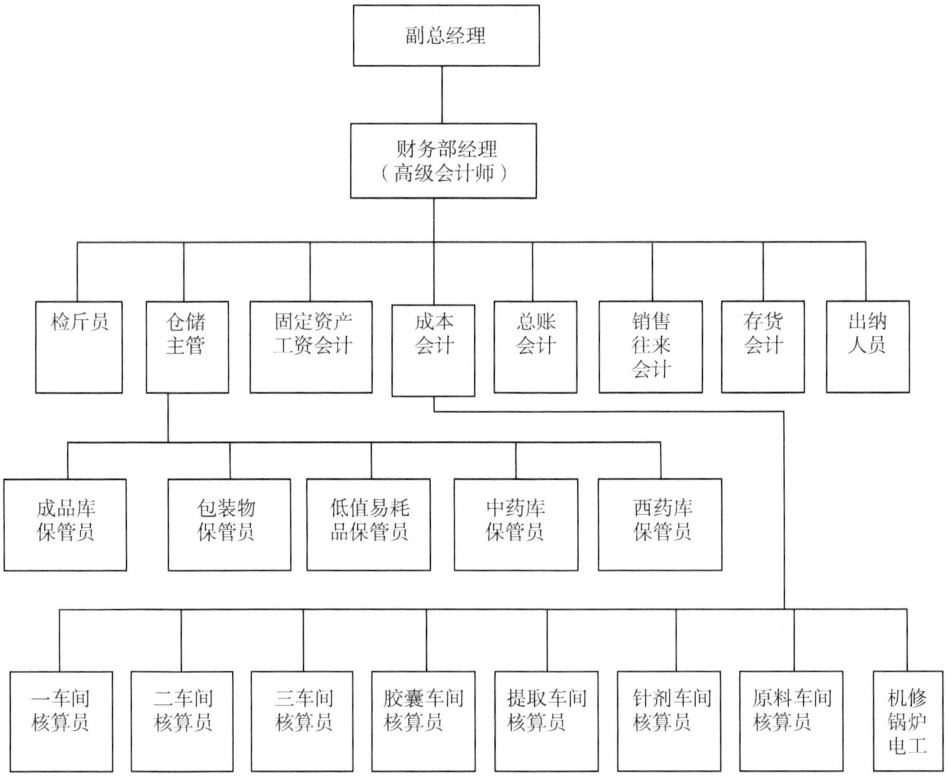

图 2-14　黑龙江某制药厂会计组织机构

二、财务会计人员的工作职责

该制药厂设计的财务会计人员的工作职责如下。

（一）财务部经理的工作职责

（1）组织领导本公司的财务管理、成本管理、预算管理等财务会计工作，协调本单位与银行、税务、上级主管部门及财务部与各科室之间的业务关系。

（2）全面分析企业的财务收支和生产经营状况，密切关注市场变化，多方开拓筹资渠道，努力加速企业资金周转，充分利用国家对企业的有关税收优惠政策。

（3）定期对公司财务人员进行业务指导或培训。

（4）组织制定公司财务制度和结算制度。

（5）定期组织财产清查。

（6）定期向公司领导报告月、季、年度财务收支状况及经营成果，审查签发对外报送的会计决算报表。

（7）按照财务制度、会计制度及国家有关政策、法规的要求，严格审核凭证及记账凭证。

（8）完成总经理临时交办的其他工作。

（二）财务会计的工作职责

（1）根据已办理完毕的原始凭证，按照现行会计制度规定，正确填制收、付、转记账凭证，根据权责发生制原则准确划分会计期间及资本性支出和收益收支出。

（2）根据审核无误的记账凭证，负责登记“应交税金”明细账，月末及时结出本期发生额及期末余额，并将总账与明细账进行核对，做到账账相符、账表相符。

（3）按税法规定及时计算各项税赋并填报各种税务报表及承办有关缴纳手续。

（4）负责购买发货票及监督发货票的使用与管理。

（5）根据审核无误的原始凭证编制各种“应收款项”和各种收入的记账凭证，根据审核无误的记账凭证登记总账和明细账，月末结出余额，并与总账进行核对。

（6）经常分析每项欠款的欠款原因，采取各种方式与欠款户联系，进行核对账目。

（7）在销售员进行工作交接时，参与监交。

（8）根据有关部门的要求，每月末及时填报“销售月报”“销售周报”“经营月报”等财务报表。

（9）认真分析各销售环节存在的问题，努力研究加速资金周转，促进货款回收的最佳途径。

（10）要经常地、定期地对销售人员进行业务指导。

（11）据审核无误的记账凭证及时登记“主营业务收入”的总账和明细账，并定期进行核对。

（12）根据审核无误的记账凭证，负责登记“其他应付款”和“其他应收款”等明细账，应及时催办结账，必要时可采用相应措施进行扣款。

（13）根据“会计科目汇总表”及时登记总账，并结出总账的本期发生额及余额。

（14）月末，根据明细账及有关明细账填制当期的“资产负债表”“损益表”“管理费用分析表”“财务费用分析表”“销售费用分析表”。

（15）根据财务报表，结合本公司具体情况，对本期财务收支及生产经营情况做出分析，找出财务管理中存在的问题及漏洞。

（16）不定期地对现金库存、银行存款余额进行抽查，以确保货币资金的安全完整。

（三）成本会计的工作职责

（1）按照会计制度的要求及成本管理条例的规定，正确区分资本性支出与收益性支出，正确划分各个会计期间，努力研究适合本公司生产特点的成本核算方法。

（2）认真分析本期生产成本变化的原因，努力研究各生产环节存在的问题，杜绝浪费，增收节支。

（3）定期对车间核算员进行业务指导。

（4）每个月末，根据车间核算员提供的“材料分配明细表”及其他有关资料，按照权责发生制原则，认真归集各种产品应分摊的材料费、劳务费等。

（5）根据审核无误的记账凭证，及时登记制造费用明细账，月末会计人员应结出制造费用的本期发生额及期末余额，并与总账进行核对，核对无误后才可结转成本。

（6）认真审核，及时汇总各部门报送的“工资发放明细表”，在正常的情况下，保证工资顺利发放。

（7）工资发放完毕后，要求各部门将已加盖领款人印鉴的“工资发放明细表”及时返回财务部，为进一步审核工资发放过程中存在的问题提供依据。

（8）建立“应付工资”明细账。并根据有关凭证进行登记入账，借以分析工资变化情况及存在的问题。

（9）会计应根据审核无误的记账凭证，登记“基本生产”和“辅助生产”明细账，并及时结出上述明细账的发生额和期末余额，同时将总账与明细账核对无误后，结出当期完工产品成本。

（10）月末，应及时结转各车间的劳务费，并督促各车间核算员与财务对账。

（11）督促各车间核算员及时上报“月末原材料及在产品清点表”，并组织有关人员对“月末原材料及在产品清点表”进行核查或稽核，以便及时发现生产环节上出现的管理漏洞。

（12）月末，按每种产品的定额工时，计算分配“制造费用”及“工资费用”。

（13）月末，计算出本公司各种产品的单位成本及总成本。

（14）月末，根据“产成品”明细账期末库存数量与“产成品保管账”的期末库存数量进行稽核，做到账账相符。

（15）年终会同有关部门，对产品库存进行全面清点，注意发现问题，从而提高对产品的管理。

（四）固定资产、在建工程及期间费用明细账会计的工作职责

（1）根据审核无误的记账凭证登记“固定资产”“在建工程”“固定资产清理”明细账，月末结出以上账户的余额并与其总账进行核对，做到账账相符。

（2）掌握在建工程项目的完工进度，及时将项目支付款情况向部门经理汇报，对于存在的问题，提出处理意见。

（3）严格执行固定资产管理制度，对全公司固定资产的数量和金额认真组织核算。

（4）每月月末，根据固定资产的使用状态，按时计提固定资产折旧。

（5）年度终了，会计人员应报请有关部门领导批准，组织人力对固定资产及在建工程进行清点，认真分析发生固定资产及在建工程盘亏盘盈的原因，并报有关部门批准后，及时进行账务调整，做到账账相符。

（6）根据审核无误的记账凭证，负责登记“管理费用”“财务费用”“销售费用”明细账，月末根据明细账的本期发生额及期末余额与总账核对，做到账账相符。

（五）材料会计的工作职责

（1）根据生产消耗及库存限额的需要，严格控制采购资金的使用。

（2）审核材料入库单及有关发货票，及时办理材料采购成本的结算。

（3）根据审核无误的原始凭证，及时填制材料采购、材料验收入库等记账凭证。

（4）根据审核无误的记账凭证，及时登记“原料及主要材料”“低值易耗品”“燃料”“包装物”“应付账款”“材料采购”等明细账。

（5）月末，及时结出以上各账的本期发生额及期末余额，及时与材料库保管员核对，以确保材料库存的准确性、真实性，做到账实相符。

（6）年度终了，应报请有关部门批准，组织人力对材料进行彻底清点，防止超储积压现象。对“应付账款”欠款余额较大者，应采取各种方式，保证一年内与对方核对一次账款，以确保双方账务的准确性。尤其是在采购员进行工作交接时，材料会计应参与交接过程。

（六）出纳员的工作职责

（1）根据审核无误的记账凭证，负责现金及银行存款的收、付业务。

（2）根据已办理完的记账凭证，及时登记“现金日记账”和“银行存款日记账”并及时结出余额。

（3）负责每日去开户银行办理转账业务及取送单据。

（4）控制库存现金，不超过规定限额，不得坐收坐支，不得以“白条”抵充现金，更不得任意借用及挪用现金。

（5）根据“现金日记账”当日余额，每日下班前必须与库存现金进行核对，做到账实相符。

（6）月末，应根据“现金日记账”及“银行存款日记账”期末余额，与总账及银行对账单核对，并及时做出“银行存款余额调节表”。

（7）编制“货币资金日报表”，及时反映每天的货币资金增减变动情况。

（8）及时登记“支票领用登记簿”，监督支票的领用及报账情况。

（9）及时登记“发票使用登记簿”，提供每张发票的业务内容。

（10）保管采购、销售合同。

（七）保管员的工作职责

（1）根据每天发生的出库单、入库单及时登记保管账。

（2）对自己所保管的原材料、低值易耗品、包装物及产成品等，必须确保其账物相符。

（3）药库保管员要经常对自己所保管的药材进行检查，采取有效措施，保证不腐烂、变质。

（八）财务部门的工作职责

财务部门在企业整体机构运营过程中应负有的工作职责如下。

（1）认真贯彻和执行国家的财经法令、政策、制度，维护财经纪律，负责制定公司财务会计制度和成本核算制度及经济核算办法。

（2）负责公司财务管理，参与制定和审查公司各项经济计划，会签经济合同。

（3）编制信贷计划，合理筹措各项资金。

（4）搞好资金综合平衡，反映和监督资金、成本、利润指标的实现。

（5）负责固定资产管理和核算，反映和监督固定资产增减变动与合理使用。

（6）负责流动资金管理和核算，合理组织和调配流动资金，核算资金定额，组织增收节支，监督流动资金的合理运用。

（7）负责全公司工资汇总，组织工资发放工作，并办理公司员工养老保险金收缴业务。

（8）负责产品成本核算工作，组织计算产品成本，反映和监督各项费用开支，减少浪费，降低产品成本。参与制定产品出厂价格，劳务核算价格及自制材料、半成品价格。参与审查公司内物资处理价格。

（9）负责组织、领导全公司的经济核算工作。利用公司现有人员、资产、资金运用核算手段，充分挖掘内部潜力，用最少的投入获得最大的产出，不断增加公司的经济效益。

（10）监督全公司财产物资的管理工作，负责全公司财产物资的盈亏、损失、报废，保证公司财产物资的完整无缺。

（11）负责组织、领导全公司财会人员的业务培训，并指导基层工作。

（12）组织公司会计核算，审定会计核算账表、凭证，做好记账、算账、报账和用账工作，及时准确编制定期的会计报表和各项经济指标报表。

（13）负责财务会计档案的管理和保密工作。

（14）完成总经理临时交办的工作任务。

案例 2-2 哈尔滨 HDL 汽车销售维修服务有限公司的会计组织

一、会计组织机构

该公司为中型企业，其公司财务系统是在董事长、总经理的直接领导下，财务与会计合并的集中核算模式。会计组织机构中设财务总监一名，每个公司设财务经理一名，会计、出纳、收银若干名。各公司财务人员任免由各店财务经理提名，财务总监考核确定，其他部门人员无权任免财务人员。各公司财务实行单独核算，独立纳税。

二、财务会计人员的工作职责

（一）公司董事长、总经理职责权限

（1）领导财务会计工作。

（2）制定审批和授权审批财务收支。

（3）制定筹资、投资决策，资金使用、收入利润计划，工资奖金分配等重要业务方案。

（4）负责财务总监的任免及工作交接。

（5）签署财务会计报告。

（二）财务总监职责权限

（1）负责对财务会计工作全面的监督、检查和指导，保证财务体系安全高效运营。

（2）参与公司金融政策的制定，执行或协助各店执行对各银行的融资操作。

（3）合理调配各店资金，提高资金使用效率。

（4）负责组织建立健全内部控制制度，进行经济活动分析。

（5）负责进行纳税筹划。

（6）负责提出会计岗位设置及人员配备、考核、任免、奖惩。

（7）负责协调会计组织机构对内对外的关系，解决相关环节出现的矛盾问题。

（8）制止和纠正各种违反公司各项财务制度规定的行为。

（三）财务经理职责权限

（1）负责会计组织机构的行政管理工作，对各项财务会计工作进行定期或不定期的研究、布置、检查、总结。

（2）负责确定会计核算的控制点，建立健全内控制度，并督促贯彻执行。

（3）督促会计人员正确执行单位内控制度以及履行岗位职责。

（4）审核或授权财务收支。

（5）审核会计凭证、账簿、报表等会计资料，保证会计处理事实的真实、准确；组织编制财务会计报告、内部会计报告，进行财务分析。

（6）负责筹资事项，参加有关经营管理会议，参与经营决策。

（7）负责向单位负责人报告财务状况和经营成果，并负责对外信息的披露。

（8）组织会计人员学习财经法律、法规、会计制度、单位内部控制制度和专业知识。

（9）负责会计人员的考核，参与研究会计人员的任用和调配。

（四）总账核算岗位职责权限

（1）组织各会计岗位及时传递会计凭证，统一审核盖章后，组织对会计凭证进行统一编号、汇总、记账、装订。

（2）编制总账科目余额试算平衡表。

（3）组织和督促各会计岗位登记明细账与相关备查簿，进行结账和对账，做到账账相符。

（4）编制或组织编制总公司会计报表、报表附注和财务情况说明书。同时，编制独立核算企业的合并报表和汇总报表。

（5）编制或组织编制内部会计报表。

（6）综合分析单位财务状况和财务成果，进行财务预测，提供财务决策资料。

（7）按照会计档案管理规定，保管凭证、账簿和报表等会计资料。

（8）对电算化系统进行双备份，保证整体财务资料安全完整。

（五）工资核算岗位职责权限

（1）熟悉《中华人民共和国劳动法》《企业职工养老保险基金管理规定》《失业保险条例》《中华人民共和国个人所得税法》《关于工资总额组成的规定》等与工资相关的财经法规政策，以及单位制定的劳动、工资方面的规定。

（2）协助财务主管建立健全与工资相关的内部会计控制制度；参与制定单位劳动、工资方面的规章。

（3）掌握员工人数、岗位、工种、工资标准等与工资相关的情况。

（4）检查、监督和指导工资提取、支付行为；提出合理支付工资、奖金的建议。

（5）复核或授权审核考勤表和工资表、奖金表；办理代扣款项，计算实发工资额或编制工资、奖金表。

（6）依法计提（计交）养老、失业和医疗等保险金，计提福利、教育和工会经费等与工资相关的税费和基金。

（7）填制或复核与工资相关的记账凭证；负责工资、福利费的明细核算。

（六）往来核算岗位职责权限

（1）熟悉《中华人民共和国公司法》《中华人民共和国合同法》《中华人民共和国担保法》《中华人民共和国证券法》《贷款通则》等与债权、债务相关的法律法规，掌握往来单位的生产、经营等有关信息。

（2）协助会计主管建立健全往来账的内部会计控制制度。

（3）编制与往来结算相关的会计凭证，正确处理往来账目，保证核算结果的真实准确。授权审核批准对外结款。

（4）负责与对方债权（务）人及时核对往来账目，保证双方账面数额一致，无弄虚作假情况。

（5）督促责任部门或人员及时清收应收款项，办理收回或偿还手续，防止遗漏。

（6）积极掌握债务人的资信情况，并可建立债务人资信档案。计提坏账准备；查明坏账原因，按规定报批。

（7）定期为有关部门、人员、领导提供债权、债务信息。

（七）收支、成本费用、利润核算岗位职责权限

（1）熟悉《企业会计准则第 14 号——收入》中规定的收入确认原则；熟悉成本核算的法规及所属行业相关的成本核算办法；熟悉税收法律、法规、政策。

（2）协助建立健全全面预算控制制度；配合有关部门确定成本费用控制点，建立健全成本核算制度、原始记录管理制度、定额管理制度，健全与此岗相关的内控制度。

（3）正确确认、计算收入，计提相关税费。配合有关部门保证收入款项的及时回笼；收入款项被拒付的，要通知和督促有关部门及时处理。

（4）熟悉生产和经营过程，按规定摊提有关成本费用，正确归集和分配成本费用。

（5）复核与此岗相关的原始凭证，进行账务处理，保证核算结果准确，真实反映企业经营状况。

（6）正确计算本年利润，年终按规定进行利润分配。

（7）进行收入、成本费用、利润分析和考核，为各部门奖惩提供准确数据。

（八）财产物资核算岗位职责权限

（1）掌握相关财产物资的商品知识、保管知识，以及国家及行业管理部门的相关管理规定。

（2）协助建立健全财产清查制度、计量验收制度与财产物资有关的内控制度；协助拟定财产物资的管理办法；编制固定资产核算依据清册。

（3）计提固定资产折旧，监督在建工程的全过程。

（4）督促有关部门或责任人员及时办理会计手续，复合或授权审核相关原始凭证，填制记账凭证，登记相关财产明细账及备查簿。

（5）负责流通单位库存商品销售成本的明细核算。编制商品销售成本结转表，填制记账凭证。

（6）定期或不定期抽查账实相符情况，参加财产物资的清查盘点。查清盘盈、盘亏、毁损等情况及其原因，分清责任，并按权限进行处理，办理财产损失的报批手续。

（7）监督、指导、管理实物负责人登记保管账（卡），定期或不定期核对账目，做到账账、账实、账证相符。

（九）出纳岗位职责权限

（1）掌握《现金管理暂行条例》《中国人民银行结算办法》《中华人民共和国票据法》等与货币资金相关的规定，严格执行费用报销标准。

（2）保管库存现金、有价证券、空白支票和空白票据，负责安全与完整，按规定装订凭证。

（3）负责办理现金的结算业务，按照核定的库存限额和现金支付范围使用现金。可

转账的一律通过银行结算。

（4）负责办理银行结算业务和银行账户的日常管理工作。做到：正确使用结算工具，不签发空白、空头支票；不出租、出借银行账户，不为其他单位办理银行结算业务。

（5）复核或授权审核收付款原始凭证，凡不符合制度规定的，一律拒付，及时向相关会计岗位传递会计凭证。进行日结和账实核对，做到日清月结。

（6）根据有关原始凭证，逐笔登记支票登记簿、应收（付）承兑汇票备查簿和有价证券明细账。

（7）负责银行存款日记账和银行对账单的核对，定期编制银行存款余额调节表。发现问题及时核对，查明原因，通知和督促责任人及时处理。

（8）监督、指导收（付）款员的款项收付，保管、核对与及时上交入库。

（9）编制现金和银行存款日报表，反映收付存情况。

（十）结算员、收银员核算职责权限

（1）结算员按经济业务需要和规定程序确认结算内容后，打印结算单，如遇刷卡客户，确认属实后，客户和结算员签字，交收银员。挂账、免单、本厂车辆必须由相关负责人确认审批。

（2）收银员按结算单实际应收数额，向客户收取款项。

（3）收银员收妥款项后，开具出门证，并签名。每日核对门卫处出门证。

（4）收银员每日或定时按规定向出纳员上交收取的款项和收款原始凭证。

（5）结算员根据任务委托书、结算单编制工时统计表，按日打印备查，收银员复核。

（6）结算员督促业务接待人员严格控制一切未结算车辆，及时结清已离厂车辆，查清责任人。

（7）妥善保管发货票、营业专用章等重要物品，正确使用电脑、卓越软件等办公设施。

（8）接受公司会计、出纳监督、指导，但要防范越权行为发生。

（9）协助业务室做好有关车主、客户的接待工作。

三、对会计工作岗位的考核办法

（一）对财务经理的考核

（1）是否按计划完成各项工作（5分）。

（2）总经理下达的工作任务是否按期完成（5分）。

（3）各类报表、盘点数据和账务系统是否准确无误，误差率小于1%（8分）。

（4）财务各项工作流程是否规范、无漏洞（5分）。

（5）是否及时有效监督检查财务各项工作，确保财务数据准确，上报及时（5分）。

（6）是否完善和规范财务各项管理制度与操作流程，并形成书面文件交行政部备案（4分）。

（7）是否严格控制各项预算，合理调配资金，保证资金的正常运转（5分）。

（8）部门工作流程操作是否规范（3分）。

（9）是否严格执行财务审批制度，定期进行检查监督，达标率100%（5分）。

（10）是否执行账目日清月结制度，保证账实相符（2分）。

（11）是否及时发现，并制止和纠正违法违规、贪污盗窃行为（5分）。

（12）是否做好对分公司财会业务的管理指导和监督工作（4分）。

（13）月末是否配合各物资管理部门进行盘点，及时上报盘盈盘亏结果，并说明原因，准确了解公司的财务状况和经营成果（2分）。

（14）部门资料、文件整理是否规范，有无丢失和泄露（5分）。

（15）责任分工是否明确，有无遗漏（2分）。

（16）部门礼仪礼貌、文明用语是否规范（2分）。

（17）公司活动是否积极参加（2分）。

（18）会议内容传达是否及时，落实是否准确（2分）。

（19）工作计划是否于每月1日前上报行政部，培训计划是否报行政部备案（2分）。

（20）部门物品有无丢失情况发生（5分）。

（21）是否有安全隐患现象存在（如私自使用家用电器；人走灯、电脑未关；超负荷使用插座；易燃易爆物品未安全存放；灭火设施准备不到位）（5分）。

（22）有无重大事故发生（5分）。

（23）部门卫生、部门仪容仪表，拾金不昧、好人好事（2分）。

（24）厂家奖励（5分）。

（25）节能降耗贡献奖（5分）。

（二）对会计的考核（略）

（三）对出纳的考核（略）

本章小结

企业会计组织的设计包括科学地设置会计组织机构、合理地配备会计人员、明确地确定会计工作岗位职责和其他相关的会计管理制度。

会计组织机构是制定和执行会计制度，组织和处理会计工作的职能部门。具体设置会计组织机构，应根据各单位的规模大小、经营特征及管理组织形式等情况予以决定。一个科学有效、高质量的会计组织机构的设置，通常应该遵循效益性、系统性、控制性、效率性和以人为本五项基本原则。各单位应当根据会计业务的需要，设计适应自身特点的会计组织机构模式。符合条件的企业，可以单独设置会计组织机构；不符合条件的企业，可以在有关部门配备专职会计人员，或根据《会计法》及有关规定委托代理记账。在单独设置会计组织机构的企业，企业内部会计组织机构的设计模式可以从两个角度进行分析，分别选择会计与财务分立或合并设置；在核算形式上，选择采取集中设置或分级设置形式。集中核算是指仅在企业一级设置会计组织机构，企业内部的部门、单位则不设会计组织机构，不办理会计业务。会计分级核算是指除了在企业一级设置会计组织机构外，在企业内部各部门、单位也相应地设置会计组织机构，办理本级范围内相应的会计业务。

会计岗位是指企业设置的从事会计工作、办理会计事项的具体职位。不同企业单位，可以根据会计业务的需要，设置会计工作岗位，确定各岗位的相应职责，做到“因事设岗、按岗设人、人员精干、各司其职”，达到会计岗位设置合理性和有效性的目的。具体而言，会计工作岗位的设置一般应遵循以下基本原则：①满足会计业务的需要；②符合内部牵制原则；③有利于提高会计人员的业务素质；④有利于建立岗位责任制。

企业类型不同、规模不同、管理特点不同，其会计组织机构的设计也各有特点。

复习思考题

1. 企业内部会计组织机构的设置主要有哪几种形式？说明其主要适用范围。
2. 简述设计企业会计组织机构应遵循的基本原则。
3. 会计工作岗位的设置一般应遵循哪些基本原则？
4. 调查一个企业的会计组织机构及其岗位职责分工的实例，并予以点评。

第三章

会计凭证的设计

本章主要研究了会计凭证设计的意义、原则和范围，介绍了原始凭证及记账凭证设计的具体要求和方法。

会计凭证是会计信息的重要载体，是记录经济业务、明确经济责任的书面证明，也是登记会计账簿的依据。会计凭证设计就是根据企业管理的实际需要，制定凭证的种类、内容、用途、格式、份数、传递程序等，使企业经济活动的各种数据都能集中到财会部门，并受到财会部门的监督。

【重要概念】 会计凭证　会计凭证设计　原始凭证设计　记账凭证设计

第一节　会计凭证设计的意义、原则和范围

填制和审核会计凭证是会计核算工作的起点，也是对经济业务进行核算和监督的基本环节，离开了会计凭证，就无法进行正常的会计核算。企业应该遵循一定的凭证设计原则，根据企业经济业务的特点科学设计合理的会计凭证。

一、会计凭证设计的意义

会计凭证的设计直接影响会计核算的质量、会计工作效率和企业人员的分工协作。其设计意义主要体现在以下几方面。

（一）可记录经济业务，提供会计信息

无论原始凭证还是记账凭证，都是记录经济业务发生、完成情况、反映经济活动本来面貌的信息载体，会计凭证不仅可以为账簿记录提供可靠的依据，还可以为会计管理和会计检查工作提供详尽的原始资料。内容完整、结构合理、格式规范的会计凭证，便于正确记录经济业务的实际发生、完成情况，可全面、及时地反映经济业务的真实情况，为进行账务处理奠定基础。

（二）可明确经济责任，便于内部控制

通过在会计凭证上设计一些必须具备的内容，如在原始凭证上设计凭证开出单位和

接受单位名称、业务经办人员的签名或盖章，在记账凭证上填制经办人员的签名或盖章等，便于明确经济责任，使有关责任人在其职权范围内各司其职、各负其责。同时，通过凭证填制、审核的手续制度，使办理业务的各部门业务主管人员和会计人员在业务处理时互相把关、相互制约，便于贯彻内部控制制度，形成严密的内部控制体系，有效提高企业的经营管理水平和工作效率。

（三）可保证会计信息的传递和保管，加强企业各部门的相互联系

会计凭证不仅是记账依据，也是反映企业业务处理程序、业务部门相互联络的重要信息载体。设计恰当的会计凭证，有利于会计信息在部门之间、财务人员之间的传递，减少迂回环节，提高工作效率，便于对会计凭证进行保管和随时查阅。通过会计凭证在企业内部各部门中的传递程序，还有利于加强企业内部各部门之间的联系。

二、会计凭证设计的原则

为了加强企业内部控制，提高对会计信息的处理效率，提高会计工作质量，在设计会计凭证时，应遵循以下原则。

（一）凭证内容设计能够反映经济业务的基本情况

会计凭证是会计工作的重要依据，对会计核算的质量有重大影响，在设计会计凭证的格式、项目时，必须考虑能够提供经济业务最完整、最详细的第一手资料。虽然不同的经济业务，会计凭证内容不同，但凭证在设计上必须清楚反映经济活动的发生时间、地点、内容、金额，有关经办人员的责任等情况。对原始凭证而言，应设计凭证名称、号码、填制日期、填制单位、接受单位、业务内容、计量单位、数量、单价、金额大小写、经办人员签名、盖章等内容；对记账凭证而言，除以上的相关内容，还要求科目对应关系清楚，不仅要有总分类科目的位置，还要有明细分类科目的位置，以及所附原始凭证的张数。

（二）凭证联数和传递程序设计要与企业管理要求相结合

凭证是业务的证明，业务要在凭证上如实反映，这就要求会计凭证的设计有利于加强各单位的经济核算、控制、分析、考核，根据企业管理各个环节的不同要求，设计会计凭证联数和传递程序，以满足企业业务管理的不同要求。

（三）凭证内容、格式和用途设计尽量做到规范统一

除经济业务特殊或管理上有特殊要求外，设计的会计凭证应做到尽量规范统一，并保持相对的稳定，以免引起会计工作的混乱。会计凭证内容、格式和用途规范统一，不仅有利于会计资料的口径一致，便于汇总分析，而且便于装订和归档保管，有利于传递和使用信息。

（四）凭证设计应体现企业内部控制的要求

会计凭证作为经济业务发生和记账的书面证明，是实施企业内部控制的重要工具之

一。在会计凭证设计过程中，应充分考虑加强内部控制的要求，合理设计凭证使用人、审核人、批准人、验收人等经办人员签名、盖章的项目，体现不相容职务分工负责的原则。同时，通过采取凭证存根、连续编号和复写多联，以及理顺凭证流转顺序、签字审核顺序等方式，达到凭证流转的每道环节相互控制和相互制约的目的。

（五）凭证设计应简明实用，便于填制、审核、查阅和保管

设计会计凭证时，应在保证凭证的种类、格式和份数满足核算要求的前提下力求简化、实用、可行。具体做到：①凭证格式、隔行要充分考虑填写的方法和需要，凭证上的文字要通俗易懂；②中心内容或主要内容应排列在凭证的重要位置，使之一目了然；③凭证用纸要满足书写、传递和保管的要求；④不同用途的联次应有明显区别并标明各联联次，各联颜色显明，易于区分；⑤凭证面积以能充分反映业务内容为原则，不宜过大或过小。

三、会计凭证设计的范围

按照填制程序和用途，会计凭证可分为原始凭证和记账凭证两大类，原始凭证和记账凭证既相互联系又有区别。原始凭证是用来记录经济业务活动具体内容和发生、完成情况，编制记账凭证的原始会计核算资料，而记账凭证则是会计人员根据审核无误的原始凭证或汇总原始凭证归类、整理并确定会计分录简要说明经济业务内容的会计凭证，是登记账簿的直接依据。同时，原始凭证和记账凭证又有各自的进一步分类。会计凭证从设计角度的概括分类如图 3-1 所示。

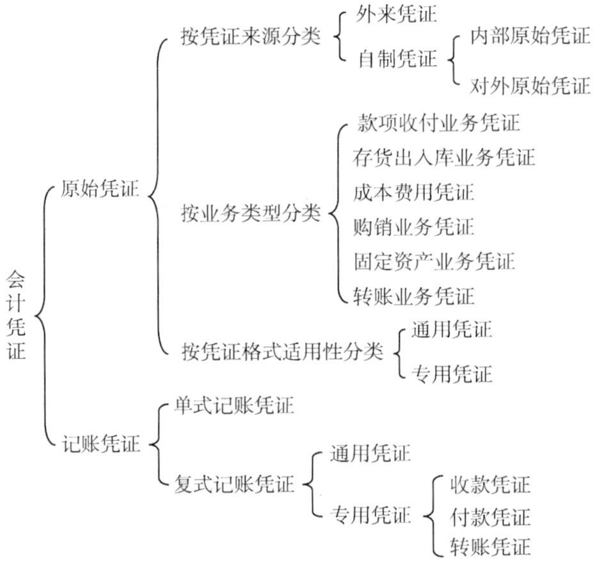

图 3-1 会计凭证从设计角度的概括分类

从凭证设计的角度看，会计凭证设计的范围主要包括以下方面。

（一）原始凭证中自制原始凭证的设计

原始凭证设计主要是自制原始凭证的设计，作为企业凭证设计人员，主要考虑本企业范围内所使用的凭证，对外来的凭证无从干预，设计要点是要忠实地记录经济业务的发生过程和完成情况。自制原始凭证又可分为内部原始凭证和对外原始凭证。对外原始凭证在业务处理过程中要流出本企业，它们对本企业来说是自制凭证，而对接受凭证的企业来说，则是外来凭证。因此，考虑自制凭证的设计，如设计的要求、内容、格式等，实际上也需要考虑外来凭证的设计要求。

（二）记账凭证选择使用、规范填制方法和会计凭证保管制度的设计

记账凭证的设计主要是结合业务特点，对现有记账凭证格式的选择、设计规范的记账凭证填制方法和会计凭证保管制度，设计要点是对经济业务的分类确认和计量。

第二节　原始凭证的设计

原始凭证又称单据，是在经济业务发生时直接取得或填制的，用以证明经济业务已经发生或已经完成的会计凭证，是会计核算的原始资料和重要依据。任何单位的任何经济业务，无论是对外业务还是内部业务都必须有原始凭证予以证明。

一、原始凭证设计的要求

原始凭证的设计除应遵循本章第一节会计凭证的设计原则外，还应满足以下要求。

（一）根据行业特点和业务特点设计原始凭证种类

企业需要哪些原始凭证，是由企业的行业特点、业务特点、经济业务内容和采用的管理方式与核算方法决定的。设计原始凭证种类时，必须结合企业的行业特点和业务特点详加分析，逐项确定，尽量使之构成一个有机的凭证系统，防止遗漏和重复。

（二）凭证基本内容设计完整

各项经济业务内容和经济管理要求不同，各个原始凭证的名称、格式和内容也是多种多样的。但是，所有的原始凭证都是保证账簿记录如实反映经济业务的基础，原始凭证必须详细载明有关经济业务的发生和完成情况，必须明确经办单位和人员的经济责任。

（三）凭证设计要符合经营管理的要求

原始凭证的设计既要符合会计核算的要求，又要满足经营管理的需要。因此设计原始凭证时，凡是企业经营管理需要的指标都要结合起来加以考虑，广泛征求相关部门的意见，尽量做到一“证”或一“单”多用，以便满足各种核算、控制、分析、考评的需要。如单位的工资单，从会计部门来讲，是支付工资及各种扣款的原始凭证，但从劳动工资部门来讲，则是“工资总额”统计的资料来源。因此，在设计时应尽可能将上述要

求综合加以考虑。

（四）凭证设计要满足内部控制的需要

原始凭证是企业实施内部控制的重要工具。在设计原始凭证时，必须根据企业内部控制制度的要求，针对各种经济业务特点，规定必要的填写联数、次序和合理的传递程序及存根保管制度，以严密手续、堵塞漏洞，并把各种业务的处理过程有机地联系起来，起到企业内部各部门相互联系、相互牵制的作用。

二、原始凭证设计的内容和方法

从原始凭证设计的范围看，原始凭证设计主要包括凭证要素、凭证格式、流转程序和凭证管理方法的设计。

（一）根据原始凭证用途设计凭证要素

每一种原始凭证都具有特定用途，有的原始凭证还具有多种用途。用途不同，原始凭证应具备的要素内容也不尽相同，从而导致具体构成因素上存在差异。设计时，应根据使用凭证所要达到的目的和用途，确定凭证上应填写的要素内容。

作为证明经济业务发生、明确经济责任和编制记账凭证依据的原始凭证，在设计时应考虑以下几种因素。

（1）经济业务发生时所涉及的信息。

（2）经济业务发生时应办理的手续。

（3）经济业务所涉及的数量、单价、计量单位和其他附件。

（4）凭证的使用对象。

（5）管理经济业务所需要的信息。

为满足以上要求，设计原始凭证应包括以下基本要素。

（1）填制原始凭证的单位名称。

（2）原始凭证的名称。

（3）原始凭证的编号和填制凭证的日期。

（4）接受原始凭证的单位名称。

（5）经济业务的内容摘要。

（6）经济业务发生的实物数量和金额。

（7）经办人员的签名盖章。

对于不同经济业务的原始凭证，往往还需有一些特殊要素，如原始凭证的附件等，这是由于这些原始凭证不仅要满足会计核算的需要，同时还要满足经济管理各方面的要求，因此可根据实际需要增设一些内容。

（二）绘制原始凭证格式

根据原始凭证的种类和用途确定原始凭证的内容以后，就可绘制原始凭证格式。原始凭证格式应尽量采用通用格式，做到符合实际需要、合理适用。在绘制过程中应综合考虑以下各因素。

1. 凭证格式的大小

设计凭证格式的大小主要考虑两个因素：一是经济业务的多少。经济业务多，凭证可大一些，反之，则可小一些。二是与记账凭证的相互协调性，一般原始凭证的大小不应超过所使用的记账凭证，以便于装订成册和凭证美观。另外，实现电算化的企业要考虑打印机的宽度，还要适应档案保管设备的宽度。

2. 凭证内容位置的安排

凭证内容要素要合理地安排在一张凭证上，凭证要素排列的先后要考虑凭证的传递顺序的要求，便于填写、计算和对照检查；整个凭证要素的排列要突出重点，重要的项目应设置在主要位置上。一般而言，项目名称在左边，要填制的内容在右边；固定性的资料应事先印刷在凭证上以节约填制时间；应填的留空要适当，不要过大或过小，行数、栏数要根据实际需要设计；左边应留有适当空白以备装订。

3. 凭证的联数

凭证的联数主要取决于企业的组织机构、管理要求及与企业外部的关系。为了满足不同部门对信息的需求，一般应设计一式多联的原始凭证。在设计一式多联的凭证时，应当注明每一联凭证的用途和传递顺序，各联凭证的名称应与该联凭证所起作用保持一致，注明不同用途的各联凭证不能互相代替。为了方便使用，应在每联中注明其用途和传递程序。为了便于识别，可考虑各联使用不同的颜色或厚薄不同的纸张印制。

4. 凭证的版式

凭证纸质的优劣应根据凭证使用的频率、复写联数和保存期限来确定。例如累计凭证使用次数较多，纸质选用应比一次凭证优良一些；复写联数多的凭证应比复写联数少的选用的纸质薄一些；保存期限较长的凭证比保存期较短的凭证纸质应好些。凭证的颜色宜用比较柔和的浅色，不同联数的凭证使用不同颜色加以区别，以避免差错，也便于凭证的归类和传递。在印刷字体上应采用比较规范和庄重的字体，一般常用的有仿宋体、印刷体和黑体。除了制作单位名称可选用手写体外，凭证印刷应尽量避免采用手写体。凭证上的线条应醒目，粗细应得当。为保持原始凭证管理，可事先规定原始凭证各联数纸张的颜色，以便实务中能有效区别。原始凭证各联数纸张使用颜色如表 3-1 所示。

表 3-1　原始凭证各联数纸张使用颜色

联别	两联	三联	四联	五联
第一联	白色	白色	白色	白色
第二联	白黄色	白黄色	白黄色	白黄色
第三联		淡红色	淡红色	淡红色
第四联			黄色	黄色
第五联				绿色

（三）确定原始凭证流转程序

原始凭证的流转程序是指原始凭证从填制或取得时起，到装订保管时止，所经历的签发、审核、使用、整理、记账、归档等处理和运行的全部过程，即凭证在本企业内部各部门和人员之间的传递过程与停留时间。制定合理的凭证传递程序有利于企业之间各部门的分工协作，有利于督促经办业务的部门和人员及时编制凭证，并考核有关人员是否按规定和程序处理业务，加强内部控制和经营管理。设计原始凭证流转程序应考虑以下几方面。

1. 设计原始凭证传递的路线

原始凭证经过的环节应本着贯彻企业内部控制制度，加强岗位责任制、明确分工、互相协作的原则设计，充分考虑企业机构的设置、人员的分工、业务的特点、经济管理的需要等因素。设计时要标明各类原始凭证所经历的环节，注明起、讫点，做到需要经过的部门和人员不能绕过，不需经过的部门坚决不过，各岗位环节互相牵制，各负其责。

2. 设计原始凭证在各环节停留的时间

原始凭证在各个环节停留的时间，应根据各部门和人员办理各项业务手续需要的时间来确定，既要防止停留时间过长而影响凭证传递的速度，也要防止停留时间过短而影响业务手续无法办理完毕。

3. 设计各环节之间原始凭证交接的手续

设计各环节之间凭证的交接手续是指确定各环节应由谁负责办理哪些事项，由哪些人签章，如何交接。为了明确责任，防止原始凭证丢失，要设置凭证交接登记簿。

4. 绘制原始凭证流程图

凭证传递程序应结合业务处理的流程绘制流程图，使有关人员能够按照流程图准确地传递凭证，便于分析、跟踪和监督业务处理的过程。

（四）原始凭证管理的内容

原始凭证管理主要包括对空白凭证、制错凭证和使用过凭证的管理。

1. 空白凭证管理

空白凭证管理，是指对对外有效空白凭证，如销售发票、金融企业支票、收款收据等的管理。对这类凭证应事先编号，指定专人负责，领用、交回要进行登记，防止丢失和假冒。对于须加盖有关印戳才能生效的凭证，未领用之前不得加盖印戳。

2. 制错凭证管理

对误填作废的凭证，各联应加盖“作废”戳记，并全联和存根一起保管，不得随意销毁。

3. 使用过凭证管理

对登记入账的原始凭证应加盖“收讫”“付讫”“注销”等印记，并结合会计档案保管制度的规定，进行严格保管。一般作为记账凭证的附件要装订成册保存；对单独保管的原始凭证也要装订成册，注明其所附的记账凭证的日期和号数，严防丢失；自制原始凭证的存根应要求每本使用完毕即整理入档，不得随意丢失，特别是销售发票、支票存根、收据等更要妥善保管，防止销毁等非法情况发生。

三、主要原始凭证的设计

原始凭证种类多，使用范围广，内容差异大，不可能全面予以介绍。下面介绍几种主要行业主要原始凭证的设计。

（一）工业企业原始凭证的设计

工业企业的生产经营过程是以生产过程为中心，通过供应过程、生产过程和销售过程从事购进、生产和销售业务活动。工业企业需要的原始凭证最为繁杂，其设计的原始凭证主要包含款项收付业务凭证、存货出入库业务凭证、成本费用凭证、销售业务凭证和固定资产业务凭证等。

1. 反映款项收付业务凭证的设计

反映企业款项收付业务的原始凭证很多，一般可分为三类：一是通过金融企业办理结算的各种收付业务凭证，它由金融企业提供或转来，一般不需要企业自行设计。二是由本企业各业务部门在经济业务发生时填制的收付业务凭证，如销货发票等，按规定它由国家财税部门设计印刷，不需要企业自行设计。三是企业内部收付业务凭证，如由交款人直接向财务部门交款，由财务部门填制的收款凭证；或向内部部门和个人支付款项的支出凭证，如内部缴款单、差旅费报销单等。其中，有些凭证按规定由国家财税部门设计印刷或在经过申请和批准后，在财税部门的监督下设计、印刷，这些凭证也不需要企业自行设计；有些凭证可由企业自行设计、印刷。这里主要介绍一些可由企业自行设计印刷的内部收付业务凭证。

反映企业内部款项收付业务凭证的设计，应设计经济业务说明栏、大小写金额栏和责任人签章内容。这类凭证主要有如下几种。

（1）库存现金盘点报告单的设计。现金盘点结束时，企业应根据盘点结果填制库存现金盘点报告单。库存现金盘点报告单的设计项目包括现金实有金额、账存金额，以及对比结果是盘盈还是盘亏的情况。库存现金盘点报告单的一般格式如表 3-2 所示。

表 3-2　库存现金盘点报告单

单位名称：　　　　　　　　　　　年　　月　　日　　　　　　　　　　金额单位：

实有金额	账存金额	对比结果		备注
		盘盈	盘亏	

盘点人：　　　　　　　　　　　　出纳员：

（2）借款凭证的设计。借款凭证是反映企业内部各部门或人员因经营业务需要向财会部门借款的书面证明。借款凭证一般应设计为一式两联，一联由借款人留存，一联由财会部门进行账务处理。借款凭证应反映借款部门、借款人、借款金额和用途及有关人员签章。借款凭证的一般格式见第八章。

（3）差旅费报销单的设计。差旅费报销单是用于企业内部职工出差报销时填制的原始凭证。设计差旅费报销单应反映出差人姓名、出差地点、事由、出差天数、往返日期、预借款、实报数、应退应补款等。差旅费报销单的一般格式如表 3-3 所示。

表 3-3 差旅费报销单

年 月 日 字第 号

<table>
<tr><td colspan="10">姓 名</td><td colspan="4">预借金额</td><td colspan="5" rowspan="3">所附单据 张</td></tr>
<tr><td colspan="10">出差事由</td><td colspan="4">实报金额</td></tr>
<tr><td colspan="10">出差地点</td><td colspan="4">退补金额</td></tr>
<tr><td colspan="4">起程</td><td colspan="4">到达</td><td colspan="2">车船费</td><td rowspan="2">出差地市内交通费</td><td rowspan="2">住宿费</td><td rowspan="2">在途伙食补助</td><td rowspan="2">通宵与卧坐车津贴</td><td colspan="3">住勤伙食补助</td><td colspan="2">其他费用</td></tr>
<tr><td>月</td><td>日</td><td>时</td><td>地点</td><td>月</td><td>日</td><td>时</td><td>地点</td><td>名称</td><td>金额</td><td>天数</td><td>每天补助</td><td>金额</td><td>项目</td><td>金额</td></tr>
<tr><td></td><td></td><td></td><td></td><td></td><td></td><td></td><td></td><td></td><td></td><td></td><td></td><td></td><td></td><td></td><td></td><td></td><td></td><td></td></tr>
<tr><td></td><td></td><td></td><td></td><td></td><td></td><td></td><td></td><td></td><td></td><td></td><td></td><td></td><td></td><td></td><td></td><td></td><td></td><td></td></tr>
<tr><td></td><td></td><td></td><td></td><td></td><td></td><td></td><td></td><td></td><td></td><td></td><td></td><td></td><td></td><td></td><td></td><td></td><td></td><td></td></tr>
<tr><td></td><td></td><td></td><td></td><td></td><td></td><td></td><td></td><td></td><td></td><td></td><td></td><td></td><td></td><td></td><td></td><td></td><td></td><td></td></tr>
<tr><td colspan="19">人民币合计（大写）</td></tr>
</table>

部门主管 会计审核 领款人 出纳

（4）收据的设计。收据的用途较广，设计收据，既要考虑原始凭证的基本内容，还应综合考虑其特点。收据一般设计为一式三联，一联交财会部门作为记账的依据，一联作为收据联交缴款单位或缴款人，一联作为存根联由出纳部门留存备查。收据的一般格式见第八章。

2. 反映存货出入库和盘点业务凭证的设计

工业企业存货出入库业务凭证主要包括反映供应过程存货出入库业务的收料单、领料单、限额领料单和发出材料汇总表等原始凭证，以及反映生产销售过程中存货出入库业务的产成品入库单、半成品入库出库单和库存商品出库单等，盘点业务凭证主要指盘存单。

（1）收料单的设计。收料单是反映工业企业购进的材料验收入库业务的记录凭证。收料单应反映材料购入过程中的以下内容：支付的运杂费和保险费，增值税税额，结算方式，材料缺损情况，如企业材料采用计划成本核算方式的还应反映计划成本资料，如有损耗的材料则还应反映定额损耗率和定额损耗量等情况。收料单的一般格式见第九章。

（2）领料单的设计。领料单是反映工业企业产品生产等部门进行生产经营活动领取材料的记录凭证。领料单应反映材料领用过程中的以下内容：领用部门和用途、请领和实领数量，以及单价和金额。领料单的一般格式见第九章。

（3）限额领料单的设计。限额领料单，是由生产计划部门和供应部门根据生产计划和材料消耗定额等资料核定并编制的一种多次有效凭证。限额领料单应设计领料部门、材料用途、领料限额等内容，以便能够有效地控制材料消耗。限额领料单的一般格式如表 3-4 所示。

表 3-4　限额领料单

领料部门：　　　　　　　　　　　　　　　　　　　　　　　　　　第　　号

用途：　　　　　　　　　　　　　　　　　年　　月　　日　　　　发料仓库：

<table>
<tr><td rowspan="2">材料编号</td><td rowspan="2">材料名称规格</td><td rowspan="2">计量单位</td><td rowspan="2">计　划投产量</td><td rowspan="2">单位消耗定额</td><td rowspan="2">领用限额</td><td colspan="3">实发</td></tr>
<tr><td>数量</td><td>单价</td><td>金额</td></tr>
<tr><td></td><td></td><td></td><td></td><td></td><td></td><td></td><td></td><td></td></tr>
<tr><td rowspan="2">日期</td><td colspan="3">领用</td><td colspan="3">退料</td><td colspan="2" rowspan="2">限额结余数量</td></tr>
<tr><td>数量</td><td>领料人</td><td>发料人</td><td>数量</td><td>退料人</td><td>收料人</td></tr>
<tr><td></td><td></td><td></td><td></td><td></td><td></td><td></td><td></td><td></td></tr>
<tr><td></td><td></td><td></td><td></td><td></td><td></td><td></td><td></td><td></td></tr>
<tr><td></td><td></td><td></td><td></td><td></td><td></td><td></td><td></td><td></td></tr>
<tr><td></td><td></td><td></td><td></td><td></td><td></td><td></td><td></td><td></td></tr>
</table>

（4）退料单的设计。退料单应设计退料原因、领用车间、材料名称、交库数量、实收数量、金额等内容。退料单的一般格式如表 3-5 所示。

表 3-5　退料单

退料原因：

领用车间：　　　　　　　　　　　年　　月　　日　　　　　　　　收料仓库：

材料编号	材料名称和规格	计量单位	数量		计划成本		备注
			交库	实收	单位成本	金额	

（5）发出材料汇总表的设计。发出材料汇总表应设计发出材料名称、单位、数量、单价和金额，以及领用部门和用途。发出材料汇总表的一般格式如表 3-6 所示。

（6）产成品入库单的设计。企业完工产品验收入库需要填制产成品入库单，产成品入库单应设计产品名称、交付数量、实收数量和金额等内容。产成品入库单的一般格式见第九章。

表 3-6 发出材料汇总表

年　　月　　日　　　　金额单位：

材料名称	单位	数量	单价	金额	领用部门	用途
甲材料						
乙材料						
丙材料						
丁材料						
合计						

（7）库存商品出库单的设计。库存商品出库单是反映企业商品出库的记录凭证。库存商品出库单应设计商品名称、规格、计量单位、出库数量和有关人员签章，已实现电算化的单位还应设计商品代码。商品出库单的一般格式见第九章。

（8）盘存单的设计。盘存单用于盘点财产物资时登记各项财产物资的盘点结果。设计盘存单应反映盘点时间、财产类别、存放地点、名称、规格型号、计量单位、实存数量、单价、金额、盘点人员和实物保管人等情况。盘存单的一般格式如表 3-7 所示。

表 3-7 盘存单

单位名称：　　　　盘点时间：　　　　编号：

财产类别：　　　　存放地点：

序号	名称	规格型号	计量单位	实存数量	单价	金额	备注

盘点人员签章　　　　实物保管人签章

（9）实存账存对比表的设计。财产物资盘点完毕，将盘存单中所记录的实存数与账面结存数余额相核对，如发现实物盘点结果与账面结存结果不相符，应根据盘存单和有关账簿记录，填制实存账存对比表，以确定实物财产的盘盈数或盘亏数。实存账存对比表应设计财产物资实存数量和金额，账存数量和金额，以及对比结果是盘盈还是盘亏的情况。实存账存对比表一般格式如表 3-8 所示。

表 3-8 实存账存对比表

单位名称：　　　　年　　月　　日　　　　财产物资类别：

序号	名称	规格型号	计量单位	实存		账存		实存与账存对比			
								盘盈		盘亏	
				数量	金额	数量	金额	数量	金额	数量	金额
金额合计											

3. 反映成本费用凭证的设计

反映企业成本费用的凭证主要有原材料费用分配表、工资费用分配表、折旧费用分配表、辅助生产费用分配表、制造费用分配表、产品成本计算表等。

（1）原材料费用分配表的设计。各种材料费用的分配是通过编制材料费用分配表进行的。材料费用分配表应设计使用科目、使用材料的车间和部门、材料类别、直接计入和分配计入情况，以及原材料费用分配金额等内容。原材料费用分配表的一般格式如表3-9所示。

表 3-9　原材料费用分配表

年　　月

应借科目		成本或费用项目	直接计入	分配计入	原材料费用合计
基本生产成本	某产品	原材料			
	某产品	原材料			
	小计				
辅助生产成本	某辅助车间	原材料			
	某辅助车间	原材料			
	小计				
制造费用	基本车间	机物料			
	某辅助车间	机物料			
	某辅助车间	机物料			
	小计				
管理费用	行政部门	其他			
合计					

（2）工资费用分配表的设计。企业人工费用的分配是通过编制工资费用分配表进行的。工资费用分配表应设计使用科目、车间和部门、工资费用分配标准，以及工资费用分配金额等内容。工资费用分配表的一般格式见第八章。

（3）折旧费用分配表的设计。企业折旧费用的分配是通过编制折旧费用分配表进行的。折旧费用分配表应设计使用科目、车间和部门、上月固定资产折旧额、上月增加固定资产折旧额、上月减少固定资产折旧额和本月固定资产折旧额等内容。折旧费用分配表的一般格式见第九章。

（4）辅助生产费用分配表的设计。企业辅助生产费用的分配是通过编制辅助生产费用分配表进行的。辅助生产费用分配表应设计各辅助生产车间发生的辅助生产费用、供应辅助生产以外单位的劳务数量、费用分配率和费用分配额等内容。辅助生产费用分配表的一般格式如表3-10所示。

（5）制造费用分配表的设计。企业制造费用的分配是通过编制制造费用分配表进行的。制造费用分配表应设计生产产品名称、机器工时等分配标准、分配率和应分配制造费用额等内容。制造费用分配表的一般格式如表3-11所示。

表 3-10　辅助生产费用分配表

年　　月

辅助生产车间名称			某辅助车间	某辅助车间	合　计
待分配辅助生产费用					
劳务数量					
费用分配率					
辅助生产车间	某辅助生产车间	耗用量			
		金额			
	某辅助生产车间	耗用量			
		金额			
基本生产车间	耗用量				
	金额				
行政管理部门	耗用量				
	金额				
合　计					

表 3-11　制造费用分配表

年　　月

产品名称	机器工时	工时系数	标准工时	分配率	应分配制造费用额
某产品					
某产品					
某产品					
某产品					
合　计					

（6）产品成本计算表的设计。工业企业在生产过程中发生的生产费用，经过一系列的分配、归集后，就是应计入本月产品成本的各项费用。如果某种产品月末没有在产品，则归集的全部成本都是完工产品的总成本；如果某种产品没有完工产品，归集的全部成本就是在产品成本；如果某种产品月末既有完工产品、又有在产品，那么该产品的月初在产品费用和本月发生的生产费用就要采用一定的方法在完工产品与在产品之间进行分配。生产费用在完工产品与在产品之间的分配是通过编制产品成本计算表进行的。产品成本计算表应设计直接材料、直接人工和制造费用等成本项目、期初在产品成本、本期发生额、完工产品单位成本和完工产品总成本，以及期末在产品成本等内容。产品成本计算表的一般格式如表 3-12 所示。

4. 反映销售业务凭证的设计

工业企业从生产过程制造完成的产成品验收入库开始起，到销售给购买方为止的过程为销售过程。在这一过程中企业取得一定数量的销售收入，需用填制发票、代垫运杂费清单和主营业务成本计算表等，其中，发票、代垫运杂费清单是外来凭证，不需要企业设计，需要自制的原始凭证主要是主营业务成本计算表。主营业务成本计算表应设计已销产品名称、销售数量、单位成本和总成本等内容。主营业务成本计算表的一般格式如表3-13所示。

表3-12　产品成本计算表

加工车间：　　品名：　　在产品数量：　　金额单位：

成本项目	直接材料	直接人工	制造费用	合计
期初在产品				
本期发生额				
生产费用合计				
完工产品单位成本				
完工产品总成本				
期末在产品成本				

表3-13　主营业务成本计算表

年　　月　　日　　金额单位：

品名	计量单位	销售数量	金额		备注
			单位成本	总成本	
合计					

5. 反映固定资产业务凭证的设计

反映固定资产业务的凭证主要有固定资产登记卡、固定资产交接验收单、固定资产调拨单、固定资产减损单、固定资产盘盈盘亏报告单等。

设计反映固定资产业务的凭证时，必须注意将固定资产项目、原始价值、预计使用年限、预计残值、折旧情况、管理责任人等情况说清楚。反映固定资产业务凭证的一般格式见第九章。

除以上介绍的内容外，工业企业应设计的原始凭证还有很多，这些原始凭证将在第八章、第九章、第十章与企业业务流程结合讲授。

（二）商品流通企业原始凭证的设计

商品流通企业经济活动主要是通过购销活动，把商品从生产领域向消费领域转移的业务活动。根据企业的业务特点，商品流通企业分为批发企业和零售企业，它们都需要设计大量的原始凭证。商品流通企业需要设计的原始凭证除了某些与工业企业相类似的款项收付业务凭证、存货出入库和盘存业务凭证、费用凭证、购销业务凭证和固定资产业务凭证外，还需要设计一些符合商品流通企业业务特点的原始凭证，如缴款单、商品进出库单、变价商品差价调整单、商品削价报告单等。

1. 缴款单的设计

（1）内部缴款单的设计。内部缴款单是反映商品零售企业各营业柜组将每日直接收取的销货款送交财会部门的业务记录凭证。内部缴款单应反映缴款单位、缴款金额、款项类别等内容，一般应设计一式三联，一联由缴款单位留存，一联交财会部门作为记账依据，一联作为存根备查。内部缴款单的一般格式如表 3-14 所示。

表 3-14　内部缴款单

缴款单位：　　　　　　　　　　年　　月　　日　　　　　　　　　　编号：

款项类别	张数	金额
1. 现金 2. 转账支票 3. 金融企业送款回单		
合计		
合计（大写）		

会计　　　　　　　　　　出纳　　　　　　　　　　缴款员

（2）日销售缴款单的设计。商品零售企业也可以设计日销售缴款单来反映各营业柜组收款员向财会部门总收款员上交销货款业务。日销售缴款单应设计为一式两联，一联由各营业柜组收款员留存，一联由总收款员留存。日销售缴款单只反映消费者上交人民币结算和信用卡结算，不包括支票结算，支票结算另设计支票交款单。日销售缴款单的一般格式如表 3-15 所示。

表 3-15　日销售缴款单

收款台号：　　　　　　　　　　年　　月　　日　　　　　　　　　　编号：

类别	金额								类别	金额							
	十	万	千	百	十	元	角	分		十	万	千	百	十	元	角	分
现金									其他								
									其中：								
合计（小写）									合计（小写）								
合计（大写）																	

总收款员　　　　　　　　　　　　　　　　　　收款台收款员

（3）支票缴款单的设计。支票缴款单是反映社会团体持支票进行结算的记录证明。支票缴款单应设计为一式两联，一联由各营业柜组收款员留存，一联由财会部门总收款员留存。支票缴款单应设计支票号码、缴款单位、开户金融企业、支票金额和有关人员签章等项目、栏次。日支票缴款单的一般格式如表 3-16 所示。

表 3-16　日支票缴款单

年　　月　　日　　　　编号：

支票号码	缴款单位	开户银行	支票金额	缴款人身份证号码	备注
合计：	支票张数				

总收款员　　　　收款台收款员

2. 反映物资收发存业务凭证的设计

反映物资收发存业务的原始凭证一般有商品验收单、商品入库单、商品出库单和长余、短缺报告单。根据物资收发业务的经营特点和管理要求，这类凭证可以设计为一次凭证、累计凭证和汇总凭证等。其主要内容应包括品名、规格、类别、编号、计量单位、数量、单价、金额等项目，以便准确计量和核算。出、入库单纸张颜色应有区别，以便使用方便。个别凭证，还应加盖公章。

（1）商品验收单的设计。商品验收单是反映商品流通企业验收商品业务的记录证明。商品验收单应设计商品品名、规格型号、计量单位、应收数量和实收数量、供货单位及有关人员签章。商品验收单的一般格式如表 3-17 所示。

表 3-17　商品验收单

年　　月　　日　　　　存放库位：

商品品名	规格型号	计量单位	应收数量	实收数量	供货单位	有效期	备注

验收员　　　　保管员

（2）商品入库单的设计。商品入库单是反映商品流通企业商品验收后入库业务的记录凭证。商品入库单应设计商品名称、规格、计量单位、数量、进货单价、金额和有关人员签章，已实现电算化的单位还应设计商品代码。商品入库单的一般格式见第九章。

（3）商品出库单的设计。商品出库单是反映商品流通企业商品出库的记录凭证。商品出库单应设计商品名称、规格、计量单位、出库数量和有关人员签章，已实现电算化的单位还应设计商品代码。商品出库单的一般格式见第九章。

3. 反映商品调价和削价凭证的设计

（1）变价商品差价调整单的设计。商品调价时，实物负责人按照物价部门的规定，填制一式数联的变价商品差价调整单，分送给有关部门。财会部门根据审核无误的变价商品差价调整单及时地调整库存商品和商品进销差价账户，以保证库存商品的实际金额和账面金额相符。变价商品差价调整单的一般格式如表 3-18 所示。

表 3-18　变价商品差价调整单

变价通知日期	
变价通知文号	

实物负责人：　　　　　　　　年　　月　　日

商品编号	品名	单位	库存数量	原售价	新售价	增或减	单位售价	增加金额	减少金额	说明
	甲商品 乙商品 丙商品									
合计										

（2）商品削价报告单的设计。商品削价处理时，必须进行商品的盘点，查明数量，确定削价的幅度；实物负责人还应填制一式数联的商品削价报告单送交财务部门，审核批准后做相应的会计处理。商品削价报告单的一般格式如表 3-19 所示。

表 3-19　商品削价报告单

实物负责人：　　　　　　　　年　　月　　日　　　　　　　　编号：

<table>
<tr><td rowspan="2">商品编号</td><td rowspan="2">品名</td><td rowspan="2">单位</td><td rowspan="2">库存数量</td><td colspan="2">进价</td><td colspan="2">削价前售价</td><td colspan="2">削价后售价</td><td colspan="2">削价金额</td></tr>
<tr><td>单价</td><td>金额</td><td>单价</td><td>金额</td><td>单价</td><td>金额</td><td>单价</td><td>金额</td></tr>
<tr><td></td><td></td><td></td><td></td><td></td><td></td><td></td><td></td><td></td><td></td><td></td><td></td></tr>
<tr><td></td><td></td><td></td><td></td><td></td><td></td><td></td><td></td><td></td><td></td><td></td><td></td></tr>
<tr><td colspan="2">削价原因：</td><td colspan="6">柜组意见：</td><td colspan="4">领导批示：</td></tr>
</table>

除以上介绍的内容外，商品流通企业应设计的原始凭证还有很多，这些原始凭证将在第八章、第九章、第十章与企业业务流程结合讲授。

（三）金融企业原始凭证的设计

金融企业的绝大部分业务活动直接表现为货币资金的运动，其主要业务活动是授信业务，对外发放贷款，最后收回贷款。金融企业主要业务包括存款业务、贷款业务和支付结算业务等，需要设计的原始凭证主要包括反映存款业务、贷款业务和结算业务等的原始凭证。

1. 反映存款业务原始凭证的设计

存款单位向金融企业存入现金时，应填制现金缴款单，现金缴款单应设计为一式两联，第一联作为回单退交存款单位，第二联作为登记现金收入日记簿和单位存款分户账的依据。现金缴款单的一般格式如表 3-20 所示。

表 3-20　现金缴款单

年　　月　　日　　　　　　总　　　字第　　　号

现金日记账顺序　号

款项来源		收款人	全称	
解款部门			账号	

人民币（大写）	十	万	千	百	十	元	角	分

票面	张数	票面	张数	种类	百	十	元	角	分		
一百元		五元		角票							会计分录：（贷）
五十元		二元		分币							对方科目：（借）
十元		一元		封包							会计　记账
										（收款银行盖章）	复核　出纳

2. 反映贷款业务原始凭证的设计

（1）借款凭证的设计。借款人借款时应填制借款凭证，借款凭证应设计为一式五联，第一联借方凭证，第二联贷方凭证，第三联回单，第四联放款记录，第五联借据。借款凭证的一般格式如表 3-21 所示。

表 3-21　借款凭证

单位编号：　　　　　　　　年　　月　　日　　　　　　　　银行编号：

收款单位	名称		付款单位	名称	
	往来户账号			往来户账号	
	开户银行			开户银行	

借款期限（最后还款日）		利率		起息日期	

借款申请金额	人民币（大写）	千	百	十	万	千	百	十	元	角	分
借款原因及用途	银行核定金额	千	百	十	万	千	百	十	元	角	分

银行审批		期限	计划还款日期	计划还款金额
	负责人　信贷部门主管　信贷员			

兹根据你行贷款办法规定，申请办理上述借款，请核定贷给 此致 银行 （借款单位预留往来户印鉴）	会计分录：　借： 对方科目　　贷： 会计　　复核　　记账

（2）还款凭证的设计。当借款人主动归还贷款时应填制还款凭证，还款凭证应设计为一式四联，第一联支款凭证，第二联收款凭证，第三联还款凭证，第四联回单。还款凭证的一般格式如表 3-22 所示。

表 3-22　还款凭证

年　　月　　日　　　　　　　　原借款凭证银行编号：

<table>
<tr><td rowspan="3">借款单位</td><td>名称</td><td></td><td rowspan="3">付款单位</td><td>名称</td><td colspan="10"></td></tr>
<tr><td>往来户账号</td><td></td><td>往来户账号</td><td colspan="10"></td></tr>
<tr><td>开户银行</td><td></td><td>开户银行</td><td colspan="10"></td></tr>
<tr><td colspan="2">计划还款日期</td><td>年　月　日</td><td colspan="2">还款次序</td><td colspan="10">第　　次还款</td></tr>
<tr><td colspan="2" rowspan="2">偿还金额</td><td colspan="3" rowspan="2">人民币
（大写）</td><td>千</td><td>百</td><td>十</td><td>万</td><td>千</td><td>百</td><td>十</td><td>元</td><td>角</td><td>分</td></tr>
<tr><td></td><td></td><td></td><td></td><td></td><td></td><td></td><td></td><td></td><td></td></tr>
<tr><td colspan="5">由借款单位存款户内转还借款（盖借款单位预留存款户印章）
（银行主动还款时免盖）</td><td colspan="10">会计分录：借：
对方科目　　贷：
会计　　复核　　记账</td></tr>
</table>

（3）贴现凭证的设计。持票人持未到期的商业汇票到开户行申请贴现时，应填制贴现凭证，贴现凭证应设计为一式五联，第一联做贴现借方凭证，第二联做持票人账户贷方凭证，第三联做贴现利息贷方凭证，第四联给持票人做收账通知，第五联为到期卡。贴现凭证的一般格式如表 3-23 所示。

表 3-23　贴现凭证（代申请书）

申请日期　　年　　月　　日　　　　　　第　　号

<table>
<tr><td rowspan="3">贴现汇票</td><td>种类</td><td></td><td>号码</td><td></td><td rowspan="3">持票人</td><td>名称</td><td colspan="10"></td></tr>
<tr><td>出票日</td><td colspan="3"></td><td>账号</td><td colspan="10"></td></tr>
<tr><td>到票日</td><td colspan="3"></td><td>开户银行</td><td colspan="10"></td></tr>
<tr><td colspan="2">汇票承兑人</td><td>名称</td><td></td><td>利率</td><td colspan="2"></td><td colspan="3">开户银行</td><td colspan="7"></td></tr>
<tr><td colspan="2" rowspan="2">汇票金额</td><td colspan="5" rowspan="2">人民币（大写）</td><td>千</td><td>百</td><td>十</td><td>万</td><td>千</td><td>百</td><td>十</td><td>元</td><td>角</td><td>分</td></tr>
<tr><td></td><td></td><td></td><td></td><td></td><td></td><td></td><td></td><td></td><td></td></tr>
<tr><td rowspan="2">贴现率</td><td rowspan="2">‰</td><td colspan="4" rowspan="2"></td><td rowspan="2">实付贴现金额</td><td>千</td><td>百</td><td>十</td><td>万</td><td>千</td><td>百</td><td>十</td><td>元</td><td>角</td><td>分</td></tr>
<tr><td></td><td></td><td></td><td></td><td></td><td></td><td></td><td></td><td></td><td></td></tr>
<tr><td rowspan="4">银行审批</td><td colspan="6" rowspan="4">负责人　　信贷部门主管　　信贷员</td><td colspan="2">期限</td><td colspan="4">计划还款日期</td><td colspan="4">计划还款金额</td></tr>
<tr><td colspan="2"></td><td colspan="4"></td><td colspan="4"></td></tr>
<tr><td colspan="2"></td><td colspan="4"></td><td colspan="4"></td></tr>
<tr><td colspan="2"></td><td colspan="4"></td><td colspan="4"></td></tr>
<tr><td colspan="3">附送承兑汇票申请贴现，请审核。
持票人签章</td><td>银行审批</td><td colspan="3">负责人　　信贷员</td><td colspan="10">会计分录：借：
对方科目　　贷：
复核　　记账</td></tr>
</table>

3. 反映结算业务原始凭证的设计

（1）信用卡签购单的设计。持卡人根据需要到特约单位进行购货和消费时，应出示信用卡，由特约单位填制签购单，签购单应设计为一式四联，第一联回单，第二联借款凭证，第三联贷方凭证，第四联存根。信用卡签购单的一般格式如表 3-24 所示。

表 3-24　信用卡签购单

<table>
<tr><td colspan="2">持卡人姓名及账号</td><td colspan="2" rowspan="3">编号
某银行
某卡签购单</td></tr>
<tr><td>证件</td><td>持卡人签名</td></tr>
<tr><td>授权号码</td><td>日期</td></tr>
<tr><td colspan="2" rowspan="2">特约单位名称
经办人签章</td><td colspan="2">人　民　币</td></tr>
<tr><td>购物消费（小写）</td><td></td></tr>
<tr><td colspan="2" rowspan="3">银行签章
科目（借）
对方科目（贷）</td><td>什项（小写）</td><td></td></tr>
<tr><td>金额（小写）</td><td></td></tr>
<tr><td>摘要</td><td></td></tr>
</table>

主管　　　　复核　　　　记账

（2）信用卡取现单的设计。参加同城票据交换和联行往来的代理行，对持卡人持信用卡支取现金的应进行审查，审查无误后，在取现单上办理压卡或刷卡。取现单应设计为一式四联，第一联回单，第二联借方凭证，第三联贷方凭证附件，第四联存根。信用卡取现单的一般格式如表 3-25 所示。

表 3-25　信用卡取现单

<table>
<tr><td colspan="2">持卡人姓名及账号</td><td colspan="2" rowspan="3">编号
某银行
某卡取现单</td></tr>
<tr><td>证件</td><td>持卡人签名</td></tr>
<tr><td>授权号码</td><td>日期</td></tr>
<tr><td colspan="2" rowspan="2">代理行名称、代号</td><td colspan="2">人　民　币</td></tr>
<tr><td>取现金额（小写）</td><td></td></tr>
<tr><td colspan="2" rowspan="3">银行盖章
科目（借）
对方科目（贷）</td><td>手续费（小写）</td><td></td></tr>
<tr><td>实付金额（大写）</td><td></td></tr>
<tr><td>摘要</td><td></td></tr>
</table>

复核　　　　记账　　　　复核　　　　出纳

（3）信用卡转账单的设计。单位卡销户时，持卡人需向发卡金融企业提交授权单位的销户证明和基本存款账户开户许可证及单位卡，经金融企业审核无误后，填制转账单。转账单应设计为一式四联，第一联加盖转讫章交给持卡人，第二联借方凭证，第三联贷方凭证，第四联加盖转讫章交给申请人。信用卡转账单的一般格式如表 3-26 所示。

表 3-26 信用卡转账单

<table>
<tr><td colspan="4">持卡人姓名及账号</td><td colspan="3" rowspan="3">编号
某银行
某卡转账单</td></tr>
<tr><td colspan="2">证件</td><td colspan="2">持卡人签名</td></tr>
<tr><td colspan="2">授权号码</td><td colspan="2">日期</td></tr>
<tr><td colspan="2" rowspan="2">代理行名称、代号</td><td rowspan="2">收款单位</td><td>全称</td><td colspan="3"></td></tr>
<tr><td>账号</td><td colspan="3"></td></tr>
<tr><td rowspan="3">摘要</td><td>银行签章</td><td></td><td>开户银行</td><td></td><td>行号</td><td></td></tr>
<tr><td rowspan="2">科目（借）
对方科目（贷）</td><td rowspan="2">金额</td><td>小写</td><td colspan="3"></td></tr>
<tr><td>大写</td><td colspan="3"></td></tr>
</table>

主管　　　　复核　　　　记账

（四）其他行业主要原始凭证的设计

除工业企业、商品流通企业和金融企业以外的其他行业的原始凭证的设计，需要根据行业特点和业务特点确定所需原始凭证的种类；根据原始凭证的用途合理设计原始凭证的要素和格式。

例如，施工企业是从事建筑安装工程施工生产的企业，其主要业务过程包括供应过程、施工生产过程和工程点交过程。在供应过程中，企业通过合同用货币向供应单位购买施工生产所需的各种劳动对象。这样，企业的货币资金转变为材料储备。企业储备的材料，在施工生产需要时，即进入施工生产过程。在施工生产过程中，被消耗的材料的价值全部转移于未完工程或在产品成本中。与此同时，工人付出了劳动，企业必须以工资形式支付给工人报酬，货币资金通过支付工资而转入未完工程或在产品成本中。此外，在施工生产过程中，固定资产的使用使固定资产发生了损耗，已损耗的固定资产的价值也要转移于未完工程或在产品成本中。随着施工生产过程的进行，企业的未完工程完工，并在工程点交过程中将完工工程点交给发包单位，从发包单位重新获得货币资金。

由此可见，施工企业的主要业务过程与工业企业相似，其自制原始凭证应根据供应过程、施工生产过程和工程点交过程的主要业务来设计。供应过程应设计的主要业务凭证包括收料单、领料单、退料单和发出材料汇总表等；施工生产过程应设计的主要业务凭证包括原材料费用发配表、工资及福利费用分配表、折旧费用分配表、辅助生产费用分配表、制造费用分配表和竣工成本决算等；工程点交过程应设计的主要业务凭证包括主营业务成本计算表等。

第三节 记账凭证的设计

记账凭证是会计人员根据审核无误的原始凭证或汇总原始凭证归类、整理并确定会计分录、简要说明经济业务内容，作为登记账簿直接依据的会计凭证，它是连接原始凭证和账簿记录的桥梁与纽带。结合企业规模、会计工作需要、会计核算形式和企业业务特点，合理选择记账凭证和确定规范的填制标准，可保障账簿记录的正确性，有利于进行会计监督，明确经济责任，从而有利于会计人员的内部牵制。

一、记账凭证设计的要求

记账凭证的设计应满足以下要求。

（一）基本内容完整，重点内容突出

记账凭证的种类不一，各个单位使用的记账凭证的格式也不尽相同，但是，记账凭证是登记账簿的依据，它必须对原始凭证和汇总原始凭证加以归类整理，按照复式记账的要求，确定会计科目及方向，编制出会计分录。因此，无论是哪一种格式的记账凭证都具备一些共同的内容。一般说来，记账凭证必须具备以下基本内容。

（1）记账凭证的名称。

（2）填制凭证的日期。

（3）记账凭证的编号。

（4）经济业务的内容摘要。

（5）会计科目的名称、记账方向和金额。

（6）过账标记。

（7）所附原始凭证张数和其他有关资料。

（8）制证、记账、审核、会计主管等有关人员签名盖章。

设计记账凭证时，以上基本内容必须设计完整，重点内容要突出，会计科目、金额的栏次和各主要栏次的排列要合理，书写分录的行次要适当。

（二）结合企业规模、业务特点，适应企业会计核算形式

设计记账凭证应考虑企业规模大小、业务特点及采用的会计核算程序，选择适当的记账凭证。既便利于记账凭证的填制，合理反映经济业务的内容，又能有利于会计人员的分工协作。

（三）强调监督作用，满足管理要求

记账凭证是在对原始凭证审核的基础上归类整理而填制的，并将原始凭证作为记账凭证的附件附于记账凭证之后，因此，通过记账凭证的填制，有利于发挥会计的监督作用，保证会计记录的正确，便于事后的查账，明确经济责任。在记账凭证的设计中，要强调会计的监督作用，满足管理的要求，使分散的原始凭证通过记账凭证的形式，转化成为各企业经济业务的分类信息，为反映和监督各企业的经济活动与财务收

支，提供必要的信息资料，并为利用会计信息资料及其他有关资料、预测经济前景、参与经营决策做好准备。

二、记账凭证设计的内容和方法

从记账凭证的设计范围看，实际上记账凭证的设计主要是结合企业规模、会计工作需要、会计核算形式和企业业务特点，对现有的记账凭证格式进行选择，以及确定规范的填制标准。

（一）选择使用记账凭证种类

记账凭证的种类较多，可根据单位规模的大小、业务量的多少、账务处理程序的要求以及各种记账凭证的优缺点和适用范围等确定记账凭证的种类。

（1）对于规模较小、经济业务不太复杂、会计人员较少、会计工作岗位设置较粗、会计核算形式较简单的小型企业，为简化核算，使用通用记账凭证即可，既方便又集中。

通用记账凭证可通用于反映收付款业务及转账业务。借贷会计科目往往因经济业务的不同而异，具有很大的不确定性，适宜采用复式设计，在一张记账凭证上反映会计分录的全貌。设计通用记账凭证应反映出摘要、科目名称、借贷方金额、记账，以及时间、编号、有关人员签章和附件张数等内容。其一般格式如表 3-27 所示。

表 3-27 通用记账凭证

年　　月　　日　　　　　　　　第　　号

摘要	一级科目	明细科目	借方金额	贷方金额	记账	附件
合　计						张

会计主管　　记账　　复核　　制单　　出纳

（2）对于规模较大、经济业务较多、会计工作岗位设置较细、稽核要求较严格、需要汇总登记总账的中型企业，一般应采用专用记账凭证，将记账凭证划分为收款凭证、付款凭证和转账凭证三种，将收款凭证、付款凭证和转账凭证分别编号。专用记账凭证设计包括收款凭证、付款凭证和转账凭证的设计。

①收款凭证的设计。收款凭证用于反映现金、银行存款收款业务，其借方科目必然是“现金”或“银行存款”科目，因此设计格式时可将借方科目固定印在表格的左上角，在表格内只反映贷方科目。其基本格式如表 3-28 所示。

②付款凭证的设计。付款凭证用于反映现金、银行存款付出业务，其贷方科目必然是“现金”或“银行存款”科目，因此其格式应与收款凭证相反，可将贷方科目固定印在表格的左上角，在表格内只反映借方科目。其基本格式如表 3-29 所示。

表 3-28 收款凭证

借方科目　　　　年　月　日　　　　字第　号

摘要	贷方总账科目	明细科目	记账	金额
合计				

附单据　张

会计主管　　记账　　出纳　　审核　　制单

表 3-29 付款凭证

贷方科目　　　　年　月　日　　　　字第　号

摘要	借方总账科目	明细科目	记账	金额
合计				

附单据　张

会计主管　　记账　　出纳　　审核　　制单

③转账凭证的设计。转账凭证用于反映不涉及现金和银行存款收付的转账业务，反映的应借、应贷的会计科目具有很大的不确定性，而且在同一笔经济业务的借方和贷方都可能有两个和两个以上的科目，所以设计转账凭证时应注意考虑在凭证设计中能反映每一笔经济业务会计分录的全部借方或贷方科目的栏次。转账凭证的格式设计基本上与通用记账凭证相同，只需将“记账凭证”改为“转账凭证”即可。

（3）对于规模大、经济业务复杂繁多、会计工作岗位设置细致、稽核要求严格、需要汇总登记总账的大型企业，一般也应采用专用记账凭证，但应将收款凭证分为现金收款凭证、金融企业存款收款凭证；将付款凭证分为现金付款凭证、金融企业存款付款凭证；转账凭证也可使用单式记账凭证，以便于记账工作的分工与按科目汇总，并加速凭证的传递，但这对凭证的组织及传递程序要求相对较高，这种情况下，应分别按现金凭证、金融企业凭证和转账凭证编号。

单式记账凭证是将每项经济业务所涉及的每一个会计科目，都分别编制一张记账凭证予以登记，因此每一张记账凭证上仅反映一个总分类科目，所有记账凭证必须分成两类，即借项记账凭证和贷项记账凭证。单式记账凭证的特点是凭证科目的记账方向是固定的。为了便于检查和平衡，设计单式记账凭证应标明对应科目名称。其一般格式如表 3-30 和表 3-31 所示。

表 3-30　借项记账凭证　　编号：

借方科目：　　年　月　日　　附件　张

摘要	二级或明细科目	记账	金额
对应科目：	合计		

财会主管　记账　复核　制单　出纳

表 3-31　贷项记账凭证　　编号：

贷方科目：　　年　月　日　　附件　张

摘要	二级或明细科目	记账	金额
对应科目：	合计		

财会主管　记账　复核　制单　出纳

（二）设计记账凭证的格式

设计记账凭证格式时，应根据经济业务所反映的会计分录内容确定记账凭证的内容和格式。凭证中所表现的会计分录应符合借贷记账法的公式，并根据各种记账凭证的特点，合理地设计其格式及尺寸，规格尺寸要统一，左边的空白边缘要留有装订的余地。

（三）制定记账凭证填制标准

填制记账凭证时，要遵循会计基础工作规范关于记账凭证的各项填制要求，填制记账凭证规定的各项内容。例如，凭证连续编号；不得将不同内容和类别的原始凭证汇总填制在一张记账凭证上；记账凭证除结账、更正差错的业务以外均需附有原始凭证；发生差错的更正方法；空行处理；书写要求；等等。

（四）设计会计凭证保管制度

会计凭证的保管制度主要考虑会计凭证的保管措施和方法，既要便于本单位检查使用、外界审计监督，又要防止不法分子销毁证据。其主要内容包括如下几个方面。

（1）会计凭证在登记入账后，应按各种记账凭证编号顺序装订成册，以防失散，装订间隔时间长短应根据业务量确定。

（2）装订成册的记账凭证应加贴封面和封底，载明单位名称、凭证名称、凭证张数、起讫号数、所属年月等内容。

（3）装订成册的凭证应加贴封条，并由会计主管人员签章，以防抽换。

（4）如果原始凭证较多，可将原始凭证单独装订成册，但必须在相应的记账凭证上或封面上注明原始凭证另存，单独装订成册的原始凭证同时相应地标明记账凭证号码。

（5）如所附原始凭证保密程度较高或属于特别重要的业务单据、法律文件，应单独予以保管，但必须在有关记账凭证上加注说明，以便日后查考。

（6）按法律法规的规定和企业管理需要确定相应会计凭证的保管期限，至保管期满时才能依据规定办理销毁手续后按程序销毁。

（7）确定会计凭证的保管人员，非保管人员未经授权不得接触归档的凭证。

（8）除非经企业授权的特别事项，归档保管的会计凭证只能在有保管人员监视的情况下查阅，不得携带到他处，需复制的应由保管人员复制。

案例 3-1　黑龙江某公司通过购入另一公司股票对其进行股权投资的原始凭证设计

对外投资业务主要涉及对外投资申请和投资确认两个过程的原始凭证。在对外投资申请过程，应当设计"对外投资付款申请单"，作为投资部门的投资依据和财务部门的付款凭证。该申请单属于内部凭证，主要内容应包括投资项目和性质、投资依据或文件、投资额度、投资期限和投资回报等。为了明确投资责任，该申请单还应设计经办人、投资负责人、审批人和财务负责人的签字内容。对外投资付款申请单，参考格式如表 3-32 所示。

表 3-32　××公司对外投资付款申请单

年　　月　　日　　　　单位：　元

投资项目和性质			被投资人		
投资依据或文件		投资期限		投资回报	
投资额度（大写）				（小写）	

审批人　　投资负责人　　财务负责人　　经办人

公司办理付款手续后，应取得收款单位填制的收款凭证，该凭证应设计收款单位名称、投资方式、投资金额和经办人以及收款单位加盖的印章等。一般此类收款凭证为证券公司营业部资金流水凭证，参考格式如表 3-33 所示。

表 3-33　××证券公司××营业部资金流水凭证

资金账号		姓名		银行	
发生日期		流水		币种	
上次金额			本次金额		
发生金额			备注		
发生金额	（大写）				

操作员　　审核　　客户签名

另外，对发生的对外投资业务，还必须有相应的交割单据，该单据中应设计投资性质、品种、金额以及成本费用和收益等内容，常见的收投资交割单据为买卖成交报告书，参考格式如表 3-34 所示。

表 3-34　××证券公司买卖成交报告书

××股东代码　　委托人　　资金账号　　成交日期

							资金栏目			
性质	证券名称	合同号	平均价	数量	金额	手续费	印花税	过户费	通信费	应收/付金额
							当日发生额			
性质	证券名称	合同号	平均价	数量	金额	手续费	印花税	过户费	通信费	应收/付金额
							当日发生额			
总计应收/付金额（合计应收/付金额）										
当日存入金额						当日取出金额				
上日金额						当日金额				

操作员　　委托人

案例 3-2　黑龙江某制造企业记账编制凭证工资费用分配表的设计

黑龙江某制造企业生产 A、B 两种产品，设有基本生产车间、辅助生产车间、销售及行政管理部门、医务及福利部门等。生产工人工资按产品的生产工时比例分配，该企业尚有一幢厂房正在建设中。该企业的工资分配表是根据考勤记录、工时记录、产量品种记录、工资标准、工资等级等编制的将应发工资进行分配的记账编制凭证，该凭证应设计成本或费用项目、产品种类、工资分配标准、工资归集后对应的账户、工资计价单位、制表人和审核负责人等内容，参考格式如表 3-35 所示。

表 3-35　工资费用分配表

年　　月　　　　单位：元

借记科目		成本或费用项目	直接计入	分配计入		工资费用合计
				生产工时	分配金额	
基本生产成本	A 产品					
	B 产品					
	小计					
制造费用						
辅助生产成本						
管理费用						
营业费用						
在建工程						
应付福利费						
合计						

制表人　　审核人

本 章 小 结

会计凭证是会计信息的重要载体，是记录经济业务、明确经济责任的书面证明，也是登记会计账簿的依据。会计凭证设计就是根据企业管理的实际需要，制定凭证的种类、内容、用途、格式、份数、传递程序等，使企业经济活动的各种数据都能集中到财会部门，并受到财会部门的监督。

会计凭证的设计直接影响会计核算的质量、会计工作效率和企业人员的分工协作。设计出内容完整、结构合理、格式规范的会计凭证，有利于全面、及时地反映经济业务的真实情况；有利于明确经济责任，形成严密的内部控制体系；有利于会计凭证在企业内部各部门中的传递，加强各部门之间的联系。

为了加强企业内部控制，提高对会计信息的处理效率，提高会计工作质量，在设计会计凭证时，应遵循以下原则：内容设计能够反映经济业务的基本情况；联数和传递程序设计要与企业管理要求相结合；凭证内容、格式和用途设计尽量做到规范统一；凭证设计应体现企业内部控制的要求等原则，同时还应做到使设计的会计凭证能够简明实用，便于填制、审核、查阅和保管。

从凭证设计的角度看，作为企业凭证设计人员，主要考虑本企业范围内所使用的凭证，对外来的凭证无从干预，设计要点是忠实地记录经济业务的发生过程和完成情况，因此，会计凭证的设计主要指原始凭证中自制原始凭证的设计，根据实际需要，设计科学、适用的原始凭证，包括凭证要素、格式、流转程序和管理方法的设计；记账凭证的设计主要是结合业务特点，对现有记账凭证格式进行选择，设计规范的记账凭证填制方法和会计凭证保管制度。

复习思考题

1. 会计凭证设计有什么重要意义？

2. 会计凭证设计应坚持哪些原则？

3. 企业会计凭证设计的范围是什么？

4. 工业企业的主要业务活动是什么？如何设计其原始凭证？

5. 商品流通企业的主要业务活动是什么？如何设计其原始凭证？

6. 试根据企业规模、经济业务复杂程度和会计工作岗位设置情况，说明企业应设计、使用的记账凭证种类。

第四章

会计科目的设计

本章主要研究了会计科目设计的意义、原则、范围和步骤，以及总分类、明细分类科目及企业会计科目表设计的具体内容和方法。

会计科目是按会计对象经济内容进行具体分类的项目名称，是编制会计凭证、设置会计账簿、编制会计报表的依据。会计科目设计就是确定会计对象经济内容的分类体系，它是会计制度设计的一个重要环节。

【重要概念】 会计科目　会计科目设计　总分类科目设计　明细分类科目设计　会计科目表设计

第一节　会计科目设计的意义和原则

会计科目对组织会计核算，保证会计信息需要者获得有用的会计核算指标，进行会计分析和会计检查起着重要作用。企业应该遵循一定的科目设计原则，根据企业经济业务的特点科学设计合理的会计科目。

一、会计科目设计的意义

正确、合理地设计会计科目，对保证会计制度设计质量、完成会计制度设计任务具有重要意义。

（一）会计科目是编制会计凭证的基本要素

企业发生经济业务后，首先将原始凭证按会计科目归类；其次使用规定的会计科目编制会计分录，并记入记账凭证；最后可根据记账凭证上的会计科目汇总编制汇总记账凭证或科目汇总表，可见，会计科目是编制会计凭证的基本要素。

（二）会计科目是设置会计账户的依据

会计账簿是由具有一定格式的账页组成的，它的核算内容是按会计科目确定的，其格式也是按照会计科目的要求设计的，账户的名称即是会计科目；会计科目数量设计的多少、级别设计的繁简，直接影响着账户的数量和账户的级别。

（三）会计科目是进行会计核算和会计控制的依据

会计科目可以全面系统地反映和核算会计要素的增减变动情况，为经济管理提供会计核算资料，便于管理者、投资者、信贷者以及各有关方面掌握和分析企业的财务状况与经营成果。每个会计科目所特定的核算范围、核算内容、核算方法是对日常经济活动进行控制的依据。这种控制是制度性的事前控制。按照制度规定认真贯彻执行，只有这样才能提供对经济活动过程进行分析和考核的指标。

（四）会计科目是编制会计报表的基础

会计报表的信息主要取自会计科目的内容，可以是会计科目本身所提供的直接信息，也可以是根据会计科目分类汇总的信息，因此会计科目是会计报表编制的基础和信息指标。

二、会计科目设计的原则

为了更好地发挥会计科目的作用，会计科目设计一般应遵循以下原则。

（一）严格执行《企业会计准则》的有关规定

企业设计会计科目时，应严格执行《企业会计准则》的有关规定，在准则给定的空间内选用、补充、修订会计科目。

（二）符合企业管理的需要

设计会计科目，首先要反映会计对象的特点，根据企业的不同经济业务，设计一套会计科目体系。其次，设计的会计科目必须能反映企业的全部经济内容，为企业管理提供必需的资料。因此，企业在设计会计科目时一方面要满足国家宏观管理要求，另一方面要根据其经营的特点来确定。

（三）项目设计与编制会计报表的要求相适应

会计报表中各项指标的数据来源于账簿的记录汇总，而账簿中的账户又是根据会计科目开设的。因此，设计会计科目必须考虑编制会计报表的要求，也就是要求整个组成体系中的会计科目与会计报表的指标口径相适应，使账簿中的账户记录能最方便地提供编制会计报表所需要的数据资料。

（四）名称的设计要易于理解

会计科目是对会计要素内容的细分，每一个会计科目都有其特定的核算内容。为了便于填制会计凭证汇总资料和编制会计报表，在设计会计科目时必须使其名称与其核算内容相一致，做到文字简练、含义明确、通俗易懂、繁简适当，并符合会计电算化的要求。

（五）恰当处理总分类科目与子、细目的关系

一个企业的经济业务内容很多，并且较为复杂，既可以把某些相同的或相近的经济业务内容归为一类，也可以把其中的某些内容上升为总括的分类，再对其更为具体的内容做明细的分类。企业必须合理地进行总括分类和明细分类，一级科目的组成，既要避免过繁过细，又要防止过简过粗。

第二节 会计科目设计的范围和步骤

一、会计科目设计的范围

鉴于会计科目的重要性，政府为了满足企业外部各方信息使用者的需要，在颁布的《企业会计准则》中明确规范了一级会计科目的名称和编号，并明确指出，企业在不违反会计准则中确认、计量和报告规定的前提下，可根据实际情况自行增设、分拆、合并会计科目；企业不存在的交易或者事项，可不设置相关会计科目；对于明细科目，企业可以比照准则的规定自行设置。

按照《企业会计准则》的规定，企业可进行设计会计科目的范围应包括以下方面。

（一）按照《企业会计准则》的规定设计总分类科目

在不违反会计准则中确认、计量和报告规定的前提下，根据实际情况分拆、合并、撤销准则中规定的某些会计科目，设计一些能够反映本企业会计对象的特点和管理要求的总分类科目，根据企业需要科学设计会计科目的分类方法、总分类科目的名称和核算内容。

（二）明细分类科目的设计

根据总分类科目核算内容和企业管理要求，合理设计相关的明细分类科目，形成科学的会计科目分级和会计科目体系。

（三）会计科目编号和会计科目表的设计

根据企业实际情况合理设计会计科目编号，结合已经设计的总分类科目和明细分类科目，设计出适用、科学、规范的企业会计科目表。

二、会计科目设计的步骤

企业会计科目的设计主要包括会计科目编号的设计、会计科目分级的设计、总分类科目和明细分类科目名称与核算内容的设计，以及会计科目表的设计。其设计的基本步骤包括以下内容。

（一）调查企业的经济业务

企业所处行业不同，其所进行的主要经营活动内容千差万别，反映企业经营活动的

会计科目也有所区别。因此，设计会计科目首先需要对本企业的经济业务进行调查研究，只有熟悉情况，才能设计出切合实际的会计科目。除此之外，企业设计会计科目还应考虑自身的管理需要。

（二）筛选《企业会计准则》规定的会计科目

对《企业会计准则》规定的会计科目进行筛选，认定需要使用的会计科目，找出需要增设、分拆和合并的会计科目。

（三）根据调查资料分类确定会计科目名称和核算内容

企业在整理调查的经济业务资料的基础上，确定企业会计科目的合理分类，按照通俗易懂的原则和企业管理的需要，设计切实可行的会计科目的名称和核算内容。

（四）设计相关的明细分类科目的名称和核算内容

在总分类科目范围内，根据需要合理设计相关的明细分类科目的名称和核算内容，将会计科目进行合理分级。

（五）对会计科目进行编号

在已经确定总分类科目和明细分类科目的基础上，对已确定的会计科目进行分类排列，采用一定方法编制出会计科目的号码，按顺序组成会计科目表，建立分类有序的会计科目体系，以便于开设账户，进行日常核算与编制会计报表。另外也方便会计电算化设置代码。

（六）编写会计科目的使用说明

会计科目的使用说明，是指对会计科目的性质、根据会计科目设置的总分类账户和明细分类账户的核算内容等做出的界定。

（七）编写主要经济业务分录范例

企业的主要经济业务分录是将会计科目内容使用说明中的会计科目对应关系条理化或表格化，它实质上是会计科目使用说明内容的延伸和补充，目的在于加强会计科目使用的可操作性。编写时所列举的主要经济业务既要注意全面性又要具有代表性。

第三节　总分类会计科目的设计

会计科目按提供指标的详细程度分类，可分为总分类会计科目和明细分类会计科目。总分类科目又称为一级会计科目或基本会计科目，它是对会计要素具体内容进行总括分类的科目。进行总分类会计科目的设计，首先必须明确其可进行分类的标准。

一、总分类会计科目分类的标准

总分类会计科目既可按照企业经济业务的内容进行分类，也可按照用途和结构进行分类。

（一）会计科目按经济业务的内容分类

根据《企业会计准则》的规定，按照企业经济业务的内容，总分类会计科目可以归结为资产、负债、共同、所有者权益、成本和损益六大类。

1. 资产类会计科目

资产是指企业过去的交易或者事项形成的、由企业拥有或者控制的、预期会给企业带来经济利益的资源，反映此类核算内容的会计科目为资产类会计科目，如“库存现金”“应收账款”“原材料”“长期股权投资”“固定资产”“商誉”等科目。

2. 负债类会计科目

负债是指企业过去的交易或者事项形成的、预期会导致经济利益流出企业的现时义务，反映此类核算内容的会计科目为负债类会计科目，如“短期借款”“预收账款”“应付账款”“应付职工薪酬”“递延收益”“预计负债”等科目。

3. 共同类科目

共同类科目是核算金融企业间业务往来、采用分账制核算外币交易产生的不同币种间兑换、企业衍生工具的公允价值及其变动形成的衍生资产或衍生负债、企业开展套期保值业务套期工具或被套期项目公允价值变动形成的资产或负债的会计科目，如“清算资金往来”“货币兑换”“衍生工具”“套期工具”等科目。

4. 所有者权益类会计科目

所有者权益是指企业资产扣除负债后由所有者享有的剩余权益，其来源包括所有者投入的资本、直接计入所有者权益的利得和损失、留存收益等，反映此类核算内容的会计科目为所有者权益类会计科目，如“实收资本”“股本”“资本公积”“本年利润”等科目。

5. 成本类会计科目

成本是制造业为生产产品、提供劳务而发生的各种耗费，反映此类核算内容的会计科目为成本类会计科目，如“生产成本”“制造费用”“劳务成本”“研发支出”“工程结算”等科目。

6. 损益类会计科目

损益是指企业在一个会计期间内各项收入、支出相抵后的结果，反映此类核算内容的会计科目为损益类会计科目，如“主营业务收入”“利息收入”“税金及附加”“营业外支出”“赔付支出”“管理费用”“所得税费用”“以前年度损益调整”等科目。

（二）会计科目按用途和结构分类

设计会计科目除按照经济内容分类外，还要明确会计科目及账户的用途和结构，按其用途和结构的不同，会计科目分为以下几类。

1. 盘存类科目

盘存类科目及账户是用来核算各项财产物资和货币资金的增减变动及其结存情况的科目，如“现金”“银行存款”“原材料”“库存商品”“固定资产”等科目。

2. 结算类科目

在企业日常的经济活动中，经常会发生赊购、赊销、预支、暂收等业务，结算类会计科目就是用来核算企业与政府、其他单位或个人发生的经济往来的会计科目，如“应收账款”“其他应收款”“预付账款”“应付账款”“其他应付款”“预收账款”等科目。

3. 所有者投资类科目

所有者投资类科目是用来核算所有者投资及其收益的科目，如“实收资本”“盈余公积”等科目。

4. 集合分配类科目

集合分配类科目是用来归集和分配企业生产经营过程中某个阶段所发生的费用，反映有关费用计划执行情况的科目，如“制造费用”科目。

5. 跨期摊提类科目

跨期摊提类科目是用来反映和监督应由几个会计期间共同负担的费用，并将这些费用在各个会计期间进行分摊和预提的科目，如“长期待摊费用”“递延收益”等科目。

6. 成本计算类科目

成本计算类科目是用来反映和监督企业生产经营过程中某一阶段所发生的、应计入成本的全部费用，并确定各个成本计算对象的实际成本的科目，如“生产成本”“材料采购”等科目。

7. 期间类科目

期间类科目是用来归集企业生产经营过程中某个会计期间的收入和费用的科目，如“主营业务收入”“其他业务收入”“营业外收入”“主营业务成本”“税金及附加”“其他业务支出”“销售费用”“管理费用”“财务费用”“营业外支出”“所得税费用”等科目。

8. 计价对比类科目

计价对比类科目是用来对某项经济业务按不同的计价进行核算对比，并据以确定其业务成果的科目，如“材料采购”和“生产成本”等科目。

9. 财务成果类科目

财务成果类科目是用来计算并确定企业在一定时期内全部经营活动最终成果的科

目，如“本年利润”科目。

10. 调整类科目

调整类科目是用来调整某些资产或权益项目的原始数额，以求得该基础上实际数额的会计科目，其用途在于调整被调整会计科目的数额，其性质取决于被调整会计科目的性质。如果被调整会计科目属于资产类会计科目，则被调整会计科目属于资产类会计科目；如果被调整会计科目的性质属于权益类会计科目，则调整类会计科目就属于权益类性质的会计科目。属于调整类会计科目的如“累计折旧”“材料成本差异”等。

二、总分类会计科目设计的内容和方法

企业总分类会计科目设计包括确定总分类会计科目的分类标准、根据企业业务需要筛选《企业会计准则》科目、根据核算内容设计企业所需总分类会计科目名称，具体设计方法如下。

（一）确定总分类会计科目的分类标准

进行总分类会计科目的设计，首先必须明确其可进行分类的标准。如前所述，总分类会计科目既可按照企业经济业务的内容进行分类，也可按照用途和结构进行分类。

一般情况下，由于会计报表中各项指标的数据都来源于根据会计科目开设的账簿中的账户金额的记录汇总，而资产负债表和利润表项目是按照经济业务的内容进行划分的，因此企业总分类会计科目应该以按照企业经济业务的内容进行分类为基础，充分考虑编制会计报表的要求，使整个组成体系中的会计科目与会计报表的指标口径相适应，使账簿中的账户记录能最方便地提供编制会计报表所需要的数据资料。

如果企业在经营管理上有对总分类会计科目按照用途和结构进行分类的需要，也应对此进行辅助性分类，以使企业能够切实、及时掌握盘存资产、企业间往来结算、所有者投资、成本和财务成果等状况。

（二）根据企业业务需要筛选《企业会计准则》科目

企业可根据实际需要，筛选《企业会计准则》科目，通过增设、分拆、合并会计科目的方法，设计符合本企业业务需要和管理需要的各类总分类会计科目。如果企业有内部周转使用的备用金，应增设“备用金”科目；如果企业预收账款情况不多，可不设置“预收账款”科目，而将预收的款项直接计入“应收账款”科目；如果预收的是企业从事再保险分出业务预收的赔款，可增设“预收赔付款”科目；可根据企业形式的不同，确定企业在接受投资者投资时所使用的会计科目是“实收资本”还是“股本”；或者根据企业不存在的交易或者事项，不设置相关会计科目。

（三）根据核算内容设计企业所需总分类会计科目名称

设计企业所需总分类会计科目名称时，应根据《企业会计准则》规定和企业实际需要，在充分考虑其核算内容的基础上进行设计，使名称与其核算内容相一致，并做到含义明确、通俗易懂、繁简适当。

1. 资产类总分类会计科目

资产类总分类会计科目名称设计可从以下方面入手。

（1）货币资产类会计科目。货币资产是指可以立即投入流通，用以购买商品或劳务，或用以偿还债务的交换媒介物。在流动资产中货币资产的流动性最强，并且是唯一能够直接转化为其他任何资产形态的流动资产，也是唯一能够代表企业现实购买力水平的资产。为了确保生产经营活动的正常进行，企业必须拥有一定数量的货币资产，以便购买材料、缴纳税金、发放工资、支付利息及股利和进行对外投资等。为加强其核算与管理，企业可按其存放地点的不同，设置“库存现金”“备用金”“银行存款”“其他货币资金”等科目。

（2）存货资产类会计科目。存货资产是指企业在日常活动中持有以备出售的产成品或商品、处在生产过程中的在产品、在生产过程或提供劳务过程中耗用的材料和物料等。属于存货范围的内容很多，不同种类、不同内容的存货各有其不同的作用和管理要求。为了便于不同存货的管理与核算，对于企业的存货应按企业经营特点、不同存货的作用和特点分别设置相应的会计科目，如工业企业设置“材料采购”或“在途物资”“原材料”“材料成本差异”“库存商品”“存货跌价准备”“发出存货”等科目；商品流通企业除了设置“库存商品”“存货跌价准备”“发出存货”等科目外，还需设置“商品进销差价”等科目。

（3）应收与预付款项类会计科目。应收与预付款项是指企业在日常生产经营过程中发生的各项债权，通常可在一年内或超过一年的一个营业周期内变现或收回的资产。应收与预付款项主要体现企业在生产经营过程中采用商业信用方式进行商品购销活动而形成的对其他企业的债权关系，同时它也是企业流动资产的组成部分。在市场经济条件下，商业信用活动存在一定的不稳定性，应收及预付款项往往有一部分不可能收回，影响企业的资金周转和偿债能力。因此，企业必须加强应收及预付款项的管理和核算。企业需设置“应收账款”“应收票据”“应收股利”“应收利息”“预付账款”“其他应收款”等科目。对于企业可能发生的坏账损失，设置“坏账准备”科目，作为“应收账款”和“其他应收款”的调整科目。

（4）投资类会计科目。企业的对外投资是指将企业的资产投放于其他单位，其主要目的是利用暂时闲置的资产获取较高的投资收益，或为了长远利益影响、控制其他在经济业务上相关联的企业，或为将来扩大经营规模积蓄资金。

企业的投资类型不同，其目的、性质、会计处理方法对单位的影响都不相同。企业应根据投资目的或类型分别设置“可供出售金融资产”“持有至到期投资”“长期股权投资”等科目，为反映其可能发生的减值情况，还应设置“持有至到期投资减值准备”“长期股权投资减值准备”等科目。

（5）固定资产类会计科目。固定资产是指为生产商品、提供劳务、出租或经营管理而持有的，使用寿命超过一个会计年度的有形资产。它是企业在生产经营过程中使用的主要劳动资料，其数量和质量在一定程度上反映企业生产经营规模的大小和技术装备水平的高低，对企业生产经营活动的发展具有十分重要的作用。为加强对固定资产及其建造工程的管理和核算，企业应设置“固定资产”“累计折旧”“固定资产清理”“在建工程”“工程物资”“固定资产减值准备”等科目。

（6）无形资产类会计科目设计。无形资产是指企业拥有或者控制的没有实物形态的可辨认非货币性资产，无形资产的内容广泛，对于增强企业生产经营的获利能力，具有重要的作用。为加强对无形资产的管理和核算，企业应设置“无形资产”“累计摊销”“无形资产减值准备”等科目。

除了上面介绍的科目外，企业还应按照《企业会计准则》的规定和实际需要，根据核算内容设置一些必要的资产类会计科目，如为加强对先支付后摊销费用的核算与管理，企业应设置“长期待摊费用”科目；为合理反映在财产清查中各种财产的溢余、短缺情况，企业应设置“待处理财产损溢”科目；等等。

2. 负债类总分类会计科目

负债类总分类会计科目名称设计可从以下方面入手。

（1）借款类会计科目。企业为了维持正常的生产经营活动，经常向银行或其他金融机构借入偿还期在一年或超过一年的一个营业周期内的借款，或为了建造或购买固定资产借入偿还期在一年以上或超过一年的一个营业周期以上的借款或发行债券筹资，从而形成企业的长短期借款性负债。企业为加强对这种借款的管理和核算，应设置“短期借款”“长期借款”和“应付债券”等科目。

（2）应付及预收类会计科目。应付及预收款项是指企业在采购材料物资、结算职工薪酬、计算投资者利润、应当缴纳的税金等方面形成的一种债务，它体现的是企业与供应商、职工、投资者、国家之间的债务债权关系。为加强对部分负债的管理和核算，企业应设置“应付账款”“应付票据”“预收账款”“应付职工薪酬”“应交税费”“应付股利”“应付利息”“其他应付款”等科目。

（3）预计负债类会计科目。预计负债是指企业对外提供担保、商业承兑汇票贴现、未决诉讼、产品质量保证等很可能产生的负债，这种负债取决于有关的未来事件是否发生。为了加强对或有负债的管理和核算，企业应设置“预计负债”科目。

除了上面介绍的科目外，企业还应按照《企业会计准则》的规定和实际需要，根据核算内容设置一些必要的负债类会计科目，如针对应当分期计入利息费用的未确认融资费用，企业应设置“未确认融资费用”科目；对确认的应在以后期间计入当期损益的政府补助，企业应设置“递延收益”科目；等等。

3. 所有者权益类总分类会计科目

为了管理和核算企业接受投资从而形成的投入资本、随着企业生产经营活动的开展投入资本的增值、企业利润的形成和分配情况，企业应设置“实收资本”“资本公积”“盈余公积”“本年利润”“利润分配”等科目。

4. 成本类总分类会计科目

为了管理和核算企业进行工业性生产发生的各项生产成本、生产车间为生产产品和提供劳务发生的各项间接费用、企业对外提供劳务发生的成本、企业进行研究开发无形资产过程中发生的各项支出等业务，企业应设置“生产成本”“制造费用”“劳务成本”“研发支出”等科目。

5. 损益类总分类会计科目

损益类总分类会计科目名称设计可从以下方面入手。

（1）反映营业收入和营业支出的会计科目。为了核算企业销售商品及提供劳务过程中实现的收入和应结转的成本、除主营业务活动以外进行其他经营活动实现的收入和发生的支出、营业过程中发生的税金支出和业务及管理费用、投资发生的收入和损失与各项资产减值损失的情况，企业应设置“主营业务收入”“主营业务成本”“其他业务收入”“其他业务成本”“税金及附加”“管理费用”“财务费用”“销售费用”“投资收益”“资产减值损失”等科目。

（2）反映营业收入和营业支出的会计科目。为了核算企业发生的各项营业外收入、支出和应当从当期利润总额中扣除的所得税的情况，企业应设置“营业外收入”“营业外支出”“所得税费用”等科目。

以上概括介绍了企业总分类会计科目设置的方法，企业在具体设计其总分类会计科目时，必须根据《企业会计准则》的规定和特定的业务特点及管理需要的实际情况进行设计。如金融企业在设计其总分类会计科目时，还必须设计反映企业间业务往来款项、采用分账制核算外币交易产生的不同币种间兑换情况的“清算资金往来”“货币兑换”等科目，其他企业则不然。

第四节　明细分类会计科目的设计

为了全面、系统、综合地反映经济业务，企业必须设置一套由一级科目、二级科目和明细科目构成的会计科目体系。首先要把会计对象的具体内容进行总括分类，这种分类的科目称为一级科目或总账科目。其次，要对某些总括分类的一级科目进一步做多层次分类，以反映这一总括分类的明细具体情况。多层次分类叫二级分类、三级分类或明细分类，这种分类的科目叫二级科目和明细科目。二级科目又叫子目或类目，明细科目又叫细目。

在会计科目体系中，各级构成可视总分类科目的性质和要求来决定，各级构成大体有以下几种情况：一是一级科目没有二级科目和明细科目；二是一级科目有明细科目，即科目分为两级；三是一级科目需要下设二级科目和明细科目，即科目分为三级；四是一级科目还可以设置三级以下科目。明细科目的设置比较灵活，除《企业会计准则》统一规定的以外，各企业可根据其生产经营特点、企业管理的要求和编制报表的需要进行设置。不同的单位其设置明细科目的方法不同，下面介绍几种常用的明细科目的设置方法。

一、按总分类科目核算的内容类别设计明细科目

如果总分类科目核算的内容可以划分为具体类别进行反映，就可按总分类科目核算

的内容类别设计明细科目。如“原材料”科目可以按照原材料的类别和项目设置“原料及主要材料”“辅助材料”“外购半成品”“修理用备件”“包装材料”“燃料”等二级科目，再根据具体固定资产的名称设置三级科目；“固定资产”科目可以按照固定资产的类别和项目设置“建筑物”“机器设备”“运输工具”等二级科目，再根据具体固定资产的名称设置三级科目；“工程物资”科目可以按照工程物资的类别和项目设置“专用材料”“专用设备”“工器具”等二级科目，再根据具体工程物资的名称设置三级科目；“无形资产”科目可以按照无形资产的类别和项目设置“商标权”“专利权”“非专利专有技术”“著作权”“土地使用权”等二级科目，再根据具体无形资产的名称设置三级科目。属于该种方法设置明细分类会计科目的主要有“应交税费”“长期待摊费用”“长期应付款”“资本公积”等科目。

二、按总分类科目的核算对象设计明细科目

按总分类科目的核算对象设计明细科目主要指债权债务结算科目，即应收预付类和应付预收类科目。债权债务结算科目是用来反映和监督企业同其他单位或个人之间债权、债务结算情况的科目。其中反映债权结算情况的科目要明确应收谁的款、向谁收的问题，即债务人是谁；反映债务结算情况的科目要明确应付给谁、向谁付的问题，即债权人是谁。因此这类科目要按债权和债务的核算对象设置明细会计科目。属于该种方法设置明细分类会计科目的主要有“应收账款”“应收股利”“其他应收款”“预付账款”“应付账款”“应付股利”“其他应付款”“预收账款”等科目。

企业在采购材料物资时为了区别从不同单位购进的货物，所使用的“材料采购”或“在途材料”科目，也可按对方单位设计明细科目。

三、按总分类科目来源或支出的用途设计明细科目

企业的一些收入和支出总分类科目具有明显的分类特征，在这种情况下，企业可按总分类科目的来源或支出的用途设计明细科目。如“主营业务收入”科目可按照获得收入的产品或项目设计明细科目；“营业外收入”科目可按照获得该收入的来源分类设计明细科目；“管理费用”“销售费用”“财务费用”“营业外支出”等科目可按照支出分类设计明细科目。

四、按总分类科目涉及的部门设计明细科目

企业为考核各部门的业绩和明确各部门的责任，有些总分类科目可以按照部门设计明细科目。如“制造费用”科目就是核算各生产车间为生产产品所发生的间接费用；“备用金”科目则是为了核算各部门领用、报销备用金情况而设置的科目，这两个总分类科目都应按照涉及的部门设计明细科目。

五、按总分类科目核算的种类或存放地点设置明细科目

为了对财产物资进行有效的管理，有些总分类科目可以按照财产物资的种类或存放

地点设置明细科目，如“原材料”“库存商品”科目。

第五节　会计科目表的设计

会计科目表是根据会计科目的名称、编号和类别所列示的会计科目体系总览，企业在内部会计制度中确定的总分类科目和明细分类科目是通过会计科目表的设计完成的。它可以使会计人员全面了解企业的会计科目体系，为开设账户、填制记账凭证、编制会计报表提供规范和便利条件。会计科目表的设计主要解决会计科目的分类排列、科目编号及科目使用说明等问题。

一、会计科目的分类排列设计

为便利会计报表编制，会计科目一般按经济内容分类，并且每类中各个科目的顺序应依据一定的标准进行排列。例如，资产类科目可以按照流动性大小进行排列；负债类科目可以按照求偿先后的顺序来排列；损益类科目可以按照先收入、利得，后费用、损失的顺序排列，等等。

二、会计科目编号的设计

会计科目编号又称账户编号或科目代码，是指在会计科目表中对每一会计科目编列的固定号码，会计科目编号从属于会计科目的分类和排列，因此必须按照会计科目的分类排列次序进行编号。会计科目编号的作用，主要是以编码的形式体现会计科目的分类和每类中各个会计科目的排列次序，以便于会计人员更好地掌握会计科目的性质及其相互关系，提高会计核算工作效率，并为会计核算电算化奠定一定的基础。

会计科目编号设计，首先要简单明了，尽量以简代繁，数字不易太长，符号清楚明了，不易发生差错；其次要标记确切，每一符号只代表一个科目；再次是便于记忆，所采用的标记符号要有帮助记忆的作用；最后要留有余地，会计科目有时因为经济业务的变化会有增加和减少、合并或分解。因此，编号的排列要留有余地，给可能增加的科目保留空号。会计科目编号的方法有如下几种。

（一）科目数字顺序排列编号法

科目数字顺序排列编号法是对会计科目的各个分组规定一个数字系列，按自然数进行排列的一种科目编号方法。这种方法的数字系列中最大的数字要根据科目分组中各类科目的多少确定。按数字顺序排列一般有两种方法。

1. *数字顺序法*

数字顺序法是将所有的总分类科目从第 1 号顺序编起到最后一个科目为止。有些经济业务可能有所发展，根据其变化程度，在数字系列中留出若干号数暂不填列科目，以备科目增加时使用。这种编号适用于最简单的会计科目体系，经济业务不经常发生变化，比较单一，使用会计科目相对较少。

2. 数字分组法

数字分组法是按数目分成若干组，自某数起至某数止划分为一组，编为某一类科目的号码。数目的起止数要根据某类科目分组的多少确定，并要留出一定的数目以备新增科目之用。

（二）科目十进位数字编号法

科目十进位数字编号法是由十进位制构成的一种科目编号法。这种方法的数字由 0 到 9，表示一般科目分组，而总分类科目和明细分类科目可用它后边的多位数字表示。科目编号第 1 位数字表示科目类别，后边各位数字表示一级科目或次级科目。这种方法的具体应用有三种形式。

1. 小数点式

用 1 到 9 的整数表示某一科目类别组，用小数表示该分类组中的科目。如 1 为流动资产，1. 1 为原材料，1. 1. 1 为主要材料，1. 1. 2 为辅助材料。

2. 数字横线式

数字横线式的使用方法同小数点式基本相同，只是用一条短横线代替小数点作为科目分组分级的标志。如 1 为流动资产，1-1 为原材料，1-1-1 为主要材料，1-1-2 为辅助材料。

3. 数字定位排列式

数字定位排列式编号法完全用整数排列，数字的排列不是按自然顺序，而是为每一个数字位置确定一个特定的含义进行排列。如第一位数字代表科目的类别分组，第二、三、四位为一级科目，第五、六位为明细科目。例如，1 表示资产类科目，1012 表示其他货币资金，101201 表示外埠存款，101202 表示银行本票，101203 表示银行汇票，等等。

三、会计科目使用说明的设计

会计科目的名称虽然表示一定的经济含义，但其详细内容很难通过其字面了解清楚，因此编制会计科目使用说明非常必要。会计科目使用说明将对会计科目的核算内容、用途、使用方法等进行详细解释和说明。其具体内容如下。

（1）说明会计科目的核算内容和范围。

（2）说明核算方法，指出借、贷方应记会计事项，并指出对应科目。

（3）说明应遵守的账目登记、财产计价或成本计算与结转的要求。

（4）说明明细核算的要求，指明明细科目的设计要求及具体核算方法。

（5）其他辅助说明。

某工业企业会计科目表的一般形式如表 4-1 所示。

表 4-1　某工业企业会计科目表

顺序号	类别	编号	总分类科目	明细分类科目
一	资产类			
1		1001	库存现金	如有外币按币种设置
2		1002	银行存款	按银行账号设置
3		1012	其他货币资金	按开户银行或资金类别设置
		101201		外埠存款
		101202		银行本票
		101203		银行汇票
		101204		信用卡
		101205		信用证保证金
		101206		存出投资款
4		1101	交易性金融资产	按品种和类别设置
		110101		成本
		110102		公允价值变动
5		1121	应收票据	按开出、承兑汇票单位设置
6		1122	应收账款	按债务人设置
7		1123	预付账款	按供货单位设置
8		1131	应收股利	按投资单位设置
9		1132	应收利息	按借款人或被投资单位设置
10		1221	其他应收款	按对方单位或个人设置
11		1231	坏账准备	按应收款项类别设置
12		1401	材料采购	按供货单位和材料品种设置
13		1403	原材料	按保管地点、材料类别、品种和规格设置
14		1404	材料成本差异	按材料类别或品种设置
15		1405	库存商品	按库存商品种类、品种和规格设置
16		1406	发出商品	按购货单位、商品类别和品种设置
17		1408	委托加工物资	按加工合同、受托加工单位、加工物资品种设置
18		1411	周转材料	按周转材料种类设置
		141101		在库
		141102		在用
		141103		摊销
19		1471	存货跌价准备	按存货项目或类别设置
20		1501	持有至到期投资	按投资的类别、品种设置
		150101		成本
		150102		利息调整

续表

顺序号	类别	编号	总分类科目	明细分类科目
		150103		应计利息
21		1502	持有至到期投资减值准备	按持有至到期投资类别、品种设置
22		1503	可供出售金融资产	按可供出售金融资产类别、品种设置
		150301		成本
		150302		利息调整
		150303		应计利息
		150304		公允价值变动
23		1511	长期股权投资	按投资单位设置
				成本
				损益调整
		1421		其他权益变动
24		1512	长期股权投资减值准备	按投资单位设置
25		1531	长期应收款	按债务人设置
26		1601	固定资产	按固定资产类别和项目设置
27		1602	累计折旧	按固定资产类别和项目设置
28		1603	固定资产减值准备	按固定资产类别和项目设置
29		1604	在建工程	按在建工程类别和支出项目设置
		160401		建筑工程
		160402		安装工程
		160403		在安装设备
		160404		待摊支出
30		1605	工程物资	按工程物资品种设置
		160501		专用材料
		160502		专用设备
		160503		工器具
31		1606	固定资产清理	按被清理固定资产项目设置
32		1701	无形资产	按无形资产项目设置
33		1702	累计摊销	按无形资产项目设置
34		1703	无形资产减值准备	按无形资产项目设置
35		1801	长期待摊费用	按费用项目设置
36		1811	递延所得税资产	按可抵扣暂时性差异的项目设置
37		1901	待处理财产损溢	按盘盈、盘亏资产的种类和项目设置
二	负债类			
38		2001	短期借款	按借款种类、贷款人和币种设置

续表

顺序号	类别	编号	总分类科目	明细分类科目
39		2201	应付票据	按债权人设置
40		2202	应付账款	按债权人设置
41		2203	预收账款	按购货单位设置
42		2211	应付职工薪酬	按应付职工薪酬项目设置
		221101		工资
		221102		职工福利
		221103		社会保险费
		221104		住房公积金
		221105		工会经费
		221106		职工教育经费
		221107		非货币性福利
		221108		辞退福利
		221109		股份支付
43		2221	应交税费	按应交税费项目设置
		222101		应交增值税
		222102		应交消费税
		222103		应交所得税
		222104		应交资源税
		222105		应交土地增值税
		222106		应交城市维护建设税
		222107		应交房产税
		222108		应交土地使用税
		222109		应交车船税
		2221010		应交个人所得税
		2221011		教育费附加
44		2231	应付利息	按存款人或债权人设置
45		2232	应付股利	按投资者设置
46		2241	其他应付款	按其他应付款项目和对方单位或个人设置
47		2401	递延收益	按政府补助项目设置
48		2501	长期借款	按贷款单位和贷款种类设置
		250101		本金
		250102		利息调整
49		2502	应付债券	按以下项目设置
		250201		面值

续表

顺序号	类别	编号	总分类科目	明细分类科目
		250202		利息调整
		250203		应计利息
50		2701	长期应付款	按长期应付款种类和债权人设置
51		2702	未确认融资费用	按长期应付款种类和债权人设置
52		2711	专项应付款	按资本性投资项目设置
53		2801	预计负债	按形成预计负债的交易或事项设置
54		2341	递延所得税负债	按应纳税暂时性差异的项目设置
三	所有者权益			
55		3001	实收资本	按投资者设置
56		3002	资本公积	按资本公积项目设置
		300201		资本溢价
		300202		其他资本公积
57		3101	盈余公积	按盈余公积项目设置
		310101		法定盈余公积
		310102		任意盈余公积
58		3103	本年利润	
59		3104	利润分配	按利润分配项目设置
		310401		提取法定盈余公积
		310402		提取任意盈余公积
		310403		应付现金股利或利润
		310404		转作资本股利
		310405		盈余公积补亏
		310406		未分配利润
四	成本类			
60		4001	生产成本	按生产部门设置
		400101		基本生产成本
		400102		辅助生产成本
61		4101	制造费用	按生产部门和费用项目设置
62		4201	劳务成本	按提供劳务种类设置
63		4301	研发支出	按研发项目设置
		430101		费用化支出
		430102		资本化支出
五	损益类			
64		5001	主营业务收入	按主营业务的种类设置

续表

顺序号	类别	编号	总分类科目	明细分类科目
65		5002	其他业务收入	按其他业务收入的种类设置
66		5111	投资收益	按投资项目设置
67		5301	营业外收入	按营业外收入项目设置
68		5401	主营业务成本	按主营业务的种类设置
69		5402	其他业务成本	按其他业务成本的种类设置
70		5403	税金及附加	
71		5601	销售费用	按费用项目设置
72		5602	管理费用	按费用项目设置
73		5603	财务费用	按费用项目设置
74		5701	资产减值损失	按资产减值损失的项目设置
75		5711	营业外支出	按支出项目设置
76		5801	所得税费用	按以下项目设置
		580101		当期所得税费用
		580102		递延所得税费用
77		5901	以前年度损益调整	

案例 4-1 特殊要求明细科目的设计

特殊要求明细科目的设计主要包括两种类型：一种是指根据国家会计准则中规定必须设置的明细科目，并且给定明细科目的名称；另一种是根据所采用的核算方法确定明细科目的名称，如周转材料和长期股权投资。如果周转材料采用五五摊销法进行会计核算时，应在周转材料总分类科目下设置“在途中转材料”“在用周转材料”和“周转材料摊销”明细科目，如果周转材料采用一次摊销法或其他价值转移方法，则无须设置。如果企业采用权益法进行会计核算，在长期股权投资总分类科目下应设置“投资成本”“损益调整”“其他综合收益”“其他权益变动”等明细科目，如果企业对长期股权投资采用成本法核算，则无须设置。特殊要求明细科目的设计参考如表 4-2 所示。

表 4-2 特殊要求的明细科目表

总账科目	明细科目		总账科目	明细科目
	二级科目	三级科目		
其他货币资金	银行汇票		应付职工薪酬	工资
	银行本票			职工福利
	信用卡			社会保险费
	信用证保证金			住房公积金
	存出投资额			工会经费
	外部存款			职工教育经费

续表

总账科目	明细科目	
	二级科目	三级科目
交易性金融资产	股票投资 债券投资	成本
		公允价值变动
持有至到期投资	债券投资	成本
		利息调整
		应计利息
长期股权投资	被投资单位名称	投资成本
		损益调整
		其他综合收益
		其他权益变动
周转材料	包装物/低值易耗品	在库周转材料
		在用周转材料
		周转材料摊销
工程物资	专用材料	
	专用设备	
在建工程	建筑工程	
	安装工程	
应交税费	应交增值税	进项税额
		已交税金
		转出未交增值税
		减免税款
		销项税额
		出口退税
		进项税额转出
		进口抵减内销产品应纳税额
		转出多交增值税
	未交增值税	
	应交消费税	
	应交资源税	
	应交所得税	
	应交土地增值税	
	应交城建税	
	应交房产税	

总账科目	明细科目
	非货币性福利
	辞退福利
	股份支付
长期借款	成本
	利息调整
应付债券	债券面值
	利息调整
	应付利息
资本公积	资本溢价（股本溢价）
	其他资本公积
盈余公积	法定盈余公积
	任意盈余公积
	储备基金
	企业发展基金
	职工奖励及福利基金
	利润归还投资
	盈余公积补亏
利润分配	提取法定盈余公积
	提取任意盈余公积
	提取储备基金
	提取企业发展基金
	提取职工奖励及福利基金
	利润归还投资
	应付现金股利
	应付利润
	转作股本的股利
	盈余公积补亏
	未分配利润
研发支出	费用化支出
	资本化支出
公允价值变动损益	交易性金融资产
	交易性金融负债
	投资性房地产

续表

<table>
<tr><td rowspan="2">总账科目</td><td colspan="2">明细科目</td><td rowspan="2">总账科目</td><td rowspan="2">明细科目</td></tr>
<tr><td>二级科目</td><td>三级科目</td></tr>
<tr><td rowspan="4">应交税费</td><td>应交土地使用税</td><td></td><td rowspan="2">公允价值变动损益</td><td>套期保值</td></tr>
<tr><td>应交车船税</td><td></td><td>衍生工具</td></tr>
<tr><td>应交教育费附加</td><td></td><td rowspan="2">所得税费用</td><td>当期所得税费用</td></tr>
<tr><td>应交矿产资源补偿费</td><td></td><td>递延所得税费用</td></tr>
</table>

案例 4-2　原材料按实际成本计价和计划成本计价的会计科目设计

按照企业会计制度的规定，原材料日常收发的核算，可以按实际成本核算，也可以按计划成本核算。具体采用哪一种方法，应由企业根据具体情况自行决定。

1. 按实际成本计价的原材料核算

原材料按实际成本计价方法进行日常收发核算的特点是：从材料的收发凭证到明细分类账和总分类账全部按实际成本计价。原材料按实际成本计价进行核算时，企业要设置以下账户。

（1）“原材料”账户。为了反映和监督原材料的收入、发出和结存情况，企业应设置“原材料”账户。该账户应按材料的保管地点（仓库）、类别、品种和规格，设置材料明细账（或材料卡片）。

（2）“物资采购”账户。为了反映和监督企业采购物资的结算与入库情况，企业应设置“物资采购”账户。该账户应当按照供应单位和材料品种设置明细账，进行明细分类核算。

2. 按计划成本计价的原材料核算

原材料按计划成本计价方法进行日常收发核算的特点是：从材料的收发凭证到明细分类账和总分类账，全部按计划成本计价。材料的实际成本与计划成本的差异通过“材料成本差异”账户核算。

原材料按计划成本计价进行核算时，企业除了要设置“原材料”“物资采购”等账户外，还要设置“材料成本差异”账户。该账户应分为“原材料”“包装物”和“低值易耗品”等大类，并按照类别或品种进行明细核算。企业根据具体情况，可以单独设置该账户，也可以不设置该账户，在“原材料”“包装物”和“低值易耗品”账户内分别设置“成本差异”明细账户核算。

本 章 小 结

会计科目是按会计对象经济内容进行具体分类的项目名称，是编制会计凭证、设置会计账簿、编制会计报表的依据。会计科目设计就是确定会计对象经济内容的分类体系，它是会计制度设计的一个重要环节。

会计科目是编制会计凭证的基本要素，是设置会计账户进行会计核算和会计控制的依据，是编制会计报表的基础，会计科目对组织会计核算、保证会计信息需要者获得有用的会计核算指标、进行会计分析和会计检查起着重要作用。正确、合理地设计会计科目，对保证会计制度设计质量、完成会计制度设计任务具有重要意义。

为了更好地发挥会计科目的作用，会计科目设计一般应遵循以下原则：应严格执行《企业会计准则》的有关规定，在准则给定的空间内选用、补充、修订会计科目；会计科目设计在满足国家宏观管理要求的同时要根据企业经营的特点来确定；会计科目要与会计报表的指标口径相适应；会计科目名称要与其核算内容相一致，做到文字简练、含义明确、繁简适当；要恰当处理总分类科目与子、细目的关系。

按照《企业会计准则》的规定，企业可进行设计会计科目的范围主要包括总分类科目、明细分类科目、科目编号和会计科目表。其中，总分类科目设计是在不违反会计准则中确认、计量和报告规定的前提下，根据实际情况分拆、合并、撤销准则中规定的某些会计科目，设计一些能够反映本企业会计对象的特点和管理要求的总分类科目；明细分类科目的设计是根据总分类科目核算内容和企业管理要求进行，从而形成科学的会计科目分级和会计科目体系。

复习思考题

1. 会计科目设计有什么重要意义？
2. 会计科目设计应坚持哪些原则？
3. 企业会计科目设计的范围是什么？
4. 企业会计科目设计的步骤是什么？
5. 企业应如何设计总分类会计科目？
6. 企业应如何设计明细分类会计科目？
7. 试为某一中小型工业企业设计会计科目表。
8. 试为某一中小型商品零售企业设计会计科目表。

第五章

会计账簿的设计

本章主要介绍会计账簿的设计。

会计账簿是由具有一定格式、相互联系的账页组成的，对全部经济业务进行全面、系统、连续、分类的记录和反映的会计簿籍，它是编制会计报表的主要依据。在会计核算中，各单位通过会计凭证的填制和审核，可将每日发生的经济业务记录和反映在会计凭证上，但会计凭证数量多、资料分散，每张凭证只能记载个别经济业务，所提供的资料是零星的。为了能全面、连续、系统地反映和监督各单位的经济活动与财务收支情况，需要把会计凭证所记载的大量的分散的资料加以分类、整理，因此有必要设置和登记会计账簿。

通过本章的学习，要求理解会计账簿设计的目标，掌握并能够应用会计账簿内容、种类与格式的设计。

【重要概念】 会计账簿　日记账　分类账

第一节　会计账簿设计概述

一、会计账簿设计的意义

会计账簿设计是会计制度设计的重要内容，通常包括确定账簿的种类、数量、内容、格式和应提供的指标数据，以及登记的方法。会计账簿设计的质量如何，直接影响整个会计制度的质量，正确、合理地设计会计账簿和健全账簿体系，对充分发挥会计在经济管理中的作用意义重大。

（一）为连续、系统、分类地记录经济业务提供信息载体

通过设计和登记会计账簿，可以把分散记载于会计凭证上的大量资料，按照账户加以归类、汇总，既能对经济活动进行序时核算，又能进行分类核算；既可以提供总括的核算资料，又可以提供明细的核算资料。正确、合理地设计会计账簿并健全账簿体系，既可以及时、全面地反映经济业务的全貌，又可以分类提供如资产、负债、所有者权益等会计信息。

（二）有利于加强会计监督、开展会计检查

会计账簿是汇集、整理、加工会计信息的工具，通过账簿的序时核算和分类核算，能提供各单位经济活动的各种数据，体现各单位的财务状况和经营成果。正确、合理地设计会计账簿并健全账簿体系，有利于各单位监督计划、预算的执行，考核和控制成本、费用，保护单位财务的安全完整，促使企业改善经营管理。同时，通过对账簿资料的检查、分析，可以了解各单位贯彻有关方针、政策、制度的情况。

（三）有利于财务报表的编制

会计账簿所提供的资料，是编制会计报表的主要依据，如资产负债表的数据主要来源于分类账的期末余额，利润表的数据主要来源于某些分类账的本期发生额。为了总结一定时期的经济活动情况，会计人员必须根据各个总分类账、明细分类账记录的经济业务进行结账，计算出各个账户的本期发生额和期末余额，根据账簿的数据来编制资产负债表、利润表等。科学地设计和正确地登记会计账簿，对保证会计报表指标的真实可靠和及时进行会计报表编报工作具有十分重要的意义。

（四）有利于经济责任的建立和考核

会计凭证对于明确经济责任具有直接的作用，但它只是对个别业务进行证明，而会计账簿则可以在一定范围内建立岗位责任并进行考核。例如，通过分析各种材料的明细分类账所记录的信息，可以了解库存材料的增减变动和结存情况，明确和考核仓库保管员的经济责任，促使保管员尽职尽责。而通过对应收账款、应付账款的明细分类账所记录的信息，可以了解企业与其他单位之间的往来结算情况，考核企业的债权、债务，促使企业有关人员及时清理账目，保证资金的正常周转。

二、会计账簿设计的原则

为了科学、合理地设计会计账簿，必须做到设计账簿种类齐全、层次分明、组织严密，各种账簿之间的内在联系和钩稽关系严谨、清楚，起到相互制约和补充的作用，使账簿记录能够全面、连续、系统地反映资金运动的增减变化情况。会计账簿设计应遵循以下原则。

（一）适用性原则

会计账簿设计遵循适用性原则，主要体现在账簿组织、账页和指标等方面。

1. 账簿组织设计应体现适用性原则

（1）账簿组织设计应适应单位规模和会计分工。账簿组织是指账簿的种类、格式及各种账簿之间的关系，设计账簿组织要考虑单位规模和会计分工。一般来说，单位规模大，经济业务必然较多，核算的工作量就大，所需会计人员的数量也相应较多，内部会计分工也较细，会计账簿的种类也较复杂，账簿册数也相应增多；反之，单位规模小，经济业务少，核算的工作量较小，在满足内部控制要求的前提下，一个会计人员可处理

多种经济业务，负责多个账户的登记，在设计账簿时就不必设置过多的账簿，所有的明细账可以集合成少数几本。

（2）账簿组织设计应紧密配合账务处理程序。账务处理程序是指对会计数据的记录、归类、汇总、编报的步骤和方法。目前我国各经济单位的账务处理程序有以下六种：记账凭证账务处理程序、科目汇总表账务处理程序、多栏式日记账账务处理程序、汇总记账凭证账务处理程序、日记总账账务处理程序、通用日记账账务处理程序。账务处理程序的核心是账簿组织，不同的账务处理程序对会计账簿的种类和格式有不同的要求。在进行账簿的具体设计时，应充分注意已选定的账务处理程序。如选定的是“日记总账账务处理程序”，就必须设计一本日记账，然后再考虑其他账簿；又如，选定的是“多栏式日记账账务处理程序”，就必须设计四本多栏式日记账，分别记录现金收、付和银行存款收、付业务，然后再考虑设计其他账簿。

2. 账页设计应体现适用性原则

（1）账页格式必须符合账户名称所反映和监督的内容。如原材料、库存商品等明细账，不但要反映金额，而且要反映数量、品名、规格、计量单位、存货地点等，因此应设计数量金额式账页格式；对债权债务类明细账及总账而言，一般只需设计借、贷、余三栏即可；而有的明细账如管理费用、制造费用、销售费用等，其内容多、信息量大，需设计多栏式账页进行反映。

（2）账页的格式设计应配合账务处理程序。如在“记账凭证账务处理程序”下，总分类账簿可设计为三栏式；在“多栏式日记账账务处理程序”下，应设计有对应账户明细栏目的现金、银行存款多栏式日记账，而在其他情况下，现金、银行存款日记账一般采用“收、支、余”三栏式。

（3）账页金额栏的各位数必须以文字表明，以方便记账和看账；设置数字栏数，应以业务可能发生的最高数额为限，既满足记录需要，又不设置无用栏目。

（4）账页各行次之间的距离，既要保证记账和更正错账的需要，又要避免过宽造成浪费；划线应使用蓝色或红色，以保证划线和记账内容之间有明显区别；各栏次之间的区分线应颜色深一些、线条粗一些。

3. 反映的指标应与会计报表编制相衔接

前已述及，账簿记录是会计报表编制的基础，报表中的有关指标应能直接从有关总分类账户和明细分类账户中取得和据以填列。为了保证会计报表的真实性和及时性，设计账簿时应尽可能使账簿的种类、明细项目等与会计报表指标口径一致，根据报表编制的需要进行，以减少报表编制时的汇总、分解等计算工作，方便会计报表的编制，加快报表的编制和报送速度。同时，账簿设计还应考虑账簿审阅、保管的需要，账簿纸张质料要经得起经常翻阅，以便于审阅和保管。

（二）简便性原则

账簿设计的目的是取得所需要的资料，账簿设计应该以满足管理需要为前提，在保证账簿记录系统完整的情况下，力求简便易行，避免重复设账、登账，节约人力、物力，简化会计核算工作。考虑到会计人员便于操作，账页格式应当简单明了，以方便账簿的登记；账页规格不宜过于庞大，栏次也不宜过多，以减少出现错弊的可能性；账簿设置的地点应充分考虑满足信息使用人的需要，如小企业原材料账，可在财务科设置总账，在供应科按类别设置二级账，在仓库按品名、规格设置三级账，这样设账一层控制一层，互相核对，数据共享。与在财务科设置总账和明细账，在供应科又设明细账，在仓库再设三级账的做法相比，这种方法既省时又省力，同样满足了管理的需要。可见，账簿设置并非越多越好，而应在保证账簿组织的严密和完整的前提下，考虑企业的实际情况酌情设账，以减少记账、登账工作量，提高记账效率。

总之，账簿设计应遵循适用性和简便性的原则，在满足需要的前提下，适当简化登记手续，力求轧账简便、对账容易、查账迅速，以提高会计工作的效率。

三、会计账簿设计的步骤

会计账簿设计一般经过设计前的调查、设计适用的账簿体系和建立健全账簿管理制度三个环节。

（一）设计前的调查

设计会计账簿，首先应进行设计前的调查，调查的主要内容包括：①调查单位所采用的账务处理程序，以确定账簿的种类；②调查单位经济业务类型特点及原始凭证和记账凭证的种类，以明确账簿记录经济业务内容及格式；③调查单位对外及对内报表种类及需要，以确定账簿体系的层次；④调查单位财务机构内部分工情况等。

（二）设计适用的账簿体系

账簿体系是指单位的账簿由哪些种类、形式和格式的账簿组成。设计账簿体系一般包括以下方面。

1. 设计会计账簿的种类

会计账簿的种类多种多样，通常按用途和外表形式的不同对其进行分类。

（1）会计账簿按其用途的不同，可分为序时账簿、分类账簿和备查账簿。

①序时账簿（简称“序时账”），是按经济业务发生和完成时间的先后顺序，逐日逐笔连续进行登记的账簿。由于它逐日逐笔按照顺序进行登记，所以也称为日记账簿（简称“日记账”）。序时账按其记录的内容不同，又分为普通日记账和特种日记账。普通日记账是用来登记全部经济业务发生情况的日记账，通常把每天所发生的经济业务，按照业务发生的先后顺序，编成会计分录记入账簿，所以又称为分录日记账。特种日记账是用来记录某一类经济业务发生情况的日记账，通常把某一类比较重要的经济业务，按发生的时间先后顺序记入账簿。如为了加强货币资金的管理，单独设的库存现金日记账和银行存款日记账，就是为了专门提供库存现金和银行存款收付情况的详细资料而设置的特种日记账。

②分类账簿（简称“分类账”），是按照账户的分类对经济业务进行核算和监督的

账簿。分类账按其反映指标的详细程度划分，可分为总分类账簿和明细分类账簿。总分类账簿又称总分类账（简称“总账”），是根据总分类科目开设，用以记录全部经济业务总括核算资料的分类账簿。明细分类账簿又称明细分类账（简称“明细账”），是根据总账科目设置，按其所属明细科目开设，用以记录某一类经济业务详细资料的分类账簿。

③备查账簿，又称辅助账簿（简称“备查账”“辅助账”），是对某些不能在序时账和分类账中记录的经济事项和记录不全的经济业务进行补充登记的账簿，是一种辅助性的账簿，它可以为经营管理者提供必要的参考资料。

（2）会计账簿按其外表形式不同，可分为订本式账簿、活页式账簿和卡片式账簿。

①订本式账簿（简称“订本账”），是在账簿启用前就把许多账页顺序编号并固定装订成册的账簿。账页固定，既可防止账页散失，也可防止抽换账页，但使用起来欠灵活，同一账簿在同一时间内只能由一人登账，不便于分工记账，并且使用前必须预留每一个账户需要使用的账页，留出足够空白，若预留账页不够，则影响账簿记录的连续性，若预留账页过多又造成浪费。

②活页式账簿（简称“活页账”），是在启用前和使用过程中不将账页固定地装订在一起，而是根据需要将零散的账页集中后放置在活页账夹内，平时按账页顺序编号，会计期末装订成册另加目录的账簿。使用活页账，账簿登记方便，可由数人分工登记，但账页容易散失或被抽换。

③卡片式账簿（简称“卡片账”），是指印有记账格式和特定内容的卡片登记经济业务的账簿。使用卡片账时，卡片不固定在一起，数量根据业务而定，使用完毕不再登账时，将卡片穿孔固定保管，并重新编定页码列出目录。卡片账可跨年度长期使用而无须更换，并按不同要求进行归类，但也容易散失或被抽换。

企业在设计账簿过程中，应紧密结合本单位的经营特点、规模大小、管理要求及会计方法等，本着完整与简化相结合的原则，设计出各类适合本单位需要、结构合理、适用的会计账簿。

2. 设计各种账簿的外表形式

账簿外表形式包括账夹、封面、扉页、装订形式等内容。其中，封面应载明账簿名称和记账单位名称；扉页应设计“账簿启用一览表”和“账簿经管人员一览表”，或两表合一设置“账簿启用及经管人员一览表”，载明账簿启用的日期和截止日期、交接日期、页数、册次、会计经管人员和会计主管人员签章、账户目录等。记账人员或会计主管人员调动工作或因故离职时，应办理账簿交接手续，在交接记录内填明交接日期、交接人员和监交人员的姓名，并由交接双方人员签名或盖章。账簿启用及经管人员一览表的一般格式如表 5-1 所示，账户目录的一般格式如表 5-2 所示。

表 5-1　账簿启用及经管人员一览表

<table>
<tr><td>单位名称</td><td colspan="3"></td><td colspan="2">印鉴</td></tr>
<tr><td>账簿名称</td><td colspan="3"></td><td colspan="2" rowspan="5"></td></tr>
<tr><td>账簿编号</td><td colspan="3"></td></tr>
<tr><td>账簿页数</td><td colspan="3">自第　页起至第　页止共　页</td></tr>
<tr><td>启用日期</td><td colspan="3">年　月　日</td></tr>
<tr><td>截止日期</td><td colspan="3">年　月　日</td></tr>
<tr><td rowspan="3">责任者盖章</td><td>记账</td><td>审核</td><td>会计主管</td><td colspan="2">部门领导</td></tr>
<tr><td>姓名</td><td>姓名</td><td>姓名</td><td colspan="2">姓名</td></tr>
<tr><td>盖章</td><td>盖章</td><td>盖章</td><td colspan="2">盖章</td></tr>
<tr><td colspan="6">交接记录</td></tr>
<tr><td rowspan="2">姓名</td><td rowspan="2" colspan="2">交接日期</td><td rowspan="2">交接盖章</td><td colspan="2">监交人员</td></tr>
<tr><td>职务</td><td>姓名</td></tr>
<tr><td rowspan="2"></td><td colspan="2">经管　年　月　日</td><td></td><td></td><td></td></tr>
<tr><td colspan="2">交出　年　月　日</td><td></td><td></td><td></td></tr>
<tr><td rowspan="2"></td><td colspan="2">经管　年　月　日</td><td></td><td></td><td></td></tr>
<tr><td colspan="2">交出　年　月　日</td><td></td><td></td><td></td></tr>
<tr><td>印花税票</td><td colspan="5"></td></tr>
</table>

表 5-2　账户目录

科目名称	页码	科目名称	页码	科目名称	页码

3. 设计各类账簿的账页格式

账页是账簿的主要内容。账页格式设计是账簿设计最重要的步骤。各类账簿记载的经济业务不同，管理要求不同，账页格式也有所不同。但无论何种账页，一般都应包括以下基本内容。

（1）账户名称：包括一级科目、二级科目或三级科目名称。

（2）记账日期栏：记账的年、月、日。

（3）记账凭证的种类和号数栏。

（4）经济业务摘要栏：所记录的经济业务内容的简要说明。

（5）记账方向栏：用于明确余额的方向。

（6）金额栏：记录账户本期发生增、减变化的金额及余额。

（7）账页的编号：总页次和分页次。

（三）建立健全账簿管理制度

为了便于日常核算和单位内外有关部门进行查阅与审计，必须建立健全账簿管理制度，妥善保管各种账簿，这样有利于堵塞漏洞，防止舞弊行为，保护财产安全。对账簿的管理主要包括日常管理制度和旧账归档保管制度两部分内容。

1. 账簿的日常管理制度

账簿的日常管理制度要点主要包括：各种账簿要分工明确，指定专人管理，账簿经管人员既要负责记账、对账、结账等工作，又要负责账簿安全；会计账簿未经单位领导和会计负责人或有关人员批准，非经管人员不能随意翻阅查看；会计账簿除需要与外单位核对外，一般不能携带外出，对需要携带外出的账簿，应由经管人员或会计主管指定专人负责；会计账簿不能随意交与其他人员管理，以保证账簿安全和防止任意涂改账簿等情况发生。

2. 旧账归档保管制度

旧账归档保管制度的要点包括：年度终了更换并启用新账后，对更换下来的旧账要整理装订，造册归档；旧账装订完毕，应编制目录并编写移交清册，然后按期移交档案部门保管；账簿必须按照统一的会计制度规定的保存年限妥善保管，不得丢失和任意销毁，保管期满后，应按照规定的审批程序报经批准后才能销毁。

四、账簿的种类及选择的一般方法

企业应设计和使用何种账簿，要视企业规模的大小、经济业务的繁简、会计人员的分工、采用的账务处理程序以及会计核算工作的电子化程度等因素决定。为了保证货币资金的安全完整，无论在哪种情况下，企业都要设计现金日记账和银行存款日记账这两种序时账簿。只是在多栏特种日记账账务处理程序下，要将现金日记账和银行存款日记账分割为专栏的收入日记账和支出日记账两本。至于分类账簿的设计，在采用记账凭证账务处理程序、科目汇总表账务处理程序、多栏式日记账账务处理程序以及汇总记账凭证账务处理程序时，则只需设计一本总分类账簿和多本明细分类账簿；而在采用日记总账账务处理程序时，则只设计一本既序时记录又分类记录的日记总账账簿和必要的明细分类账簿。具体情况如表 5-3 所示。

表 5-3 账务处理程序及账簿设计参考表

单位特点	应采用的账务处理程序	可设置的账簿体系
小规模企业单位（小规模纳税人）	记账凭证账务处理程序	库存现金、银行存款日记账；固定资产、材料、费用明细账；总账
	日记总账账务处理程序	序时账同上；日记总账；固定资产、材料明细账
大中型企业单位（一般纳税人）	科目汇总表账务处理程序，汇总记账凭证账务处理程序	序时账同上；固定资产、无形资产、材料、应收应付账款、其他应收应付账款、长期股权投资、实收资本、生产成本、费用等明细账；总账；购货簿；销货簿
收付款业务多、转账业务少的大中型企业	多栏式日记账账务处理程序	四本多栏式日记账；明细分类账同上；总账；购货簿；销货簿
收付款业务多、转账业务多的大中型企业	多栏式日记账兼汇总转账凭证账务处理程序	四本多栏式日记账；其他账簿同上
转账业务少的大中型企业	科目汇总表兼转账日记账账务处理程序	序时账簿；必要的明细账、转账日记账；总账

第二节 日记账的设计

日记账簿是按照经济业务发生的时间先后顺序，逐日逐笔登记经济业务的账簿。日记账有两个作用：一是对经济业务进行序时登记，以完整地反映经济活动的情况；二是编制会计分录，确定应借、应贷会计科目和金额，据以过入分类账。随着各种记账凭证和汇总记账凭证的广泛使用，日记账的过账作用已日趋被取代。

由于企业经济业务越来越复杂，内部控制越来越规范和严密，同时管理上对会计所提供的信息和分工记账要求的不断提高，在会计实务中日记账也经历了一个由简单到复杂的发展过程，即从普通日记账发展到专栏日记账，进而又发展到特种日记账的过程。

一、普通日记账的设计

普通日记账是一种直接根据原始凭证或汇总原始凭证，按经济业务发生的先后顺序逐日、逐笔进行登记的序时账簿，由于会计分录直接编制在账簿上，又称分录簿。普通日记账按格式不同又可分为两栏式普通日记账和专栏式普通日记账两种。

（一）两栏式普通日记账

两栏式普通日记账是用来序时地逐笔登记单位全部的经济业务，并作为过入分类账依据的账簿，其一般格式设有借方和贷方两个金额栏。运用两栏式普通日记账可以序时地、集中地记录每笔经济业务，但过入分类账时需要逐笔登记，工作量较大，并且不便于会计人员的分工协作。因此，随着各种记账凭证和汇总记账凭证的广泛使用，两栏式普通日记账已不再经常使用。两栏式普通日记账的一般格式如表 5-4 所示。

表 5-4　两栏式普通日记账

第　　页

年		凭证		摘要	会计科目	借方金额	贷方金额	过账
月	日	字	号					

（二）专栏式普通日记账

专栏式普通日记账又称为多栏式普通日记账，是用来序时地逐笔登记经常重复发生的经济业务，在账簿中分设专栏，把在各专栏汇总的发生额一次性过入分类账。在多栏式普通日记账中，专栏设置的多少应视业务量的多少确定。凡在多栏式普通日记账中设有专栏的账户，可定期汇总该专栏合计数后直接记入有关分类账；凡在多栏式普通日记账中未设专栏的账户，则在“其他”栏中逐笔登记账户名称、应借应贷的金额，然后逐笔过入有关分类账并注明“ √ ”符号，以免重记或漏记。多栏式普通日记账可大大减少逐笔过账的工作量，但只能供一个人记账。如果专栏设置过多，会导致账页过长，不便于记账和查账。专栏式普通日记账的一般格式如表 5-5 所示。

表 5-5　专栏式普通日记账

第　　页

年		凭证		摘要	银行存款		原材料		×××		×××		其他科目			
月	日	字	号		借	贷	借	贷	借	贷	借	贷	账户名称	借方	贷方	过账

二、特种日记账的设计

特种日记账是从普通日记账中逐步分离出来的日记账，专门用来登记某一类经济业务。其主要作用是可以汇总登记同一类经济业务，然后将汇总金额记入分类账，以减少过账工作，同时有利于会计人员分工记账，由一个记账人员专门登记某一类经济业务，提高工作效率。常见的特种日记账有库存现金日记账、银行存款日记账、购货日记账和销货日记账等。

（一）库存现金日记账的设计

库存现金日记账是专门用来登记库存现金的收入、支出和结余情况的日记账。由出纳人员根据审核无误的库存现金收款凭证、付款凭证及记录从银行提取库存现金的银行付款凭证，按经济业务发生的先后顺序，逐日逐笔登记。其按账页格式不同可分为三栏式库存现金日记账和多栏式库存现金日记账。

1. 三栏式库存现金日记账的设计

三栏式库存现金日记账是指在同一账页内设置库存现金的借方（收入）、贷方（支出）和余额（结余）三个金额栏，且相应的对方科目不设专栏反映的库存现金日记账。其账页应设置以下内容。

（1）日期栏：指记账凭证的日期，应与库存现金实际收付日期一致。

（2）凭证种类和编号栏：如库存现金收款凭证简写为“现收”、库存现金付款凭证简写为“现付”、银行存款付款凭证简写为“银付”，同时还应登记凭证的编号数，以便于查账和对账。

（3）摘要栏：摘要说明登记入账的经济业务的内容。

（4）对方科目栏：指库存现金收入的来源科目或支出的用途科目，其目的在于了解经济业务的来龙去脉。

（5）过账栏：过账后注明“ √ ”符号，以免重记或漏记。

（6）借方、贷方、余额栏：指库存现金实际收付的金额及结出的余额，每日终了，需分别计算库存现金收入和付出的合计数，结出余额，并将余额与出纳人员的库存现金核对，即“日清”，月终同样需计算库存现金收、付和结存的合计数，即“月结”。

三栏式库存现金日记账的一般格式如表 5-6 所示。

表 5-6 三栏式库存现金日记账

第 页

年		凭证		摘要	对方科目	过账	借方	贷方	余额
月	日	字	号						

2. 多栏式库存现金日记账的设计

库存现金日记账一般采用三栏式账页格式的账簿，但为了反映每一笔收支业务的来龙去脉，以便分析和汇总对应科目的发生额，也可采用多栏式日记账。采用这种格式的账簿，将账页划分为收入、支出和结余三大栏，然后将收入栏和支出栏划分为若干小栏目，分别按对应科目设置专栏，月末汇总各栏目发生额。其优点是所有的库存现金收付业务都集中在一张账页上，便于集中查阅，能反映科目对应关系和分析现金流量；但若对应科目太多，则易造成账页篇幅过长，不便于记账和查账。

在实际工作中，多栏式库存现金日记账可分设为“库存现金收入日记账”和“库存现金支出日记账”两本账簿。库存现金收入日记账按对应的贷方科目设专栏进行登记；库存现金支出日记账按对应的借方科目设专栏进行登记，这样就可以把经济业务产生的原因或结果全部反映出来。

出纳人员应根据审核后的收付款凭证，逐日逐笔登记库存现金收入日记账和库存现金支出日记账，并于每日将库存现金支出日记账中的当日“支出合计”数，转记入库存现金收入日记账中的当日“支出合计”栏内，以结算当日账面结余额。

多栏式库存现金日记账、库存现金收入日记账和库存现金支出日记账的一般格式如表 5-7、表 5-8 和表 5-9 所示。

表 5-7　多栏式库存现金日记账

第　　页

年		凭证		摘要	收入（借方）					支出（贷方）					结余
月	日	字	号		对应贷方科目			合计	过账	对应借方科目			合计	过账	

表 5-8　库存现金收入日记账

第　　页

年		凭证		摘要	贷方科目				收入合计	过账	支出合计	结余
月	日	字	号									

表 5-9　库存现金支出日记账

第　　页

年		凭证		摘要	借方科目				支出合计	过账	转出数
月	日	字	号								

（二）银行存款日记账的设计

银行存款日记账是专门用来登记银行存款的增加、减少和结存情况的账簿，由出纳人员根据审核无误的银行存款收款凭证、付款凭证及记录将现金存入银行的现金付款凭证，按经济业务发生的先后顺序，逐日逐笔登记，其账页格式通常也是采用借、贷、余三栏式，或采用多栏式。

三栏式银行存款日记账的账页格式与库存现金日记账相似，只是在日期栏、凭证号数栏、摘要栏之后，对方科目、贷方、借方、余额栏及过账栏之前加设“结算凭证”一栏，分别注明结算凭证的种类及编号。其中，“种类”栏登记结算凭证的种类，如“现金支票”“转账支票”“普通支票”等；“编号”栏登记结算凭证的号码，这样便于和银行对账。多栏式银行存款日记账的格式设计也应在多栏式库存现金日记账的基础上增加此栏，这里不再赘述。三栏式银行存款日记账的一般格式如表 5-10 所示。

表 5-10 三栏式银行存款日记账

第 页

年		凭证		摘要	结算凭证		对方科目	过账	借方	贷方	余额
月	日	字	号		种类	编号					

若单位经常有外汇收支业务，为了加强外汇管理，还应专设“外币式（双币式）”银行存款日记账，分别用人民币和外币进行登记。其一般格式如表 5-11 所示。

表 5-11 外币式（双币式）银行存款日记账

第 页

年		凭证		摘要	借方			贷方			余额		
月	日	字	号		外币	兑换率	人民币	外币	兑换率	人民币	外币	兑换率	人民币

（三）购货日记账的设计

在采购业务较多的单位，为了简化记账、过账工作，并了解货款给付情况，应将购货业务独立出来设置购货日记账，用来序时地登记材料（商品）采购业务的发生和完成情况。购货业务有现款直接支付和赊购两种情况，为避免重复设账，购货日记账的设计应按只登记赊购业务的情况来设计，将现款购进业务登记在库存现金、银行存款日记账中。购货日记账一般应设有日期、进货凭证号数、摘要、供货单位、应付账款、材料（商品）采购、应交税费及过账等栏次。

过入总分类账时，“材料（商品）采购”“应交税费”和“应付账款”账户，可根据购货日记账中相应项目的定期合计数一次过入，无须逐笔过账；对于“应付账款”，还应逐笔过入应付账款的有关明细账，以反映与各供货单位的款项结算情况。另外，购货日记账除上述格式以外，还可以在“材料（商品）”栏按购货种类设置专栏，反映购货的数量、单价和金额，其他栏目不变。购货日记账的一般格式如表 5-12 所示。

表 5-12 购货日记账

第 页

年		凭证		摘要	供货单位	应付账款贷方	材料采购借方			应交税费借方	过账
月	日	字	号				买价	运费	合计		

（四）销货日记账的设计

销货日记账是销售业务较多的单位用来记录销货业务的特种日记账。同购货业务相类似，销货业务也有两种情况：一是赊销，二是直接收取现款。为避免重复设账，销货日记账的设计应按只登记赊销业务的情况来设计，将现款销售业务登记在库存现金、银行存款日记账中。销货日记账一般应设有日期、销货凭证号数、摘要、购货单位、应收账款、营业收入、应交税费及过账等栏次。

过入总分类账时，“应收账款”“营业收入”和“应交税费”账户，可根据销货日记账中相应项目的定期合计数一次过入，无须逐笔过账；对于“应收账款”，还应逐笔过入应收账款的有关明细账，以反映与各购货单位的款项结算情况。销货日记账的一般格式如表 5-13 所示。

表 5-13 销货日记账

第 页

年		凭证		摘要	购货单位	应收账款借方	营业收入贷方	应交税费贷方	记账
月	日	字	号						

需要说明的是，目前我国会计实务中，无论是何种规模的单位，或单位采用何种账务处理程序，都应专门设置库存现金和银行存款两种特种日记账，用来序时核算库存现金、银行存款的收支业务，其主要目的是便于了解货币资金的收支变化和结余情况，监督货币资金的使用，而非为了过账。至于其他的日记账，应根据单位的具体情况和管理需要进行设置。

第三节 分类账的设计

分类账簿是指对全部经济业务按照总分类账户和明细分类账户进行分类登记的账簿。按照提供指标的详略程度，分类账簿有总分类账簿和明细分类账簿两种。根据总账科目设置，用来核算经济业务总括内容的账簿是总分类账簿，简称总分类账或总账；根据明细科目设置，用来核算经济业务的明细内容的账簿是明细分类账簿，简称明细分类账或明细账。总分类账和明细分类账是控制与被控制的关系，总分类账对其所属的明细分类账起控制作用；明细分类账是对总分类账的必要补充。一个总分类账户借、贷方发生额和余额，必然与该总分类账户所属的各明细分类账户的借、贷方发生额和余额的合计数相等，即总分类账和明细分类账必须按照“方向相同、期间一致、金额相等”的原则进行平行登记。由于总分类账和明细分类账的具体作用、登记依据和方式不同，两者的设计要求和方法也不尽相同。

一、总分类账的设计

总分类账是按照一级会计科目分类开设账户，用来全面、连续、总括地反映全部经济业务的账簿。总分类账的作用可概括为：记录全部经济业务；控制所属的明细分类账；为编制会计报表提供主要数据资料。所以，每个单位都应设置总分类账。总分类账一般采用订本式账簿，按会计科目的编号顺序开设账户，并为每个账户预留账页。在设计总分类账格式时，应主要考虑以下两个方面。

（1）登记方法。总账的登记方法和账务处理程序有关，主要有逐笔登记法、汇总登记法、汇总登记与逐笔登记相结合登记法和以表代账法等。

（2）账户的对应关系。在总账中保持账户间的对应关系，有助于分析经济业务内容，了解发生额的变动原因，但会增加登记总账的工作量；反之，在总账中不保持账户的对应关系，可以减少总账的登记工作，总账格式设计选择余地就较大。

总分类账的格式因采用的记账方法和账务处理程序不同而有所区别，一般有三栏式、多栏式、日记总账式和以表代账式等不同格式。

（一）三栏式总分类账的设计

在借贷记账法下，总分类账格式应以借、贷、余三栏为基本栏目，主要适用于按记账凭证和汇总记账凭证进行账务处理的程序。三栏式总分类账又可分为不反映对应科目的三栏式总账和反映对应科目的三栏式总账两种。

1. 不反映对应科目的三栏式总分类账的设计

不反映对应科目的三栏式总分类账在账页中只设有借方、贷方和余额三个金额栏，它是总分类账的基本格式。其一般格式如表5-14所示。

表5-14 三栏式总分类账（不反映对应科目）

会计科目： 第 页

年		凭证		摘要	借方	贷方	借或贷	余额
月	日	字	号					

2. 反映对应科目的三栏式总分类账的设计

反映对应科目的三栏式总分类账除在账页中设有借方、贷方和余额三个金额栏外，还应在三栏式账页中增加“对应科目”栏或分别在借方和贷方金额栏中设有“对方科目”栏，以便直接从总分类账户中了解经济业务的来龙去脉。其一般格式如表5-15和表5-16所示。

表 5-15　三栏式总分类账（反映对应科目）

会计科目：　　　　　　　　　　　　　　　　　　　　　　　　　　　　第　　页

年		凭证		摘要	对应科目	借方	贷方	借或贷	余额
月	日	字	号						

表 5-16　三栏式总分类账（反映对应科目）

会计科目：　　　　　　　　　　　　　　　　　　　　　　　　　　　　第　　页

年		凭证		摘要	借方		贷方		借或贷	余额
月	日	字	号		金额	对应科目	金额	对应科目		

（二）多栏式总分类账的设计

多栏式总分类账是将单位使用的全部会计科目依次排列，将全部总账科目设在一张账页上，各设专栏进行登记的账簿。一般可以采用两种账页格式：一是在各科目下分设借、贷方和余额栏；二是在借、贷方金额栏下设置对应科目专栏。

1. 各科目下分设借、贷方和余额栏格式

各科目下分设借、贷方和余额栏格式一般根据科目汇总表按月登记。这种格式优点是可以简化核算工作量，缺点是若单位业务较多，所使用的科目较多，账页就会过长，给登账、对账和查账带来不便，实际工作中已很少使用。其一般格式如表 5-17 所示。

表 5-17　多栏式总分类账（一）

年　　　　　　　　　　　　　　　　　　第　　页

月份	凭证		摘要	库存现金			银行存款			×科目			×科目		
	字	号		借方	贷方	余额	借方	贷方	余额						
合计															

2. 借、贷方金额栏下设置对应科目栏格式

借贷方金额栏下设置对应科目栏格式一般适用于科目汇总表或多栏式日记账账务处理程序，每月编制一张。该格式能集中反映各类经济业务的变化情况，同时可以起到试算平衡的作用。但如果单位业务复杂，所使用的会计科目较多，账页就会过长，造成登账、对账和查账的不便。其一般格式如表 5-18 所示。

表 5-18 多栏式总分类账（二）

年 月 日

会计科目	期初余额	借方金额				贷方金额				期末余额
		库存现金	银行存款	转账	合计	库存现金	银行存款	转账	合计	
合计										

（三）日记总账式总分类账的设计

日记总账式总分类账是将日记账和总分类账结合在一起的总账形式，又称联合账簿，如日记总账。该账簿是将全部会计科目集中设置在一张账页中，每一总账科目设置一栏，在总账科目下再分设借、贷方两小栏，按照经济业务发生的时间顺序逐笔登记。它的优点是具有序时账簿和总分类账簿的双重作用，可以减少记账的工作量，简化核算，并能较全面地反映科目之间的对应关系，防止或减少记账中的错误，并且便于期末进行试算平衡；缺点是所用科目不能太多，否则会使账页过长，不利于记账。该账簿适用于业务简单、总账科目较少，并且采用日记总账账务处理程序的单位。其一般格式如表 5-19 所示。

表 5-19 日记总账

第 页

年		凭证		摘要	发生额（合计）	×科目		×科目		×科目	
月	日	字	号			借方	贷方	借方	贷方	借方	贷方

（四）以表代账式总分类账的设计

以表代账式总分类账的设计是以改进的科目汇总表代替总分类账，以简化总分类账的登记工作。具体而言，是将科目汇总表的左、右方分别加一个“月初余额”和“月末余额”栏，就可以代总账，每月保存，年终装订成册。同时，增设“本年累计发生额”一栏，可便于编制季报、半年报或年报。其一般格式如表 5-20 所示。如采用逐日汇总，则只需将月份改为日期即可。

表 5-20 科目汇总表（代总账）

年 月

会计科目	凭证		月初余额		本月发生额		本年累计发生额		月末余额	
	字	号	借方	贷方	借方	贷方	借方	贷方	借方	贷方

总分类账可以直接根据各种记账凭证逐笔进行登记；也可以将一定时期的各种记账凭证先汇总编制科目汇总表或汇总记账凭证，再据以登记总账。总分类账的登记方法，取决于所采用的账务处理程序。每月应将当月已完成的经济业务全部登记入账，并于月终结出总分类账簿中各账户的本期发生额和期末余额，与明细分类账余额核对相符后，将其作为编制会计报表的主要依据。

二、明细分类账的设计

明细分类账，是根据实际需要，按二级科目或三级科目开设的，用来分类、连续地记录和反映有关经济业务详细情况的账簿。明细分类账可以采用订本式账簿，根据实际需要预留账页，但一般多采用活页式账簿和卡片式账簿。明细分类账所提供的有关经济活动的具体和详细资料，是对总分类账的必要补充，也是编制会计报表的依据之一。因此，各单位在设置总分类账的基础上，还应按照总分类科目设置所属的若干必要的明细分类账。只有这样，才能既根据总分类账了解某一科目的总括情况，又能根据明细分类账进一步了解该科目的具体和详细情况。明细分类账又分为二级明细账和三级明细账两种。

（一）二级明细分类账的设计

二级明细分类账是根据管理需要提供中间性指标的要求设置，依据二级科目开设的明细账，它对总分类账起补充说明作用，对下属明细分类账起统驭控制作用。其格式与总账相类似，根据具体情况，可采用借、贷、余三栏式账页格式，也可采用多栏式账页格式。多栏式二级明细分类账格式是将同一总账控制下的各二级科目设置在同一账页上，并设置合计栏以便与总账核对。其一般格式如表 5-21 所示。

表 5-21　二级明细分类账

原材料二级账　　　　第　　页

年		原料及主要材料			辅助材料			修理用备件			×××			合计		
月	日	借	贷	余	借	贷	余	借	贷	余	借	贷	余	借	贷	余

（二）三级明细分类账的设计

三级明细分类账是根据三级科目开设的明细账，根据其反映的经济内容和经营管理要求的不同，一般采用三栏式、数量金额式、多栏式和平行式等账页格式。

1. 三栏式明细分类账的设计

三栏式明细分类账的账页格式与三栏式总分类账的账页格式基本相同，只设有借方、贷方和余额三个金额栏，不设数量栏。这种格式的账页适用于那些只需要进行金额核算而不需要进行数量核算的账户，如“应收账款”“应付账款”“其他应收款”等账户的明细分类核算。三栏式明细分类账是明细账中最基本的格式，其他格式的明细账都是在此基础上，结合所记录的特殊内容加以演变而来的。三栏式明细分类账应由会计人员根据审核无误的记账凭证或原始凭证，按经济业务发生的时间先后顺序逐日逐笔进行登记。三栏式明细分类账的一般格式如表 5-22 所示。

表 5-22　三栏式明细分类账

明细科目：　　　　　　　　　　　　　　　　　　　　　　　　第　　页

年		凭证		摘要	借方	贷方	借或贷	余额
月	日	字	号					

2. 数量金额式明细分类账的设计

数量金额式明细分类账是在三栏式明细分类账的基础上增设 “数量”栏和“单价”栏，而且把数量、单价、金额三栏综合起来，在此基础上设置了借方（收入）、贷方（发出）和余额（结存）栏。这种格式适用于既要求提供详细价值指标、又要求提供实物数量指标的账户，如原材料、库存商品、周转材料等存货账户的明细分类核算。数量金额式明细分类账是由会计人员根据审核无误的记账凭证或原始凭证，按经济业务发生的时间先后顺序逐日逐笔进行登记的。数量金额式明细分类账的一般格式如表 5-23 所示。

表 5-23　数量金额式明细分类账

原材料明细账　　　　　　　　　　　　第　　页

类　　别：　　　　储备定额：

编　　号：　　　　最低储备量：　　　　存放地点：

品名与规格：　　　最高储备量：　　　　计量单位：

年		凭证		摘要	收入			发出			结存		
月	日	字	号		数量	单价	金额	数量	单价	金额	数量	单价	金额

3. 多栏式明细分类账的设计

多栏式明细分类账不按明细科目分设若干账页，而是根据经济业务的特点和经营管理的需要，在一张账页上按有关明细科目或明细项目分设若干专栏，用以在同一张账页上集中反映各有关明细科目或明细项目的核算资料。这种格式适用于只记金额，不记数量，而且在管理上需要了解其构成内容的收入、成本、费用等账户。多栏式明细分类账又分为借方多栏、贷方多栏和借贷方均多栏三种账页格式。

（1）借方多栏式明细分类账的设计。借方多栏式明细分类账的账页格式适用于借方需要设置多个明细科目或明细项目的账户，如“生产成本”“制造费用”“管理费用”等科目的明细分类核算。该账应由会计人员根据审核无误的记账凭证或原始凭证逐笔进行登记。借方多栏式明细账的一般格式如表 5-24 所示。

表 5-24　借方多栏式明细账

生产成本明细账

产品名称：×产品　　　　第　　页

年		凭证		摘要	借方（项目）				贷方	余额
月	日	字	号		直接材料	直接人工	制造费用	合计		

（2）贷方多栏式明细分类账的设计。贷方多栏式明细分类账的账页格式适用于贷方需要设置多个明细科目或明细项目的账户，如“主营业务收入”“营业外收入”等账户的明细分类核算。该账应由会计人员根据审核无误的记账凭证或原始凭证逐笔进行登记。贷方多栏式明细账的一般格式如表 5-25 所示。

表 5-25　贷方多栏式明细账

主营业务收入明细账　　　　第　　页

年		凭证		摘要	借方	贷方（项目）				余额
月	日	字	号			产品销售	提供劳务	×××	合计	

（3）借方贷方均多栏式明细分类账的设计。借方贷方均多栏式明细分类账的账页格式适用于借方贷方均需要设置明细科目或明细项目的账户，如“本年利润”“应交税费——应交增值税”等账户的明细分类核算。该账按借方和贷方分设两个专栏，每栏分别按应借、应贷科目设置小栏目，由会计人员根据审核无误的记账凭证或原始凭证逐笔进行登记。其一般格式如表 5-26 所示。

表 5-26　借方贷方均多栏式明细账

本年利润明细账　　　　第　　页

年		凭证		摘　要	借方（项目）			贷方（项目）			借或贷	余额
月	日	字	号				合计			合计		

通过以上几种多栏式明细分类账格式设计，可见多栏式明细分类账具有如下特点：它一般没有统一的账页格式，需要根据具体的经济内容来确定；每一栏目都为经营管理提供一个具体的经济指标，因此栏目设计的多少取决于管理需要的经济指标的详细程度；将有关金额栏的数字相加后，可以为经营管理提供一个总括的价值核算指标。

4. 平行式明细分类账的设计

平行式明细分类账又称横线登记式明细分类账，它的基本结构是将前后密切相关的经济业务在同一横行内进行详细登记，以检查每笔经济业务的发生和完成情况，以便于逐项进行控制，一般适用于按每笔金额结算的业务，如“材料采购”“在途物资”等账户的明细分类核算。其一般格式如表 5-27 所示。

表 5-27 平行式明细分类账

材料采购明细分类账

材料： 第 页

年		凭证号码	摘要	借方金额			贷方金额	结余金额
月	日			买价	采购费用	合计		

5. 特殊明细分类账的设计

除了以上几种常见格式以外，还可以根据不同的管理需要采用不同的格式和形式。例如，商品流通企业中，由于其经营特点，其零售商品多以售价记账，因此它的明细分类核算既包括库存商品明细账，又包括商品进销差价明细账。它们均可按实物负责人分户，在账户中只记商品售价金额不记数量。由于“商品进销差价”账户的增减变动与“库存商品”账户的增减变动同时发生，因此，可以把两个账户的明细分类账合并为一个“库存商品和商品进销差价明细账”，以同时登记反映库存商品和商品进销差价的变动。其一般格式如表 5-28 所示。

表 5-28 库存商品和商品进销差价明细账

实物负责人： 第 页

年		凭证		摘要	库存商品			商品进销差价		
月	日	字	号		增加	减少	余额	增加	减少	余额

又如，固定资产卡片的设计。固定资产价值较大，使用期限较长，为便于管理，一般对同一规格、型号的固定资产建立一张卡片，采用卡片式明细账格式，对其进行明细核算。固定资产卡片账属于三级明细账的辅助账。其一般格式如表 5-29 所示。

表 5-29 固定资产卡片

使用部门： 固定资产编号：

固定资产类别： 卡片编号：

名称		预计残值		购建年月	
规格型号		年折旧率		开始使用年月	
数量		预计使用年限		已使用年限	
原价		制造厂名		技术特征	
其中：安装费		转入时已折旧		技术资料编号	

续表

<table>
<tr><td colspan="3">中间使用记录</td><td colspan="6">附属物情况</td></tr>
<tr><td>停用原因</td><td>日期</td><td>新使用日期</td><td colspan="2">名称</td><td colspan="2">型号</td><td colspan="2">原价</td></tr>
<tr><td></td><td></td><td></td><td colspan="2"></td><td colspan="2"></td><td colspan="2"></td></tr>
<tr><td colspan="3">大修、改造、事故情况</td><td colspan="3">转移情况</td><td colspan="3">报废使用情况</td></tr>
<tr><td>开工日</td><td>完工日</td><td>费用</td><td>日期</td><td colspan="2">接管单位</td><td colspan="2">清理日期</td><td></td></tr>
<tr><td></td><td></td><td></td><td></td><td colspan="2"></td><td colspan="2">执行文号
清理原因
清理费用
残值收入</td><td></td></tr>
<tr><td>备　注</td><td colspan="8"></td></tr>
</table>

在有些账户设计其明细分类账时，需要增加一些栏目，以反映完整的业务过程或提供完整的会计信息。例如，应收账款明细账需要提供每笔应收账款的回收情况，外币账户需要提供汇率情况，其一般格式如表 5-30 和表 5-31 所示。

表 5-30　应收账款明细账

第　　页

年		凭证		摘要	户名	金额	年		凭证		摘要	金额	转销“√”
月	日	字	号				月	日	字	号			

表 5-31　外币式明细账

第　　页

年		凭证		摘要	外币别	汇率	借方		贷方		余额	
月	日	字	号				外币	人民币	外币	人民币	外币	人民币

需要指出的是，各类明细分类账的格式和形式并不是完全孤立的，各类具体的明细账账页格式也不是绝对固定的。在实际工作中，可以根据单位实际情况加以灵活使用。

第四节 备查账簿的设计

单位在经济活动中对发生的某些经济业务，不能设表内科目加以反映，也不能据以编制对外报表，但为了加强管理，需设置备查账簿予以记录。备查账簿，是指对这些在序时账和分类账中未能记载或记载不全的经济业务进行补充登记的账簿，其作用是对序时账和分类账进行补充说明。

备查账簿的设计取决于管理和核算上备查登记的内容，各单位要求备查登记的内容不同，备查账簿设置的数量和格式设计也不相同。一般而言，备查账簿的设计主要包括以下情况。

一、反映由本单位代为保管或使用的财产物资的备查账簿设计

对所有权不属于本单位，但由本单位代为保管或使用的财产物资，应设计相应的备查账簿进行登记。如对经营性租入固定资产（或借入固定资产），为了反映其租借和归还时间及支付租金的情况，应设置“租入固定资产登记簿”予以记录。属于此类业务的还有受托加工物资、受托代销商品、租入包装物和代管商品物资等。租入固定资产登记簿的一般格式如表 5-32 所示。

表 5-32 租入固定资产登记簿

第 页

资产名称	规格	合同号	租出单位	租入日期	租期	租金	使用地点	备注

二、反映已发往外地或外单位的财产物资的备查账簿设计

对所有权属于本单位，但由于某种原因已发往外地或外单位的财产物资，为了避免这些财物遭受损失，按期收回实物或货款，应设计相应的备查账簿进行详细记录。如对委托代销商品，应设置“委托代销商品登记簿”予以记录。属于此类业务的还有展览商品、分期收款发出商品等。委托代销商品登记簿的一般格式如表 5-33 所示。

表 5-33 委托代销商品登记簿

第 页

商品名称	委托合同号	发货日期	受托单位	数量	单位售价	金额	收款日期	收回金额	备注

三、反映重要空白凭证的备查账簿设计

对于从银行购回的支票、银行本票、其他重要结算凭证和从税务机关购回的增值税专用发票及其他票据，单位应按照有关规定，比照现金一样管理。为了能对购回的这些重要空白凭证的起止号码、领用人、领用日期及注销情况掌握控制，应设置有关备查账簿进行详细登记，以明确经济责任。空白凭证登记簿的一般格式如表 5-34 所示。

表 5-34　空白凭证登记簿

第　　页

购入日期	凭证型号	起止号码	领用日期	领用人	领用号码	交回记录

四、其他备查账的设计

企业除了以上事项外还有其他一些不便于在日记账和分类账中反映的事项，对于这些业务，单位应设置相应的备查账簿进行记录。如对应收票据、应付票据，为了详细反映其种类、起止时间、金额和利率、贴现等具体情况，应分别设计“应收票据登记簿”（表 5-35）和“应付票据登记簿”进行登记。诸如此类的还有“长期股权投资登记簿”“固定资产登记簿”及“低值易耗品登记簿”等。

表 5-35　应收票据登记簿

第　　页

登记日期	出票人	付款银行	票据日期	有效日期	到期日	票据面值	利息		贴现		付款日期	备注	注销
							利率	金额	银行	名称			

本章小结

会计账簿设计是会计制度设计的重要内容，通常包括确定账簿的种类、数量、内容、格式和应提供的指标数据，以及登记的方法。会计账簿设计包括日记账的设计、分类账的设计和备查账的设计。普通日记账的设计按格式不同又可分为两栏式普通日记账的设计和专栏式普通日记账的设计。分类账的设计分为总分类账的设计和明细分类账的设

计，总分类账的设计主要是三栏式总账的设计，明细分类账按三栏式、多栏式和数量金额式来设计，其中多栏式明细账又可分为借方多栏式、贷方多栏式和借方贷方均多栏式明细账。备查账按其用途主要是从以下四个方面来设计：反映由本单位代为保管或使用的财产物资的备查账簿设计；反映已发往外地或外单位的财产物资的备查账簿设计；反映重要空白凭证的备查账簿设计，以及其他备查账的设计。

复习思考题

1. 会计账簿设计应遵循的原则是什么？
2. 不同种类的会计账簿的特点是什么？
3. 会计账簿设计时如何考虑企业的特点？
4. 总分类账的设计方式有哪几种？
5. 明细分类账的设计应包括哪些内容？
6. 为什么要设置备查账簿？如何设计备查账簿？

账务处理程序的设计

本章主要介绍账务处理程序的设计。

账务处理程序又称会计核算程序或会计核算组织形式。账务处理程序是以账簿体系为中心，将会计凭证、会计账簿、会计报表、记账程序和记账方法有机结合起来的技术组织方式。也就是要提出，在会计制度中选用哪些种会计账簿，这些会计账簿如何构成记录企业全部经济业务的体系，各种会计账簿之间怎样进行联系；确定原始凭证和记账凭证的种类与格式，它们与会计账簿记录如何进行联系；确定在哪些环节上编出会计报表；最后要确定如何整理、传递会计凭证，如何登记各种会计账簿，以及根据会计账簿记录如何编制会计报表等的工作顺序。账务处理程序要根据各单位的具体情况进行设计。

通过本章学习，要求理解会计核算组织程序设计的目标，掌握选择会计核算组织程序的原理。

【重要概念】 账务处理程序　记账凭证账务处理程序　汇总记账凭证账务处理程序　科目汇总表账务处理程序　日记总账账务处理程序　日记账账务处理程序

第一节　账务处理程序设计概述

一、账务处理程序设计的意义

账务处理程序的设计不同于会计凭证、会计账簿和会计报表的设计，它是对会计制度的各个组成部分进行合理的组织，将各部分独立的、分散的内容结合起来，使之成为一个有机的整体和严密的系统。账务处理程序设计要解决的问题是：如何以账簿组织为核心，将会计凭证、会计账簿、记账方法和记账程序有机地结合起来处理账务。可见，账务处理程序设计得合理与否，对各单位有效地组织会计核算，保证能够准确、及时提供系统而完整的会计信息，具有十分重要的意义。

（一）有利于规范会计核算组织工作

会计核算的基础工作可以概括为三项，即填制会计凭证、登记会计账簿和编制会计报表。科学合理的会计账务处理程序，使会计组织机构和会计人员在进行会计核算的过程中有序可循，按照不同的责任分工，有条不紊地处理好各个环节的会计核算工作内容。

（二）有利于提高会计工作效率

会计主体在进行会计核算时，按照设计好的账务处理程序进行工作，可使会计凭证、会计账簿、会计报表、记账程序各记账方法相互配合协调，使会计工作有序进行，加快核算速度，及时提供会计信息，有利于提高会计核算工作效率。

（三）有利于保证会计核算质量

会计主体在进行会计核算时，通过对发生的会计事项按所设计的程序进行整理、分类、记录、汇总与报告，能保证提供会计信息的数量和质量。

（四）有利于降低核算费用

科学合理的账务处理程序，可以对凭证、账簿等各项核算工作进行合理的组合与协调，能使会计信息在处理过程的各个环节畅通无阻，避免重复核算、会计凭证迂回传递，并使各种会计记录的归类整理有条理、有系统，节约人力、物力，合理地减少不必要的费用支出。

二、账务处理程序的种类

我国目前采用的账务处理程序主要有记账凭证账务处理程序、汇总记账凭证账务处理程序、科目汇总表账务处理程序、日记总账账务处理程序和日记账账务处理程序。日记账账务处理程序又可细分为普通日记账账务处理程序、专栏日记账账务处理程序、特种日记账账务处理程序和多栏式特种日记账账务处理程序。但是无论何种账务处理程序，其基本的账务处理程序都是沿着“原始凭证—记账凭证—会计账簿—会计报表”这一模式进行的，即都要根据原始凭证编制记账凭证，都是根据原始凭证（或原始凭证汇总表）和记账凭证登记日记账和明细分类账，都要根据账簿记录编制会计报表。各种账务处理程序的主要区别在于登记总账的依据和方法不同。有的账务处理程序是根据日记账的数据登记总账的，有的是直接根据记账凭证的数据登记总账的，还有的账务处理程序是采用兼具日记账和总账功能的联合账簿。因此，可将现有的账务处理程序分为以下三类。

（1）以日记账为基础的账务处理程序：通用日记账账务处理程序和多栏式特种日记账账务处理程序。

（2）以记账凭证为基础的账务处理程序：记账凭证账务处理程序；科目汇总表账务处理程序；汇总记账凭证账务处理程序。

（3）日记账和总账结合在一起的账务处理程序：日记总账账务处理程序。

三、账务处理程序设计的原则

为了满足国家宏观经济管理和综合平衡的需要，保证会计指标在全国范围内的口径一致，便于会计资料的汇总和分析利用，财政部已规定了若干种统一的账务处理程序，各单位应根据自己的实际情况选用和设计本单位适用的账务处理程序。为了保证账务处理程序的科学性和合理性，设计会计账务处理程序时应遵循以下原则。

（一）统一性和灵活性相结合的原则

会计主体一方面遵守财政部颁布的《企业会计准则》《企业会计制度》中对记账方法、会计凭证、会计账簿等方面的规定；另一方面结合本单位规模的大小、业务的繁简以及生产经营管理的特点，在保证贯彻会计制度统一要求的前提下，选择最适合本单位特点的账务处理程序。

（二）会计核算与经济管理相结合的原则

会计核算是企业单位经济管理的重要组成部分，会计工作必须为提高本单位的经济效益服务。因此，设计账务处理程序，既要有利于组织会计核算，又要服务于经济管理，要结合本单位经营管理的需要，提供有关经济活动和财务活动的资料，做到会计信息收集加工一次性、功能多样性，以满足单位对会计信息的要求。

（三）提高会计工作质量和合理简化核算手续相结合的原则

会计工作应正确处理质量和效率的问题。一方面要严格按照账务处理程序周密安排工作，以提高会计信息质量；另一方面减少重复劳动、简化会计手续，以提高会计工作效率。

（四）贯彻内部控制制度的原则

为了保证会计核算资料的正确性，应在设计账务处理程序时将内部控制制度融于其中，通过会计凭证、会计账簿的种类、格式的选择及组织，从账证、账账、账实的相互联系中贯彻内部牵制和加强稽核手段的渗透，保证会计工作的真实、正确。

四、账务处理程序设计的思路

无论进行哪一种账务处理程序的设计，都必须对账务处理程序诸要素进行有次序的安排，充分地考虑到经济业务的原始记录形式、序时记录体系和分类记录体系等基本内容。账务处理程序设计一般有两种工作思路。

（1）先确定账务处理程序的类型，后逐项设计账务处理程序的基本内容。按照这一思路，首先要根据企业生产经营特点和管理需要进行调查，确定账务处理程序，规划出草图；然后，按草图要求安排账簿组织，设计各个账务处理程序环节使用的分类账、序时账和各种会计凭证等，并使它们构成完整的体系；最后，通过试行、修改，颁布实施。这种思路主要适用于对老企业账务处理程序的修改设计。

（2）先逐项设计账务处理程序的基本内容，后确定账务处理程序类型。按照这一思路，先根据企业经济业务要求，分别设计各自所需的会计凭证、会计账簿等；再将会计凭证、会计账簿进行组合，确定它们之间的联系和记账程序，构成整体账务处理程序形式；最后通过试行、修改，颁布实施。这种思路主要适用于对新企业账务处理程序的设计。

第二节 以日记账为基础的账务处理程序设计

以日记账为基础的账务处理程序主要有两种，即多栏式日记账账务处理程序和通用日记账账务处理程序，相应地要进行多栏式日记账账务处理程序的设计和通用日记账账务处理程序的设计。

一、多栏式日记账账务处理程序的设计

多栏式日记账账务处理程序的设计主要有如下内容。

（一）多栏式日记账账务处理程序的特点

多栏式日记账账务处理程序是指根据收、付款凭证直接逐笔登记多栏式日记账，月末根据多栏式日记账登记总分类账的一种账务处理程序。多栏式日记账账务处理程序的主要特点是，库存现金日记账和银行存款日记账均采用多栏式账页格式，应根据多栏式库存现金、银行存款日记账的记录登记总分类账。对于转账业务，可以根据转账凭证逐笔登记总分类账，也可以根据转账凭证定期编制汇总表，根据转账凭证汇总表登记总分类账。

（二）多栏式日记账账务处理程序设置的会计凭证和会计账簿

在多栏式日记账账务处理程序下，需要设置收款凭证、付款凭证和转账凭证等专用记账凭证；多栏式库存现金日记账和多栏式银行存款日记账。

在多栏式日记账账务处理程序下，由于库存现金日记账和银行存款日记账都按对应科目设置专栏，具备了库存现金和银行存款科目汇总表的作用，月末可根据这些日记账的本月收入、支出发生额和对应科目的发生额登记总分类账。登记时，根据多栏式日记账借方合计栏的本月发生额，计入总分类账库存现金和银行存款账户的借方，并根据收入栏对应贷方科目的本月发生额，计入总分类各有关账户的贷方；根据多栏式日记账贷方合计栏本月发生额，计入总分类账库存现金和银行存款账户的贷方，并根据支出栏对应借方科目的发生额，计入总分类账各有关账户的借方。对于转账业务，则根据转账凭证汇总表登记总账。

（三）多栏式日记账账务处理程序的基本步骤

（1）根据经济业务发生时取得的原始凭证，或根据对原始凭证汇总编制的汇总原始凭证，分别编制收款凭证、付款凭证和转账凭证等专用记账凭证。

（2）根据收款凭证和付款凭证逐日逐笔登记多栏式库存现金日记账和多栏式银行存款日记账，根据转账凭证编制转账凭证汇总表。

（3）根据收款凭证、付款凭证和转账凭证等记账凭证，并结合原始凭证或汇总原始

凭证登记各种明细分类账。

（4）月末，根据多栏式库存现金日记账、多栏式银行存款日记账和转账凭证汇总表登记总分类账。

（5）月末，将各种明细分类账的余额合计数，分别与总分类账中相应总账科目的余额核对相符。

（6）月末，根据核对无误的总分类账和明细分类账的资料，编制会计报表。

多栏式日记账账务处理程序如图 6-1 所示。

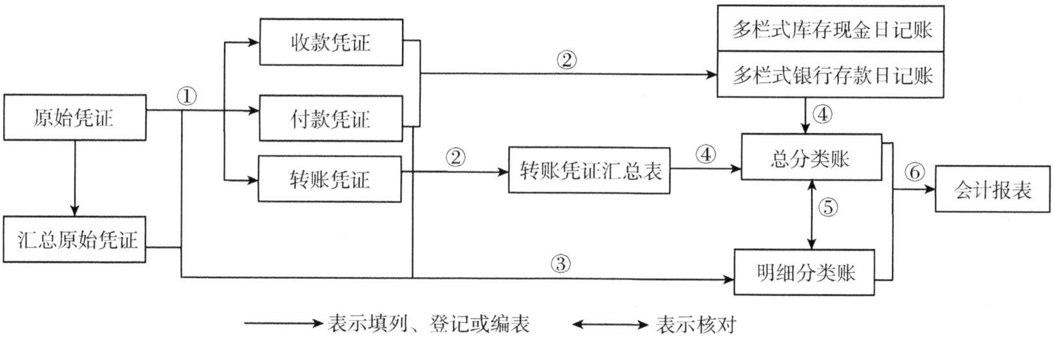

图 6-1　多栏式日记账账务处理程序

（四）多栏式日记账账务处理程序的优缺点和使用范围

多栏式日记账账务处理程序的优点是程序简单明了，易于理解，便于掌握，并且能详细记录和反映经济业务的发生情况，同时，又可以简化总分类账的登记工作。但是，多栏式日记账要将与收入、支出对应的科目在一张账页中分别设置专栏全部反映出来，在业务较复杂、会计科目设置较多的企业里，势必造成日记账中专栏栏次过多，账页过长，记账容易串行、出错，从而不便于记账。为了避免出现账页过长、记账容易出错的现象，也可以将库存现金日记账中所记录的收入和支出分别单独反映，设立两本库存现金日记账：库存现金收入日记账和库存现金支出日记账。同样，银行存款日记账也分设两本：银行存款收入日记账和银行存款支出日记账。这样可以大大减少账页的长度。

多栏式日记账账务处理程序一般适用于会计科目少、业务量小的经济单位。

二、通用日记账账务处理程序的设计

通用日记账账务处理程序的设计主要包括如下内容。

（一）通用日记账账务处理程序的特点

通用日记账账务处理程序是指对所有的经济业务都不填制记账凭证，而是直接以分录的形式登入通用日记账，并以此来登记总分类账的一种会计账务处理程序。通用日记账账务处理程序的主要特点是，将所有经济业务按所涉及的会计科目，以分录的形式计入通用日记账，再根据通用日记账的记录登记总分类账。

（二）通用日记账账务处理程序设置的会计凭证和会计账簿

通用日记账账务处理程序不填制记账凭证，而是根据原始凭证和汇总原始凭证，直接登记通用日记账。这种做法实际上是用订本式账簿代替记账凭证，是记账凭证一日记账的结合。通用日记账账务处理程序需要设置通用日记账。经济业务发生后，根据原始凭证或汇总原始凭证，登记通用日记账，将经济业务发生的时间登记在“日期”栏内；在“摘要”栏内填写经济业务内容，将应借应贷的会计科目计入“会计科目”栏内，先填写借方科目，后填写贷方科目；将应借金额计入“借方”栏内，将应贷金额计入“贷方”栏内。

通用日记账账务处理程序下，总分类账是根据通用日记账逐笔登记的。一般采用通用三栏式。通用日记账的记录实际上是各项经济业务的分录，已经反映了科目对应关系。因此，总分类账一般采用不反映对应科目的借、贷、余三栏式，不登记对应科目。采用这种程序，可以不设库存现金日记账和银行存款日记账。库存现金的每日收付金额和余额，需要根据总账“库存现金”“银行存款”的记录进行了解，或者根据通用日记账的相应记录计算求出。经济单位与开户银行之间有关银行存款收付金额和余额的对账，也要根据总账“银行存款”科目的记录或者通用日记账的记录进行。在规模小、经济业务量少的单位，为了加强对货币资金的管理，也可以设置库存现金日记账和银行存款日记账（三栏式），可根据通用日记账所记录的会计分录及原始凭证和汇总原始凭证登记。

（三）通用日记账账务处理程序的基本步骤

（1）根据经济业务发生时取得的原始凭证，或根据对原始凭证汇总编制的汇总原始凭证，登记通用日记账。

（2）根据通用日记账及原始凭证或汇总原始凭证逐笔登记明细分类账。

（3）根据通用日记账逐笔登记总分类账。

（4）月末，将各种明细分类账的余额合计数，分别与总分类账中相应总账科目的余额核对相符。

（5）月末，根据核对无误的总分类账和明细分类账的资料，编制会计报表。

通用日记账账务处理程序如图 6-2 所示。

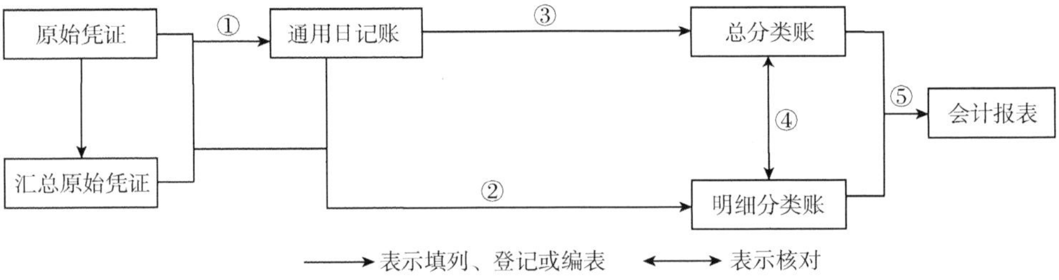

图 6-2　通用日记账账务处理程序

（四）通用日记账账务处理程序的优缺点及适用范围

通用日记账账务处理程序的优点在于，减少了编制记账凭证的大量工作，便于了解经济单位每日每项经济业务的发生和完成情况，便于按经济业务发生的时间，顺序查阅资料。其不足之处在于，只设一本通用日记账，不便于会计核算的分工；根据原始凭证和原始凭证汇总表登记日记账，账簿记录容易发生差错；根据通用日记账逐笔登记日记账，登记总分类账的工作量大。

通用日记账账务处理程序一般适用于运用电子计算机进行会计核算的经济单位。

第三节　以记账凭证为基础的账务处理程序设计

以记账凭证为基础的账务处理程序是指根据记账凭证或以此为基础的汇总记账凭证、科目汇总表登记总账的账务处理程序。相应地，要进行记账凭证账务处理程序的设计、科目汇总表账务处理程序的设计和汇总记账凭证账务处理程序的设计。

一、记账凭证账务处理程序的设计

记账凭证账务处理程序的设计有如下要点需掌握。

（一）记账凭证账务处理程序的特点

记账凭证账务处理程序是直接根据经济业务发生以后填制的各种记账凭证逐笔登记总分类账，并定期编制会计报表的一种会计账务处理程序。它的主要特点是：直接根据记账凭证逐笔登记总分类账。记账凭证账务处理程序是最基本的一种账务处理程序，其他各种账务处理程序都是在此基础上，根据经济管理需要发展而形成的。

（二）记账凭证账务处理程序设置的会计凭证和会计账簿

在记账凭证账务处理程序下，需要设置原始凭证和记账凭证作为登记总分类账和明细分类账的依据。记账凭证一般采用收款凭证、付款凭证和转账凭证等专用记账凭证的格式，也可采用通用记账凭证的格式。

在记账凭证账务处理程序下，需要设置库存现金日记账、银行存款日记账、总分类账和明细分类账。其中，库存现金日记账和银行存款日记账一般采用收、付、余三栏式账页格式的订本式账簿；总分类账采用借、贷、余三栏式账页格式的订本式账簿，并按每一总分类科目开设账页；明细分类账则可根据管理的需要，采用三栏式、数量金额式或多栏式账页，账簿形式可以是订本式账簿、活页式账簿或卡片式账簿。

（三）记账凭证账务处理程序的基本步骤

（1）根据经济业务发生时取得的原始凭证，或根据对原始凭证汇总编制的汇总原始凭证，分别编制收款凭证、付款凭证和转账凭证等记账凭证。

（2）根据收款凭证、付款凭证逐日逐笔登记库存现金日记账和银行存款日记账。

（3）根据收款凭证、付款凭证和转账凭证等记账凭证，并结合原始凭证或汇总原始凭证登记各种明细分类账。

（4）根据收款凭证、付款凭证和转账凭证等记账凭证逐笔登记总分类账。

（5）月末，将库存现金日记账、银行存款日记账的余额，以及各种明细分类账户余额合计数，分别与总分类账中有关账户的余额核对相符。

（6）月末，根据核对无误的总分类账和各种明细分类账的资料，编制会计报表。

记账凭证账务处理程序如图 6-3 所示。

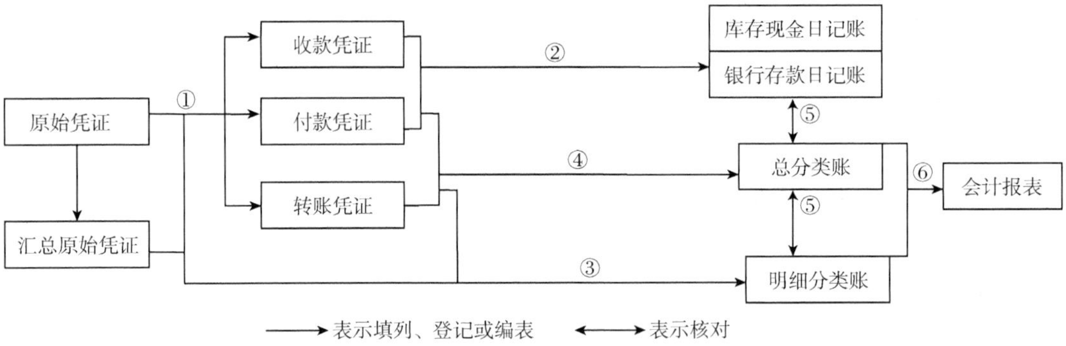

图 6-3　记账凭证账务处理程序

（四）记账凭证账务处理程序的优缺点和适用范围

记账凭证账务处理程序的优点是记账程序简单明了，易于理解，便于掌握。同时，总分类账能较详细地记录和反映经济业务的发生情况，便于随时了解经济业务的动态、核对账目。其不足之处是总分类账是直接根据记账凭证逐笔登记的，如果一个企业规模大、经济业务量比较多，每一笔业务都要根据编制的记账凭证逐笔登记总分类账，登记总分类账的工作量就很大。为了打破其局限，实务工作中可以尽量将同类性质的原始凭证汇编成“原始凭证汇总表”，然后再据以编制记账凭证，从而减少登记总分类账的工作量。

记账凭证账务处理程序一般适用于规模小、经济业务量较少的单位。

二、科目汇总表账务处理程序的设计

科目汇总表账务处理程序的设计主要包括如下内容。

（一）科目汇总表账务处理程序的特点

科目汇总表账务处理程序又称记账凭证汇总表账务处理程序，它是指根据各种记账凭证定期（如 5 天、10 天、15 天或 1 个月）编制科目汇总表，然后再根据科目汇总表分次或月末一次登记总分类账，并定期编制会计报表的一种账务处理程序。其主要特点是：先定期地将所有记账凭证汇总编制成科目汇总表，然后根据科目汇总表登记总分类账。

（二）科目汇总表账务处理程序设置的会计凭证和会计账簿

在科目汇总表账务处理程序下，设置的会计凭证和会计账簿，与记账凭证账务处理程序形式基本相同：记账凭证一般采用收款凭证、付款凭证和转账凭证等专用记账凭证的格式；设置库存现金日记账、银行存款日记账、总分类日记账和明细分类账。其中，库存现金日记账和银行存款日记账一般采用收、付、余三栏式；总分类账一般采用借、贷、余三栏式，并按每一总分类科目开设账页；明细分类账则可根据管理的需要，采用三栏式、数量金额式或多栏式账页。其不同之处在于：增设“科目汇总表”这一具有汇总性质的记账凭证。

（三）科目汇总表编制方法的设计

科目汇总表也称为记账凭证汇总表，它是根据一定时期内的全部记账凭证，按会计科目进行归类汇总而编制出来的一种记账凭证。

科目汇总表编制的基本方法是：首先，将所有总分类科目填写在“会计科目”栏中；其次，将一定期间填制的全部记账凭证，按照总分类科目进行归类，分别汇总、计算出每一个会计科目的借方发生额合计数和贷方发生额合计数，并将其分别填写在科目汇总表相应科目的“借方发生额”栏和“贷方发生额”栏内，借以反映全部科目的借、贷发生额。

由于借贷记账法的记账规则是“有借必有贷，借贷必相等”，所以在编制出来的科目汇总表内，全部总账科目的借方发生额合计数与贷方发生额合计数必然相等。实际上，科目汇总表起到了试算平衡的作用。

科目汇总表编制的时间，可根据单位业务量的多少而定。可以每月汇总一次，也就是编制一张科目汇总表；还可以每旬汇总一次，每月编制一张科目汇总表。其格式如表6-1和表6-2所示。

表6-1 科目汇总表（一）

年　　月　　日　　　　　　　　　　　　第　　号

会计科目	借方发生额	贷方发生额	过账

会计主管：　　　　记账：　　　　审核：　　　　制表：

表 6-2　科目汇总表（二）

年　　月　　日　　　　　　　　　　第　　号

会计科目	1～10 日		11～20 日		21～30 日		合 计		总账页数
	借方	贷方	借方	贷方	借方	贷方	借方	贷方	

会计主管：　　　　记账：　　　　审核：　　　　制表：

（四）科目汇总表账务处理程序的基本步骤

（1）根据经济业务发生时取得的原始凭证，或根据对原始凭证汇总编制的汇总原始凭证，分别编制收款凭证、付款凭证和转账凭证等记账凭证。

（2）根据收款凭证、付款凭证逐日逐笔登记库存现金日记账和银行存款日记账。

（3）根据收款凭证、付款凭证和转账凭证等记账凭证，并结合有关的原始凭证或汇总原始凭证，登记各种明细分类账。

（4）根据一定时期内的全部记账凭证，汇总编制“科目汇总表”。

（5）根据“科目汇总表”定期登记总分类账。

（6）月末，将库存现金日记账、银行存款日记账的余额，以及各种明细分类账户余额合计数，分别与总分类账中有关账户的余额核对相符。

（7）月末，根据核对无误的总分类账和各种明细分类账的资料，编制会计报表。

科目汇总表账务处理程序如图 6-4 所示。

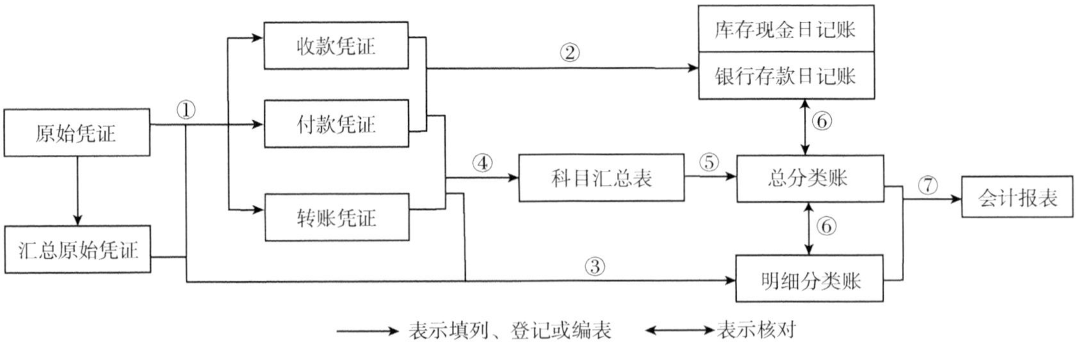

图 6-4　科目汇总表账务处理程序

（五）科目汇总表账务处理程序的优缺点及适用范围

科目汇总表账务处理程序的优点是，由于总分类账是根据定期编制的科目汇总表登记的，大大减少了登记总分类账的工作量；根据科目汇总表中各科目的借方发生额合计与贷方发生额合计之间的相等关系，能起到入账前的试算平衡作用。但是科目汇总表账务处理程序也存在不足，主要表现在科目汇总表是按总账科目汇总编制的，只能作为登记总账和试算平衡的依据，不便于分析和检查经济业务的来龙去脉，不便于查对账目。

科目汇总表账务处理程序一般适用较为广泛，尤其适用于经济业务较多的单位，大中小型企业和其他单位均可根据自身情况斟酌采用。

三、汇总记账凭证账务处理程序的设计

汇总记账凭证账务处理程序的设计主要有如下要点。

（一）汇总记账凭证账务处理程序的特点

汇总记账凭证账务处理程序是定期将所有记账凭证按收款凭证、付款凭证和转账凭证分别归类编制成汇总记账凭证，然后再根据汇总记账凭证登记总分类账，并定期编制会计报表的一种账务处理程序。其主要特点是，先根据记账凭证定期编制汇总记账凭证，再根据汇总记账凭证登记总分类账。

（二）汇总记账凭证账务处理程序设置的会计凭证和会计账簿

在汇总记账凭证账务处理程序下，与记账凭证账务处理程序形式相同，一般设置收款凭证、付款凭证和转账凭证等专用记账凭证，并据此编制汇总收款凭证、汇总付款凭证和汇总转账凭证。

在汇总记账凭证账务处理程序下，需要设置库存现金日记账、银行存款日记账、总分类账和明细分类账。其中，库存现金日记账和银行存款日记账一般采用收、付、余三栏式账页格式；总分类账一般采用借、贷、余三栏式账页格式，并按每一总分类科目开设账户；明细分类账则可根据管理的需要，采用三栏式、数量金额式或者多栏式账页。

汇总记账凭证账务处理程序与记账凭证账务处理程序形式相比，其不同之处在于：增设“汇总记账凭证”这一具有汇总性质，但又有别于科目汇总表的记账凭证。

（三）汇总记账凭证的编制方法设计

汇总记账凭证是根据一定时期内的全部记账凭证，分别按收款凭证、付款凭证和转账凭证，采用一定的方法定期进行归类汇总而编制出来的一种记账凭证。

汇总记账凭证可分为汇总收款凭证、汇总付款凭证和汇总转账凭证三种，其一般格式和内容如表 6-3～表 6-5 所示。

表 6-3　汇总收款凭证

借方科目：　　　　年　　月　　日　　　　汇收字第　　号

贷方科目	金额				总账账页
	1 日至 10 日凭证　号	11 日至 20 日凭证　号	21 日至 31 日凭证　号	合计	
合计					

会计主管：　　　　复核：　　　　记账：　　　　制单：

表 6-4　汇总付款凭证

贷方科目：　　　　年　　月　　日　　　　汇付字第　　号

借方科目	金额				总账账页
	1 日至 10 日凭证　号	11 日至 20 日凭证　号	21 日至 31 日凭证　号	合计	
合计					

会计主管：　　　　复核：　　　　记账：　　　　制单：

表 6-5　汇总转账凭证

贷方科目：　　　　年　　月　　日　　　　汇转字第　　号

借方科目	金额				总账账页
	1 日至 10 日凭证　号	11 日至 20 日凭证　号	21 日至 31 日凭证　号	合计	
合计					

会计主管：　　　　复核：　　　　记账：　　　　制单：

汇总记账凭证具体编制方法如下所述。

1．汇总收款凭证的编制方法

汇总收款凭证是对一定时期的全部收款凭证进行汇总编制而成的一种汇总记账凭

证。由于收款业务，不是收到库存现金，就是收到银行存款，所填制的收款凭证中借方科目只有“库存现金”和“银行存款”两种情况。因此，汇总时，以库存现金、银行存款的借方为主体分别设置汇总收款凭证，按相对应的各个贷方科目分设专行，分别归类汇总，加计发生额。汇总的时期视企业业务量大小来决定。一般可 5 天或 10 天汇总一次，每月编制一张。月末，根据计算出的每个贷方科目发生额合计数，登记总账，计入相应总分类账的贷方。这样编制出来的汇总收款凭证，可以清晰地反映出企业一定时期内库存现金或银行存款增加的来源途径。

2. 汇总付款凭证的编制方法

汇总付款凭证是对一定时期的全部付款凭证进行汇总编制而成的一种汇总记账凭证。由于付款业务也只有两种情况：不是以库存现金支付，就是以银行存款支付，所填制的付款凭证中贷方科目只有“库存现金”和“银行存款”两种情况。因此，汇总付款凭证的编制方法是，以库存现金、银行存款的贷方为主体分别设置汇总付款凭证，按其对应的各个借方科目分设专行、进行归类，计算出每一个借方科目的发生额合计数，填入汇总付款凭证中。一般可 5 天或 10 天汇总一次，每月编制一张。月末，根据计算出的每个借方科目发生额合计数，登记总账，计入相应总分类账的借方。这样编制出来的汇总付款凭证，也能清晰地反映出企业一定时期内库存现金或银行存款使用在哪些方面。

3. 汇总转账凭证的编制方法

汇总转账凭证是指对一定时期的全部转账凭证进行汇总编制而成的一种汇总记账凭证。汇总转账凭证的编制方法是，以转账凭证中所涉及的每一个贷方科目为主体，分别设置一张汇总转账凭证，按其对应的借方科目分设专行、进行归类，计算出的每一个借方科目发生额合计数，填入汇总转账凭证。一般可以 5 天或 10 天汇总一次，每月编制一张。月末，根据计算出的每个借方科目发生额合计数，登记总账，计入相应总分类账的借方。

汇总转账凭证上的科目对应关系是，一个贷方科目与一个或几个借方科目相对应，在汇总记账凭证核算组织程序下，为了便于编制汇总转账凭证，所有转账凭证也只能按一个贷方科目与一个或几个借方科目对应来填制，不能填制一个借方科目与几个贷方科目相对应的转账凭证。也就是可以填制一借一贷和一贷多借的转账凭证，而不能填制一借多贷和多借多贷的转账凭证。

（四）汇总记账凭证账务处理程序的基本步骤

（1）根据经济业务发生时取得的原始凭证，或根据对原始凭证汇总编制的汇总原始凭证，分别编制收款凭证、付款凭证和转账凭证等记账凭证。

（2）根据收款凭证、付款凭证逐日逐笔登记库存现金日记账和银行存款日记账。

（3）根据收款凭证、付款凭证和转账凭证等记账凭证，并结合有关的原始凭证或汇总原始凭证，登记各种明细分类账。

（4）根据一定时期内全部记账凭证，分别按收款凭证、付款凭证和转账凭证，汇总编制成汇总收款凭证、汇总付款凭证和汇总转账凭证。

（5）根据定期编制的汇总记账凭证登记总分类账。

（6）月末，将库存现金日记账、银行存款日记账的余额，以及各种明细分类账户余额合计数，分别与总分类账中有关账户的余额核对相符。

（7）月末，根据核对无误的总分类账和各种明细分类账的资料，编制会计报表。

汇总记账凭证账务处理程序如图6-5所示。

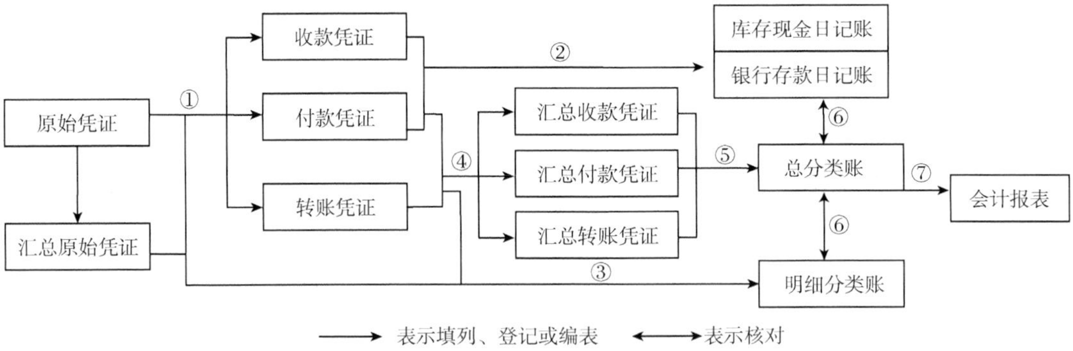

图6-5 汇总记账凭证账务处理程序

（五）汇总记账凭证账务处理程序的优缺点和适用范围

汇总记账凭证账务处理程序的优点是，由于汇总记账凭证是根据一定时期内全部记账凭证，按照科目对应关系进行归类、汇总编制的，便于通过有关科目之间的对应关系，了解经济业务的来龙去脉，这一点就克服了科目汇总表的缺点。在汇总记账凭证账务处理程序下，总分类账根据汇总记账，月末时一次登记入账，减少了登记总分类账的工作量，这一点就克服了记账凭证账务处理程序的缺点。汇总记账凭证账务处理程序的不足之处在于，汇总记账凭证是按每一个贷方科目，而不是按经济业务的性质归类、汇总的，因而不利于会计核算工作的分工，当转账凭证量多时，编制汇总转账凭证的工作量较大。

汇总记账凭证账务处理程序一般适用于规模大、经济业务较多的经济单位。

第四节　日记总账账务处理程序设计

在记账凭证账务处理程序的基础上，将其中的总分类账做一改动，改为兼有日记账功能和分类账功能的日记总账形式，便形成了日记总账账务处理程序。日记总账账务处理程序的设计包括日记总账账务处理程序的会计凭证和账簿的设计、日记总账账务处理程序的步骤的设计等。

一、日记总账账务处理程序的特点

日记总账账务处理程序是直接根据经济业务发生以后填制的各种记账凭证逐笔登

记日记总账，并定期编制会计报表的一种账务处理程序。日记总账账务处理程序的主要特点是，设置日记总账，根据记账凭证逐日逐笔直接登记日记总账。

日记总账是日记账和分类账结合在一起的联合账簿，是将全部科目都集中设置在一张账页上，以记账凭证为依据，对所发生的全部经济业务进行序时登记，月末将每个科目借、贷方登记的数字分别合计，并计算出每个科目的月末余额。

日记总账的登记方法是，对于收款业务、付款业务和转账业务，分别根据收款凭证、付款凭证和转账凭证逐日、逐笔登记日记总账，对每一笔经济业务所涉及的各个会计科目的借方发生额和贷方发生额，都应分别登记在同一行的不同的科目的借方栏和贷方栏内，并将借贷发生额合计数记在发生额栏内。月末时，分别结出各栏次的合计数，计算各科目的月末借方或贷方余额，进行账簿记录的核对工作。它要核对发生额栏内的本月合计数，与全部科目的借方发生额或贷方发生额的合计数是否相符，各科目的借方余额合计数与贷方余额合计数是否相符。

二、日记总账账务处理程序设置的会计凭证和会计账簿

在日记总账账务处理程序下，与记账凭证账务处理程序形式相同，一般设置收款凭证、付款凭证和转账凭证等记账凭证。

在日记总账账务处理程序下，需要设置库存现金日记账、银行存款日记账、日记总账和明细分类账。其中，库存现金日记账和银行存款日记账一般采用收、付、余三栏式账页格式，也可以采用多栏式账页格式；日记总账采用多栏式账页格式；明细分类账则可根据管理的需要，采用三栏式、数量金额式或多栏式账页格式。

三、日记总账账务处理程序的基本步骤

日记总账账务处理程序的基本步骤如下所述。

（1）根据经济业务发生时取得的原始凭证，或根据对原始凭证汇总编制的汇总原始凭证，分别编制收款凭证、付款凭证和转账凭证等记账凭证。

（2）根据收款凭证、付款凭证逐日逐笔登记库存现金日记账和银行存款日记账。

（3）根据收款凭证、付款凭证和转账凭证等记账凭证，并结合有关的原始凭证或汇总原始凭证，登记各种明细分类账。

（4）根据收款凭证、付款凭证和转账凭证等记账凭证逐日逐笔顺序登记日记总账。

（5）月末，将库存现金日记账、银行存款日记账的余额，以及各种明细分类账户余额合计数，分别与总分类账中有关账户的余额核对相符。

（6）月末，根据核对无误的总分类账和各种明细分类账的资料，编制会计报表。

日记总账账务处理程序如图 6-6 所示。

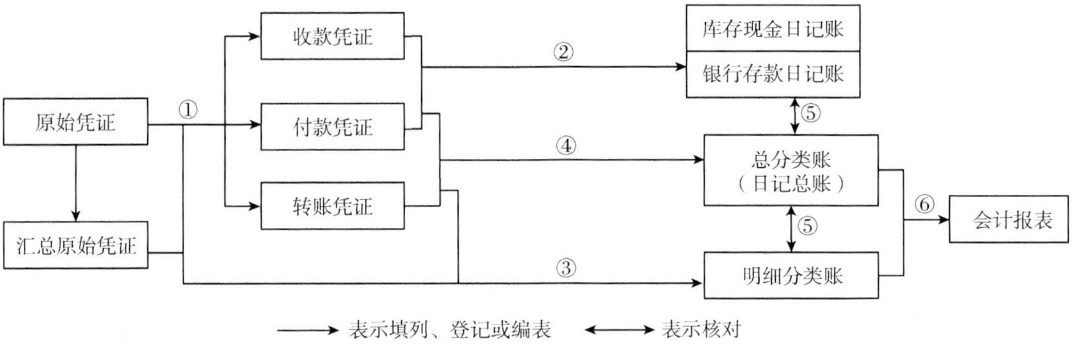

图 6-6　日记总账账务处理程序

四、日记总账账务处理程序的优缺点和适用范围

日记总账账务处理程序的优点是，日记总账是按全部总账科目分借方和贷方设置的，并且是根据记账凭证逐日逐笔登记的，可以全面地反映各项经济业务的来龙去脉，有利于对会计核算资料的分析和使用，而且其账务处理程序也较简单。日记总账账务处理程序的不足之处在于：经济单位如果运用的会计科目多，总分类账的账页就过长，不便于记账和查阅。

日记总账账务处理程序一般适用于规模小、经济业务简单、使用会计科目较少的经济单位。

通过上述各种账务处理程序的内容可看出，各种账务处理程序之间并不是完全孤立、相互排斥的，它们可以根据各单位具体情况的需要，变通使用，以利于会计资料在准确无误的前提下，会计手续更为简化。

本 章 小 结

我国目前采用的账务处理程序主要有记账凭证账务处理程序、汇总记账凭证账务处理程序、科目汇总表账务处理程序、日记总账账务处理程序和日记账账务处理程序。日记账账务处理程序又可细分为普通日记账账务处理程序、专栏日记账账务处理程序、特种日记账账务处理程序和多栏式特种日记账账务处理程序。各种账务处理程序的区别主要在于登记总账的依据和方法不同。从总体看有三种：一种是根据日记账的数据登记总账，一种是根据记账凭证的数据登记总账，还有一种是日记账和总账联合账簿。

企业在设计本身所使用的账务处理程序时，要根据每一种账务处理程序的特点来选择，大中型企业可以选择汇总记账凭证账务处理程序、科目汇总表账务处理程序；小型企业可以选择记账凭证账务处理程序，付款业务较多的企业可以选择日记账账务处理程序，使用电算会计的企业使用哪一种都可以，当然这也不是绝对的，企业可根据具体情况来选择。选择的原则是提高工作效率、会计核算质量和满足企业管理的需要。

复习思考题

1. 设计账务处理程序有什么意义？
2. 设计账务处理程序应遵循哪些原则？
3. 账务处理程序通常有哪些？各有何特点？
4. 如何按企业特点设计不同的账务处理程序？
5. 请用图的形式画出各种账务处理程序。

第七章

会计报表设计

本章主要研究了会计报表设计的意义、原则和范围，以及对外会计报表编报程序和报表附注内容的设计与企业主要对内会计报表的设计。

会计报表是提供给会计信息使用者的重要的信息载体，对信息使用者经济决策起着决定性的作用。企业应该遵循一定的报表设计原则，根据信息使用者的需要科学设计适用的会计报表。

【重要概念】 会计报表　会计报表设计　对外会计报表设计　对内会计报表设计

第一节　会计报表设计的意义、原则和范围

会计报表是企业会计报告的核心组成部分，是根据日常核算资料和其他有关资料加以汇总、整理、分析、编辑而成的书面文件。编制会计报表是一定期间会计核算工作的完结，也是生成会计信息、向相关信息使用者提供会计信息的重要环节。企业应该遵循一定的报表设计原则，根据信息使用者的需要科学设计适用的会计报表。

一、会计报表设计的意义

会计报表设计是企业会计制度设计的重要组成部分，直接影响到会计信息质量，科学、合理地设计会计报表，建立完善的报表体系，是会计制度设计的重要任务，对充分发挥会计在经济管理中的作用意义重大。

（一）为信息使用者及时提供企业经济活动的综合信息

不同信息使用者对信息的关注侧重点不同，科学合理设计会计报表的种类、各种报表的内容和项目、编制和报送时间，可以使会计报表所承载的信息更加充分、真实、具有时效性，为各方面信息使用者及时提供企业经济活动的综合信息。

（二）是保证现代企业有效运行的重要手段

现代企业制度的重要特征之一是企业的所有权和经营权分离，两权分离使委托方和

代理方之间形成了一系列的契约关系。投资者、债权人、政府、职工、管理者以及业务关联企业与企业之间就是这种契约关系。合理设计会计报表的种类、各种报表的内容和项目、编制和报送时间，可以编制高质量会计报表，及时披露各方关注的信息，不但为诸多经济合同的制定与执行提供依据，而且对于正确反映企业管理当局的经营责任、帮助各利益集团进行正确的经济决策、协调各方利益、保证现代企业有效运行具有重要意义。

二、会计报表设计的原则

为了更好地发挥会计报表的作用，在设计会计报表时应遵守以下原则。

（一）针对信息服务对象设计会计报表

设计财务会计报表首先应当明确使用者是谁及使用者需要哪些会计信息。一般来说，对外会计报表，无论种类、格式、项目排列还是内容、编报时间和要求，企业会计准则都已进行了原则性的规定，需要企业自行设计的空间不大。然而，企业对内会计报表的信息使用者主要是企业中特定的部门或人员，是为了特定的管理要求设计的，会计报表格式、内容和编制时间具有较强的灵活性。因此，对内会计报表应针对企业各部门管理的需要，其内容、格式设计应有较强的针对性。

（二）充分反映信息使用者决策有用性信息

企业对外会计报表的设计必须能够全面反映企业的财务状况、经营成果和现金流量，反映企业经营活动全貌，以满足各方面的需要。一般来说，能够满足国家宏观管理、投资者和债权人决策所需的信息，也能满足社会公众及顾客的需要。至于企业管理当局，除了利用对外会计报表的信息以外，还通过内部会计报表取得其管理所需的信息。会计报表的设计应尽可能考虑上述会计信息使用者的需要，会计报表指标体系设计要完整，尽量通过表式用数字指标定量描述价值信息。对那些分析财务状况、经营成果、现金流量和对企业发展和管理有重大影响的非数量资料，以及会计报表不能揭示的数量资料，应通过设计会计报表附注项目和增加辅助报表的形式加以充分披露，以便于会计信息使用者正确理解某些会计报表数据及其变动原因。

（三）清晰易懂，便于理解和利用

设计的会计报表应做到简明扼要、清晰易懂，便于理解和利用，并且便于编制。要做到：①表头要清楚地标明企业全称、报表名称以及日期或报表所辖时期；②表内项目要分类明确、标准统一，不可重叠或遗漏；项目排列要有序，重要的项目应单独列示，排在表的突出位置；③有关数字的钩稽关系要清晰，必要时要应用公式标明；④一张表内包括的内容不宜过多过杂，避免造成信息使用者理解上的混乱。

（四）有助于信息快速生成

会计报表是根据总分类账户和明细分类账户编制的，在设计报表项目时，各项目名称最好能与会计账户名称一致，以便直接从有关账户中取得数据，要避免将几个账户的有关数字加加减减后形成一个数字才能填入报表的情况。此外，在设计报表时最好有一栏用于注明数字来源，此栏可定名为“数字来源”，填制时，可只填账户编号，从而提高编报速度，有利信息使用者及时地利用报表信息。

（五）有利于进行经济活动分析

会计报表设计要尽量做到便于各会计期间相同指标的分析比较，可以设置一些比较指标，以提高会计报表信息的可分析性。如在报表中设置年初数、期末数、上年实际、本年计划等专栏，以便进行期初与期末、实际与计划的比较，反映计划执行情况和发展趋势。对内部报表而言，还可设计一些长期台账，将某些经济指标的若干个会计期间的数字汇集在一张账表上，以便于从中看出企业经济发展的趋势。

三、会计报表设计的范围

《企业会计准则》明确规范了企业对外会计报表列报的基本要求、报表组成、使用范围、基本格式和披露内容，因此，对外会计报表的格式、反映内容、项目排列和编制方法均应遵循准则要求进行处理，不属于企业会计报表设计的范围。从报表设计的角度看，会计报表设计的范围主要包括以下方面。

（一）对外会计报表编制程序和附注内容的设计

要规范编制会计报表，生成高质量的会计信息，首先必须规范会计报表编制程序。只有理顺会计报表编制程序，才能有效整理报表编制所需资料，编制报表时做到内容完整、数据真实可靠、计算准确无误、编报及时。同时，由于会计报表本身的局限性，其所提供的资料受到一定的限制。为了提供更详尽的会计资料，需要在会计报表附注中对会计报表的某些项目，根据企业行业特点、业务特点和经营管理的实际需要做进一步的补充说明。

（二）对内会计报表种类、报表格式和项目的设计

对内会计报表是专门提供给企业各级管理人员的、无须对外报送的报表。其作用不仅在于为编制对外会计报表提供基础性资料，更重要的是为管理者提供必要的决策、分析所需要的会计信息，它是会计报表体系的重要组成部分。通过编制内部报表，可以将分散的会计资料集中并直观地反映出来，使企业管理者能及时了解经营管理情况，便于管理决策，同时也为各责任主体的业绩考评提供了客观依据。

由于企业对内会计报表的信息使用者主要是企业中特定的部门或人员，是为了特定的管理要求设计的，会计报表格式、内容和编制时间具有较强的灵活性。因此，对内会计报表应针对企业各部门管理的需要，其内容、格式设计应有较强的针对性，企业必须根据本身的行业特点、业务特点和经营管理合理确定对内会计报表种类、科学设计主要对内会计报表格式和项目。

第二节　对外会计报表的设计

一、对外会计报表的内容

对外会计报表也称财务报表，是对企业财务状况、经营成果和现金流量的结构性表述，包括资产负债表、利润表、现金流量表和所有者权益或股东权益变动表和报表附注。从报送对象看，对外会计报表主要是提供给企业外部信息使用者，如投资者、债权人、政府部门、社会公众等，使其了解企业财务状况、经营成果、现金流量和企业管理层受托责任履行情况。

（一）资产负债表

资产负债表是指反映企业某一特定日期全部资产、负债和所有者权益及其构成情况的报表。资产负债表总括反映单位企业一定日期的财务状况，揭示了资产、负债和所有者权益这三个会计要素之间的内在联系和平衡关系。通过资产负债表，可以了解企业在某一特定日期拥有或控制的经济资源及其分布情况，从而观察其资源的使用情况；通过资产负债表中反映的企业在某一特定日期的负债总额及其结构，可以计算流动比率、速动比率等，帮助债权人分析企业的长短期偿债能力；通过资产负债表中提供的所有者权益总额及其结构，可以进行资本结构的分析，从而为长期投资决策提供重要依据。

（二）利润表

利润表是反映企业在一定会计期间的经营成果的报表。根据利润表反映的收入、费用等情况，能够反映企业生产经营的收益和成本耗费情况，表明企业生产经营成果和经营管理效率；根据利润表提供的不同时期的比较数字，可以分析企业今后利润的发展趋势及获利能力，并可进一步预测企业的偿债能力，了解投资者投入资本的完整性；根据对利润表利润构成项目的分析，可以发现企业管理中存在的问题，帮助企业管理者及时做出相应的经济决策。

（三）现金流量表

现金流量表是指反映企业在一定会计期间现金和现金等价物流入和流出的报表。通过编制现金流量表，有利于管理者掌握企业现金流动的信息，搞好资金调度，最大限度地提高资金的使用效率；有利于政府管理部门对企业进行监督；也有利于投资者和债权人了解企业是如何使用现金的，以及将来生成现金的能力。

（四）所有者（股东）权益变动表

所有者（股东）权益变动表是反映构成所有者（股东）权益的各组成部分当期的增减变动情况的报表。所有者（股东）权益及其增减变动对于投资者的决策，尤其对公司股票价值具有重大影响。

由于会计报表本身的局限性，使其所提供的资料受到一定的限制。为了提供更详尽的会计资料，需要在会计报表附注中对会计报表的某些项目做进一步的补充说明。

二、对外会计报表编报程序的设计

会计报表编报程序是指在本期发生的各项经济业务登记入账的基础上开始，经过一系列报表编报环节将会计报表信息资料披露给信息使用者的工作步骤。对外会计报表编报程序的设计包括编制程序设计和报送程序设计两部分。

（一）对外会计报表编制程序的设计

对外会计报表编制程序的设计一般应经过期末账项调整、对账和结账、编制工作底稿、编制会计报表和附注等步骤。

1. 期末账项调整

企业对日常发生的会计事项一般都应按权责发生制原则，根据审核无误的记账凭证登记入账。账项调整就是把那些影响两个和两个以上会计期的经济业务在会计期末进行调整以确定权责发生制基础上的本期营业收入和费用，使营业收入和费用得到配比，从而比较正确地计算出各期经营成果、正确反映企业的期末财务状况和经营成果。

2. 对账和结账

对账是指会计核算中，对账簿记录进行的核对工作。对账一般从账证核对、账账核对和账实核对等方面进行。对账工作是为了保证账证相符、账账相符和账实相符的一项检查性工作，从而使期末编制的财务会计报告数据真实可靠。对账工作，一般在月末，即在记账之后、结账之前进行。若遇有特殊情况，如有关人员调动办理移交手续前或发生非常事件后，应随时进行对账，对于一些基础性工作，一般在平时也进行对账。

结账是根据规定把一定时期（月份、季度、半年、年度）内所发生的经济业务全部登记入账的基础上，采用一定的方法结算出各账户的本期发生额和期末余额，以便进一步根据账簿记录编制会计报表。通过结账可以查明本期内日常发生的经济业务是否全部入账，是否有漏记、错记的账项。并通过编制和结转结账记录，结清虚账户，计算确定本期的经营成果；通过结算实账户，在本期全部业务登记入账的基础上，结算出所有资产、负债、所有者权益账户的本期发生额和期末余额，准确反映企业的财务状况。

3. 编制工作底稿

企业在一个会计期内发生的经济业务，在期末经账项调整和结转后可以编制会计报表。为了使试算、调整程序同编制报表的准备工作相结合，以便自动发现和减少差错，企业可采用编制工作底稿的技术方法，采用多栏式的工作底稿作为正确编制会计报表的手段。工作底稿是一种纯粹为编表工作而做的草稿，属于非正式的会计记录，待金额全部轧平无误后作为正式编制会计报表的根据。工作底稿有各种用途，其格式和内容各不相同。编制资产负债表、利润表的工作底稿的一般格式如表 7-1 所示。

表 7-1 编制资产负债表、利润表的工作底稿

编制单位： 年 月 金额单位：

行次	账户名称	调整前试算表		账项调整		调整后试算表		账项结转		利润表		资产负债表	
		借方	贷方	借方	贷方	借方	贷方	借方	贷方	借方	贷方	借方	贷方

工作底稿的表头应包括编制单位名称、所属期间和计量单位。工作底稿的主体，可按下列步骤进行编制：账项调整前，将各总分类账户余额按一定顺序依次填入调整前试算表，试算其借方合计数与贷方合计数是否相等；每个会计期末，将影响两个和两个以上会计期的经济业务进行调整以确定权责发生制基础上的本期营业收入和费用，将调整的账项填入账项调整栏，并检验其合计数是否相等；确定各账户调整后的金额，填入调整后试算表栏；将期末应予结转的账项填入账项结转栏；将调整结转后账户金额按各账户性质分别转入利润表栏和资产负债表栏；在利润表栏内计算出本月实现的利润或发生的亏损；汇总计算资产负债表栏所填列的各账户余额；工作底稿的编制工作全部完成后，据以编制资产负债表和利润表。

4. 编制会计报表和附注

会计报表编制设计的总体要求是做到报表要素齐全并易于编制。首先，表头部分内容要设计齐全，报表名称编号、编制单位、编制时间或反映的会计期间、计量单位等项目列示准确、醒目、位置适宜。其次，正表中指标要求集中、稳定、扼要，指标之间的关系要求严谨，注意报表指标间的钩稽平衡关系，以便反映报表之间的关系，检查报表数据的正确性。最后，报表附注设计应做到提高可比性，增进理解性，体现完整性，突出重要性。

（二）对外会计报表报送程序的设计

企业对外会计报表报送应设计以下程序。

1. 复核、整理会计报表

会计报表编好以后，应由编制人自行复核，纠正错漏。在确保数据准确、文字恰当的基础上，将会计报表依次编写页码，加具封面，装订成册，加盖公章。封面上应当注明单位名称、单位地址、财务会计报告所属期间、报送日期等。在本环节，应设计具体的会计报表复核、整理者，以明确责任，保证会计报表质量。

2. 审核、签章

经复核后的会计报表应提交会计组织机构负责人和单位负责人进行审核，发现错漏应及时纠正，经审核无误后由上述人员分别在封面上签名并盖章。在本环节，应着重明确单位负责人保证会计报表信息真实、完整的责任。

3. 委托注册会计师审计并按规定的方式和期限对外报送

根据有关法律、行政法规的规定，企业财务会计报告须经注册会计师审计。因此，企业编制的会计报表经过上述环节编制、复核、整理及有关人员审核、签章后，应按有关法律、行政法规的规定，委托注册会计师进行审计，若需调整的还应按注册会计师审计意见调整。经上述程序以后，应按照规定的对象、方式和期限对外报送。在本环节，企业主要按规定要求进行相应处理，无须自行设计相关内容。

三、对外会计报表附注内容的设计

会计报表附注是财务会计报告的一个重要组成部分，是对会计报表的补充说明。会计报表附注主要对会计报表的编制基础、编制依据、编制原则、方法及主要项目等进行解释，使会计报表使用者能更清楚地理解会计报表的内容。

为了提供更详尽的会计资料，企业需要根据本行业特点、业务特点和经营管理的实际需要，设计会计报表附注应补充说明的内容，对会计报表的某些项目做进一步的补充说明。一般企业会计报表附注的内容如下。

（1）企业的基本情况，如企业注册地、组织形式和总部地址；企业的业务性质和主要经营活动；母公司以及集团最终母公司的名称；财务报告的批准报出者和财务报告批准报出日。

（2）财务报表的编制基础。

（3）遵循《企业会计准则》的声明，如企业应当声明编制的财务报表符合企业会计准则的要求，真实、完整地反映了企业的财务状况、经营成果和现金流量等有关信息。

（4）重要会计政策和会计估计，如企业应当披露采用的重要会计政策和会计估计，重要会计政策的确定依据和财务报表项目的计量基础，以及会计估计中所采用的关键假设和不确定因素。

（5）会计政策和会计估计变更以及差错更正的说明，如会计政策和会计估计变更以及差错更正的有关情况。

（6）报表重要项目的说明，如按照资产负债表、利润表、现金流量表、所有者权益变动表及其项目排列的顺序，采用文字和数字描述相结合的方法披露报表重要项目，其明细金额合计应与报表项目金额相衔接。

（7）或有事项，如或有负债形成的原因、预计产生的财务影响、获得补偿的可能性；或有资产可能给企业带来的经济利益、形成的原因及其产生的财务影响。

（8）资产负债表日后事项，如每项重要的资产负债表日后非调整事项的性质、内容、对财务状况和经营成果的影响以及无法做出估计的原因说明；资产负债表日后，企业利润分配方案中拟分配的以及经审议批准宣告发放的股利或利润。

（9）关联方关系及其交易，如本企业的母公司或最终控制方名称、注册地、业务性质、注册资本、对本企业持股比例和表决权比例；本企业的子公司名称、注册地、业务性质、注册资本、本企业合计持股比例和本企业合计享有的表决权比例；本企业的合营企业名称、注册地、业务性质、注册资本、本企业持股比例和表决权比例、期末资产、负债总额、本期营业收入总额和净利润；本企业与关联方发生关系的，还应说明关联方关系的性质、交易类型、交易金额和反映未结算项目金额、条款、条件、担保信息等情况的交易要素。

第三节　对内会计报表的设计

企业除了对外提供会计报表以外，还需要设计对内会计报表，以满足企业生产经营管理的需要。企业对内会计报表的种类很多，其种类和格式取决于企业的行业特点、业务特点和经营管理的需要，由企业自行确定。

一、对内会计报表的特点

与对外会计报表相比，对内会计报表的服务对象和使用对象不同，因此，报表的内容、种类、格式、编报时间和报送对象也不同。其特点包含以下内容。

（一）报表内容具有较强的针对性

对内会计报表的使用者是特定单位中特定的部门或人员，是为了特定的管理要求设计的，其内容有较强的针对性。

（二）报表格式和编制时间具有较强的灵活性

对内会计报表可以根据单位内部管理的需要，由单位自行决定其编制内容和格式，一般采用专题性报告形式为主，不求全面和系统。同时，从报表的编制时间看，对内会计报表具有一定的机动性，其编制时间既可按年、季、月定期编制，也可根据内部管理需要不定期随时编制。

（三）报表指标具有多样性

对内会计报表是为特定管理需要而设计的，偏重于分析和评价。因此，报表中不仅提供价值指标，也提供实物指标；不仅提供绝对指标，也提供相对指标；不仅提供定量指标，也提供定性指标。

二、对内会计报表设计的要求

鉴于对内会计报表的独特性，在设计对内会计报表时，除了要遵循会计报表设计的一般原则外，还需考虑以下要求。

（一）报表指标要适用

在设计对内会计报表时，在指标内容上要求具有专题性和实用性，不要求全面系统，而要求按使用者的需要设计，做到针对性强，重点突出，具体并便于计算。

（二）报表内容要简明

对内会计报表是直接为单位生产、经营和管理服务的，在格式和数据设计上要求简明扼要，适用性强，便于分析，不需要统一的格式和绝对精确的数据。

（三）编报时间要及时

对内会计报表可以定期编制，也可以不定期编制，编报时间取决于单位经营和管理的需要，要求能及时提供信息。

三、企业主要对内会计报表的设计

企业对内会计报表设计主要包括对企业预算、日常管理报表和责任会计报告的设计。

（一）企业预算的设计

预算是一个以数量的形式来表示，具体揭示了某一特定时期内资源怎样获取及被使用的详细的计划，编制预算是任何经济活动计划中的重要一步。编制企业预算可利于企业各部门的协调和沟通，使企业成员了解资金的使用计划；有利于更科学地分配资源，对企业的生产经营活动进行有效的控制，杜绝浪费，提高经济效益。

一般说来，企业应根据其行业特点、业务特点和经营管理的需要确定企业预算的内容，如工业企业一般应编制销售预算、生产预算、直接材料预算、直接人工预算、制造费用预算、销售和管理费用预算、现金收入预算、现金支出预算、现金预算、生产和销售成本预算，再据此编制预算利润表、预算现金流量表和资产负债表，形成总预算；非工业企业则不然。下面以工业企业为例介绍几种企业预算的设计。

1. 销售预算的设计

销售预算列示的是预算期内的预计销售量和总销售额。该表表头部分应注明时间，正表部分应列出每期的预计销售量和计划单位售价，通过其乘积得出预计的销售收入。销售预算的一般格式如表 7-2 所示。

表 7-2 销售预算

年度，截至 月 日

项目	第一季度	第二季度	第三季度	第四季度	合计
预计销售量					
计划单位售价					
预计总销售额					

2. 生产预算的设计

生产预算列示的是预算期内准备生产或提供的商品和劳务数量。该表表头部分应注明时间，正表部分应列出本期的预计销售量、预计期末完工产品数量和预计期初完工产品数量，从而得出预计的产量。生产预算的一般格式如表 7-3 所示。

表 7-3　生产预算

年度，截至　　月　　日

项目	第一季度	第二季度	第三季度	第四季度	合计
预计销售量（数据来自表 7-2）					
加：预计期末完工产品数量					
要求的总产品量					
减：预计期初完工产品数量					
预计产量					

3. 直接材料预算的设计

直接材料预算列示的是预算期内即将购买的原材料的成本和数量。该表表头部分应注明时间，正表部分应列出本期的预计产量、单位产品和全部产品所需原材料数量、预计期末原材料存量和需要购买原材料总量、预计期初原材料存量和原材料购买数量、单位原材料价格，从而得出原材料的总成本。直接材料预算的一般格式如表 7-4 所示。

表 7-4　直接材料预算

年度，截至　　月　　日

项目	第一季度	第二季度	第三季度	第四季度	合计
预计产量（数据来自表 7-3）					
单位产品所需原材料数量					
全部产品所需原材料数量					
加：预计期末原材料存量					
需要购买原材料总量					
减：预计期初原材料存量					
原材料购买数量					
单位原材料价格					
预计原材料的总成本					

4. 直接人工预算的设计

直接人工预算列示的是预算期内所需的直接人工小时和直接人工成本。该表表头部分应注明时间，正表部分应列出本期的预计产量、单位产品和全部产品所需人工时间、每小时直接人工成本，从而得出总直接人工成本。直接人工预算的一般格式如表 7-5 所示。

表 7-5　直接人工预算

年度，截至　　月　　日

项目	第一季度	第二季度	第三季度	第四季度	合计
预计产量（数据来自表 7-3）					
单位产品所需人工小时					
全部产品所需总人工时间					
每小时直接人工成本					
预计总直接人工成本					

5. 制造费用预算的设计

制造费用预算列示的是发生在预算期内生产过程中的制造费用。该表表头部分应注明时间，正表部分应列出本期产品所需总人工时间、变动费用率、变动性和固定性制造费用、制造费用总额和折旧额，从而得出制造费用现金支出金额。制造费用预算的一般格式如表 7-6 所示。

表 7-6　制造费用预算

年度，截至　　月　　日

项目	第一季度	第二季度	第三季度	第四季度	合计
预计产量（数据来自表 7-3）					
单位产品所需人工小时					
全部产品所需总人工时间 变动费用率 变动性制造费用					
固定性制造费用					
制造费用合计					
减：折旧					
预计制造费用现金支出					

6. 销售和管理费用预算的设计

销售和管理费用预算列示的是发生在预算期内计划的销售和管理费用。该表表头部分应注明时间，正表部分应列出本期的预计销售量、单位变动费用、预计变动费用、固定性销售和管理费用，从而得出预算期内计划的销售和管理费用。销售和管理费用预算的一般格式如表 7-7 所示。

表 7-7　销售和管理费用预算

年度，截至　　月　　日

项目	第一季度	第二季度	第三季度	第四季度	合计
预计销售量（数据来自表 7-2）					
单位变动费用					

续表

项目	第一季度	第二季度	第三季度	第四季度	合计
预计变动费用 　销售佣金 　运费等					
固定费用 　广告费 　保险费 　管理和销售人员工资 　租金 　日常管理经营费用等					
预计销售和管理费用合计					

7. 现金收入预算的设计

现金收入预算细化了预算期内的预期现金收入。该表表头部分应注明时间，正表部分应列出本期的预计销售收入、按本期预计收入百分比计算的本季度收回的现金、本季收回上期应收款项的现金，从而得出预算期内计划的总现金收入。现金收入预算的一般格式如表 7-8 所示。

表 7-8　现金收入预算

年度，截至　　月　　日

项目	第一季度	第二季度	第三季度	第四季度	合计
预计销售收入（数据来自表 7-2）					
本季收回的现金（本期预计收入的百分比）					
本季收回上期应收款项的现金（上一季预计销售收入百分比）					
预计现金收入合计					

8. 现金支出预算的设计

现金支出预算细化了预算期内的预期现金支出。该表表头部分应注明时间，正表部分应列出本期的预计直接采购现金支出、直接人工支出现金、制造费用支出现金、销售和管理费用支出现金和其他现金支出，从而得出预算期内计划的现金支出合计额。现金支出预算的一般格式如表 7-9 所示。

表 7-9　现金支出预算

年度，截至　　月　　日

项目	第一季度	第二季度	第三季度	第四季度	合计
预计原材料采购成本（数据来自表 7-4）					
本季材料采购现金支出（本期预计采购成本的百分比）					

续表

项目	第一季度	第二季度	第三季度	第四季度	合计
上一季度购进本期支出的现金（上一季预计采购成本百分比）					
总直接采购现金支出					
直接人工支出现金（数据来自表 7-5）					
制造费用支出现金（数据来自表 7-6）					
销售和管理费用支出现金（数据来自表 7-7）					
其他现金支出					
预计现金支出合计					

9. 现金预算的设计

现金预算是现金收入和现金支出的联合，详细列示了预算期内的预期现金收支情况。该表表头部分应注明时间，正表部分应列出本期的期初现金余额、预计现金收入合计、预计现金支出合计，从而得出预算期内收支相抵现金结余或不足的金额。现金预算的一般格式如表 7-10 所示。

表 7-10 现金预算

年度，截至　　月　　日

项目	第一季度	第二季度	第三季度	第四季度	合计
期初现金余额					
预计现金收入合计（数据来自表 7-8）					
预计现金支出合计（数据来自表 7-9）					
收支相抵现金结余（或不足）					

（二）日常管理报表的设计

日常管理报表是为企业特定的管理需要服务的，它灵活多样，既可以以货币量为单位编制，也可以以实物量或劳动量为单位编制，所反映的内容广泛，可涉及企业经营管理的各个环节。通过编制内部报表，可以将分散的会计资料集中并直观地反映出来，使企业管理者能及时了解经营管理情况，便于管理决策，同时也为各责任主体的业绩考评提供了客观依据。

一般说来，企业所处行业不同，所编制的日常管理报表的内容也各不相同。下面以工业企业为例，介绍货币资金管理报表、存货管理报表、固定资产管理报表和成本费用管理报表的设计。

1. 货币资金管理报表的设计

反映货币资金管理情况的报表主要是货币资金变动情况表。货币资金变动情况表是反映现金、银行存款每日变动情况及结余情况的报表。由出纳人员在每日业务终了，根据现金日记账、银行存款日记账和其他材料编制而成，报送财会负责人和主要领导，以便及时掌握现金和银行存款的变动情况，合理调配资金，准确地做出合理的货币资金使用决策。为了全面地反映企业各项货币资金变动、结余和存放情况，便于资金调度，企业设计货币资金变动情况表。

该表表头部分应注明编制单位和时间。正表部分应突出三方面内容：一是今日实际资金余额，它可通过昨日资金账面余额、本日增加金额和本日减少金额计算得出；二是本日增加金额的来源渠道和本日资金的运用情况；三是资金的存放地点和账户。表尾部分应明确相关人员的审核、签章，以明确经济责任。货币资金变动情况表的一般格式如表 7-11 所示。

表 7-11　货币资金变动情况表

编制单位：　　　　　　　　　　　　年　　月　　日

项目	银行存款账号			现金	凭证起讫号	合计	备注
昨日账面金额							
本日增加金额							
营业收入							
融资收入							
账款回收							
投资回收							
其他收进							
本日减少金额							
营业支出							
归还贷款							
归还账款							
投资支出							
其他支出							
本日账面余额							
未记账增加							
未记账减少							
本日实际余额							

会计主管：　　　　　　　　　　　出纳：　　　　　　　　　　　制表：

2. 存货管理报表的设计

企业存货种类繁多、数额巨大，在资产总额中占有相当大的比重，其循环周转情况关系到企业的营运能力，进而影响企业的获利能力。鉴于存货在企业资产中的重要作用，企业必须设计能够提供其构成情况、使用情况及可用情况的反映详细信息和具体指标的存货管理报表，以帮助管理者做出正确判断与决策。存货管理报表的设计主要包括存货表、进货日（月）报表和销货日（月）报表等的设计。

（1）存货表的设计。存货表是反映企业某一特定日期（某一日）或时期（某月）存货购进、发出、余额以及存货质量情况的报表。为便于对存货进行全面分析，表头部分应注明编制单位、时间和金额单位等项目；正表部分应设计各种存货的上期实际数、本期计划数和本期实际数，各项存货在一定会计期间内平均余额，存货的质量状况和报损情况；表尾部分应明确会计主管、复核人和制表人。存货表的一般格式如表 7-12 所示。

表 7-12 存货表

编制单位： 年 月 日 金额单位：

科目	行次	期末余额		
		本期计划	本期实际	上期实际
一、库存材料				
1. 原材料				
（1）原料及主要材料				
（2）辅助材料				
（3）外购半成品				
（4）修理用备件				
（5）燃料				
2. 包装物				
3. 低值易耗品				
二、在途材料				
三、委托加工材料				
四、在产品				
五、半成品				
六、产成品				
合　计				
附注：				
一、存货全期平均余额				
1. 每百元销售占用的存货资金				
2. 存货周转率				
二、存货中包括		账面实际成本	可变现净值	可能发生损失
1. 已经提取变现损失准备的存货				
2. 可变现值低于成本的存货				
3. 待处理的存货（短缺或毁损）				
4. 已批准进行处理的存货				

会计主管： 复核： 制表：

（2）进货日（月）报表的设计。进货日（月）报表是对企业每日（月）材料或商品购进的详细情况进行反映的报表。一般由主管材料或商品及应付款业务的人员在每日（月）工作结束时编制并报送材料或商品供应部门和其他部门，以便及时了解材料或商品计划的执行情况，加强对材料或商品采购业务的管理。为了反映材料或商品采购资金的结算情况，该表表头部分应注明报送对象、编制时间和金额单位；正表设计应将材料或商品采购的金额按现购和赊购分别列示；表尾部分应明确负责人、复核人和制表人。企业进货日（月）报表的一般格式如表 7-13 所示。

表 7-13 进货日（月）报表

报送： 年 月 日 金额单位：

品名及规格	计量单位	数量	单价	金额			本期累计购进
				现购	赊购	购货合计	
合 计							

负责人： 复核： 制表：

（3）销货日（月）报表的设计。销货日（月）报表是对企业每日（月）商品或产品销售的详细情况进行反映的报表。一般由主管销售以及应收款业务的人员在每日（月）工作结束时编制并报送有关部门，以便及时掌握产品销售计划的执行情况，发现问题，调整产品销售方式，改进销售办法，扩大销售额，提高回款速度。为了反映销货的结算情况，该表表头部分应注明报送对象、编制时间和金额单位；正表设计应将现销和赊销分别列示；表尾部分应明确负责人、复核人和制表人。企业销货日（月）报表的一般格式如表 7-14 所示。

表 7-14 销货日（月）报表

报送： 年 月 日 金额单位：

品名及规格	计量单位	数量	单价	金额			本期累计销售
				现销	赊销	销货合计	
合 计							

负责人： 复核： 制表：

3. 固定资产管理报表的设计

在一些企业单位尤其是制造业企业中，固定资产在企业资产总额中所占的比重较大，同时，各项固定资产对这些企业未来的现金流量及获利潜力具有很大影响。因此，企业应设计固定资产及累计折旧表，详细提供有关固定资产和累计折旧的资料。设计固定资产及累计折旧表时，表头应列明报表名称、编制单位、编制时间和计量单位；正表项目包括固定资产的具体内容和本年增加的固定资产及累计折旧情况，每个项目中，又分别按固定资产原值、累计折旧反映年初数和年末数，并反映本年折旧的年折旧率和年折旧额；表尾部分应明确会计主管、复核人和制表人。企业固定资产及累计折旧表的一般格式如表 7-15 所示。

表 7-15 固定资产及累计折旧表

编制单位： 年度 金额单位：

固定资产类别	行次	固定资产原价		累计折旧		本年折旧	
		年初数	年末数	年初数	年末数	年折旧率	折旧额
房屋及建筑物							
机器设备							
电子设备							
运输设备							
其他设备							
合计							

本年增加的固定资产	行次	固定资产原价	累计折旧	本年减少的固定资产	行次	固定资产原价	累计折旧	清理净收入
购入				出售				
建造完成				报废				
盘盈				盈亏				
投资转入				非常损失				
捐赠转入				投资转出				
				捐赠转出				
合计				合计				

4. 成本费用管理报表的设计

成本费用管理报表包括成本管理报表和费用管理报表两部分，成本费用管理报表是制造业企业应编制的报表，主要为企业管理人员提供制造产品或建造工程所发生的成本资料，以便于其分析、考核成本计划的完成情况，寻求进一步降低成本的途径，提高经济效益。成本管理报表一般包括产品生产成本表、主要产品单位成本表和制造费用明细表等。费用管理报表包括销售费用明细表、管理费用明细表和财务费用明细表等。各种成本费用报表之间具有一定的内在联系，它们相互补充，构成一个完整的反映企业成本费用发生情况的内部报表体系。

（1）产品生产成本表的设计。产品生产成本表是反映企业在报告期内生产的全部产品（包括可比产品和不可比产品）的总成本及各种主要产品的单位成本和总成本的报表。该报表既可按成本项目反映，也可按产品品种反映。通过本表可以考核全部产品和各主要产品成本计划的执行结果，分析成本降低任务的完成情况。

①产品生产成本（按成本项目反映）表的设计。该表是按成本项目汇总反映企业在报告期内生产的全部产品总成本的报表。表头应设计报表名称、编制单位、编制时间和

计量单位。正表项目分为生产费用和产品生产成本两部分，各项费用和成本可以按上年实际数、本年实际数、本月实际数和本年累计实际数分栏反映。表尾部分应明确审核人和制表人。企业产品生产成本（按成本项目反映）表的一般格式如表 7-16 所示。

表 7-16 产品生产成本（按成本项目反映）表

编制单位： 年 月 金额单位：

项目	上年实际	本年实际	本月实际	本年累计实际
生产费用				
其中：直接材料				
直接人工				
制造费用				
加：期初在产品				
减：期末在产品				
产品生产成本合计				

审核： 制单：

②产品生产成本（按产品种类反映）表的设计。该表是按产品种类汇总反映企业在报告期内生产的全部产品的单位成本和总成本的报表。表头和表尾设计与产品生产成本（按成本项目反映）表相同，正表设计应分为基本部分和补充资料两部分内容，基本部分中将全部产品分为可比产品和不可比产品，列示各种产品的单位成本、本月总成本、全年累计总成本；补充资料可根据企业管理需要决定是否设，如果需要设置补充资料，其主要列示可比产品成本降低额和可比产品成本降低率两项指标。同时，产品成本表对可比产品的单位产品变动成本、本月总成本和本年累计总成本项目，还应分别列出上年实际数、本年计划数、本月实际数和本年累计实际平均数等具体指标，以便于分析可比产品成本降低任务的完成情况。因此，产品成本表应设置以上项目、栏次。企业产品生产成本（按产品种类反映）表的一般格式如表 7-17 所示。

表 7-17 产品生产成本（按产品种类反映）表

编制单位： 年 月 金额单位：

产品名称	规格	计量单位	实际产量			单位成本				本月总成本			本年累计总成本		
			本月实际	本年计划	本年累计	上年实际平均	本年计划	本月实际	本年累计实际平均	按上年实际平均单位成本计算	按本年计划单位成本计算	本月实际	按上年实际平均单位成本计算	按本年计划单位成本计算	本年实际
可比产品合计															
其中：															
1. 甲产品															
2. 乙产品															
3. 丙产品															

续表

产品名称	规格	计量单位	实际产量			单位成本				本月总成本			本年累计总成本		
			本月实际	本年计划	本年累计	上年实际平均	本年计划	本月实际	本年累计实际平均	按上年实际平均单位成本计算	按本年计划单位成本计算	本月实际	按上年实际平均单位成本计算	按本年计划单位成本计算	本年实际
不可比产品合计															
其中：															
1. 子产品															
2. 丑产品															
全部产品成本合计															

审核：　　　　　　　　　　　　　　制单：

（2）主要产品单位成本表的设计。主要产品单位成本表是反映企业在年度内生产的主要产品单位成本构成和比较的报表。通过本表，可以考核主要产品单位成本计划的执行情况，分析成本构成和消耗定额的变化及其原因，便于寻求降低成本的途径。该表表头和表尾设计与产品生产成本表相同，正表应按主要产品的品种设计，分成本项目反映上年实际平均单位成本、本年计划单位成本、本月实际单位成本和本年累计实际平均单位成本。企业主要产品单位成本表的一般格式如表 7-18 所示。

表 7-18　主要产品单位成本表

编制单位：　　　　　　　　　　年　　月　　　　　　　　　　金额单位：

产品名称	规格	计量单位	售价	本月累计实际产量	直接材料				直接人工				制造费用				产品单位成本			
					上年实际平均	本年计划	本月实际	本年累计实际平均	上年实际平均	本年计划	本月实际	本年累计实际平均	上年实际平均	本年计划	本月实际	本年累计实际平均	上年实际平均	本年计划	本月实际	本年累计实际平均
甲																				
乙																				
丙																				

审核：　　　　　　　　　　　　　　制单：

（3）制造费用明细表的设计。制造费用明细表是反映单位在报告期内发生的制造费用及其构成情况的报表，通过此表可以分析制造费用的构成，考核制造费用计划执行情况，以便针对存在的问题采取措施降低费用。该表表头和表尾设计与产品生产成本表相同，正表应按制造费用的费用项目分别反映该费用的本年计划数、上年同期实际数、本年实际数。企业制造费用明细表的一般格式如表 7-19 所示。

表 7-19 制造费用明细表

编制单位： 年 月 金额单位：

项目	行次	上年实际	本年计划	本年实际
工资和福利费				
折旧费				
修理费				
差旅费				
水电费				
机物料消耗				
劳动保护费				
租赁费				
保险费				
低值易耗品摊销				
试验检验费				
设计制图费				
其他				
合计				

审核： 制单：

（4）期间费用明细表的设计。期间费用明细表包括销售费用明细表、管理费用明细表和财务费用明细表，分别反映企业在报告期内发生的销售费用、管理费用和财务费用的发生及其构成情况。期间费用明细表表头和表尾设计与产品生产成本表相同，正表应按各项期间费用的费用项目分别反映各该费用的本年计划数、本年实际数和上年实际数，以提供期间费用的构成和增减变动情况。企业销售费用、管理费用和财务费用明细表的一般格式如表 7-20、表 7-21、表 7-22 所示。

表 7-20 销售费用明细表

编制单位： 年 月 金额单位：

项目	行次	上年实际	本年计划	本年实际
工资和福利费				
折旧费				
修理费				
差旅费				
水电费				
机物料消耗				
劳动保护费				
租赁费				
保险费				

续表

项目	行次	上年实际	本年计划	本年实际
低值易耗品摊销				
试验检验费				
设计制图费				
其他				
合计				

审核： 制单：

表 7-21 管理费用明细表

编制单位： 年 月 金额单位：

项目	行次	上年实际	本年计划	本年实际
工资和福利费				
折旧费				
修理费				
差旅费				
水电费				
机物料消耗				
劳动保护费				
租赁费				
保险费				
低值易耗品摊销				
试验检验费				
设计制图费				
其他				
合计				

审核： 制单：

表 7-22 财务费用明细表

编制单位： 年 月 金额单位：

项目	行次	上年实际	本年计划	本年实际
利息支出				
汇兑净损失				
调剂外汇手续费				
金融机构手续费				
其他				
合计				

审核： 制单：

（三）责任会计报告的设计

企业加强管理、实现权责利统一的重要手段之一是划分与考评各责任中心，责任中心的业绩考核是通过编制责任会计报告来完成的。责任会计报告是根据会计日常核算资料，采用专门方法经过分析、综合汇总编制而成的，系统、全面地反映企业内部各级责任中心生产经营活动过程、资金运动情况及其结果的总括性文件。编制责任会计报告是划分与考评责任中心业绩、加强企业管理的重要手段。责任会计报告的设计应着重于对企业责任中心的业绩报告的设计，按照责任中心的类型，责任会计报告设计可以分为费用中心业绩报告设计、利润中心业绩报告设计和投资中心业绩报告设计三种情况。

1. 费用中心业绩报告设计

费用中心业绩报告表头应设计报表名称、编制单位、编制时间和计量单位；正表的设计应当反映各成本中心责任成本的预算额、实际发生额及其差异额，并按成本或费用项目列示；表尾部分应明确审核人和制表人。企业费用中心业绩报告的一般格式如表 7-23 所示。

表 7-23　费用中心业绩报告

编制单位：　　　　年　　月　　　　金额单位：

项目	本月			全年		
	预算	实际	超支或节约	预算	实际	超支或节约
A 小组						
直接材料						
直接人工						
管理人员工资						
其他						
合计						
甲部门主管						
A 小组						
B 小组						
C 小组						
各组合计						
部门成本						
一般管理人员工资						
清理费用						
其他						
合计						
厂部经理						
甲部门						
乙部门						
丙部门						
各部门合计						
工程费用						
热点费用						
折旧费用						
一般行政管理费用						
其他						
合计						

审核：　　　　制单：

2. 利润中心业绩报告设计

利润中心，是指既能控制费用、又能控制销售收入的责任单位。它不但有费用发生，而且还有收入发生，因此，它不但要对费用、收入负责，而且也要对收入与成本的差额即利润负责。利润中心业绩的评价与考核，主要是通过一定期间实际实现的利润同责任预算所确定的预计利润数进行比较，并进而对差异形成的原因和责任进行具体剖析，借以对其经营上的得失和有关人员的功过做出全面而正确的评价。企业利润中心业绩报告的一般格式如表 7-24 所示。

表 7-24　利润中心业绩报告

编制单位：　　　　　　　　　　　　年　　月　　　　　　　　　　　金额单位：

项目	本月			全年		
	预算	实际	超额或不足	预算	实际	超额或不足
A 厂毛益						
销售收入						
变动成本						
生产制造成本						
销售及管理费用						
变动成本合计						
贡献毛益						
直接固定成本						
A 厂毛益						
甲地区毛益——A 厂						
B 厂						
C 厂						
各厂毛益合计						
地区费用						
（各厂的共同费用）						
地区毛益						
总公司毛益——甲地区						
乙地区						
丙地区						
各地区毛益合计						
总公司费用						
（各地区的共同费用）						
总公司毛益						

审核：　　　　　　　　　　　　　制单：

3. 投资中心业绩报告设计

投资中心是指既能控制成本和收入，又能对投入资金进行控制的责任单位。它不仅在产品的生产销售上享受较大的自主权，而且能够相对独立地运用其所掌握的资金，有权调度处理固定资金，扩大或缩小生产能力，因而它既要对成本和利润负责，又要对资金的合理运用负责。根据投资中心生产经营活动的特点，通常以投资利润率（分部经营净利润÷分部经营资产）和剩余收益（经营利润－经营资产×规定的基准收益率）作为评价考核投资中心经营成果的主要指标。企业投资中心业绩报告的一般格式如表 7-25 所示。

表 7-25　投资中心业绩报告

编制单位：　　　　　　　　　　年　　月　　　　　　　　　　金额单位：

项目	预算	实际	差异
销售收入			
变动成本			
贡献毛益			
直接固定成本			
分部毛益			
分配的共同成本			
经营利润			
经营资产平均占用额			
现金			
应收账款			
存货			
厂房设备（净值）			
经营资产平均占用额合计			
投资收益率			
剩余收益			

审核：　　　　　　　　　　制单：

本章小结

会计报表是提供给会计信息使用者的重要的信息载体，对信息使用者做出经济决策起着决定性的作用。编制会计报表是一定期间会计核算工作的完结，也是生成会计信息、向相关信息使用者提供会计信息的重要环节。

会计报表设计是企业会计制度设计的重要组成部分，直接影响到会计信息质量，科学、合理地设计会计报表，建立完善的报表体系，是会计制度设计的重要任务，可为信息使用者及时提供企业经济活动的综合信息，对于正确反映企业管理当局的经营责任、帮助各利益集团进行正确的经济决策、协调各方利益、保证现代企业有效运行具有重要意义。

设计会计报表时应坚持针对信息服务对象设计会计报表、充分反映信息使用者决策有用性信息、清晰易懂便于理解和利用、有助于信息快速生成和有利于进行经济活动分析等原则，以使会计报表能更好地满足企业各部门管理的需要，便于会计信息使用者正确理解会计报表数据、及时利用报表信息。

由于《企业会计准则》明确规范了企业对外会计报表列报的基本要求、报表组成、使用范围、基本格式和披露内容，因此，从报表设计的角度看，会计报表设计的范围主要包括对外会计报表编制程序和附注内容的设计、对内会计报表种类及格式和项目的设计。其中，对内会计报表种类、报表格式和项目设计应针对企业各部门管理的需要，根据本身的行业特点、业务特点进行。一般而言，企业对内会计报表设计主要包括对企业预算、日常管理报表和责任会计报告的设计。

复习思考题

1. 会计报表设计有什么重要意义？
2. 会计报表设计应坚持哪些原则？
3. 企业会计报表设计的范围是什么？
4. 企业对外会计报表设计的步骤是什么？
5. 企业对内会计报表有何特点？
6. 企业对内会计报表设计应满足哪些要求？
7. 企业主要对内会计报表有哪些？
8. 企业日常管理报表有何特点？有哪些具体日常管理报表？

第八章

货币资金及工资业务会计处理程序的设计

本章主要研究了货币资金和工资业务会计处理程序的设计问题。

货币资金主要是指现金、银行存款、其他货币资金。针对企业的经营管理特点设计出符合企业需要的货币资金业务的管理制度、原始凭证和相应的会计处理程序。

工资是企业职工薪酬的重要组成部分，企业可以通过职工工资制度的设计，体现对企业员工管理的一种方法、对员工激励的程度、对成本中人工费用的核算方式。通过对职工工资原始凭证的设计，了解企业内部核算的控制方式。通过会计处理程序的设计，了解企业各部门之间的工作协调情况。

【重要概念】 货币资金　工资　管理制度　业务流程

第一节　货币资金业务会计处理程序的设计

货币资金是指可以立即投入流通，用以购买商品或劳务，或用以偿还债务的交换媒介物。货币资金在资产中的流动性是最强的，也是唯一能够代表企业现实购买力水平的资产。货币资金按其内容可分为现金、银行存款和其他货币资金。

货币资金是企业流动资产的重要组成部分，其收付涉及企业经济活动的各个方面，其持有额是影响企业偿债能力的重要因素，因此，必须加强现金及各种存款的管理与核算。企业应当严格遵照国家关于现金管理、外汇管理和银行结算制度的规定，健全货币收支手续，及时正确地办理结算业务，同时严密地反映现金及各种存款的收支和结存情况，保护其不受损失，并促使企业合理有效地加以使用。

一、货币资金管理制度的设计

（一）货币资金管理制度内容的设计

（1）《现金管理暂行条例》和《银行结算管理制度》的规定。

（2）内部牵制制度及钱、账分管制度。内部牵制制度及钱、账分管制度是指企业的会计和出纳要合理分工，钱账分管。负责办理货币资金收付业务、保管业务及登记日记账的出纳人员，不得经管货币资金总账，不得兼管稽核、会计档案保管和收入、费用、债权、债务账目的登记工作；而负责货币资金资金总账的会计人员，则不得经管货币资金。

（3）货币资金收支制度。货币资金收支制度指企业收支货币资金应当立即入账，不得拖延，并及时记入现金日记账和银行存款日记账。当日收入的现金应及时送存银行。

（4）审核和签证制度。审核和签证制度是企业内部对经济活动进行查对复核的一种制度。货币资金的审核由会计主管人员或指定人员负责进行。在办理货币资金收付以前，应查对复核原始凭证的手续是否完备，数字是否正确，内容是否合法。

（5）定期清查盘点制度。企业应当定期对货币资金进行清查盘点，现金应当日清月结；银行存款应按月与银行核对。

（二）货币资金管理制度设计方法

对货币资金管理制度的设计方法可以采用文字说明法。

案例 8-1　企业现金管理制度

2018 会（字）第 3 号文件总字第 103 号文件

为了加强对企业现金业务的管理，特制定本制度，本制度从 2018 年 10 月 1 日开始实行，与本制度冲突的文件自动废止。

第一条　现金收入包括销售商品、出售物资、罚款和赔偿收入等。现金支出包括购买材料物资、开支费用等。

第二条　出纳人员负责公司的现金收支工作及现金日记账的登记工作，每次收支时都需要加盖“现金收讫”或者“现金付讫”的印章。

第三条　各部门当日收入的现金必须当日送存会计部门。

第四条　现金支出必须经过各部门负责人、会计负责人及企业管理高层领导批准，才可以购买物资或者开支费用（视具体情况而定）。会计根据具体原始凭证入账，出纳人员据此支出现金。

第五条　公司的库存现金限额不可超过 5000 元，如超过应该及时送存银行。

第六条　每日营业结束，出纳人员应该盘点现金的实存数，并与账存数相核对，如有长短款现象填写“现金长短款报告单”，长短款由责任者自己负担。

第七条　使用备用金的部门，100 元以下的开支费用由备用金支付，超过的部分必须申请使用支票等结算方式。

第八条　各部门不允许私自设立小金库，如经发现，将追究其责任。

本制度的解释权由财务部门负责。

案例 8-2　企业银行存款管理制度

2018 会（字）第 4 号文件总字第 104 号文件

为了加强对企业银行存款业务的管理，特制定本制度，本制度从 2018 年 10 月 1 日开始实行，与本制度冲突的文件自动废止。

第一条 银行存款收入包括销售商品、出售物资、罚款和赔偿收入等。银行存款支出包括购买材料物资、开支费用等。

第二条 出纳人员负责公司的银行存款收支工作及银行存款日记账的登记工作。

第三条 企业当日收入的现金必须当日送存银行。

第四条 银行存款支出必须经过各部门负责人、会计负责人及企业管理高层领导批准，才可以购买物资或者开支费用（视具体情况而定）。会计根据具体原始凭证入账，出纳人员据此支出存款。

第五条 每月营业结束，出纳人员应该会同记现金日记账和银行存款日记账外的第三人一起与银行对账单进行核对。

第六条 企业各部门使用的结算方式，应该事先进行申请，然后才可以使用。同时会计部门可推荐使用最佳结算方式。

第七条 银行存款应该保留最低存款额度2000元。

第八条 会计人员应该注意不允许签发远期票据。

本制度的解释权由财务部门负责。

二、货币资金业务凭证设计

货币资金业务凭证的设计，主要是从企业内部各部门间处理业务的顺序、责任及各部门对业务管理的需要来设计的，同时考虑凭证设计中授权的需要，然后是记录业务的需要，最后整体考虑业务在各部门间协调的需要。企业可以根据货币资金收入、支出等环节来设计，并且在各环节中体现上述设计的需求，以下就是以这种方法来设计的。

（一）货币资金业务收入凭证的设计

1. “收据”的设计

收入现金时，应该根据具体情况来设计使用的原始凭证。小额销售货款收到的现金应以销售部门开出的“发票”作为收入现金的证明；职工交回的现金，应填制“收款单”或“收据”，作为收入现金的证明。由于发票是外来的原始凭证，所以不需要企业进行设计，而“收款单”或“收据”属于企业自制的原始凭证，企业需要根据具体情况来设计，如交款人需要凭证、业务部门需要凭证、会计部门需要凭证的就需要设计三联次（规模小、管理要求不高的企业可以是一式两联）；同时“收款单”或“收据”中要显示收款的内容、金额、数量、有关责任者，出纳人员要加盖“现金收讫”，表示收入完毕（表8-1），最后分送各部门。

企业向银行送存现金、支票、银行本票、银行汇票时，应当填写“送款单”，注明款项的来源和金额，一并送存银行，银行收款后，在“送款单”上加盖“收讫”后退还企业一联，作为企业记账的依据。如果送存银行的款项既有现金，又有收进的支票，则应分别办理收款手续；如果企业通过银行转账收入的款项，以银行转来的收款凭证作为记账的依据（表8-2、表8-3）。这些外来原始凭证主要是银行系统设计的，所以企业只需要根据收到的凭证入账即可。如果企业属于银行业，就需要自行设计这些凭证，因为此时这种凭证是一种自制原始凭证，银行在设计这些凭证时，要考虑其收付款人是否属于同一开户银行、是否属于同一城市、票据的联次、银行记账的需要等多方面的内容。

表 8-1 收据

年 月 日

交款单位	支付方式							
	十	万	千	百	十	元	角	分
人民币（大写）								
收款事由	收款部门： 收款人员：							

收款单位印章	单位领导	会计主管	稽核人员	出纳人员	交款人员

表 8-2 中国工商银行进账单（回单）

年 月 日

付款人	名称		收款人	名称	
	账号			账号	
	开户银行			开户银行	

人民币（大写）		千	百	十	万	千	百	十	元	角	分
票据种类											
票据张数											
单位主管 会计 复核 记账											

表 8-3 现金存款单（回单）

年 月 日 对方科目

收款单位	全称				款项来源	
	账号		开户银行		交款单位	

人民币（大写）	百	十	万	千	百	十	元	角	分

辅币张数	伍角	贰角	壹角	伍分	贰分	壹分

主币张数	壹佰元	伍拾元	贰拾元	拾元	伍元	贰元	壹元

企业在采用转账结算方式下，如“托收承付”“委托收款”“信汇或电汇”方式时，其“托收承付收款联”“委托收款联”“信汇或电汇收款联”，作为企业收到货币奖金的入账依据（表 8-4、表 8-5、表 8-6）。

表 8-4 托收承付凭证（收账通知单）

年 月 日

<table>
<tr><td rowspan="2">收款单位</td><td>全称</td><td colspan="3"></td><td>款项来源</td><td colspan="9"></td></tr>
<tr><td>账号</td><td></td><td>开户银行</td><td></td><td>交款单位</td><td colspan="9"></td></tr>
<tr><td colspan="6" rowspan="2">托收人民币
（大写）</td><td>百</td><td>十</td><td>万</td><td>千</td><td>百</td><td>拾</td><td>元</td><td>角</td><td>分</td></tr>
<tr><td></td><td></td><td></td><td></td><td></td><td></td><td></td><td></td><td></td></tr>
<tr><td colspan="2">附件</td><td colspan="2">商品发运情况</td><td colspan="11">合同名称号码</td></tr>
<tr><td colspan="2">附寄单证
张数或件数</td><td colspan="2"></td><td colspan="11"></td></tr>
<tr><td colspan="4">备注：电划</td><td colspan="2">款项收妥日期
年 月 日</td><td colspan="9">收款人开户银行盖章 年 月 日</td></tr>
</table>

表 8-5 信汇凭证（收账通知单）

委托日期 年 月 日

<table>
<tr><td rowspan="3">汇款人</td><td>名称</td><td></td><td rowspan="3">收款人</td><td>名称</td><td colspan="8"></td></tr>
<tr><td>账号</td><td></td><td>账号</td><td colspan="8"></td></tr>
<tr><td>汇出地点</td><td></td><td>汇入地点</td><td colspan="8"></td></tr>
<tr><td rowspan="2">人民币
（大写）</td><td colspan="2" rowspan="2"></td><td>千</td><td>百</td><td>十</td><td>万</td><td>千</td><td>百</td><td>十</td><td>元</td><td>角</td><td>分</td></tr>
<tr><td></td><td></td><td></td><td></td><td></td><td></td><td></td><td></td><td></td><td></td></tr>
<tr><td colspan="3">汇款用途：</td><td colspan="10">留行待取预留
收款人印鉴</td></tr>
</table>

汇入行盖章　　收款人盖章　　复核　　出纳　　记账

2.“收款日报表”和“销货日报表”的设计

零售商业在采用数量金额核算时，每天营业终了，由收款员填制“收款日报表”并将销货现金及时送存银行，“收款日报表”的一般格式应该包括各柜组和销售额、收到款项的种类（表 8-7），此原始凭证至少一式两联，收款部门一联，会计一联。实物负责小组根据所留的销货发票，汇总填制“销货日报表”。“销货日报表”的汇总金额应与开出的“销货发票”加计金额相符，也应与“收款日报表”相符，“销货日报表”的格式要根据企业采用的核算方法来设计，采用数量售价金额核算法的企业，金额只反映销售单价和售价金额，采用进价金额核算法的企业只反映进货单价和进价金额（表 8-8）。此原始凭证至少一式两联，营业柜组一联，会计一联，会计部门根据“收款日报表”和“销货日报表”进行核对，无误后记账。有些企业设置收银组的，收银组还可以根据各收款人员交来的“收款日报表”进行汇总，编制企业“汇总收款日报表”（其格式与“收款日报表”相同，只是数据是汇总数），会计部门根据各营业柜组交来的“销货日报表”编制“汇总销货日报表”，然后再进行核对，无误后记账。

表 8-6 委托收款凭证（收账通知）

委托日期　　年　　月　　日

付款期限　　年　　月　　日

付款人	名称		收款人	名称	
	账号			账号	
	开户银行			开户银行	

人民币（大写）		千	百	十	万	千	百	十	元	角	分

款项内容		委托收款名称		附寄单证张数	

备注：	上列款项： 1. 已全部划回收入你方账户。 2. 已收回部分款项收入你方账户。 3. 全部未收到。 收款人开启行盖章 年　月　日

表 8-7 收款日报表

年　　月　　日

营业柜组	销售金额	其中			备注
		现金	转账支票	应收账款	
合计					

收款人：　　　　　　核对人：　　　　　　会计：

表 8-8 销货日报表

填报部门：　　　　年　　月　　日

货号	品名	单位	数量	单价	金额
	合计				

填制人：　　　　　　核对人：　　　　　　会计：

（二）货币资金业务支出凭证的设计

1. “借款单”的设计

企业涉及职工个人借款时，通过有关负责人批准后，到会计部门办理借款事宜，首先需要填制企业自行设计的原始凭证“借款单”，写明借款的原因、金额、借款人、有关负责人的签字，此原始凭证一式两联，会计部门留存一联，借款人一联。会计人员审核，由出纳人员出款。“借款单”的格式如表 8-9 所示。企业也可以把授权批准与借款单的填写分开设计，如使用“借款申请书”，由借款人填写，借款人部门负责人签字批准，会计部门负责人签字批准，数额较大的，还需要主管经理批准；然后再到会计部门填写“借款单”，在这种情况下，企业需要把这两张单据都作为原始凭证编制记账凭证，分别表示授权批准与借款，虽然“借款申请书”作为附带说明授权批准的内容，但是它本身不是原始凭证，企业是为了加强对借款业务的管理才使用这张单据的。

表 8-9　借款单

借款原因：	
人民币（大写）：	¥
单位负责人意见：	单位：
财务负责人意见：	借款人：
领导批示：	年　月　日

2. “发票”的设计

企业使用的外来发票，也就是国家统一的发票，不需要企业进行设计，如商业零售统一发票（表 8-10）。但是企业为了加强管理也可以设计适合企业内部需要的发票，即“内部发票”，这种发票的格式见销售业务原始凭证设计的部分，在以后的章节中有所介绍。

表 8-10　商业零售统一发票

发票代码：　　　　发票号码：

发票联

年　月　日

购货单位	名称				金额						
	税务登记号				零	壹佰	贰佰	叁佰	肆佰	伍佰	…
货物或应税劳务名称	单位	数量	单价	金额							
					零	壹拾元	贰拾元	叁拾元	肆拾元	伍拾元	…
					零	壹元	贰元	叁元	肆元	伍元	…
合计金额（大写）万　千　百　拾　元　角　分											
销货单位：					零	壹分	贰分	叁分	肆分	伍分	…
税务登记号：											

开票单位：　　　　收款人：　　　　开票人：

企业委托银行支付款项时，应当按照规定签发支票或其他结算凭证，银行据以减少企业的存款，并以支票存根或其他结算凭证的回单联作为记账的依据（表 8-11、表 8-12、表 8-13）。

表 8-11 托收承付凭证（付款通知）

年 月 日

收款单位	全称				款项来源								
	账号		开户银行		交款单位								
托收人民币（大写）					百	十	万	千	百	十	元	角	分
附 件	商品发运情况		合同名称号码										
附寄单证张数或件数													
备注：电 划			款项收妥日期 年 月 日		收款人开户银行盖章 年 月 日								

表 8-12 中国工商银行信汇凭证（付款通知）

委托日期 年 月 日

汇款人	名称		收款人	名称								
	账号			账号								
	汇出地点			汇入地点								
人民币（大写）			千	百	十	万	千	百	十	元	角	分
汇款用途：			留行待取预留收款人印签									

汇入行盖章 收款人盖章 复核 出纳 记账

表 8-13 委托收款凭证（付款通知）

委托日期 年 月 日

付款期限 年 月 日

付款人	名称		收款人	名称								
	账号			账号								
	开户银行			开户银行								
人民币（大写）			千	百	十	万	千	百	十	元	角	分
款项内容		委托收款名称			附寄单证张数							

续表

备注：	上列款项： 1. 已全部划回收入你方账户。 2. 已收回部分款项收入你方账户。 3. 全部未收到。 收款人开启行盖章 年　月　日

从银行提取现金，应填制现金支票，以“支票存根”作为提取现金的证明（表 8-14）。

表 8-14　中国工商银行转账支票存根

支票号码

科目

对方科目

签发日期　　年　　月　　日

收款人：
金额：
用途：
备注：

单位　　　　会计

主管　　　　记账

三、货币资金业务处理流程的设计

企业货币资金业务处理流程是指货币经济业务在企业各部门间协调完成的顺序或者是货币经济业务处理的先后顺序，采用各种图来表示业务的流向，使办事人员能了解这个业务的全过程，提高工作效率。下面介绍几种业务流程的设计。

（一）零售商品收入现金业务处理流程

零售企业柜台销售商品时，可采用直接收款和集中收款两种方式，其中采用集中收款的业务流程如图 8-1 所示。

（1）营业员开出一式三联发票，由客户到收款处交款。

（2）收款人员收款并加盖戳记后，留存第三联，将其余两联交给客户。

（3）客户凭第二联取货，收款员留存第二联，作为销售商品的依据。

（4）客户留存第三联，作为购货证明。

（5）每日营业终了，营业员根据第二联编制销售日报表，一式两份，留存一份，另外一份送交财会部门。

（6）收款员根据收款单第三联和收取的货款编制销售收款日报表，一式两份，留存一份，将另外一份连同货款送交出纳部门。

（7）会计部门将销售日报表与销售收款日报表进行核对。

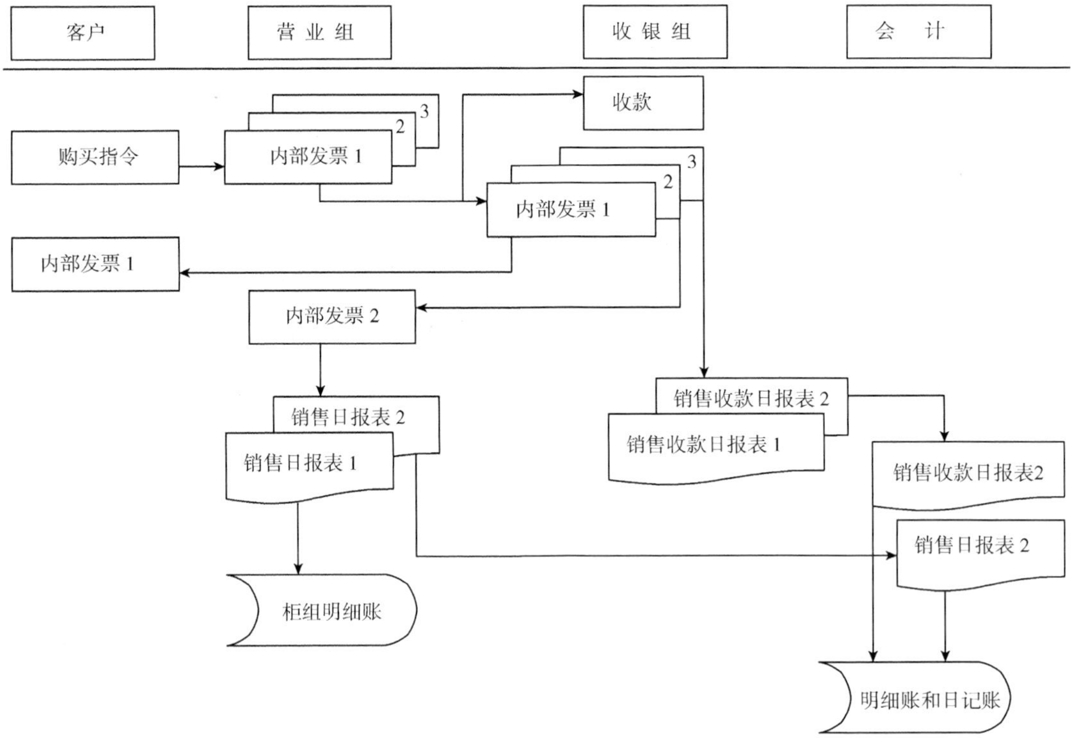

图 8-1 集中收款的业务流程

（二）出纳部门收取现金业务处理流程

（1）业务部门开出一式二联收款通知，经业务部门负责人审核后交出纳部门。

（2）出纳员根据收款通知收取现金，填制收据一式三联，一联留存、一联给交款人、一联送交财会部门，作为记账的依据。

（3）会计根据收到的收据记账；出纳人员根据收据记现金日记账。

这种方式最大的优点是开票、收款、记账由三个人来完成，便于内部控制，其流程如图 8-2 所示。

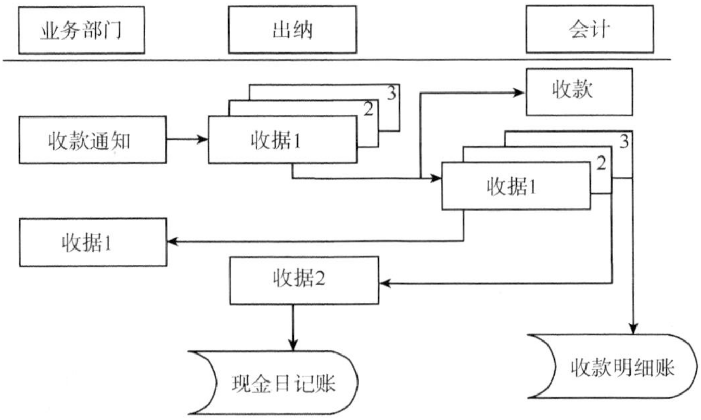

图 8-2 出纳部门收取现金业务处理流程

（三）邮寄销售收取现金业务流程

（1）业务部门收到客户寄来的货款提取单，即“汇款单”。

（2）业务部门编制汇款清单一式两份，留存一份，另外一份连同“汇款单”送交出纳部门。

（3）出纳部门提取现金，并登记现金日记账。

（4）出纳部门根据汇款清单填制发票，二联随货同行，一联送交财会记账，一联留存。

（5）仓库发货，并将发货回单送交财会部门。

这种方法的优点是收单、提款、记账、发货由四个人进行，便于内部控制，其流程如图 8-3 所示。

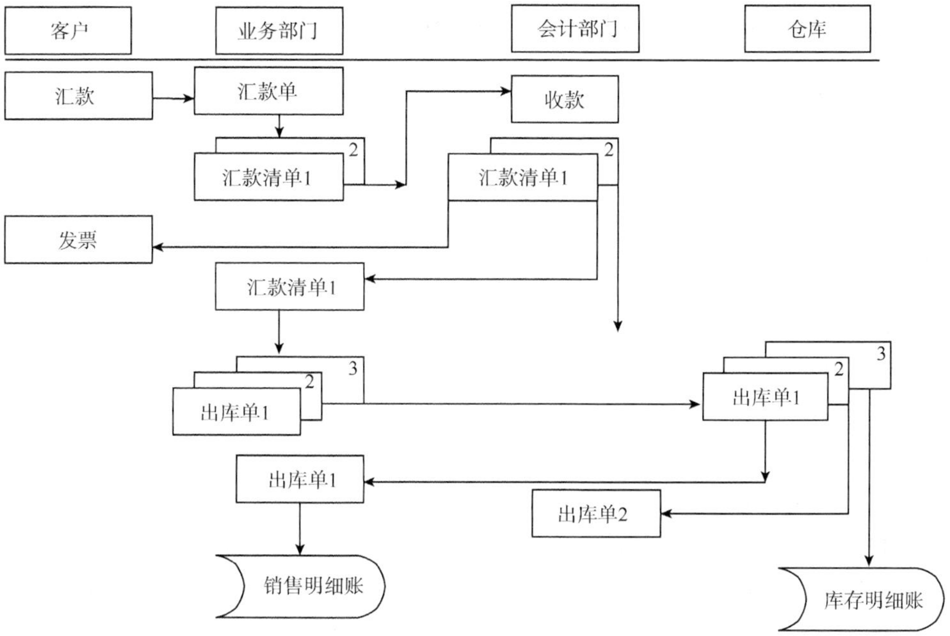

图 8-3　邮寄销售收取现金业务流程

（四）零星报销业务支付现金的业务流程

单位因出差、医疗费用报销而支付现金的业务，即报销业务。其支付现金的业务流程如下（图 8-4）。

（1）报销人员根据有关原始单据填写费用报销单，经本部门负责人审核同意后方可报销。

（2）报销人员将审核后的报销单送交财会部门，会计再进行审核，审核后交出纳人员。

（3）出纳人员核对无误后，付款给报销人员。

（4）定期进行相关账、证核对。

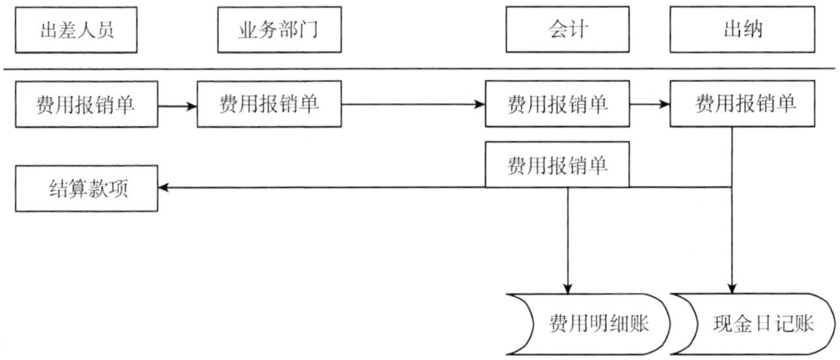

图 8-4　零星报销业务支付现金的业务流程

（五）财务部出纳人员以银行存款对外办理付款的业务流程

（1）业务部门填制单据申请支票，经部门负责人审核签章后送会计部门。

（2）会计部门审核同意后，将原始单据送交出纳部门。

（3）出纳部门核对无误后，开出支票，并加盖印鉴后，登记支票登记簿，并将请款单予以保存，支票下联交给会计部门。

（4）会计部门对支票正联进行审核，并加盖印鉴后，交业务部门经办人员持往供货单位购货。

（5）经办人员持支票购货完毕取得购货发票，经部门主管审核签章后，送出纳部门。

（6）出纳人员根据经审核签章后的发票与支票存根联进行核对无误，在支票登记簿上注销，并登记银行存款日记账，然后送会计部门。

（7）会计部门收到发票经审核无误后编制记账凭证，并据以登记总账及有关明细账。

（8）月终，将总账中银行存款账户的余额与银行存款日记账的余额进行核对。

（9）月终，由登记总账和银行存款日记账以外的第三人，根据银行对账单和银行存款日记账编制余额调节表，并经会计部门主管审核签章后，送交开户银行。

（10）如果付款方式是汇兑结算方式则填制银行汇兑凭证，到银行办理汇兑手续，并根据汇兑凭证登记银行存款日记账；如果付款方式是银行汇票，则填制票汇申请办理票汇手续，负责将银行签发的银行汇票寄交供货单位，并根据票汇凭证登记银行存款日记账。

财务部出纳人员以银行存款对外办理付款的业务流程如图 8-5 所示。

（六）财务部出纳人员向银行存入销货款的业务流程

商品流通企业的收入款业务较为复杂，涉及的部门也较多，在设置内部银行和使用电算会计的情况下，其业务流程如图 8-6 所示。

（1）设置的部门有财务部、信息部、商品部，涉及的岗位有财务部出纳人员、财务部部长、财务部内部银行管理员、信息部凭证审核员、信息部数据录入员、信息部复核员等。

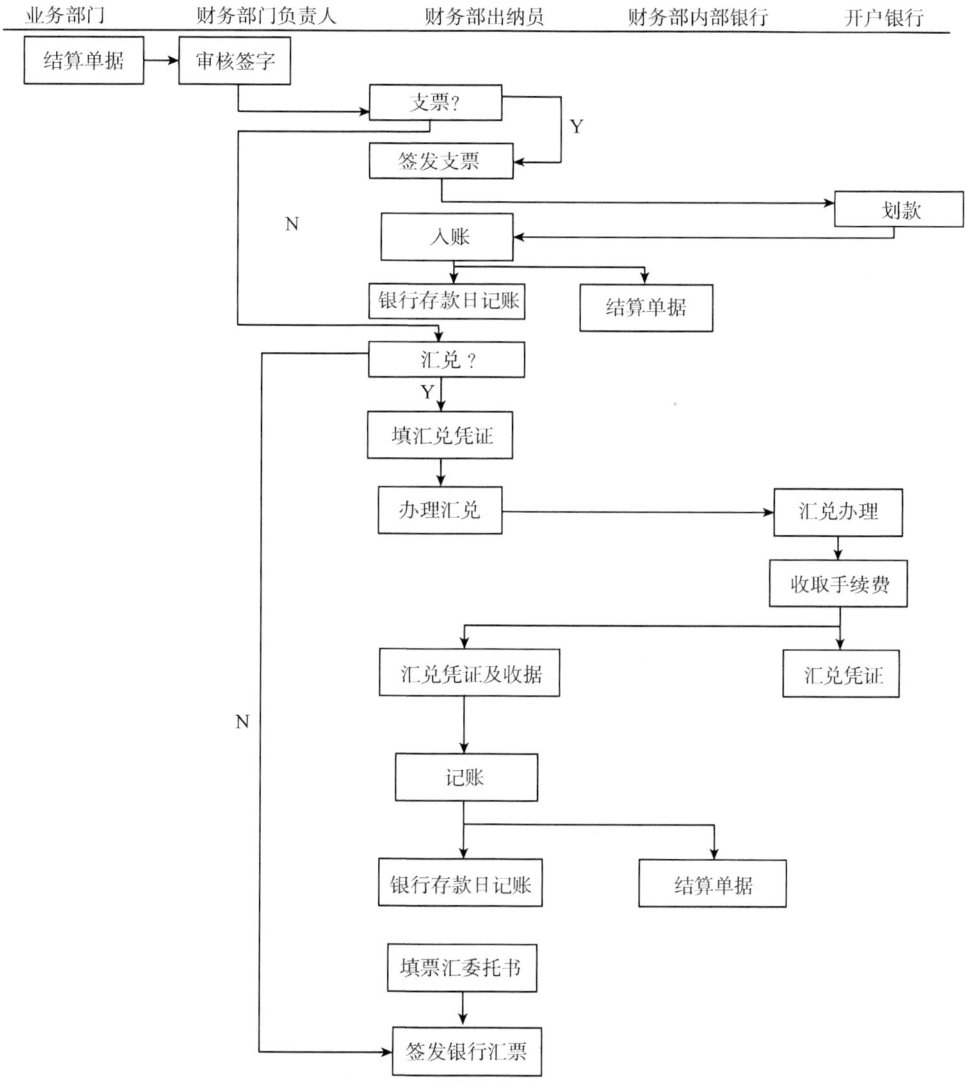

图 8-5　财务部出纳人员以银行存款对外办理付款的业务流程

（2）出纳人员每个营业日后，对销售交款单进行分类（按商品部）、汇总，然后填制销货款汇总表。

（3）销货款汇总表中的收款金额与已收的销货款进行清点与核对，无误后在银行进账单上签字盖章，自己留存一联，另一联返给财务部出纳人员。

（4）出纳人员根据银行进账单填制存款台账，然后将银行进账单转给财务部内部银行管理员。

（5）内部银行管理员根据银行进账单填制内部银行转账单交财务部经理审核签字。

（6）财务部经理签字后内部银行管理员登记内部银行日记账，然后将一联内部银行转账单交给商品部核算员，另一联交信息部凭证审核员。

（7）商品部核算员收到内部银行转账单进行复核，无异议后编制记账凭证，登记内

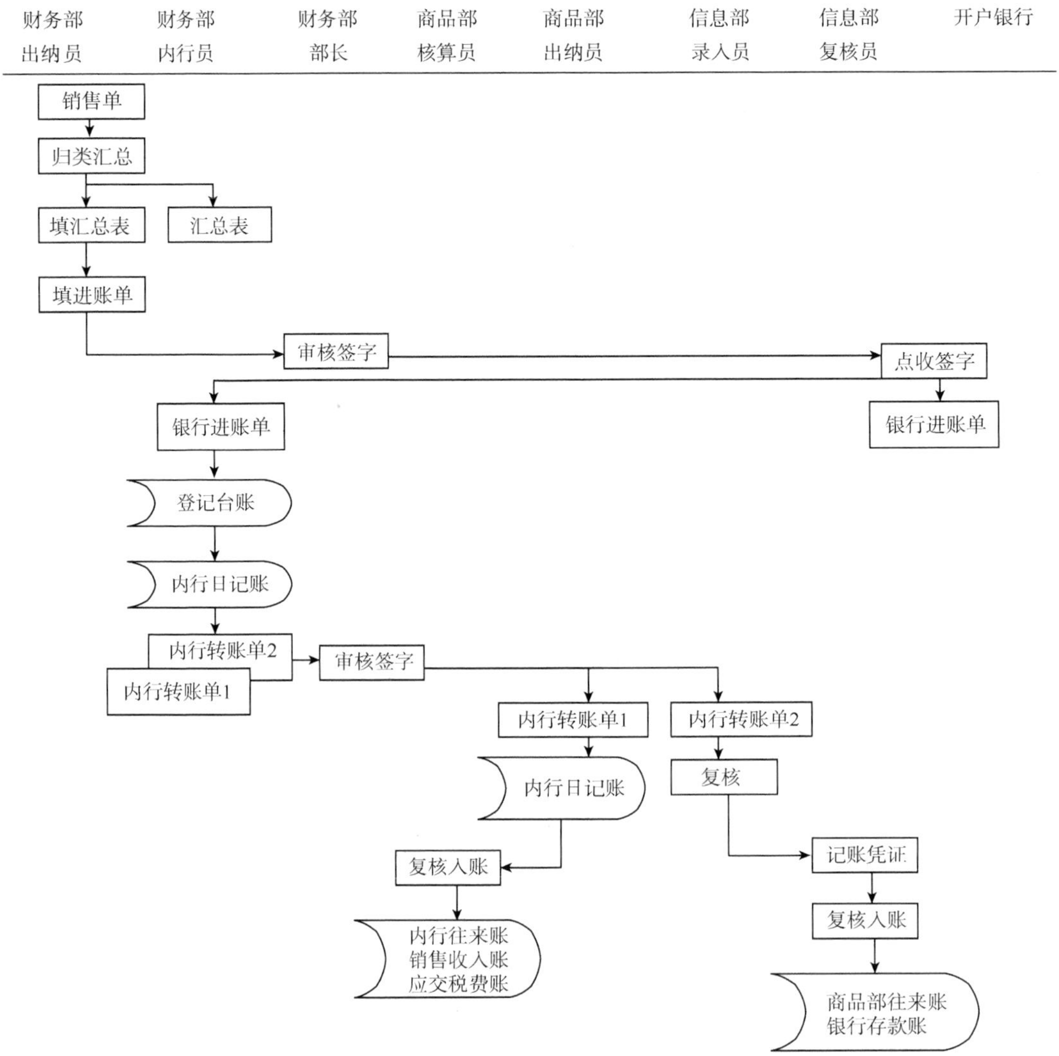

图 8-6　财务部出纳人员向银行存入销货款的业务流程

部银行往来账、销售收入账、应交税金账。

（8）信息部凭证审核员收到内部银行转账单后进行复核，无异议后交给信息部数据录入员。

（9）信息部录入员根据内部银行转账单录入数据、打印记账凭证交信息部复核员。

（10）信息部复核员对记账进行复核，无异议登记银行存款账、商品部往来账。

第二节　工资业务会计处理程序的设计

职工薪酬是为获得职工提供的服务而给予各种形式的报酬以及其他相关支出。包括构成工资总额的各组成部分，这与国家统计局口径一致；职工福利费；“五险一金”：医疗、养老、工伤、失业、生育和住房公积金；工会经费和职工教育经费；非货币性福利：

如以产品作为福利发放给职工；解除劳动关系补偿：辞退福利。

工资是职工薪酬的一部分，是企业对职工为工作而消耗的知识、技能、时间和精力而给予的一种补偿，是对职工个人的一种负债。工资业务涉及企业内部的相关部门较多，因此其业务会计处理程序的设计也很重要。

一、工资管理制度的设计

（一）工资制度的内容

（1）工资模式。结构工资制：基本工资＋岗位工资＋奖金＋津贴
项目工资制：
效薪工资制：薪级工资＋绩效工资

（2）基本工资的组成内容。基本工资的组成部分主要是指员工按照国家或者企业的级别标准确定的职工标准工资，主要考虑的是行政职务、技术职称、工人的工种或者等级等。

（3）岗位工资标准。岗位工资标准主要是指岗位补贴。

（4）奖金津贴标准。奖金津贴标准主要指经常性的奖金和必要的津贴。

（5）绩效标准。绩效标准指按一定的绩效标准或者比例确定的职工工资，这部分工资可以是在基本工资、岗位工资、奖金津贴之上再加入的部分；也可以是在其中一部分金额基础上再增加的部分；还可以是单独的绩效工资，这要根据企业的具体情况来确定。

（6）建立健全完善的考勤制度和考勤记录，为工资计算提供完整、正确的依据。

（7）建立健全工时记录和产量记录，加强产品质量检验，正确计算完工产品数量，制定合理的定额工时。

（8）办理各种代扣款项的方法。

（9）核准年度工资总额。

（10）考勤、工资结算、提现、记账职务分别确定。

（11）按规定办理职工转正、定级、晋升、降级的标准。

（二）设计方法

文字说明法，因为工资管理制度体现的是企业对员工工资制定的标准，需要进行详细的说明与解释，让每个员工通过这个文件了解自身工资的组成、升降级的标准，企业对员工的激励程度。

（三）应该注意的问题

（1）同行业的工资水平。同行业的工资水平将影响企业员工的稳定程度，企业对人才的重视程度。这方面工作处理得好将会对企业的发展起到重要的作用。

（2）企业对员工的激励程度。使用工资来激励员工是工资会计制度设计的一个重要内容，如何激励，程度强弱，都会对员工工作积极性起到重要的作用。

（3）企业的实力。企业是否有能力承担起较高的工资，不仅取决于企业利润水平的高低，也取决于企业的财务能力，如产品成熟期，产品的利润较高，维持高工资是没有问题的，但是产品开拓市场时期，产品利润可能比较低，这时候企业是维持员工的高工资还是相对低工资，要取决于企业的实力。

（4）领导者的观念。企业领导者的经营管理观念将决定企业实行工资制度的方法。侧重于使用工资来激励员工的领导，可能绩效工资占的比例较大；而侧重于岗位管理的领导，可能实行级别工资、岗位津贴的方式较多；具有综合管理经验的领导，可能更善于使用更加灵活的工资管理制度，既包括级别工资又包括绩效工资。

案例 8-3　薪资管理制度

2018 会（字）第 5 号文件总字第 105 号文件

第一条　总则

为了有效控制人工成本，科学地进行薪酬支付，依据公司实际及国家有关规定制定此薪资制度。

第二条　适用范围

公司总部管理人员。

第三条　薪资体系

1. 公司年度实行十三个月工资制。前十二个月工资按月考核发放，后一个月工资作为年终奖励。

2. 薪资结构及比例。

工资总额：基本工资 30%；
　　　　　岗位工资 20%；
　　　　　考评工资 50%

3. 薪资级别见附表。

第四条　薪资考核发放原则

1. 基本工资按员工日常出勤情况进行发放。

2. 岗位工资按月岗位工作目标完成情况进行百分制考核，按得分比例发放。

3. 考评工资按上月“管理费”指标完成比例进行发放。

4. 薪资计算支付。

月工资考勤日期由上个月 21 日至本月 20 日，遇节假日提前发放，因特殊原因延缓支付的，提前通知员工具体日期。个人所得税公司代扣代缴。

第五条　岗位工资考核方式

1. 日常工作及表现 40 分，岗位工作目标 60 分。

2. 上级对下级进行打分，在每月 20 日将结果报劳资部门。

3. 月岗位工资=岗位工资标准×得分值/100。

4. 考核分值对照表。

（1）日常工作及表现，扣分制（得分 40 分，扣分至 40 分为止）。

序号	项目	扣分值/分
1	开会迟到，早退，无故缺席或中途擅自离开	1～4
2	违反会议纪律，如随意走动、接打手机	1～4
3	在办公区吸烟	2
4	随意吐痰、扔废物、个人办公区混乱、卫生条件差	1～4
5	浪费公司财物，如纸张、办公用品	1～4
6	工作时间无故串岗、闲谈、打闹、大声喧哗	1～4
7	工作时间瞌睡、吃食物、看无关的书籍	1～4
8	工作时间玩电子游戏，进行其他娱乐活动	1～4
9	工作时间擅自外出	5～10
10	生是非，有损公司形象	10～20

（2）月岗位工作目标考核（60分）。

序号	完成情况	得分值/分
1	部分完成	0～40
2	基本完成	41～50
3	较好完成	51～60

第六条　考评工资考核方式

1. 应缴管理费指标考核。

（1）每月考核一次，年度进行综合评定。

（2）月考评工资=考评工资标准×上月实际完成管理费/上月计划应完成管理费。

（3）上月部分完成指标的，本月考评工资100%发放，超额部分用来弥补下月指标不足。

（4）上月部分完成指标时，本月按比例发放。

（5）上月完成指标为0或负值，本月考评工资为0。

（6）全年累计完成指标时，补足前12个月扣发考评工资部分，并作为后2个月工资发放的依据。

（7）全年超额完成指标时，超额部分按比例提取，作为年度奖励。

2. 考核部门：计财中心、总经理办公室、劳资部门。

第七条　薪资晋（降）级管理（略）

第八条　附则

由计财中心、总经理办公室、劳资部门解释。本制度自下发之日起生效。

二、工资业务凭证的设计

（一）车间、科室核算的凭证设计

1. “考勤表”的设计

企业在进行工资核算时，首先应了解每位职工的出勤、缺勤和工作时间的利用情况，做好工作时间的核算。记录工作时间的方法和凭证，要视各个企业的劳动组织和管理制度等具体情况而定，对生产人员，通常可按班组分别设置“考勤表”（也叫“计工单”），如表 8-15 所示。由班组长或考勤员按每一工人逐日记录其出勤作业时数和缺勤停工等非作业时数。对于缺勤停工应注明原因。在登记时，可用“事”代事假，“旷”代旷工，“停”代停工，“病”代病假，“伤”代工伤，“会”代开会，“学”代学习，“雨”代雨休等。另外，还要将班组内工人作业时数逐日按工程分析汇总填列在“考勤表”的下端，以便据以计算各项工程应分配的工资。

表 8-15 考勤表

班组： 年 月

姓名	工时别	考勤记录							工时合计						
		1	2	3	4	5	…		作业工时	其中加班加点	公假	事假	工伤假	病假	雨休
	作业工时														
	非作业工时														
合计															
作业工时合计	一车间														

班组长： 考勤员：

2. 工时汇总表的设计

企业每月终了，要根据“考勤表”结算每个职工应得工资，用以汇总本月职工的工资及各车间耗费的工时，编制“工时汇总表”（表 8-16）。

表 8-16 工时汇总表

年 月

工人班组	工种	作业工时					非作业工时				
		一车间	二车间	三车间	四车间	合计	公假	事假	病假	工伤假	雨休
合 计											

制表： 审核：

3. 工程任务单的设计

企业如果采用计时奖励工资或计件工资，还要记录职工完成的生产数量或工程数量，以便计算职工应得的奖金或计件工资。“工程任务单”（表 8-17）是施工员根据施工作业计划，于施工前下达给工人班组的具体工作通知，也是用以记录完成工程数量、计算奖金或计件工资的凭证。

表 8-17 工程任务单

工人班组：

工程编号名称：

分部工程名称：

施工期限	计划	实际
开工日期 完工日期		

劳动定额编号	工程项目及施工条件	计量单位	计划任务			实际完成		完成定额/%	工资	
			工程量	劳动定额	定额工日数	工程量	实用工日数		计件工资	工资总额
技术操作和质量要求								质量等级评定		

制单： 审核：

4. 停工单的设计

企业在正常生产或施工过程中，由于等待材料、等待图纸、气候影响、停电等原因而发生停工又无法及时安排其他工作时，应由班组长在当天下班前填写“停工单”，经有关人员签章后，交给考勤员保管，作为结算工资的凭证（表 8-18）。

表 8-18　停工单

年　　月　　日

班组：　　　　　　　　　　　　　　　　　　　　　　工程编号名称：

任务单编号：

停工原因	停工时间		
	开始时间	结束时间	持续时间
暴雨			

施工员：　　　　　　　　　　　　班组长：

5. 工资结算单的设计

工资结算单也叫“工资单”，一般按工作班组和职能部门分别编制，每月一张。在结算单中，要先列明每个职工的应付工资和代扣款项，然后结出以现金支付的实发工资。工资结算单中应付工资，一般由施工生产单位工资员根据工资标准和“考勤表”“工程任务单”“停工单”等记录计算填列。代交款项和实发工资，由工资员或会计人员根据有关扣款通知单填列。

工资结算单中除了列明应付工资和实发工资外，还设有领款人签章栏，在支付时由职工盖章签收。因此，“工资结算单”不单是工资结算的凭证，同时也是支付工资的收据。“工资结算单”通常一式三份，一份由劳动部门存查，一份按每个职工裁成“工资条”和工资一起发给职工，一份由职工签收后作为会计部门结算和支付工资的凭证（表 8-19）。

表 8-19　工资结算单

班组部门：

工号	姓名	月标准工资	日标准工资	实际工作日		非工作日数					作业工资、奖金、津贴							
				出勤工日	加班加点	公假	病假	事假	工伤	…	计时工资	加班工资	计件工资	奖金	技术津贴	副食补贴	…	合计
合计																		

续表

非作业工资						劳保工资	应付工资	代交款项					实发工资	领款人签章
公假工资	病假工资		工伤假工资	…	合计			住房公积	养老保险	医疗保险	…	合计		
	%	金额												

制单人：　　　　　　　　核对人：　　　　　　　　部门负责人：

如案例 8-3 的工资结算单可以设计成表 8-20 所示样式，要体现其工资管理制度的需要。

表 8-20　工资结算单

科室部门：　　　　　　　　　　　　　年　　月

序号	姓名	基本工资			岗位工资			考评工资			应付工资	代扣工资			实发工资
		出勤天数	日工资标准	合计	日常工作表现	岗位工作目标	合计	考评工资标准	完成比例	合计		养老保险	医疗保险	住房公积金	
合计															

制单人：　　　　　　　　核对人：　　　　　　　　部门负责人：

（二）劳资人事部门的核算凭证设计

会计部门根据各个班组和部门的“工资结算单”或各施工生产单位的“工资汇总表”编制“工资结算汇总表”，用以汇总反映整个企业各部门的应付工资，同时会计人员根据“工资结算汇总表”进行工资核算（表 8-21）。

表 8-21　工资结算汇总表

人员类别	作业工资			奖金、津贴、补贴				非作业工资		劳保工资	应付工资	代交款	实发工资
	计时工资	加班工资	计件工资	奖金	津贴	副食补贴	其他补贴	病假工资	其他工资				

记账：　　　　　　　　　　　　制表：

（三）会计部门的核算凭证设计

为了总括反映企业各个月份内工资的分配情况，会计部门应根据“工资结算汇总表”编制“工资分配表”，进行工资分配的核算（表 8-22）。

表 8-22　工资分配表

年　　月

支出/人员类别	建筑安装工程施工工人	机械施工机上人员	运输作业机上人员	辅助生产工人	工业生产工人	施工单位技术管理人员	企业行政管理人员	材料采购保管人员	医务保育人员	集体福利部门人员	长期病假人员	合计
工程施工												
机械作业												
生产成本												

续表

支出/人员类别	建筑安装工程施工工人	机械施工机上人员	运输作业机上人员	辅助生产工人	工业生产工人	施工单位技术管理人员	企业行政管理人员	材料采购保管人员	医务保育人员	集体福利部门人员	长期病假人员	合计
辅助生产												
间接费用												
管理费用												
采购保管费												
应付福利费												
合计												

记账：　　　　　　　　　　　　　　　制表：

三、工资业务会计处理程序的设计

工资业务处理程序中涉及很多原始记录和结算凭证问题，因此，在进行处理程序设计时，首先应充分考虑凭证设计问题。在工业企业工资业务原始记录方面，应对考勤簿、考勤卡、工作通知单、工序进程单、工作量报表、产量通知单、产量明细表、代扣款通知单进行设计；在工资业务结算凭证方面，应对工资单、工资卡、工资袋、工资汇总表、集体计件工资分配表、工资补发补扣款通知单、待领工资明细表、奖金津贴发放单等进行设计。工资业务处理具体程序如下。

（1）每月车间或科室的考勤人员将考勤表送交劳动工资或人事部门。

（2）劳动工资或人事部门据此编制出勤汇总表并计算职工的应发工资，编制工资单一式三份和工资分配表一式二份。

（3）工资单和工资分配表经审核后送财会部门。

（4）财务部门根据有关部门代扣款通知单，在工资单和工资分配表上计算实发工资，经审核后签发提现支票登记簿。

（5）一份工资单随现金送职工，另两份工资单经职工签名后分别返回劳动工资或人事部门和财会部门留存，如有的单位工资单不返回劳动工资部门，职工只需要一张工资单签收，留存财会部门。

（6）工资分配表一份记入有关账户，另一份交劳动工资部门。

工资业务会计处理程序如图 8-7 所示。

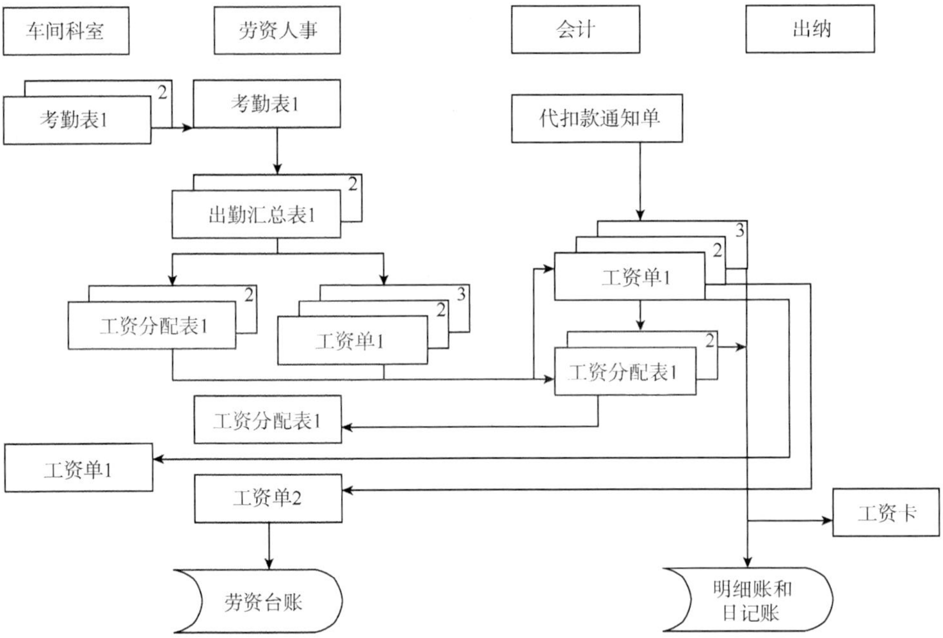

图 8-7　工资业务会计处理程序

商品流通企业中的零售企业在设置内部银行和使用电算会计的情况下,其工资业务会计处理流程如图 8-8 所示。

（1）人力资源部劳动工资管理员每月按规定时间根据商品部报来的考勤簿填制工资支付明细表（一式三份）,交本部部长审核签字。

（2）人力资源部部长和财务部部长对工资支付明细表进行审核，无异议后在工资支付明细表上签字，然后将工资支付明细表返给商品部核算员、人力资源部劳资员和财务部出纳人员。

（3）商品部核算员和人力资源部劳资员根据返回的工资支付明细表分别登记工资发放台账。

（4）财务部出纳人员对工资支付明细表进行复核，无异议后根据工资支付明细表汇总各商品部工资总额，填制工资发放汇总表（一式二份），签发支票，送交委托发放工资的银行，并根据支票根登记银行存款日记账。

（5）银行根据工资发放汇总表将员工的每月工资额录入员工的工资存款账户。

（6）财务部内部银行管理员根据工资发放汇总表填制内部银行转账单交财务部部长审核签字。

（7）财务部部长审核签字后将内部银行转账单分别交给商品部核算员和信息部审核员。

（8）商品部核算员对内部分行转账单进行审核，无异议后编制记账凭证，登记内部银行往来账、费用账。

（9）信息部审核员对内部银行转账单进行审核，无异议后交信息部数据录入员。

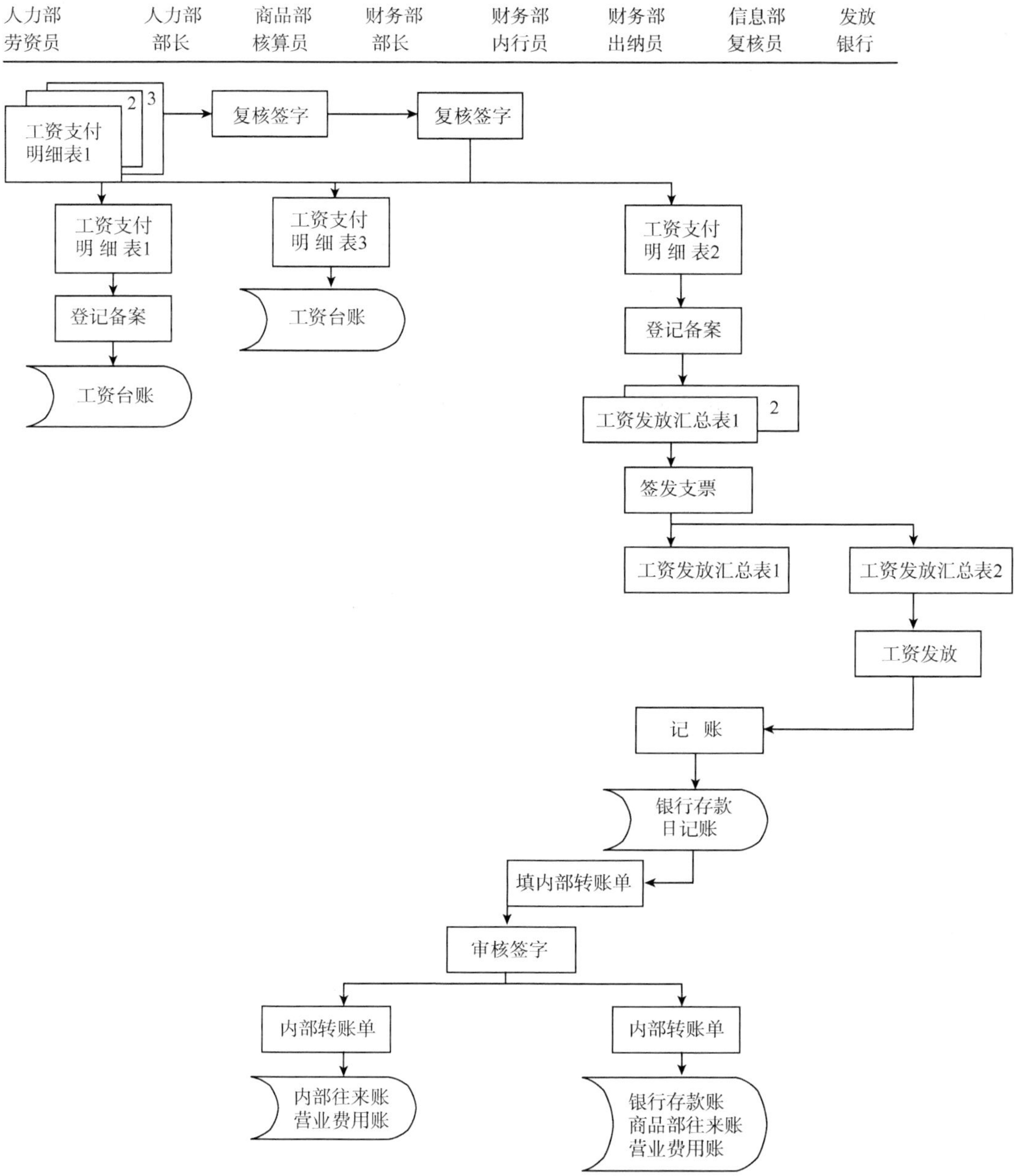

图 8-8　商品流通企业工资业务会计处理流程

（10）信息部录入员根据内部银行转账单进行数据录入、打印记账凭证交信息部复核员。

（11）信息部复核员根据记账凭证对录入的数据进行复核，无异议后登记银行存款账、商品部往来账和费用账。

企业的职能部门职工与商品部门职工工资的计算方法不同，但工资的发放程序相同。

工资业务处理程序的关键控制点是考勤、编单、提现、发放、签领五分离，以有效防止错算、错发、错领和虚报冒领。单位在工资业务处理中，还应注意随时更新人事档案，核实各项代扣代交，不准由他人代领，如果在一个月内未领者，应存入银行保管，改现金发放为转账发放，及时发放工资，不得延误。

本章小结

货币资金是指可以立即投入流通，用以购买商品或劳务，或用以偿还债务的交换媒介物。货币资金在资产中的流动性是最强的，也是唯一能够代表企业现实购买力水平的资产。货币资金按其内容可分为现金、银行存款和其他货币资金。因此货币资金会计制度设计主要就是从这几个方面进行，首先是货币资金管理制度的设计，其次是货币资金所使用的原始凭证及单据的设计，最后是货币资金业务流程的设计。在这些设计过程中主要是从工业和商业的角度来探讨的，重点是研究原始凭证和业务流程的设计。

工资会计制度设计考虑的主要因素是工资管理制度的设计、工资原始凭证及单据的设计及其业务流程的设计。在这些设计过程中，侧重研究的是这三个方面设计的协调性及各部门之间在会计制度中所处的位置所起的作用的设计。工资会计制度的设计非常灵活，不同的公司，其工资管理制度不同，因此其使用的原始凭证及单据也会在内容组成上不同，企业规模的大小也会决定其业务流程的繁简。

复习思考题

1. 设计货币资金内控要点包括哪些内容？
2. 货币资金业务收入凭证如何设计？
3. 货币资金业务支出凭证如何设计？
4. 零售商品收入现金业务处理流程如何设计？
5. 出纳部门收取现金业务处理流程如何设计？
6. 邮寄销售收取现金业务处理流程如何设计？
7. 零星报销业务支付现金业务处理流程如何设计？
8. 以银行存款对外办理付款业务处理流程如何设计？
9. 存入销货款的业务处理流程如何设计？
10. 工资的内控要点包括哪些内容？
11. 工资业务处理流程如何设计？
12. 工资业务凭证如何设计？

第九章

存货、固定资产业务会计处理程序的设计

本章主要研究了存货和固定资产业务会计处理程序的设计问题。

存货主要是指企业在日常活动中持有以备出售的产成品或商品、处在生产过程中的在产品、在生产或提供劳务过程中耗用的材料和物料等。存货包括各类材料、商品、在产品、半成品、产成品、包装物、低值易耗品等。针对企业的经营管理特点设计出符合企业需要的存货业务的管理制度、原始凭证和相应的会计处理程序。

固定资产是指同时具有下列特征的有形资产：①为生产商品、提供劳务、出租或经营管理而持有的；②使用寿命超过一个会计年度。企业的固定资产占用资金数额较大，各种类的特点又不同，因此企业通过对固定资产管理制度的设计及相应的自制原始凭证的设计，来加强企业固定资产管理，通过会计处理程序的设计，了解企业各部门之间的工作协调情况。

【重要概念】 存货　固定资产　固定资产折旧　固定资产报废

第一节　存货业务会计处理程序的设计

存货是指企业在日常生产经营过程中持有以备出售，或者仍然处在生产过程，或者在生产或提供劳务过程中将消耗的材料或物料等，包括各类材料、商品、在产品、半成品、产成品、包装物、低值易耗品等。存货经常处于销售或耗用和重置之中，具有极大的流动性，是企业流动资产的重要组成部分。存货是企业重要的财产物资，是为企业带来经济收益的重要经济资源。它在流动资产中通常占最大的比重，其周转速度直接影响流动资产的利用效果，从而影响企业经济效益。

一、存货管理制度的设计

（一）存货管理制度内容的设计

存货业务内部控制要点，是存货业务管理程序所要实现的目标。其管理制度的主要内容有以下几个方面。

（1）各种存货的收发，均需以有关负责人审核批准的凭证为准，并要及时登记入账。

（2）材料的请领、审批、保管、发放与记账、核对应由不同人员负责，不能由一人包办。

（3）材料储存规定合理的定额，其领用尽可能用限额凭证进行控制。

（4）对加工的材料、外存材料、待收回的包装容器等本单位存货，要设账登记并定期与有关单位核对，外来加工材料应当与本单位材料分开保管，并做有效的会计处理。

（5）对残料、废料处理应经有关部门或领导批准，对超储积压问题应定期考核并积极处理，以利加速资金周转。

（6）对实存材料进行定期盘点，日常收付应实行永续盘存制。

（二）设计存货管理制度应该注意的问题

1. 存货的分类要与企业经营的特点相关

存货整体分类大致相同，只是对库存商品与原材料的分类不同，在商业零售企业库存商品按类别来分，如家电类、服装类、五金类、副食类、包装物类、低值易耗品类等，其库存商品的管理也是按类实行柜台与后库统一管理的方式，或者是内库与外库统一管理的方式；商业批发企业库存商品按品种分类；工业企业库存商品可按其品种分类。施工企业对原材料的分类可以是主要材料、辅助材料、修理配件、结构件、其他材料等；工业企业对原材料的分类可以是主要材料、辅助材料、其他材料等，当然具体分类要与企业的经营管理需要相协调。

2. 存货的管理要与各部门协调

企业的存货周转涉及企业的采购、生产、储存、销售等多个环节，因此协调各环节统一管理企业存货较为重要。

3. 存货的管理应侧重于储存业务的管理

储存是存货管理的核心环节，是保证商品和材料供需平衡的关键所在，因此如何降低储存成本，保证企业存货的供销存是周转、合理进行物流配送的重要组成部分。

案例 9-1　东方公司库存商品管理制度

为了规范、加强库存商品的管理与核算工作，正确核算商品的入库、出库、外存、发出商品及库存的成本和数量，确保商品的安全与完整，特制定本制度。

第一条　本企业的商品主要是指生产的成品，并已经验收入库，合乎商品的标准规格和技术要求，可以对外出售的部分。

第二条　仓库的存放

1. 依据材料的类别分区存放。不合格、积压商品应该单独存放。

2. 对易燃易爆和腐蚀性强的商品应该设置单独仓库，隔离存放。

3. 对于收发频繁的商品应该落地堆放，便于进出货物。

4. 对于收发频繁的产品应该配备两个以上小库位，以备轮流交替使用，达到“先进先出”的要求。

5. 产品的堆放依照包装形态和质量要求设定堆积层数及堆放方式，以免保管不当影响质量。

第三条　收货管理

1. 产品入库时，必须经过使用部门及技术、质量、采购部门验收合格后，才可办理入库手续。

2. 交库部门填写“入库单”，连同入库物资送至仓管人员指定的仓库，经仓库保管人员签收后，存放于指定的库位。

3. 入库物资如果与“入库单”所标明的名称、代号、规格、数量、包装等内容有不符合之处，仓库保管人员应该及时通知交库部门更正，否则不予以办理入库手续。

第四条　发货管理

1. 物资的发放执行的是“先进先出”的原则。

2. 仓库保管人员在确认销售部门填报的领料单上所有内容后签字，按单发放。

3. 产品调拨，仓库保管人员在确认调拨单上所有内容和签字后，才可按单出库，保管人员必须详细填写产品出库的数量、单价、规格、调入单位等。

4. 商品出库时，仓库保管员必须详细记录商品的出库情况，掌握每一批商品的去向，做到必要时为销售部门提供商品保修期或者及时收回的信息等。

5. 运输部门在接到相应商品发出指令后，应根据单据上的时间要求，确定运输方式并办理相关手续。

第四条　退货品管理

1. 退货品运回企业后，仓库保管人员会同有关人员确认退回商品的退回原因是否属实，若属实应按退货内容进行清点，经相关人员签字后，办理入库手续。

2. 若退回商品的退货原因与事实不符，仓库人员应立即通知有关部门做出更改，及时运回发货单位。

3. 若退回商品与退货内容不符，仓库管理人员应在退货单上注明实收情况，并通知有关部门立即更正，在更正前对该批商品暂时予以保管，按实收情况更正后再办理入库手续。

4. 退回商品入库后，仓库保管人员应及时通知有关部门对该批商品做出处理决定。

第五条　库存盘点管理

1. 仓库管理员应对库存商品按月进行盘点，根据盘点数量如实填报“商品盘点报告表”并报送会计部门。

2. 会计部门根据“商品盘点报告表”与会计库存商品明细账进行核对，如果出现差异，计算出盘点盈亏数量及金额，交仓储部门查清原因，提出处理意见和以后改进办法上报企业管理部门。

3. 管理部门核准后，会计部门和仓储部门调整有关数据资料。

第六条　商品明细账的设置

1. 会计部门需要设置“库存商品数量金额明细账”，按会计确认标准记录。

2. 保管部门需要设置“库存商品数量明细账”，按仓库实际收发来记录。

3. 销售部门需要设置“库存商品数量明细账”，按销售业务是否成立来记录。

4. 企业按月对会计部门与保管部门的“库存商品明细账”进行核对。按月对会计部门与销售部门的“库存商品数量明细账”进行核对。

本制度的解释权由财务部门负责。

案例 9-2　宏伟公司低值易耗品管理制度

为了规范、加强低值易耗品的管理与核算工作，正确核算低值易耗品的入库、领用、摊销、确定使用中低值易耗品数量，确保低值易耗品的安全与完整，特制定本制度。

第一条　本企业的低值易耗品是指单位价值较低容易损耗的劳动物资。用于生产经营的劳动资料使用年限不超过一年，单位价值在 2000 元以下的为低值易耗品；非经营用的劳动资料，使用年限不超过两年，单位价值在 2000 元以下的为低值易耗品。

第二条　低值易耗品的分类

1. 工具：指生产过程中使用的各种通用或者专用的工具，如刀具、模具、卡具、装配工具等。

2. 仪器仪表：指计量和工艺操作过程中使用的各种量具、仪表，如万能表、温度仪表、流量仪表、压力仪表、物位仪表、经纬仪、硬度计等。

3. 管理用具：指在管理工作过程中使用的各种家具用具，如办公桌椅、文件柜、打印机、传真机等。

4. 生产或者经营用具：在生产经营中不属于固定资产部分的劳动资料，如货架、手推车、电动机、水泵等。

5. 劳保用品：用于职工劳动保护的用品，如工作服、防护头盔等。

6. 其他用品：指不属于以上项目，但是属于低值易耗品范围的资料，如垃圾桶、消防器等。

第三条　低值易耗品实行分级管理，各车间和部门对所有使用的低值易耗品有保管责任，并设置相应的在用低值易耗品登记簿，会计部门定期与其核对。如发现有损坏等保管不当造成的损失，将由责任者赔偿。

第四条　低值易耗品的采购由使用部门提出申请，会计部门与管理部门审核后，纳入企业统一采购计划进行采购。

第五条　低值易耗品的领用，需要填制“低值易耗品领用单”，经过主管部门批准后，到仓库领取。

第六条　低值易耗品的报废

1. 低值易耗品的使用部门填写“低值易耗品报废申请单”，由使用部门负责人签字后交主管部门负责人签字，然后才可以报废。

2. 报废的低值易耗品要由使用部门评估残值，然后将其有效残余价值的废料办理入库手续。并填写“低值易耗品报废单”作为低值易耗品减少的依据。

第七条　企业对低值易耗品的清查要建立定期清查制度。年末必须清查一次，对于领用频率较高的低值易耗品可以实行季度清查。

第八条　低值易耗品的账簿设置可以实行二级管理。会计部门设置“低值易耗品数量金额明细账”；使用部门设置“低值易耗品数量账”。

本制度的解释权由财务部门负责。

案例 9-3　阳光房地产公司材料管理制度

为了规范、加强材料的管理与核算工作，正确核算材料的入库、发出及库存的成本和数量，确保材料的安全与完整，特制定本制度。

第一条　材料是指企业生产经营活动中使用的各种材料。

第二条　材料的分类

1. 主要材料：指用于工程、产品并能构成工程、产品实体的各种材料。包括黑色及有色金属材料、木材、硅酸盐材料、电器材料、建筑五金、化学油漆材料等。

2. 结构件：指经过吊装拼砌和安装而构成房屋实体的各种材料。

3. 机械配件：指施工机械、生产设备、运输设备等各种机械设备替换、维修使用的各种零件和配件，以及为机械设备准备的备品备件。

4. 其他材料：指那些在施工生产过程中并不构成工程、产品实体的各种材料。包括燃料、油料和润滑油、抹布、绳子等辅助材料。

第三条　材料入库管理

1. 采购的材料经过质检部门检验合格后，由保管员验收数量，填写“收料单”，然后分别交采购部门、会计部门。

2. 收到未付款的材料，保管员先在材料保管账上登记未付款入库材料栏；会计部门暂时不入账，月末估价入账，下月初红字冲回。直到付款时为止，再办理正式入库手续。

3. 收到的材料如果出现溢余或者短缺，保管员填写“溢余短缺报告单”及时送交采购部门，采购部门与对方协商，找到解决办法。会计部门按扣除短缺金额后的部分付款；如果溢余，按合同约定数量付款。

第四条　材料出库的管理

1. 生产部门根据生产计划和材料消耗定额填写“领料单”，经过使用部门领导签字审核后，交会计部门进行审核及到仓库办理领料手续。

2. 大堆材料的出库，既要看发出车数，月末还要根据倒计法分摊发出的数量差异数。

第五条　材料的盘点

1. 仓库管理员应对材料按月进行盘点，根据盘点数量如实填报“材料盘点报告表”并报送会计部门。

2. 会计部门根据“材料盘点报告表”与会计材料明细账进行核对，如果出现差异，计算出盘点盈亏及金额，交仓储部门查清原因，提出处理意见和以后改进办法上报企业管理部门。

3. 管理部门核准后，会计部门和仓储部门调整有关数据资料。

第六条　材料的退库与转库的管理

1. 如果材料因为质量等原因需要退库，保管员根据应退给各供货商的材料清单，填写红字“收料单”。

2. 仓库间转移材料时，调出库保管员填写“内部调拨单”，办理出库事宜；调入库保管员根据“内部调拨单”办理入库手续。

第七条　材料明细账的设置

1. 会计部门需要设置“材料数量金额明细账”，按会计确认标准记录。

2. 保管部门需要设置“材料数量明细账”，按仓库实际收发来记录。

3. 采购部门需要设置“材料数量明细账”，按采购业务是否成立来记录。

4. 企业按月对会计部门与保管部门的“材料明细账”进行核对。按月对会计部门与采购部门的“材料数量明细账”进行核对。

本制度的解释权由财务部门负责。

二、存货业务凭证的设计

（一）“领料单”的设计

“领料单”是一种一次性使用的领料凭证，通常适用于没有消耗定额或不常领用的材料。领料时可以一料一单，也可以多料一单。“领料单”应设置材料名称、计量单位、请领和实发数量、计划单价、金额及有关人员签章。“领料单”的一般格式如表 9-1 所示。

表 9-1　领料单

领用部门：　　　　仓库：　　　　编号：

用途：　　　　年　　月　　日

材料编号	材料名称及规格	计量单位	数量		计划单价	金额
			请领	实发		

审核　　　　仓库保管员　　　　领用人　　　　制单人

（二）“收料单”的设计

外购材料用“收料单”办理入库手续。“收料单”一式三联，可以按实际成本计价也可以按计划成本计价。“收料单”的一般格式如表 9-2 所示。

表 9-2　收料单

供应单位：　　　　　　　　　　　　　　　　　　　　　　　编号：

发票编号：　　　　　　　年　　月　　日　　　　　　　　　收料仓库：

材料编号	材料名称及规格	计量单位	数量		实际成本			
			应收	实收	单价	发票价格	运杂费	总价
合计								

仓管员：　　　　　　　　　　　　　　　　交料员：

（三）“产品交库单”的设计

生产车间完工的产品，经过技术部门检验后，应根据合格品的数量填制“产品交库单”，由仓库统一进行验收入库。产品交库单的一般格式如表 9-3 所示。

表 9-3　产品交库单

交库单位：　　　　　　　　　　年　　月　　日　　　　　　编号：

产品名称	规格型号	单位	交付数量	入库数量	备注

检验人：　　　　　　　　　　仓库验收人：　　　　　　　　车间交件人：

（四）“商品入库单”的设计

在实行数量售价金额核算方法下，各商品部收到商品时填制一式两联的“商品入库单”，“商品入库单”的一般格式如表 9-4 所示；在售价金额核算方法下，可不进行数量核算；在数量进价金额核算方法下，金额按进价进行核算；在进价金额核算方法下，“商品入库单”只核算进价金额，不核算数量。

表 9-4　商品入库单

供货单位：　　　　　　　　　　年　　月　　日　　　　　　收货部门：

货号	等级	规格品名	购进价				零售价				商品进销差价
			单位	数量	单价	金额	单位	数量	单价	金额	
合　计											

保管员：　　　　　　　　　　交库人：

（五）商品“出库单” 的设计

在实行数量售价金额核算方法下，各商品部收到商品时填制一式两联的“商品出库单”，“商品出库单”的一般格式如表 9-5 所示；在售价金额核算方法下，可不进行数量核算；在数量进价金额核算方法下，金额按进价进行核算；在进价金额核算方法下，“商品出库单”只核算进价金额，不核算数量。也有的企业填制“商品进、销、存日报表”。

表 9-5 商品出库单

销货部门： 年 月 日 仓管部门：

货号	等级	规格品名	购进价				零售价				商品进销差价
			单位	数量	单价	金额	单位	数量	单价	金额	
合计											

填表人： 销货部门负责人： 仓管部门负责人：

（六）“商品内部调拨单”的设计

“商品内部调拨单”是指零售商品各实物负责组之间的商品转移行为。调拨时由调出部门填制“商品内部调拨单”，通知调入部门。商品交接后，将其中一联送财会部门记账。“商品内部调拨单”的一般格式如表 9-6 所示。

表 9-6 商品内部调拨单

调出部门：

调入部门： 年 月 日 编号：

货号	品名	单位	数量	购进价		零售价		备注
				单价	金额	单价	金额	
合计								

调出部门负责人： 调入部门负责人： 会计：

三、工业企业存货业务处理程序的设计

存货业务处理程序首先应对各种存货进行科学分类和编号，确定正确的计价方法和

实际盘存制度与永续盘存制度。其次是要对存货业务处理过程中所使用的各种凭证及表进行设计，如对领料单、领料登记表、限额领料单、收料汇总表、发料汇总表、存货收发结存表、材料吊卡、盘点盈亏报告单、存货报废审批单等进行设计。

（一）材料领发业务处理程序

（1）领用部门编制一式四联“领料单”，并经本部门负责人审核批准。

（2）供应部门接单后进行审核，符合领料条件的在单上签字后，转交仓库。

（3）仓库根据批准的“领料单”发料，并将领料单第一联随料给予领用部门。

（4）领料单第二联返还供应部门，据以登记材料明细账。

（5）仓库根据“领料单”第四联登记材料吊卡。

（6）会计部门收到“领料单”后，暂时保存，月末与领用部门转来的“领料单”核对后编制发料汇总表，并编制记账凭证进行总分类核算。

材料领发控制要点是对用料、发料、记录、核对等工作分开进行。

材料领发业务处理程序如图 9-1 所示。

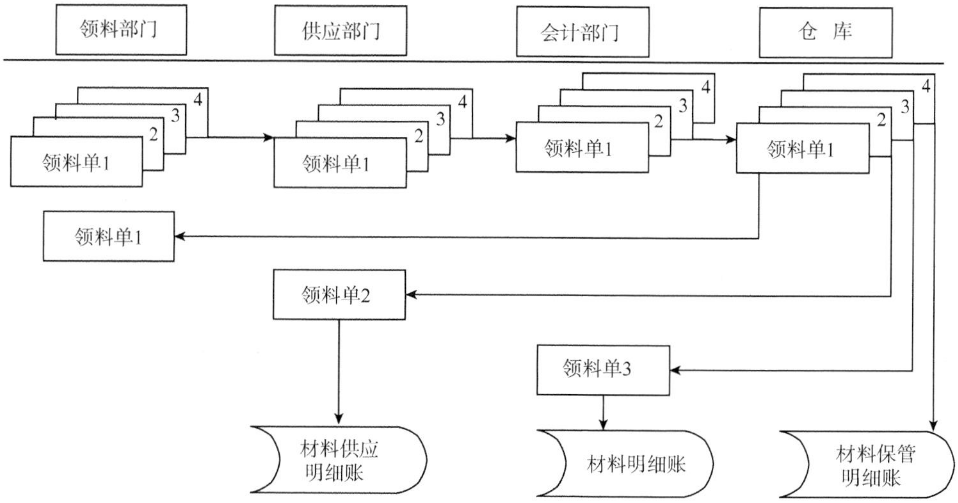

图 9-1 材料领发业务处理程序

（二）委托加工材料发料业务程序

（1）生产计划部门根据生产情况需要与外单位签订加工合同，并编制委托加工领料单一式五联，一并送供应部门审核。

（2）供应部门审核后在领料单上签字，将 1～3 联送仓库部门发料，第一联退还生产计划部门，第二联留存，据以记录材料卡。

（3）仓库发料，并将第四联随料交给运输部门，第五联送会计部门，第三联留存，据以记录材料卡。

（4）运输部门将材料交付加工单位后，由加工单位在第四联上签收，回单位后交给会计部门。

（5）会计部门在月末，将一联、四联、五联核对后编制发出材料汇总表，并编制记账凭证，进行总分类核算。

委托加工材料发料业务控制的关键是将材料领用、运输、发料、记账等过程进行分离，相互牵制。

委托加工材料发料业务程序如图 9-2 所示。

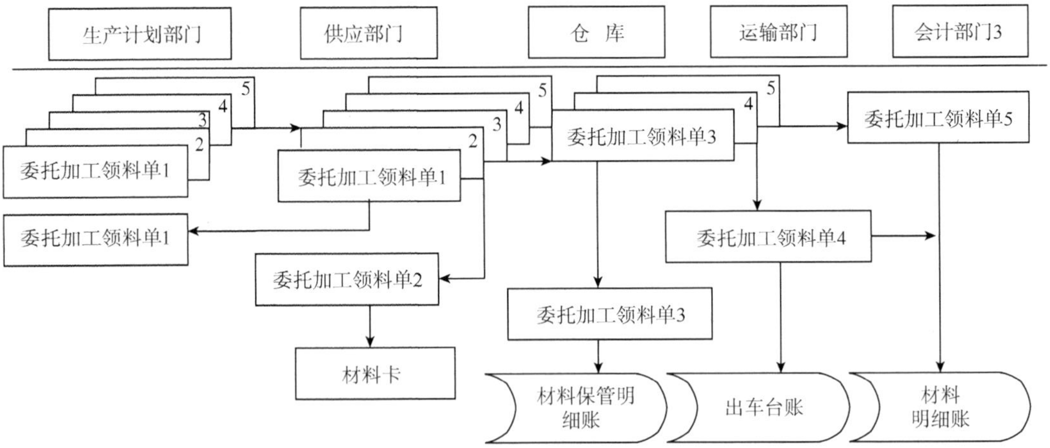

图 9-2　委托加工材料发料业务程序

（三）委托加工材料完工验收付款业务程序

（1）供应部门收到完工收料通知单和加工费发票，经过核对无误后编制委托加工收料单一式三联，送仓库，通知收料。

（2）仓库依据收料单验收加工材料，并将收料单第三联送会计部门，第二联留存记录材料吊卡，第一联送供应部门。

（3）供应部门将第一联与发票核对无误后，在发票上签章并送会计部门，并依据第一联记录材料明细账。

（4）会计部门对发票审核后通知出纳付款，月末将依据收料汇总表和付款凭证进行总分类核算。

委托加工材料完工验收付款业务程序如图 9-3 所示。

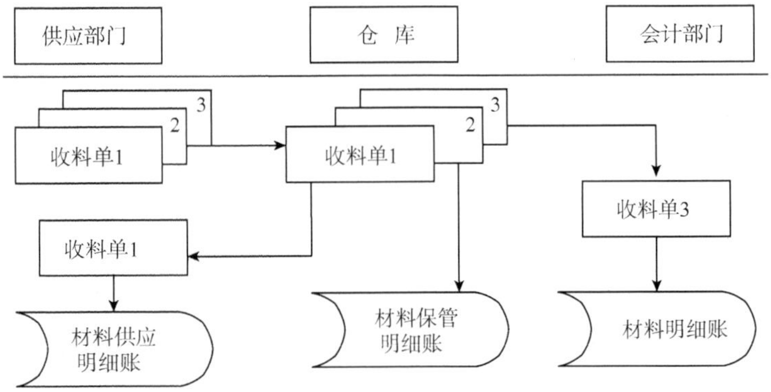

图 9-3　委托加工材料完工验收付款业务程序

（四）产品生产完工入库业务处理程序

（1）生产部门对完工产品经质量部门检验合格后编制“产品入库单”一式三份，并随产品送交仓库。

（2）仓库部门依据入库单验收产品并在入库单上签章，其中第三联送会计部门，第一联返回生产部门，第二联留存记录存货吊卡及存货明细账。

（3）月末生产部门依据入库单第二联汇总编制生产产品汇总表送会计部门。

（4）会计部门月末将入库单汇总编制产品入库汇总表并与生产产品汇总表核对，编制记账凭证，进行总分类核算。

产品生产完工交库业务处理程序如图 9-4 所示。

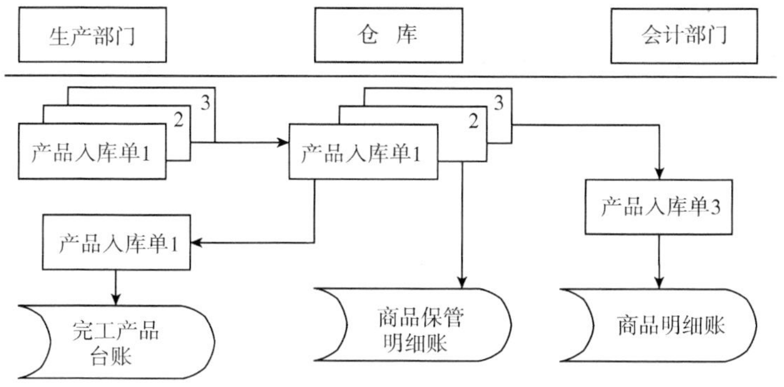

图 9-4 产品生产完工入库业务处理程序

（五）存货业务记账程序

存货业务记账程序是指企业对所有存货收、发、存等业务进行会计核算的处理程序。存货业务记账程序应依据存货品种多少、收发繁简、所采用的盘存制度、计价标准等因素来设计。

1. 双重登记法

采用双重登记法，除仓库保管员在收发存货时应登记吊卡外，供应部门核算员还应根据存货收发凭证登记存货明细账。同时将各种凭证汇总登记存货总账。双重登记法的核对方法是：核算员明细账要与保管员吊卡核对，保证账卡一致；实物数量明细账应与金额明细账核对，保证结存数一致；金额明细账与总账金额应相符。

2. 汇总账页与库存月报结合法

采用汇总账页与库存月报结合法，供应部门登记既有数量又有金额的材料明细账，并按月编制库存月报表；会计部门平时对仓库材料明细账卡记录要加强复核，月终编制材料收发汇总表进行总分类核算，并将材料总分类账户的余额与库存月报表中的余额核对。

为保证材料明细账记录的正确和检查各类材料资金定额的执行情况，在每本材料明细账的首页，设置一张材料汇总表账页，每隔三天或五天，根据有关收料和发料的凭证汇总表登记一次，一般只登记该类材料的收入、发出和结存的金额。材料汇总账页的结存额，应与本材料明细账的各种材料结存金额核对相符。月终，供应部门根据汇总账页上的收入、发出、结存的金额，编制库存月报表。会计部门根据供应部门、仓库、材料部门的材料收发凭证，经审核后编制收料汇总表和发料汇总表，据以进行总分类核算，并将材料账户与库存材料月报表上的有关金额进行核对，做到账账相符。

四、商品流通企业（零售）存货业务程序的设计

（一）新商品入库业务流程

（1）商品部业务员接到内仓保管员、营业组长或储运部外仓保管员交来的商品验收单及随货同行联后进行复核，无异议后注销购进合同或代销合同，再根据新商品验收单及随货同行联为新商品设计销售代码、确定销售价格，打印商品定价单，连同商品验收单交商品部核算员。

（2）商品部核算员根据商品验收单、商品定价单录入数据，打印商品“入库单”（一式两联）交商品部财务主管。

（3）商品部财务主管根据“入库单”对入库情况进行复核，无异议后将商品“入库单”第一联返给核算员。

（4）商品部财务主管根据商品“入库单”第二联编制记账凭证，登记库存商品账。

新商品入库业务处理流程如图 9-5 所示。

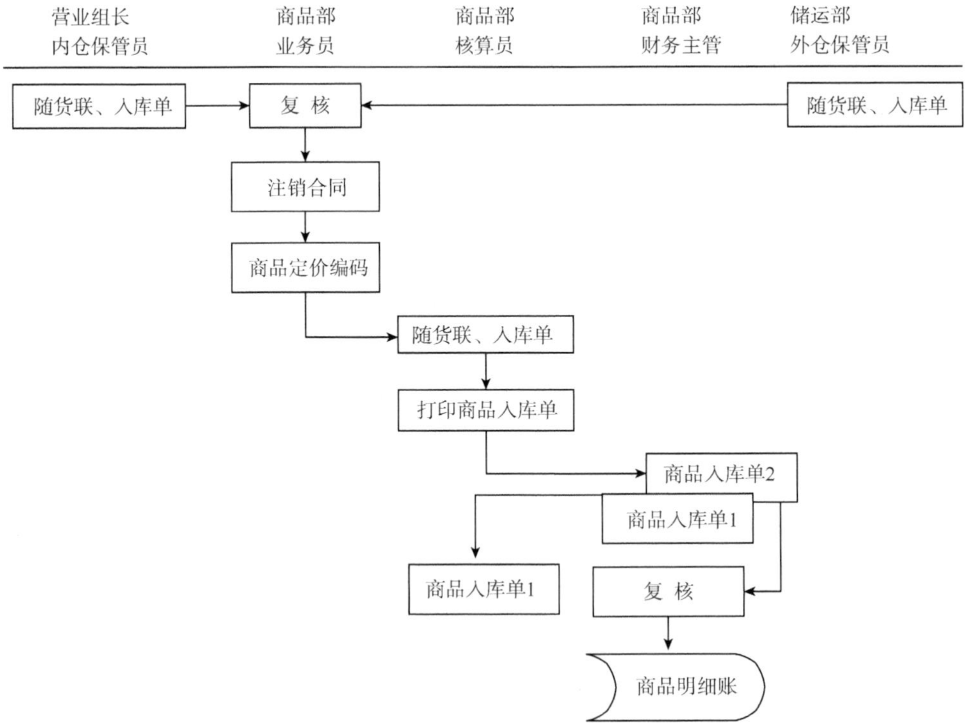

图 9-5 新商品入库业务处理流程

（二）补货商品入库业务处理流程

（1）商品部业务员接到内仓保管员、营业组长或储运部外仓保管员交来商品验收单及随货同行联后进行复核，无异议后注销合同或补货单，然后将商品验收单交商品部核算员。

（2）商品部核算员根据验收单录入入库数据，打印商品入库单，交商品部财务主管。

（3）商品部财务主管根据商品入库单对入库情况进行复核，无异议后编制记账凭证，登记库存商品账。

补货商品入库业务处理流程如图 9-6 所示。

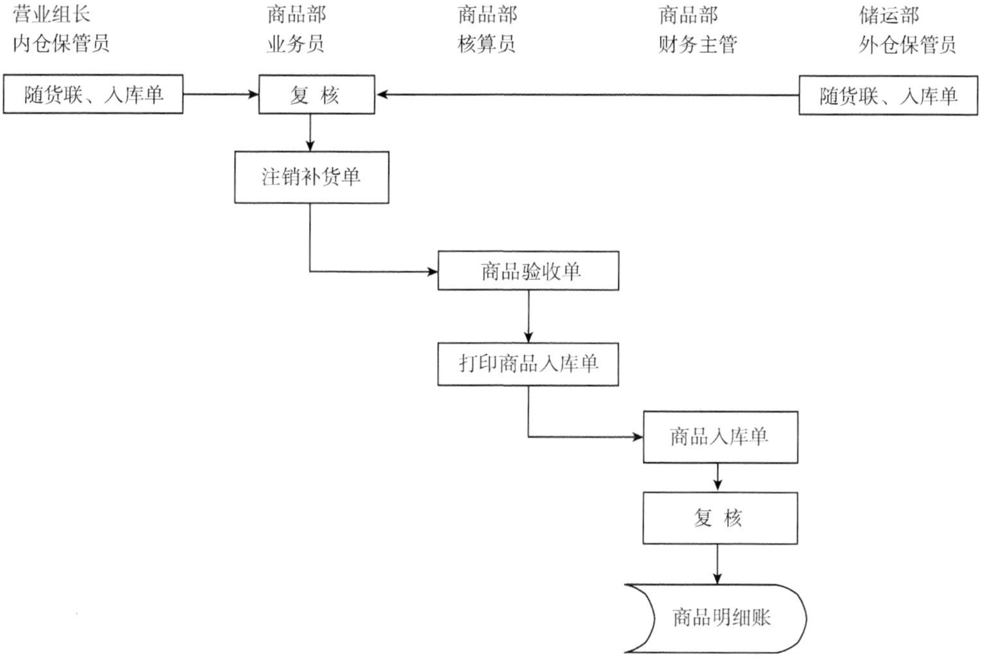

图 9-6　补货商品入库业务处理流程

（三）商品出库（从外仓到内仓或柜台）业务处理流程

（1）商品部业务员根据营业柜组货物销售情况填制商品出库单（一式三联），交给储运部业务员。

（2）储运部业务员收单后进行复核，无异议后完成登记，然后将商品出库单交给调度员。

（3）调度员根据出库单调配车辆，签发出车单（一式两联），连同商品出库单交领货员。

（4）领货员持出车单、商品出库单到外仓办理商品出库单。

（5）外仓保管员收到商品出库单进行审核，无异议后按出库单出货。

（6）领货员对货物进行验收，无误后接收货物，在商品出库单上签字，立即将货物装车运到商品部。

（7）商品部内仓保管员或营业组长收到货物后，对货物进行验收核对，无误后接收货物，在商品出库单上签字，留存一联商品出库单，据此登记库存商品账，一联交商品部业务员、一联交商品部核算员，其余单据交领货员。

（8）商品部业务员收到商品出库单进行复核，无异议登记出库台账。

（9）商品部核算员收到商品出库单进行复核，无异议后编制记账凭证，登记库存商品账。

（10）领货员完成运输任务后及时将出车单交给调度员。

（11）调度员对领货员返回的出车单进行复核，无异议后在出车单上盖章、登记出车台账。

商品出库（从外仓到内仓或柜台）业务处理流程如图 9-7 所示。

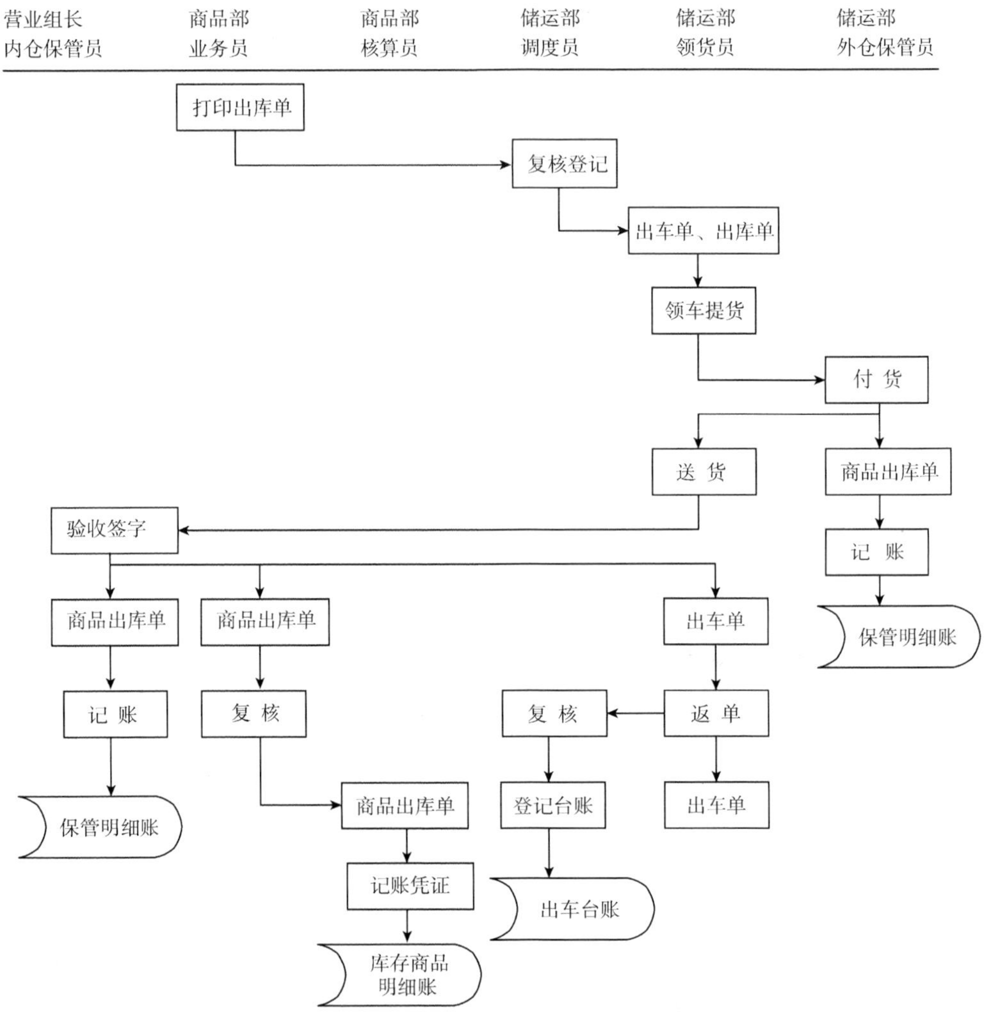

图 9-7 商品出库（从外仓到内仓或柜台）业务处理流程

（四）商品调拨业务处理流程

商品调拨是指同一商品在同一部门不同柜组之间的流动和在不同部门之间的流动。其业务处理流程如下。

（1）商品部业务员根据业务经营的需要填制“商品调拨单”（一式三联），交调入营业组长（或营业部门）。

（2）调入营业组长（或营业部门）收到“商品调拨单”进行审核，无异议后持“商品调拨单”到调出柜组（或营业部门）提货。

（3）调出商品的营业组长（或营业部门）收到“商品调拨单”进行审核，无异议后则付货，双方在“商品调拨单”上签字，调出柜组留存一联商品调拨单，一联返给调入营业组长，另一联交商品部业务员。

（4）调出营业组长、调入营业组长根据“商品调拨单”登记商品保管账。

（5）商品部业务员对“商品调拨单”进行复核，无异议后交商品部核算员。

（6）商品部业务员根据“商品调拨单”编制记账凭证，调整库存商品账。

商品调拨业务处理流程如图 9-8 所示。

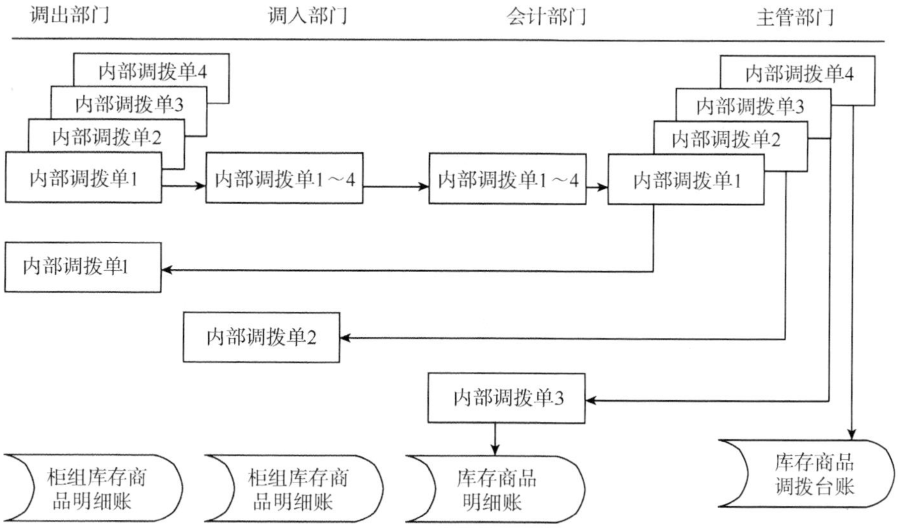

图 9-8　商品调拨业务处理流程

第二节　固定资产业务处理程序的设计

固定资产是指使用期限较长，单位价值较高，并在使用过程中保持原有实物形态的资产。固定资产是指使用期限超过一年的房屋、建筑物、机器、机械、运输工具以及其他与生产、经营有关的设备、器具、工具等。不属于生产经营主要设备的物品，单位价值在 2000 元以上，并且使用年限超过两年的，也应当作为固定资产。

固定资产是企业在生产过程中使用的主要资料，其数量和质量在一定程度上反映企业生产规模的大小和技术装备水平的高低，对企业生产经营活动的发展具有十分重要的作用。

一、固定资产内部控制设计的原则

固定资产内部控制设计应符合以下两个原则。

（一）实行责权分工的原则

固定资产在采购、调出、修理、报废等业务中，负责采购、调出、修理、报废业务的执行人员要与这些业务的审批人员相分离，审批和保管、财务人员相分离。使每个职位的责任与权利明确，横向职能部门间分工清晰。

（二）建立固定资产管理制度的原则

固定资产在取得、使用、维修、报废、投资、评估、盘点等方面都要加强内部管理，避免管理不当，造成不必要的损失，确保固定资产的安全与完整。

二、固定资产管理制度的设计

（一）固定资产管理制度内容的设计

1. 固定资产按类别归口管理

企业在满足内部管理需要的同时，可根据固定资产的特点、类别等分部门管理，一般情况下的管理如下：土地、房屋及建筑物、运输设备、事务性设备由总务部门负责管理；机械、马达、仪表、机电性设备由工务部门负责管理，但得视实际需要，由性质相关的部门管理；工具由资材仓库负责管理。

2. 固定资产的编号

固定资产取得后，即归管理部门管理，并会同会计部门，依其类别及会计科目的统驭关系，予以分类编号并粘贴样签。

3. 固定资产增置的手续

企业的固定资产增置验收后，使用部门应立即填写“固定资产增加单”一式三联，经管理部门签章后，送会计部门填注购置金额、耐用年限、月折旧额，第一联送管理部门转记入“固定资产卡片”，第二联由会计部门记账使用，第三联送使用部门留存。会计部门应定期与管理部门对账。

4. 固定资产增减报告

企业会计部门应对本月增加和减少的固定资产进行统计，并于次月 15 日前就土地、房屋及建筑物、运输设备、机械设备、机电性设备等项目编制“固定资产增长表”一式三联，送管理部门核对，填列异常或更正内容后，第一联由管理部门留存，第二联由会计部门留存，第三联送使用部门留存，采用电算处理报表的企业可用电算报表替代。

5. 固定资产的盘点

固定资产管理部门应会同会计部门每年盘点一次；另外应每季就固定资产的项目，

根据登记卡册，每一类别至少抽查十项，盘点后应填制“固定资产盘存单”一式三份，注明盈亏原因，第一联由管理部门留存；第二联送报总经理后，由会计部门留存；第三联送总经理处或总管理处备查。管理部门对于盘盈或盘亏应查明原因并上报，同时依据固定资产增加或减少的规定办理手续。

6. 固定资产的估价

固定资产因其他公司拨入、接受捐赠、盘盈而增加，应填明价格，如原价无法查到或根本无原价者，会计部门应会同管理部门予以估价，并办理手续。

7. 固定资产的移交

人员调转、停职情况发生时，应该依据有关管理规定进行固定资产移交，并办理相应手续。

8. 固定资产的内部调拨

企业固定资产在公司内部相互调拨时，应由调出部门填写“固定资产调拨单”一式四联，经管理部门签章后，送交调出部门签章。第一联由管理部门留存，第二联送会计部门，第三联送调入部门，第四联送调出部门。如果出入厂区，应填“调拨转运单”一式六联，第一联托运部门自存，第二联托运部门转交会计部门暂存，第三联至第六联出厂时经守卫签注时间、车重后，第三联由守卫留存，并于次日转交会计部门，第四联、第五联和第六联随同固定资产出厂。在进调入部门厂门时经守卫签注入厂时间、车重后入厂，经点收后，第四联由调入部门留存，第五联由托运部门暂存，凭以申请运费，第六联由守卫暂存，于次日送交调入部门的会计部门。

9. 固定资产的报废处理

企业固定资产因减损而报废者，应由使用部门填制“固定资产减损单”一式四联，注明报废原因，送交管理部门及会计部门签注处理意见后，呈报总经理，经审核批准后，第一联送管理部门，第二、三联随同残料送交仓库签收，然后将第二联送交会计部门，据以向主管机关办理抵押权变更及解除保险等手续，第三联由使用部门留存，如果存在拆除报废固定资产，则第四联交拆除部门。

10. 对闲置固定资产的处理

固定资产的管理部门至少应每 3 个月将经营上认为无利用价值的闲置固定资产予以整理，填制“闲置固定资产明细表”，拟定处理意见后呈报总经理，经核定后进行处理。

（二）设计固定资产管理制度应该注意的问题

设计固定资产管理制度时应注意如下问题。

1. 企业固定资产的特点及管理方式

企业固定资产的特点不同管理的特点就不同，如施工企业的施工机械较多，机械的种类较多，这就需要根据其特点确定管理方式；工业企业的房屋、机床占的比重较大，所以管理的侧重点不同；商业企业主要是房屋占的比例大，因此固定资产管理的重点在房屋。

2. 企业固定资产管理制度可以是一个综合制度也可以是一系列制度

有的企业固定资产种类较多、数量较大，因此企业设计固定资产管理制度的时候通常会按类设计；有的企业规模较小，固定资产数量较小，因此可以设计综合管理制度。

3. 固定资产的管理制度与核算制度相协调

固定资产的管理制度与核算制度是息息相关的，因此在设计管理制度的同时要考虑与核算的要求相协调，包括分类、储存、计价等。

案例 9-4　远达集团公司固定资产管理制度

第一条　固定资产的分类

企业的固定资产可分为房屋、机器设备、电子设备、运输设备和其他设备五大类，融资租入的固定资产，在未取得所有权前，应按上述分类另行核算。

第二条　固定资产的计价

作为投资的固定资产，以投资时各方议定的价格作为原价；自制自建的固定资产，以建造或建造过程中所发生的实际支出为原价；购进的固定资产，以进价加运输、装卸、包装、保险等费用作为原价，需要安装的固定资产，还应包括安装费用，从国外进口设备的原价包括按规定支付的关税和附加税；企业对固定资产进行技术革新、技术改造所发生的能够增加固定资产价值的支出，要调增固定资产的价值；盘盈的固定资产价值按重置完全价值作为原价。

固定资产应按原价（或重置完全价值）入账，入账后，固定资产价值不得随意更改，凡属下列情况者，方可进行账务调整：

1. 发现原有固定资产价值有错误；
2. 根据国家规定对固定资产重新估价；
3. 增加补充设备或改良工程；
4. 根据实际价值调整原来的暂估价值。

第三条　固定资产的折旧方法

企业固定资产在生产过程中逐渐损耗而转移到产品成本中的那部分价值，称为固定资产折旧。企业一切在用的固定资产都应计提折旧。可以采用直线法、加速折旧法计算折旧额。企业按月计提折旧额应及时记入有关账户，各项固定资产每年提取的折旧额应及时记入固定资产卡片账。固定资产折旧的计算方法一经确定，不得随意变更，须经当地财税机关、集团总经理批准，并在财务报表中予以揭示。

第四条　固定资产的修理费用处理方法

为了保证固定资产处于良好的状态，充分发挥其效能，企业应做好固定资产的修理、维护工作，企业发生的日常修理费用，可以直接计入当月成本费用；企业发生的大修理费用，可以采用待摊方法和预提方法。

第五条　固定资产实行分级管理

集团合资及控股企业对固定资产实行二级管理原则。

1. 公司本部为一级管理部门，内部实行归口管理；公司行政办公室负责本部固定资产的实物管理；公司财务部负责本部固定资产的金额核算和管理。

2. 全资或控股企业为二级管理部门，负责本企业固定资产的实物价值管理，各企业应有专人负责。

第六条　固定资产应定期盘点

企业固定资产应定期盘点，每年至少盘点一次，盘点情况如果与账存不符，应当查明原因，核实情况并经企业董事会（或授权总经理）批准后，及时进行财务处理，调整账面结存数。

第七条　定期对账

各企业按集团固定资产的类别，结合本单位的实际情况，编制固定资产目录，使用部门应建立固定资产卡片，财务部门应建立固定资产总账、明细账或固定资产卡片账，加强固定资产实物和价值的管理，做到账账相符、账实相符、账卡相符等。

第八条　购置固定资产的审批程序和手续

1. 固定资产增加必须填制固定资产验收单，并办理有关手续。

2. 全资及控股企业购置固定资产应由企业根据固定资产购建计划，提出申请，凡金额在 10 000 元以下的，由企业董事会批准（或授权总经理），金额在 10 000 元以上的，须经集团总公司批准后方可购置。

3. 公司本部购置固定资产，应由有关部门提出申请，经财务部和分管该部门的副总经理审核，属于 50 000 元以下的，报总经理批准，凡 50 000 元以上的，报董事会批准后，方可购置。

第九条　固定资产调出、清理、报废，应由企业提出报告，经有关部门鉴定后报批

1. 公司本部固定资产报废应由使用部门提出报告，由财务部及有关部门鉴定，凡金额在 50 000 元以下的，报总经理批准后处理，金额在 50 000 元以上的，报董事长批准后处理。

2. 全资及控股企业固定资产清理报废由企业提出报告，凡是 10 000 元以下的，须经授权总经理批准处理，凡是 10 000 元以上的，须经董事会批准处理。

第十条　处理固定资产的核算

由于技术更新、企业转产等，出现多余的、不需用的固定资产，经董事会研究决定后，应按固定资产净值和市场情况进行转让处理，减少闲置占用的资金，转让价格与固定资产账面净值的差额作为营业外收支处理。

三、固定资产业务凭证和报表的设计

保证固定资产各项监控制度的有效运行，必须首先设计出符合企业机构设置、人员分工等特点的固定资产业务处理程序，并建立规范的业务凭证和表格。这是保证落实固定资产各项管理制度和核算制度的前提。由于固定资产的购建、调拨、报废清理、折旧、修理等业务的处理程序有的比较简单，有的在前面已经涉及（如固定资产的采购与存货的购进基本相同），因而不再详述。这里只说明有关业务凭证的设计。

（一）固定资产目录的设计

由于企业的经营性质不同，经营规模各异，因而对固定资产的确认标准也不完全相同，各企业可根据会计制度的规定、结合自身经营管理的需要确定，并编制固定资产目录，以明确固定资产的核算范围，作为固定资产核算的依据。固定资产目录的一般格式如表 9-7 所示。

表 9-7 固定资产目录

编号	名称	规格型号	单位	原始价值	估计使用年限或工作量	折旧率	折旧额	备注

（二）固定资产登记簿的设计

企业的固定资产种类繁多、规格不一，为加强管理，便于组织会计核算，有必要对其进行科学、合理的分类。根据不同的管理需要与核算要求，对固定资产可以进行不同的分类，常见的分类方法主要有如下几种。

（1）按固定资产的经济用途划分，可分为经营用固定资产和非经营用固定资产。

（2）按固定资产使用情况划分，可分为使用中的固定资产、未使用固定资产和不需用固定资产。

（3）按固定资产的所有权划分，可分为自有固定资产和租入固定资产。租入固定资产又分为经营性租入固定资产和融资租入固定资产。

（4）按固定资产的经济用途和使用情况综合分类，可分为如下几类。

①生产经营用固定资产。

②非生产经营用固定资产。

③租出固定资产。

④不需用固定资产。

⑤未使用固定资产。

⑥土地。

⑦融资租入固定资产。

固定资产登记簿是按固定资产类别开设的、用以记录各类固定资产增减变化和结余情况的账簿。它相当于固定资产二级账。

（三）固定资产卡片的设计

固定资产卡片是为反映、监督每项固定资产而开设的固定资产专用明细账。它相当于固定资产三级账，固定资产卡片一式三联，一联管理部门留存，一联使用部门留存，一联交财务部门。其一般格式如表 9-8 和表 9-9 所示。

表 9-8 固定资产卡片（一）

（正面）

总账科目： 本卡编号：

明细科目： 财产编号：

中文名称		抵押权设定、解除及保险记录	抵押行库				
英文名称			设定日期				
规格型号			解除日期				
厂牌号码			险别				
购置日期			承保公司				
购置金额			保单号码				
存放地点			投保日期				
耐用年限			费率				
附属设备			保险费				
			备注				

移动情形											
年	月	日	使用部门	用途	保管员	年	月	日	使用部门	用途	保管员

（反面）

	年	月	日	
维修情况				

填表注意事项：

1. 本卡适用于机械设备、运输设备、机电设备，新卡的填写由管理部门填制。
2. 本卡的编号由保管卡部门自编。
3. 附属设备栏，应填写名称、规格及数量。
4. 因管理需要，另行设计表格者，须把新设计的表格交由管理部门备查。

表 9-9　固定资产卡片（二）

（正面）

总账科目：　　　　　　　　　本卡编号：

明细科目：　　　　　　　　　财产编号：

中文名称		抵押权设定、解除及保险记录	抵押行库				
英文名称			设定日期				
规格型号			解除日期				
厂牌号码			险别				
购置日期			承保公司				
购置金额			保单号码				
存放地点			投保日期				
耐用年限			费率				
附属设备			保险费				
			备注				

日期	凭证号数	摘要	单位	数量	借方	贷方	余额	每月折旧额

（反面）

移动情况									折旧提取情况			备注
年	月	日	使用部门	用途	保管员	年	月	日	本期提取数	累计数	净值	

填表注意事项：

1. 本卡适用于机械设备、运输设备、机电设备，新卡的填写由会计部门填制。
2. 本卡的编号由保管卡部门自编。
3. 附属设备栏，应填写名称、规格及数量。
4. 折旧提取情况栏应填写：日期写开始日期，以后年度为 1 月 1 日；本期提取数为本年度提取数。

（四）固定资产增加单的设计

固定资产增置验收后，使用部门应立即填写“固定资产增加单”一式三联，经管理部门签章后，送会计部门，第一联送管理部门记入“固定资产卡片”，第二联由会计部门记账使用，第三联送使用部门留存。“固定资产增加单”是记录固定资产增加的主要内部单据。其一般格式如表 9-10 所示。

图表中的资产成本记录，应填写成本科目，如内购、外购、关税、运费、基础工程、配线等项。

表 9-10　固定资产增加单

年　　月　　日　　　　　　　　　会计科目：

中文名称		取得日期		固定资产成本记录		
				设备内容	数量	取得成本
外文名称		数量				
规格型号		取得金额				
厂牌		使用年限				
存放地点		月折旧额				
附属设备				合计		
备注						

会计：　　管理部门：　　经理：　　科长：　　经办：

（五）固定资产减损单的设计

固定资产因减损而报废者，应由使用部门填制“固定资产减损单”一式四联，注明报废原因，送交管理部门及会计部门，经审核批准后，第一联送交管理部门，第二联送交会计部门，第三联由使用部门留存，第四联送交拆除部门。其一般格式如表 9-11 所示。

表 9-11　固定资产减损单

名称	中文			规格				使用年限	
	外文			厂牌				已使用年限	
购置日期		数量		取得价值		已提折旧		账面价值	
减损原因								估计残值	
								清理费用	
								实际损失额	
拟处理办法				资材仓库				抵押行库	
								保险单号码	
								月折旧额	

总经理：　　经理：　　管理部门：　　会计：　　主办：　　其他负责人：

（六）固定资产调拨单的设计

固定资产在公司内部相互调拨时，应由调出部门填写“固定资产调拨单”一式四联，经管理部门签章后，送交调出部门签章。第一联由管理部门留存，第二联送会计部门，第三联送调入部门，第四联送调出部门。其一般格式如表 9-12 所示。

表 9-12 固定资产调拨单

管理部门（调出）　　　　（调入）
使用部门（调出）　　　　（调入）
年　月　日　　财产编号：

中文名称	数量		购置日期	
英文名称	附属设备		使用年限	
规格			已使用年限	
调出前用途			已提折旧	
			估计残值	
			月折旧额	
调入后用途			调出（地点）	
			调入（地点）	
			备注	

经理：　　会计：　　管理部门：　　调出部门：　　调入部门：

（七）固定资产折旧计算分配表的设计

固定资产折旧计算分配表是编制固定资产折旧记账凭证的原始凭证。在计算出每月的固定资产折旧额后，应按月编制此表。其一般格式如表 9-13 所示。

表 9-13 固定资产折旧计算分配表

年　月　日

应借账户	部门	本月计提折旧	累计已提折旧	折旧方法	备注
制造费用	第一车间 第二车间				
	小计				
辅助生产成本	机修车间 动力车间				
	小计				
营业费用	销售机构（地点）				
	小计				
管理费用	行政部门				
其他业务支出	出租 附营部门				
	小计				
合计					

（八）固定资产盘存单的设计

在固定资产使用过程中，由于客观或人为的原因会出现固定资产账实不符，为保证固定资产的安全和提供会计信息的准确，应定期或不定期地对固定资产进行清查。在清查前，会计人员和固定资产的管理人员应将各自负责的有关固定资产账簿记录核对准确。固定资产的清查方法是实地盘点，即将固定资产卡片同实物相核对。盘点后，首先应根据盘点结果详细填写“固定资产盘存单”，作为盘点结果的依据；并据此与固定资产卡片相核对，对账实不符的编制“固定资产盘盈、盘亏表”，作为固定资产清查的账务处理依据。“固定资产盘存单”的一般格式如表 9-14 所示。

表 9-14 固定资产盘存单

年 月 日

名称	编号	单位	使用单位	存放地点	盘点数量	备注

总经理： 经理： 管理部门： 会计： 主办：

四、固定资产业务处理程序的设计

（一）固定资产购置业务会计处理程序

固定资产购置业务会计处理程序是固定资产购置方案拟订、审批、实施的业务处理程序。其具体程序如图 9-9 所示。

（1）总务部（或总管理部门）固定资产管理员根据固定资产购置计划拟订固定资产购置方案一式两份，交总务部综合管理员及总务部部长审批。

（2）总务部审批后，总务部固定资产管理员根据购置方案选货，填制借款凭证交总务部部长、企业主管经理及财务部部长审核签字。

（3）固定资产管理员持借据到财务部出纳人员处借支支票。

（4）财务部出纳人员对借据进行认真审核，无异议后签发支票，并依据支票根登记银行存款日记账。

（5）固定资产管理员按固定资产购置方案购置固定资产，购置后填制“固定资产增加单”一式三联。如果没有专门的管理部门，则由总务部门的综合管理员填制“固定资产卡片”一式三联，交总务部综合管理员验收。

（6）综合管理员验收后在固定资产卡片上签字，留存一联后，将另外两联分送使用部门和财务部门。

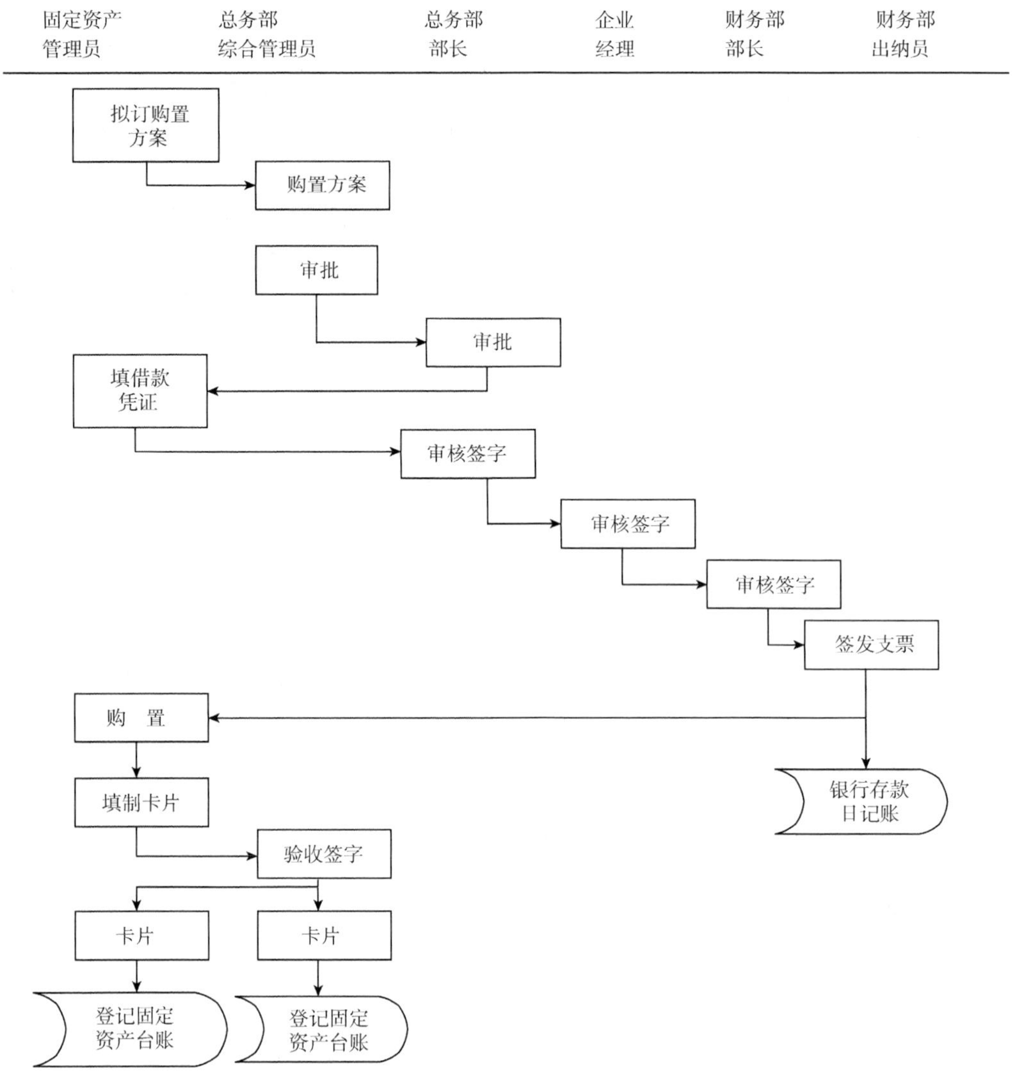

图 9-9　固定资产购置业务会计处理程序

（二）固定资产报废会计处理程序

（1）固定资产使用部门根据固定资产的使用年限、折旧、残值等填制固定资产报废申请表（一式四份），交总务部固定资产管理员。

（2）固定资产管理员对固定资产报废申请表进行复核，无异议后将申请表交总务部部长、财务部部长等联合对固定资产使用情况进行鉴定。

（3）总务部与财务部部长认为符合报废条件，分别在固定资产报废申请表上签字，交企业主管经理审批。

（4）企业主管经理审批后，总务部固定资产管理员留存一份申请表，一份交固定资产使用部门，一份交信息部凭证审核员。

（5）总务部固定资产管理员根据报废申请表注销固定资产卡片。

（6）固定资产使用部门根据报废申请表注销固定资产卡片。

（7）信息部凭证审核员收到固定资产报废申请表进行审核，无异议后交信息部数据录入员。

（8）信息部数据录入员根据固定资产报废申请表进行数据录入，打印记账凭证交信息部复核员。

（9）信息部复核员根据记账凭证对录入数据进行复核，无异议后进行账务处理（登记固定资产账、累计折旧账、固定资产清理账、营业外收支账、银行存款账或现金账）。

本项业务的会计处理程序如图 9-10 所示。

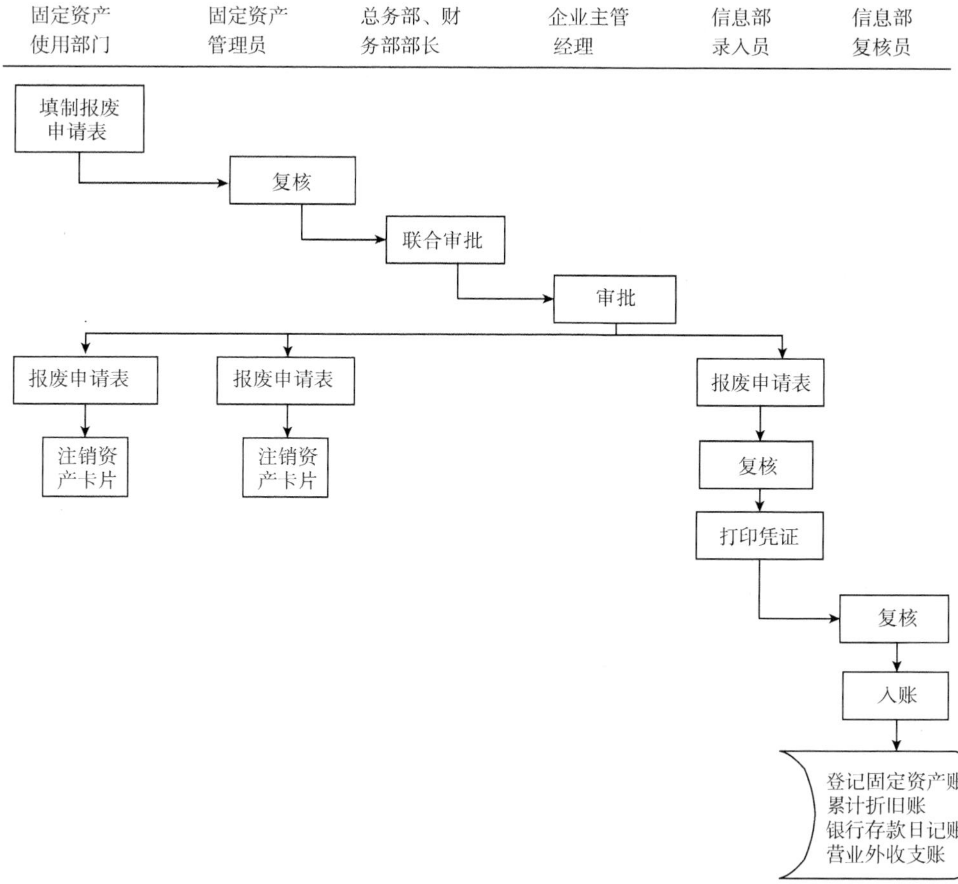

图 9-10　固定资产报废会计处理程序

本作业流程的控制要点如下。

（1）固定资产报废必须经过总务部部长和企业主管经理的审批（如果报废的是车辆，必须报车辆主管部门审批）。

（2）固定资产报废申请被批准后固定资产使用部门、固定资产管理员、信息部要进行相应的账务处理。

本章小结

存货在企业中经常处于销售、耗用和重置之中，具有极大的流动性，是企业流动资产的重要组成部分。存货保管的安全与完整，周转速度的快慢直接影响流动资产的利用效果，从而影响企业经济效益，因此存货会计制度的设计很重要。由于不同企业存货的特点不同，其会计制度设计就会有不同的侧重点，但总的来说可以从存货管理制度的设计、存货使用的原始凭证及单据的设计和业务流程的设计来入手。

固定资产是企业在生产过程中使用的主要资料，其数量和质量在一定程度上反映企业生产规模的大小和技术装备水平的高低，对企业生产经营活动的发展，具有十分重要的作用。一般来说，工业企业固定资产数额较大，商业和服务行业固定资产数额较小一些，由于企业所在的行业不同，经营的范围不同，对固定资产的要求也不同，因此企业在设计自己的固定资产管理制度、固定资产使用的原始凭证及单据和业务流程方面都会有所不同。

企业在设计自己的存货和固定资产会计制度时，可从企业的实际出发，根据存货和固定资产的种类特点，企业机构设置，人员的配备，会计核算的要求，信息使用者的需求来设计。

复习思考题

1. 存货内部控制的要点有哪些？
2. 材料领发的业务处理流程如何设计？
3. 委托加工业务处理流程如何设计？
4. 产品完工交库业务处理流程如何设计？
5. 零售商品入库业务处理流程如何设计？
6. 零售商品补货业务处理流程如何设计？
7. 零售商品出库业务处理流程如何设计？
8. 零售商品调拨业务处理流程如何设计？
9. 存货业务凭证如何设计？
10. 固定资产内部控制的要点有哪些？
11. 固定资产内部管理制度有哪些？
12. 固定资产业务凭证如何设计？
13. 固定资产购进业务处理流程如何设计？
14. 固定资产报废业务处理流程如何设计？

第十章

采购、销售业务会计处理程序的设计

本章主要研究了采购和销售业务会计处理程序的设计问题。

采购主要是指企业在经营活动中需要购买的原材料、包装物、低值易耗品等物资。这部分物资是企业经营管理不可缺少的，如何用低成本购买到高质量的物资，最大限度降低采购成本，减少购进环节可能出现的贪污舞弊行为，完善采购业务的管理与核算是本章要解决的问题。针对企业的经营管理特点设计出符合企业需要的采购业务的管理制度，原始凭证和相应的会计处理程序。

销售业务主要是指企业销售商品，由于企业的特点不同，企业销售商品的管理方式也不同。因此企业通过对销售业务管理制度的设计，以及相应的自制原始凭证的设计，来加强对企业销售业务的管理，通过会计处理程序的设计，了解企业各部门之间的工作协调情况。

【重要概念】 采购 销售 单据 凭证

第一节 采购业务会计处理程序的设计

企业的经营活动依次经过供、产、销三个过程，资金在这三个过程中依次改变着不同的形态，这是企业生产经营活动连续不断进行的需要。企业的采购业务包括商品、材料、低值易耗品、包装物等物资的请购、编制采购计划、订货、验收入库、储存、保管、发出、清查等内容。

企业的供应环节相应要设计合理的会计处理程序，以保证经济业务有条不紊地进行，并通过对资金运动过程的控制，加强财务监督，防止可能出现的错误和弊端，提高会计工作的效率，保证会计核算的质量。企业的采购业务对企业的影响较大，因此，设计好物资采购业务会计处理程序有很重要的意义。

会计部门对物资采购业务的控制和管理，最基本的要求是保证和监督物资供应部门在确保满足各种物资需要的前提下，力求降低成本，减少资金占用，严格执行合同，选择合理的结算方式，及时办理结算手续；防止浪费损失，杜绝贪污盗窃。

一、采购业务管理制度的设计

（一）采购业务管理制度内容的设计

（1）物资的采购内容的设计，主要有原材料、库存商品（商业）、包装物、低值易耗品、办公用品等。

（2）采购合同的制定要公正合理，符合国家有关法律规定。

（3）验收物资坚持检验和验收由不同人员分工协作完成，严格审核凭证，及时办理货款结算。

（4）整体实行钱、账、物分管，达到互相牵制、强化监管的目的。

（5）维护采购物资的安全与完整。

（6）各部门的协调以提高工作效率、完善管理为目的。

（7）建立储备定额制度，防止超储积压。

（二）设计采购业务管理制度应采用的方法

采购管理制度的设计主要采用文件式说明法，这种方法对说明采购过程中的责任、义务具有重要的作用。

案例 10-1　公司采购管理制度

总公司为使各企业能采购到价格最低、质量最好的物资，做到采购有序进行，特制定本制度。

第一条　申请采购

1. 申请采购经办人员根据生产计划或工作需要据实填报“物资采购申报单”，并注明物资的品名、规格、数量、需要货物日期及注意事项，对有技术要求的申购物资应同时提供技术资料和质量标准，经申购部门主管审核后，按照申购审批权限的规定报批。

2. 需要货物日期相同且属于同一供货商供应的物资，申请采购部门应以申购单附表，一单多品种的方式提出申购。

3. 由于工作原因需紧急申购时，由申购部门在“物资采购申报单”上注明原因，可优先办理。

4. 办公用品由行政部门根据月消耗额，并考虑库存情况提出申请采购。

第二条　申请采购审批权限

1. 企业按月编制生产采购计划，由企业生产主管经理审批后报总公司审批后执行。

2. 办公用品的申请采购，由企业的总经理审批。

3. 计划外或者预算外的申请采购，申请采购金额在 2000 元以下的，由各分公司经理审批；申请采购金额在 2000 元以上的，由分公司报总公司审批。

4. 凡属于固定资产管理项目范畴的申请采购，按照固定资产管理制度规定的审批权限进行审批。

5. 严禁各分公司将大额申购人为分成数个小额申请采购自行审批，一经查出有此行为，对企业的经理给予违纪金额 5～10 倍的经济处罚。

第三条　寻价、比价、议价

1. 采购经办人员接到获准的“物资采购申报单”后，应参考市场行情及过去采购记录或供应商资料，精选三家以上的供应商办理比价和议价。

2. 若供应商报价的规格与申购的规格有不同或属代用品，采购经办人员应立即通知申购部门，并附上相关资料，由申购部门进行确认。

3. 采购部门接到紧急申购时，应立即指派经办人员先进行寻价、议价，待接到“物资采购申报单”后，按一般采购程序优先办理。

第四条　采购计划报批

1. 采购经办人员在完成寻价、比价、议价后，应在“物资采购申报单”上详细填写与各供应商寻价和议价结果，并拟定“供应商”“价格”“交货期限”“报价有效期”“是否需要预付款”等，经过采购主管审核后，按照审批权限的规定进行报批。

2. 公司按照正常生产计划、工作计划提出的采购计划，由公司的经理进行审批。

3. 计划外或者预算外的采购计划，金额在 1 万元以下的，由分公司的经理对采购计划进行审批；金额在 1 万元以上的，由分公司上报总公司对采购计划进行审批。

4. 凡属于固定资产管理项目范畴的采购计划，按照固定资产管理制度规定的采购计划审批权限进行审批。

5. 采购经办人员要严格遵守公司的各项规章制度，加强法制观念，对采购过程中损害公司利益的现象，一经发现查实，对当事人和相关领导给予严厉的经济和行政处罚，直至追究法律责任。

第五条　采购合同管理

采购计划经批准后，采购经办人员应该及时与供应商签订供货合同。企业签订的任何供货合同，都要报总公司法律室备案。

第六条　收货、退换货

1. 采购人员对供货进度负责。供货进度出现异常情况时，应该立即呈报主管，并及时通知申购部门，根据申请采购部门意见拟定处理对策。

2. 货物到达后，采购经办人员应及时会同申请采购部门、质检部门人员对货物进行验收，验收合格后按照公司规定办理入库，填制“收料单”或者“入库单”。

3. 对验收不合格的货物，采购经办人员应及时与供应商联系，办理退换或者退货手续。

4. 对分批到达的货物，应该采取分批验收的方式，合格批次办理入库，不合格批次采取退换或者退货的方式处理，同时按实收数量进行付款。

5. 因供应商的原因致使企业的生产、工作、利益受到损失，或者致使企业信誉受到不良影响，应该向供应商提出索赔，索赔方案需由公司法律室审核后方可执行。

第七条　付款

1. 采购部门应该按照已经批准的“物资采购申报单”和“入库单”，经过审核无误后，送财务部门办理付款手续。

2. 货物短少应该补足的，应该按照实收数量，进行付款。

3. 货物溢余的，经过主管核准后，方能按照实收数量进行付款，否则只能按照订货数量付款。

第八条 供应商管理

1. 为使公司拥有长期、可靠、优良的供货渠道，采购部门应建立供应商资料档案，并对供应商采取分级（A级、B级、C级）管理的方案。

2. 采购部门应对供应商资料档案随时进行更新，定期对供应商的等级进行评定，对不合格的供应商应及时淘汰，并重新寻找新的供应商加以代替。

（三）设计采购管理制度应注意的问题

采购管理制度的设计要注意有助于节约采购成本，提高采购效率，遏制管理腐败，抵制内部人控制现象的发生等。企业可根据采购物资的特点确定不同的采购管理方法。

二、物资采购凭证的设计

物资采购供应业务包括申请采购、实施采购、验收入库、储存保管、物资盘存、物资发出等项业务。在对其会计处理程序的设计中，要严格各种物资收发的手续规定，以保证物资的完整、安全；正确反映物资的增减变动情况，以保证生产经营活动的正常进行；正确计算物化劳动消耗，以防止物资的超储存积压，保证资金的合理运用。

（一）采购计划的设计

采购计划的核心是确定物资采购的品种、规格、数量、质量、价格及地点。其主要业务有：根据生产要求，确定采购数量；根据所需物资寻找相关的供应商和合理的价格，与供应商签订协议，确定采购计划。

（二）订货合同的设计

采购部门应尽可能与供应单位签订合同，在合同中规定材料物资的种类、规格、单价、金额、质量或等级、付款日期、付款方式、交货日期、交货方式、违约责任等。

（三）请购单的设计

根据以销定产及物资的采购计划，由生产部门根据计划（或生产任务书）提出请购计划，填制请购单。其格式如表10-1所示。

表10-1 材料物资请购单

年 月 日　　　　编号

材料物资编号	品名	规格	计量单位	计划单价	最高库存限额	最低库存限额	目前库存	申请采购量

申请部门：　　　　制单：

由物资管理部门根据生产需要结合期初库存、本期经营耗用、期末合理存量等情况，综合考虑核定的最高库存限额及最低库存限额，以及仓储情况等因素，经计算后提出采购申请并填制采购量计算及审批表。其格式如表 10-2 所示。

表 10-2　物资采购量计算及审批表

年　　月　　日

生产计划 1	消耗定额 2	定额消耗量 3＝1×2	期初库存 4	预计期末库存 5	申请采购量 6＝3－4＋5	批准采购量 7

采购部门　　财务部门　　仓库部门　　生产部门
负责人　　负责人　　负责人　　负责人　　经办人

根据申请采购业务经过的环节及包括的相关内容，可设计一式四联的请购单，由生产部门填制后送仓库保管部门，仓库保管部门经计算后确定采购数量，再送采购负责人和财务负责人审批，审批后，一联交生产部门，一联交仓库，一联交采购部门，一联由财务部门留存。

（四）收货（料）单设计

外购材料用收料单办理入库手续，收料单一式三联或多联，可根据企业内部需要进行设计，但最少应设计三联，其中一联在采购部门，一联在仓库，一联由财会部门签收作为记账的依据。材料收料单的格式如表 10-3 所示。

表 10-3　收料单

供应单位：

发票编号：　　　　年　月　日　　　　收料仓库：

材料编号	材料名称	计量单位	数量		实际成本			
			应收	实收	单价	发票价格	运杂费	总价

仓管员：　　　　交料员：

三、商业企业物资采购业务处理程序的设计

采购部门在收到经审批的请购单后，要实施采购业务，在采购业务处理程序的设计中，坚持按经批准的采购计划采购，按合同协议采购，如有特殊紧急的采购应补办审批手续。采购时应先企业内后企业外，先国内后国外，先近后远。采购的物资要符合质量标准要求，价格要合理公道，货比三家，择优采购。

商业企业物资采购业务程序设计的主要内容包括：确定采购内容。确定采购数量。物资采购的数量已在请购单中写明，采购部门对请购数量较大的物资应进行复核审查；对数量不大的物资可按资金预算计划执行。确定各种物资的储备量和核定储备资金定额。确定采购申请表和采购计划表。

（一）购进商品付款（单、货同到）的业务处理流程

（1）财务部出纳人员将银行转来的商品购进结算单据交给商品部业务员。

（2）商品部业务员将货款结算单据与商品验收单及购货合同进行核对，无异议后填制商品付款申请，连同结算单据交给商品部经理。

（3）商品部经理对付款申请单及结算单据进行审核，无异议后在商品付款申请单上签字，然后交财务部部长。

（4）财务部部长对付款申请单及结算单据进行审核，无异议后在商品付款申请单上签字，然后交财务部出纳人员。

（5）财务部出纳人员对请求付款的单据进行复核，无误后对外办理付款。

（6）货款付出后，财务部内部银行管理员根据出纳人员交来的付款收据及增值税发票等填制内部银行转账单，交财务部部长审核，同时登记内部银行日记账。

（7）财务部部长审签后，将一联内部银行转账单交商品部出纳人员，另一联交信息部审核员。

（8）商品部出纳人员对内部银行转账单等进行审核，无异议后登记内部银行日记账，然后将内部银行转账单交商品部核算员。

（9）商品部核算员根据内部银行转账单编制记账凭证，登记内部银行往来账、商品采购账、库存商品账及应交税金账。

（10）信息部凭证审核员对内部银行转账单进行审核，无异议后将单据交数据录入员。

（11）信息部数据录入员进行数据录入、打印记账凭证交信息部复核员。

（12）信息部复核员对记账凭证进行复核，无异议后登记商品往来账和银行存款账。

购进商品付款（单、货同到）的业务处理流程如图 10-1 所示。

在单到货未到情况下，商品部应先验对结算单据，无误后对外付款，货到验收入库后，商品部核算员再根据商品入库单登记商品采购和库存商品账；在预付货款情况下，货款预付后商品部登记内部银行往来账、预付款账，信息部登记商品往来账、预付款账和银行存款账。在所购货物验收入库后，商品部登记商品采购账、库存商品账和预付款账，信息部登记预付账款和银行存款账。

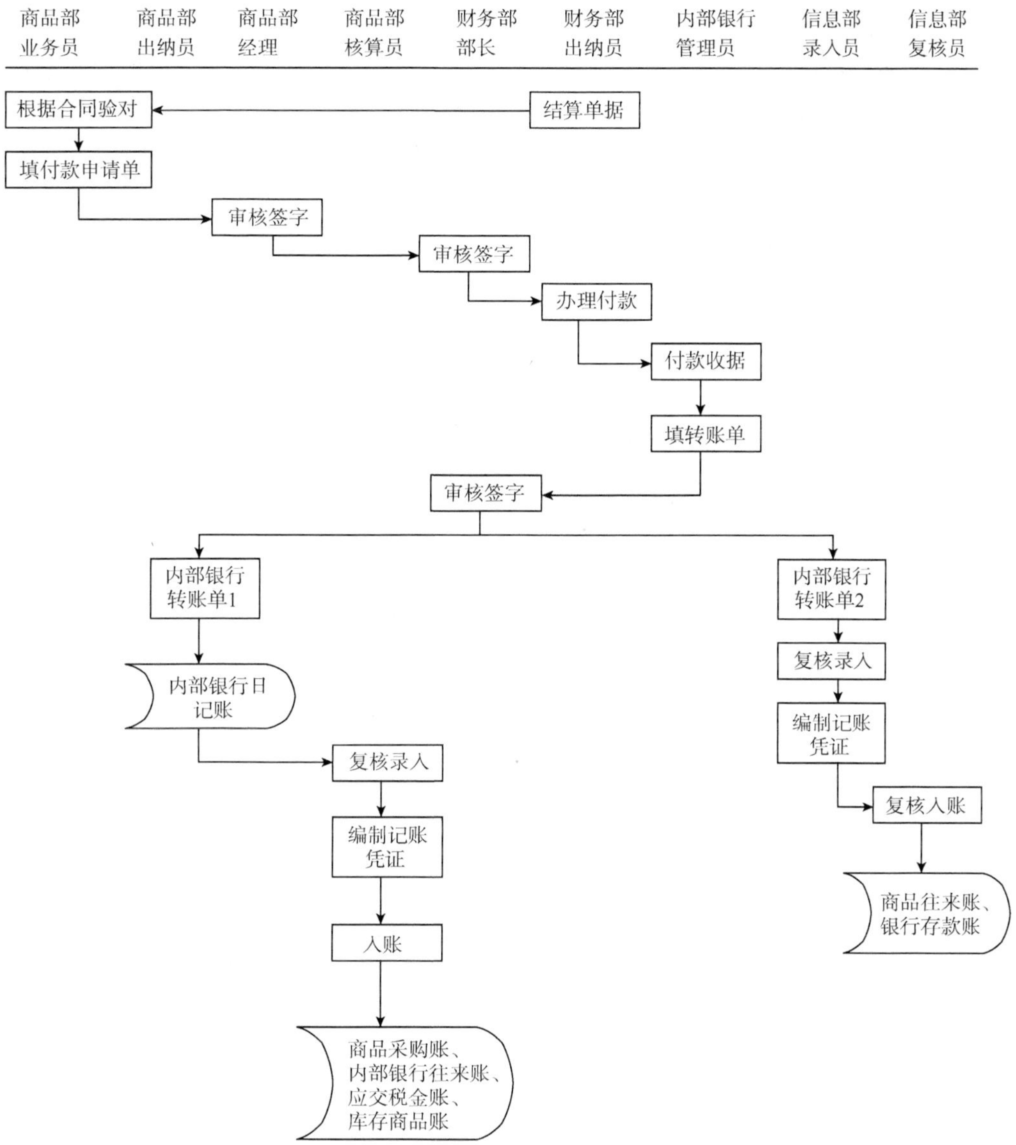

图 10-1　购进商品付款（单、货同到）的业务处理流程

（二）同城进货采用提货制验收商品的业务处理流程

（1）商品部业务员收到购进商品的提货单与进货合同或补货合同进行核对，无异议后登记到货登记簿，然后将到货通知交储运部调度员。

（2）调度员根据到货通知及到货情况调配车辆，签发出车单，连同到货通知交给领货员。

（3）领货员对出车单、到货通知进行复核，无误后及时领车提货，按时到达指定地点办理提货手续，认真验收商品，发现货单不符、破损等问题可拒收，若无问题则接收货物。

（4）领货员接收货物后，立即将货物运回，将货物、随货同行联等交给商品部内仓保管员（或商品部营业组长、外仓保管员）。

（5）内仓保管员验收货物无误后接收货物并在出车单上签字，然后填制商品验收单（一式两联），自己留存一联，另外一联及随货同行联交商品部业务员。

（6）领货员完成提、运任务后及时将出车进行复核，在出车单上盖章、消号、登记出车台账。

同城进货采用提货制验收商品的业务处理流程如图 10-2 所示。

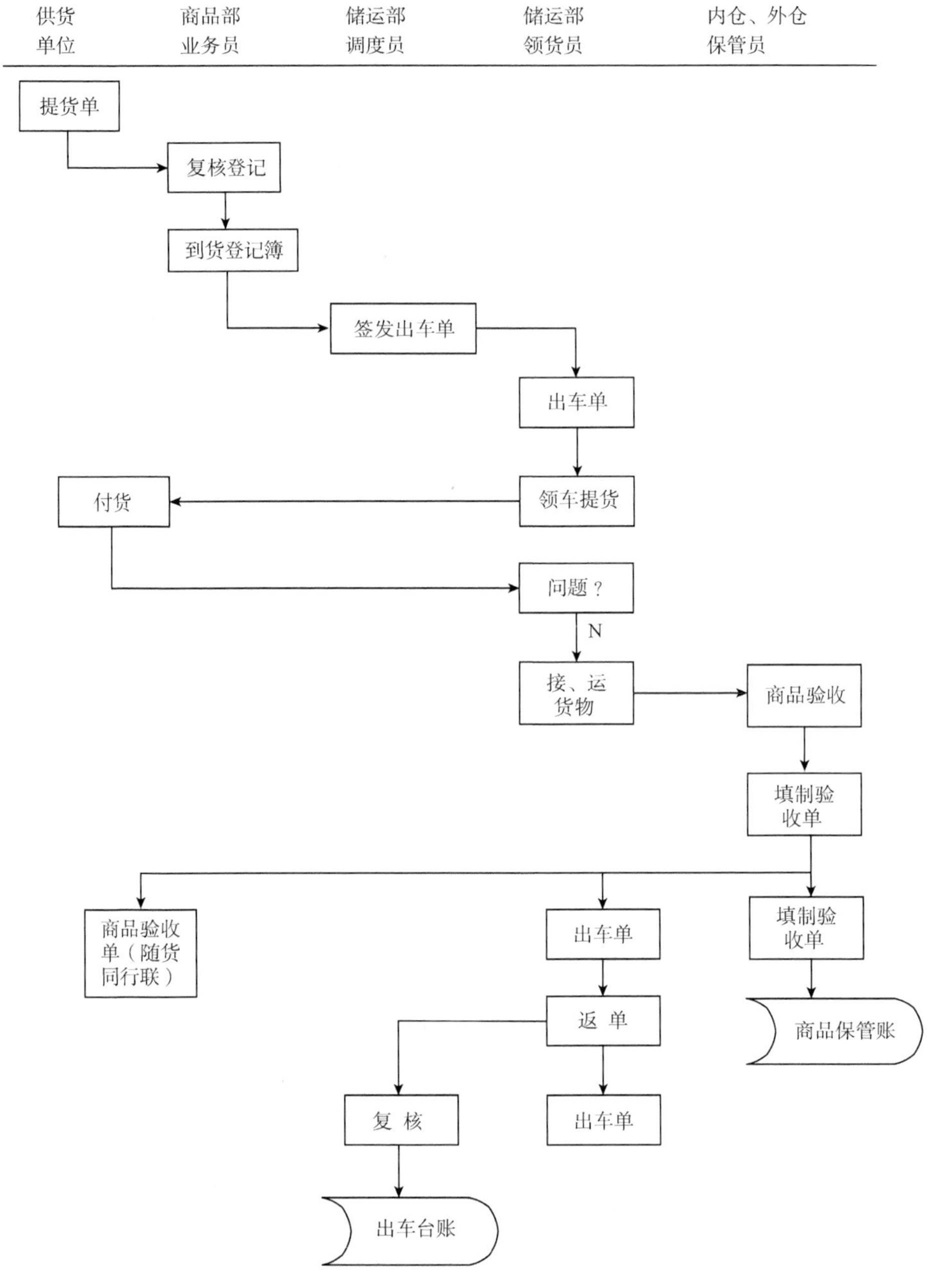

图 10-2 同城进货采用提货制验收商品的业务处理流程

（三）补货商品入库的业务处理流程

（1）商品部业务员接到内仓保管员、营业组长或储运部外仓保管员交来商品验收单及随货同行联后进行复核，无异议后注销合同或补货单，然后将商品验收单交商品部核算员。

（2）商品部核算员根据验收单录入入库数据，打印商品入库单交商品部财务主管。

（3）商品部财务主管根据商品入库单对入库情况进行复核，无异议后编制记账凭证，登记库存商品账。

补货商品入库的业务处理流程如图 10-3 所示。

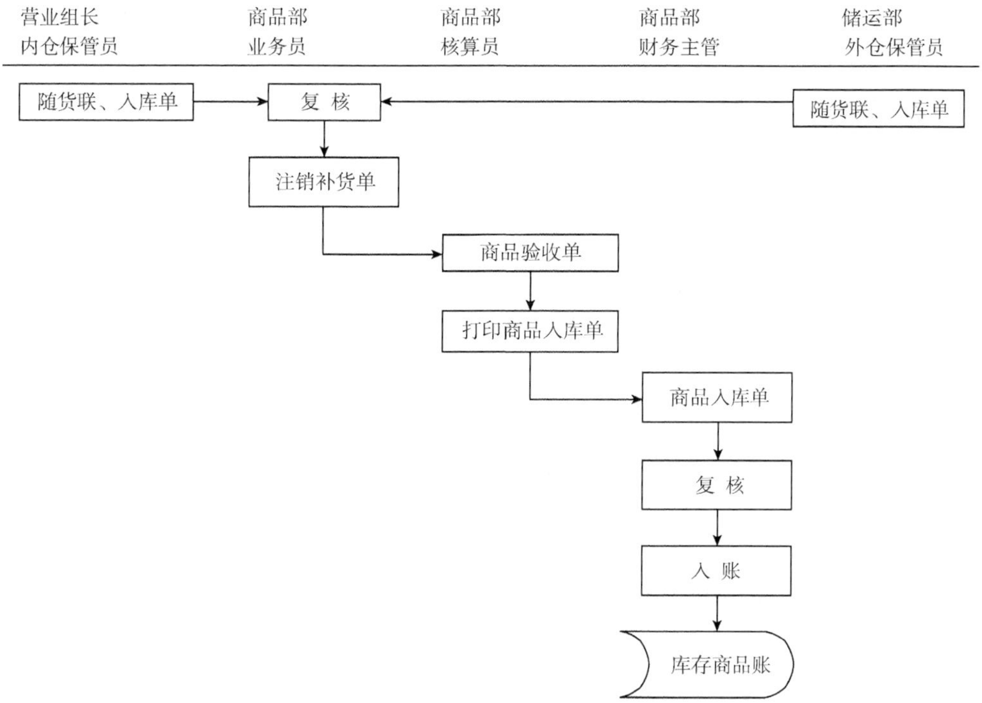

图 10-3 补货商品入库的业务处理流程

四、工业企业物资采购业务处理流程

（1）由生产部门根据生产计划、物资部门根据库存情况，提出采购申请并编制请购单一式两联，其中一联经主管领导审核批准后送供应部门，第二联留存。

（2）供应部门根据收到的请购单编制采购计划，并据以与供货单位签订购货合同一式两份，其中一份供应部门留存，另一份送会计部门进行价格审核后留存。

（3）供货单位一方面发货，另一方面收款，企业根据采用的结算方式付款。

（4）供应部门收到运单和发票后，与合同审核无误后，编制一式四联的收料单，其中第四联留存，其余各联与发票送仓库部门通知收料，运单送运输部门据以取货。

（5）运输部门收到运单后，即据以组织向货运单位提货，并编制到货清单一式两份，随同货物送仓库。

（6）仓库收到货物和货物清单后，首先与收料单及发票进行核对，若审核无误，则根据第一联到货清单、第二联收料单、发票登记库存保管账，将其余各联交供应部门。

（7）供应部门根据退回的收料单第三联登记材料明细账后汇总送往会计部门。

（8）会计部门根据收到的凭证记账，并通知出纳付款。

（9）出纳付款后，将有关结算单据交会计入账。

工业企业物资采购业务处理流程如图 10-4 所示。

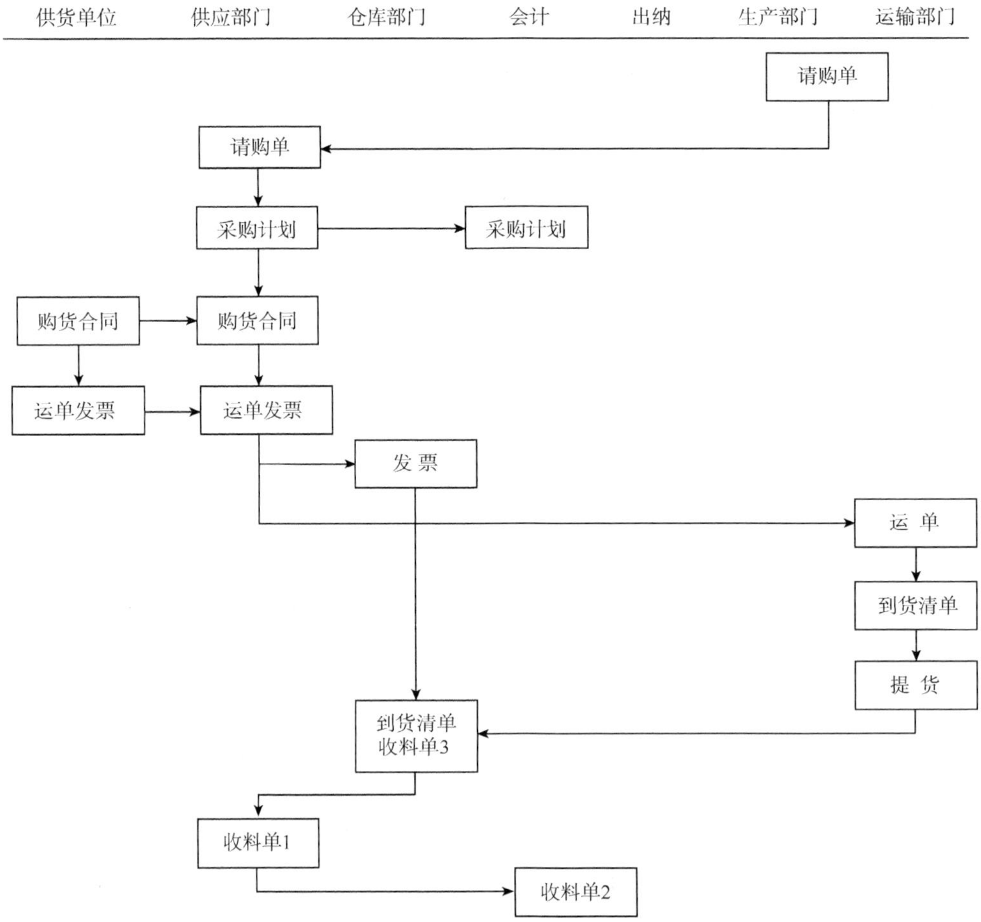

图 10-4　工业企业物资采购业务处理流程

五、采购业务记账程序的设计

采购业务的核算主要有验单付款和验货付款，从会计控制要求上看应先收货后付款，但实际工作中有很多业务采用先付款后收货的形式。在这种情况下就可能出现货物与合同不符，要求退货还款，为了加强对这种业务的管理，企业在设计记账程序时对下列明细账进行如下设计。

（一）应付账款明细账全部登记法

应付账款明细账全部登记法的主要内容是，全部采购业务在发生时均作为应付账款处理，并通过购货日记账的金额栏加总计入“材料采购”部分总分类账的借方和“应付账款”总分类账户的贷方，并把每年购货业务按供应单位计入明细账明细栏内。

应付账款明细账全部登记法的优点是提供的资料完整，对所有购买款的支付均可以进行监督；其缺点是工作量大，甚至有重复劳动。

（二）材料采购明细账平行登记法

材料采购明细账平行登记法的内容是，将材料采购明细账分材料类别如原材料、辅助材料、燃料、包装物、低值易耗品等分设账页；根据收料单、付款凭证、发票账单等按平行登记法逐笔登记，用以计算每一批购货的实际成本和计划成本及成本差异；根据每一横行付款记录和收料记录的对比，还能了解哪些是应付账款，哪些是在途材料。

材料采购明细账平行登记法的优点是提供了序时的购货记录，也替代了应付款的明细账。

（三）应付账款和材料采购的抽单法

应付账款和材料采购的抽单法的内容是，供应部门向仓库和会计部门分送收料单的收货单和付款单，仓库验收材料后，将收货联送会计部门在一个账夹内存放，会计部门在收到供应单位的发票并送出纳付款后，将付款联存放在另外一个账夹内。会计部门定期按收料单编号在这两个账夹中抽出，进行记账，表示已付款已收货。月末根据付款联余额编制在途材料明细账，根据收货联余额编制应付账款明细表。

应付账款和材料采购的抽单法的优点是，简化材料采购的记账工作，并能及时反映与客户的结算关系，缺点是应加强对账夹的管理。

第二节　销售业务会计处理程序的设计

销售业务收入是企业收入的主要组成部分，企业取得销售收入标志着企业为社会提供了物质产品或商品、产品价值的实现，这不仅可以补偿生产要素的耗费，而且能够实现价值的增加，从而为企业和生产经营活动的持续进行与不断扩展提供现实条件。销售业务是指商品从出库、发运直至收回货款为止的整个过程的业务。销售业务的设计包括销售合同的签订、销售凭证的设计、销货退回、产品销售业务流程的设计。

一、销售业务管理制度的设计

（一）销售业务管理制度内容的设计

（1）销售合同的签订、开票、发货、收款、记账等职务要进行分工。

（2）销售价格的确定、销售方式、结算方式的选择要经有关负责人审批。

（3）发票、出库单要连续编号。

（4）制定合理的销售折让和折扣制度。

（5）合理确认销售，实行以销定进的原则。

（二）销售业务管理制度设计的方法

文字说明法是销售业务管理制度采用的最主要的方法，可以采用文字说明法来规范企业有关销售方面的业务。

案例 10-2　企业销售管理制度

第一条　商品营销制度

（一）客户实行区域负责制

1. 本公司实行区域负责制，客户按所在地区不同划分为若干区，每个区域设一名区域代表，按区域的客户数量与定货数量为区域代表配备若干营销人员。

2. 区域代表由公司任免，区域营销人员由公司确定数量，区域代表在所在区域自行选择。

3. 未经公司允许，区域代表及其所属营销人员不得干涉其他区域的业务。

4. 对于业务突出的营销人员，经区域代表申请由公司批准可转为公司正式职工。

（二）区域业务招待费

1. 区域业务招待费在正常情况下按照前一年区域业务销售总额的2%作为业务招待费开支限额。

2. 特殊情况需要增加的，由区域代表向公司申请，增加数额不超过前一年业务总额5‰的，可由部门主管审批；增加数额超过前一年业务总额 5‰的，由总经理审批。

第二条　商业折扣的确定

1. 对于首次进货的新客户可以给予一定的开户优惠，即按首次所购货物总金额的1%给予优惠；如因特殊情况需要超过 1%的，区域代表可以向业务主管申请，但最高不得超过 1.5%。

2. 对于老客户按每次进货量的不同给予不同的商业折扣。

（1）每次进货金额在 10 万元以下（包含 10 万元）的客户给予 2‰的优惠。

（2）每次进货金额在 10 万元以上 20 万元以下的（包含 20 万元）的客户给予 3‰的优惠。

（3）每次进货金额在 20 万元以上 50 万元以下的（包含 50 万元）的客户给予 4‰的优惠。

（4）每次进货金额在 50 万元以上的客户给予 5‰的优惠。

第三条　区域代表及营销人员的工资计算方法

1. 区域代表工资按基本工资加提成的计算方法，区域代表每月基本工资为 1000 元，提成工资按区域月销售额的 5‰计算。

2. 对于年终区域销售额超过 500 万元的，按超过部分的 5‰给予区域代表年终奖金。

3. 区域营销人员的工资也采用基本工资加提成的方式计算。营销人员的基本工资为500 元，按各自所完成的月销售额的 3‰计算提成。

4. 对于销售业绩突出的营销人员由区域代表申请，经公司批准年终可以给予不超过3000元的年终奖金。

5. 对全年区域内销售额超过1000万元，无任何呆、坏账发生，且回款时间都在30日内的，公司将给予人民币20 000元以示奖励，具体分配方法由区域代表自行处理。

第四条　回款及现金折扣制度

（一）公司实行严格控制现金交易，严禁客户账外汇款，货款必须全部转入公司指定的账户。

（二）公司按回款时间不同将给予客户一定的优惠。

1. 客户预交款的，享受货款总额4‰的优惠。
2. 客户当日交款的，享受货款总额3‰的优惠。
3. 客户5日内回款的，享受货款总额2‰的优惠。
4. 客户10日内回款的，享受货款总额1.5‰的优惠。
5. 客户15日内回款的，享受货款总额1‰的优惠。
6. 客户20日内回款的，享受货款总额0.5‰的优惠。
7. 客户30日内回款的，不享受优惠。

第五条　售后服务制度

（一）因商品质量等原因出现的问题，金额在500元以下的，由销售人员自行与客户协商解决；金额超过500元的，由销售人员向区域代表请示，由区域代表决定处理方法。

（二）因商品质量等原因出现的问题，金额在5000元以下的，由区域代表自行与客户协商解决；金额超过5000元的，由区域代表向公司请示，由公司决定处理方法。

（三）公司对确因商品的质量出现的问题，允许采取以下处理办法：

1. 给予退货。
2. 与客户协商给予相应的折让。
3. 对商品进行返修。
4. 进行调换货。

对于采用何种方法，由有关负责人视具体情况酌情处理。

第六条　罚责

（一）对于违反公司制度的，给公司和他人造成损失的由责任人员全额赔偿。

（二）对于区域代表等相关人员如与客户联合骗取公司财物的，公司视情节按相关规定进行处理，情况严重的，公司将移交司法机关处理。

本制度自2018年1月1日开始执行。具体解释由财务部、销售部、总经理办公室负责。

案例10-3　××电视机生产企业的销货管理制度

为了加强企业对销货业务的控制，针对销货业务发生频繁、工作量大、运行环节多、容易产生漏洞等特点，特制定以下销货制度，以保证销售收入的真实性、折扣与折让的适度性、人员权责的明晰性、财务核算的科学合法性，杜绝一切销售业务中可能发生的违法乱纪和侵吞企业利益的行为。

第一条 定价以及相关的折让、折扣制度

1. 每月 1 日，销售部经理向董事会汇报上月销售情况，并与企业的预测机构共同制定当月价格目录表，交由董事会审批签字。

2. 关于现金折扣制度，对于所有应收款项销售部都可以给予相应的折扣（2/10，1/20，N/30）。

3. 关于商业折扣，购货方一次购买 50～100 台电视机，销售部门给予 2%的折扣；购货方一次购买 100～500 台电视机，销售部门给予 3%的折扣；购货方一次购买 500～1000 台电视机，销售部门给予 5%的折扣；购货方一次购买 1000 台电视机，销售部门给予 8%的折扣。

4. 销货后由于电视机规格与客户要求不一致，客户要求退货时，如果是销售部门的责任，可以与客户协商，给予 5%的优惠折让，如协商失败，则遵循退货控制制度。

第二条 售后服务制度

1. 销货后，出现产品质量问题，如果在保修期内，免费保修；如果超过保修期，修理费用由客户负责，但是低于市场修理费用。

2. 销货超过保修期，客户需要更换零配件的，按照正常的销售业务进行处理。

第三条 退货业务制度

1. 企业设立责任确认办公室，当客户验收商品发现问题，并通知企业时，责任办公室即展开调查，积极与客户协调确认责任方，由于本企业责任造成退货争议的，企业应无偿办理退货业务。

2. 建立销售折让优先于退货制度，权衡往返运费、修理费与折让额的关系，确定先争取与客户达成折让协议，次之退货。

3. 责任办公室将处理结果交于总经理，由总经理签字给予退货。

4. 退货收回后，有质量问题应返修，无质量问题入库保存。

第四条 职务分离制度

1. 接受客户订单的人不能同时负责核准付款条件和客户信用调查工作。

2. 填制销货通知的人，不能同时负责发票的审核工作。

3. 开具发票的人，不能同时负责发票的审核工作。

4. 办理各项业务的人员，不能同时负责该项业务的审核批准。

5. 记录应收账款的人员，不能同时负责货款的收取和退款工作。

6. 会计人员不能同时负责销售业务各环节的工作。

第五条 收款业务制度

1. 在销售部收到客户订单后，先由客户信用部对客户的信用进行全面详尽调查评定，然后将调查评定结果交给销售部，由销售部经理决定是否接受订单，将信用差的客户排除在外。

2. 销售部门对当月赊销的业务活动严格记录，并将原始单据交于会计部门，防止应收账款的漏记，应收账款的总分类账记录和明细分类账记录由不同会计人员负责。

3. 销售部门应配合会计部门建立定期或不定期的对账催收制度，及时了解客户财务情况，给予一定优惠政策，使客户及早清偿欠款，对账结果和客户财务状况通报给销售

部、客户信用部，以便及时采取有效措施。

4. 账龄分析，客户信用部每季编制应收账款账龄分析表，对账龄较长的采取重点措施，经反复催收无果，可以进行经济诉讼。

第六条　票据管理制度

1. 企业所有票据均由企业财务主管负责保管和使用，明确发票管理制度。

2. 销售部人员去财务部领用发票时应签字注明领用人和领用发票的起讫号。

3. 发票使用人所开具的发票必须以发货通知等有关凭证上的客户名称、日期、数量、单价、金额等为依据如实填列各项内容。

4. 财会部门指定发票使用人，定期对所使用过的发票与会计记录和有关手续凭证进行核对检查。

第七条　发出存货制度

1. 库存商品销售后，将有关票据交由财会部。

2. 销售部门每月从库存部和财会部了解库存数量的信息。

3. 财会部门对于一般商品的发货采用先进先出法，特殊商品采用个别计价法。

4. 销售部经理与企业预算机构共同制定每种商品的最低库存数量。

5. 发货时，由销售人员与仓储人员共同确定发货的数量和质量。

第八条　销售人员工资制度及相应的奖惩制度

1. 销售人员实行地区分片制，每月达到标准销售额，标准工资1500元，低于标准销售额的，从标准工资中扣除差量销售额的2%，但不得超过600元，超过标准销售额的，在标准基础工资上，加上增加销售额的2.5%。

2. 销售部经理的标准工资每月2500元，总销售额低于标准部分的，按差额销售的1%扣除工资，但是最低扣款不超过1000元；总销售额超过标准部分的，按差额销售的1.5%增发工资。

本制度自2018年1月1日开始执行。具体解释由财务部、销售部、总经理办公室负责。

（三）设计销售业务管理制度应注意的问题

企业在设计销售管理制度时，应该注意同行业对销售的激励程度，销售人员促销的压力是否相同，再结合企业自身的实力，来确定其销售人员的工资制度和奖惩制度。收货、发货管理要注意企业各部门之间的协调与内控。另外企业的销售管理制度要具有低成本、高效率的特点。

二、销售业务单据及凭证的设计

（一）销售计划的设计

工业企业销售部门根据本部门历史情况和市场调研情况，编制销售计划一式两份，计划内应划细销售指标，并经过部门经理进行审批；审批后送交经理办公室进行审议，审议通过后再退还销售部门。

商业零售企业是商品部门业务员根据本部门历史情况和市场调研情况，编制本部门销售计划一式两份，商品部门经理对业务员编制的计划进行审批，审批后业务员将商品销售计划报送业务部综合部门。业务部进行汇总后交经理办公室进行审议，通过后企业将销售计划送达各商品部，并定期对计划的执行进行监督。

（二）销售合同的设计

销售部门应尽可能与购货单位签订合同，在合同中规定商品物资的种类、规格、单价、金额、质量或等级、付款日期、付款方式、交货日期、交货方式、违约责任等。

（三）发票领用单的设计

销售部门根据经营业务的需要，填写一式两联的“发票领用单”交财务部门发票管理员；发票管理员审核无误后，在“发票领用单”上签字并自留一份，另一份连同发票交给销售部门。财务部发票员根据“发票领用单”对销售部门返回的发票存根进行分类、编号、装订保存，并登记“发票领用单”。“发票领用单”的格式如表 10-4 所示。

表 10-4　发票领用单

年　　月　　日

项目	种类		发票起止号码
领用	专用发票		
	普通发票		
返回	专用发票		
	普通发票		

发票管理员：　　　　　　　　　　　　领取人：

（四）经销商品销售日报表

零售商业的商品部于每日营业结束后，应提供商品部经销商品的种类和数量，为此需要编制“经销商品销售日报表”，其格式如表 10-5 所示。

表 10-5　经销商品销售日报表

商品部：　　　　　　　　年　　月　　日　　　　　　　　金额单位：

商品代码	商品名称	规格型号	计量单位	销售数量	销售收入	销项税额	合计金额
合　计							

制单：　　　　　　　　复核：　　　　　　　　部门负责人：

（五）销货凭证的设计

销货凭证是证明销售业务发生的依据，工商企业的销售凭证主要有增值税普通发票和售货凭证两类，单位和消费者购买贵重商品时都使用统一销售发票，而其他消费品的销售都使用普通的售货凭证。增值税普通发票和售货凭证的设计样式如表 10-6 和表 10-7 所示。

表 10-6　增值税普通发票

增值税普通发票

发票联

开票日期：

<table>
<tr><td>购买方</td><td colspan="7">名　　称：
纳税人识别号：
地　址、电　话：
开户行及账号：</td><td>密码区</td><td></td></tr>
<tr><td colspan="2">货物或应税劳务、服务名称</td><td>规格型号</td><td>单位</td><td>数　量</td><td>单　价</td><td>金　额</td><td>税率</td><td colspan="2">税　额</td></tr>
<tr><td colspan="2">合　　计</td><td></td><td></td><td></td><td></td><td></td><td></td><td colspan="2"></td></tr>
<tr><td colspan="2">价税合计（大写）</td><td colspan="8">（小写）</td></tr>
<tr><td>销售方</td><td colspan="7">名　　称：
纳税人识别号：
地　址、电　话：
开户行及账号：</td><td>备注</td><td></td></tr>
</table>

收款人：　　　　复核：　　　　开票人：　　　　销售方：（章）

表 10-7　售货凭证

编号：　　　　　　　　　　年　　月　　日

<table>
<tr><td rowspan="2">编码</td><td rowspan="2">品名</td><td rowspan="2">产地</td><td rowspan="2">规格</td><td rowspan="2">数量</td><td rowspan="2">单价</td><td colspan="7">金额</td></tr>
<tr><td>万</td><td>千</td><td>百</td><td>十</td><td>元</td><td>角</td><td>分</td></tr>
<tr><td></td><td></td><td></td><td></td><td></td><td></td><td></td><td></td><td></td><td></td><td></td><td></td><td></td></tr>
<tr><td>三包期</td><td colspan="12">从　年　月　日至　年　月　日</td></tr>
</table>

×××市消费者协会监制　　　　收款员：　　　　营业员：

三、商品销售作业流程

（一）零售商业销售业务流程

零售商业销售业务流程反映的是客户购货、交款，收款员收款及每日对商品销售进行核算的业务程序。

零售商业销售业务流程业务处理涉及的部门有商品部、财务部，岗位有商品部营业员、商品部业务员、财务部收款员等。

零售商业销售业务流程的业务处理程序如下。

（1）营业员在客户挑选好商品后，填制销货凭证（一式三联）交给客户。

（2）客户若持现金或信用卡到收款台交款，持支票则到收取支票的收款台交款。

（3）收款台收款员收款完毕，在销货凭证上盖章并加贴计算机结算单，留存第二联，第一、第三联交给客户。

（4）客户持销货凭证（如果支票付款时，包括支票收款收据）到柜台交票取货，如客户需要购货发票由收款员签发。

（5）营业员收到客户盖有收款章的销货凭证进行认真核对，无误后将商品及第三联销货凭证（信誉卡）交给客户，留存第一联销货凭证。

（6）每个营业日终止，商品部业务员打印商品销售日报表交商品部核算员。

（7）商品部核算员对商品销售日报表进行复核，无异议后编制记账凭证，登记商品销售收入账、商品销售成本账、库存商品账等。

零售商业销售业务流程如图 10-5 所示。

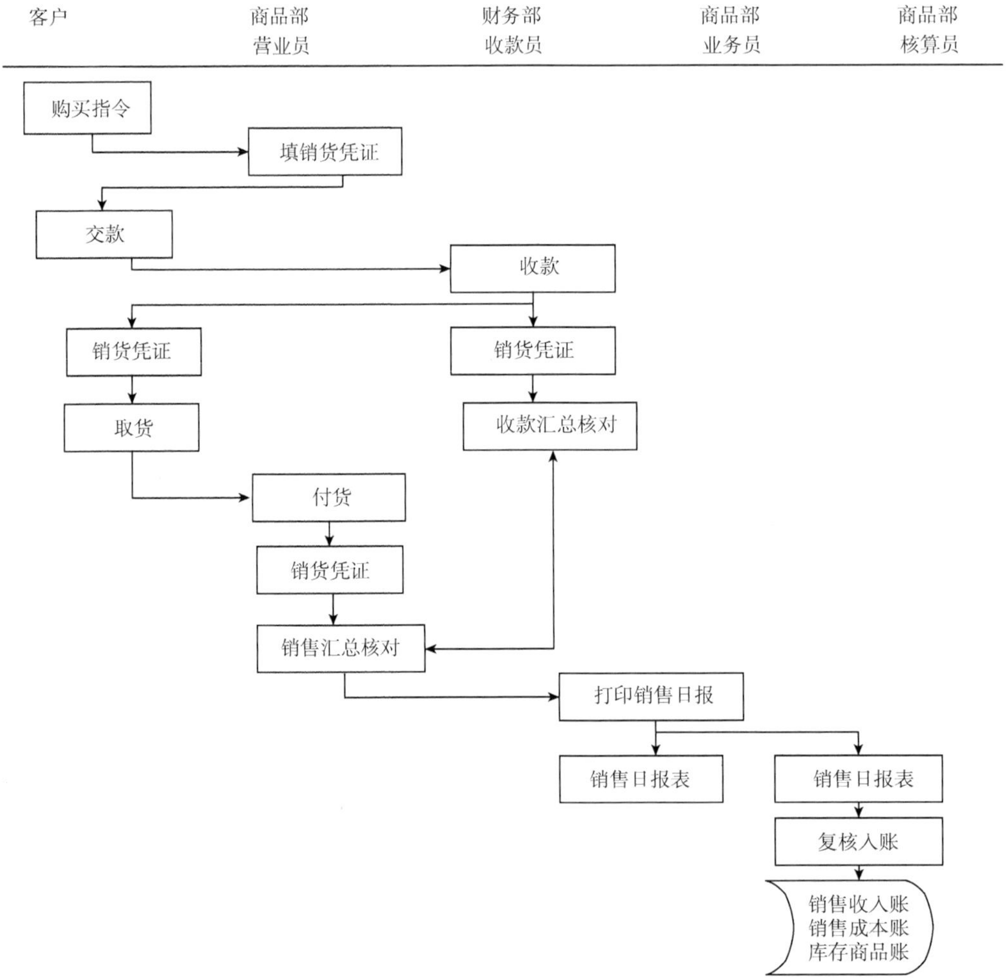

图 10-5 零售商业销售业务流程

零售商业销售业务流程的控制要点如下。

（1）每个营业日终止，营业员根据销货凭证汇总销售额并与收款员进行核对。

（2）商品部核算员对商品销售日报表进行复核，无异议后登记商品销售收入账、商品销售成本账、库存商品账等。

（二）工业企业商品销售业务流程

（1）销售部门根据销售合同编制发货单一式五联，其中第一、二联送仓库部门通知备货，第三、四联送运输部门通知提货，第五联留存。

（2）运输部门收到发货单时，予以核对发货，第二联留存，第一联交销售部门。

（3）运输部门收到提货通知，据以向仓库提货并办理托运手续，发货单第二联仓库留存，第四联交门卫验核，第三联运输部门暂存。

（4）运输部门办理完托运后，取得运单，第三联发票留存，运单送销售部门。

（5）销售部门根据发票第一联，编制销售发票一式四联，第一联留存，其余各联与运单一并送交会计部门。

（6）会计部门收到发票二、三、四联，发货单第二联留存，其余各联送出纳部门办理收款。

（7）出纳部门收到款项，将结算凭证送交会计入账。

工业企业商品销售业务流程如图 10-6 所示。

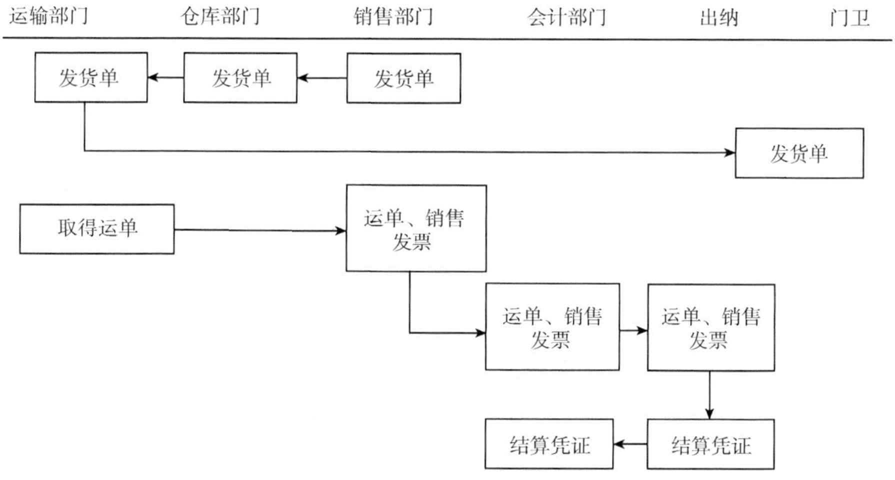

图 10-6　工业企业商品销售业务流程

企业在编制业务流程时还要考虑收发货方式、收付款结算方式。

四、销售业务记账程序的设计

（一）销售明细账的记账程序设计

采用按产品或劳务类别分别设置主营业务收入、主营业务成本、营业费用、税金及附加等账和销售汇总表记账方式。

采用按产品或类别，将主营业务收入、主营业务成本、营业费用、税金及附加设计在同一账页内的记账方式。

（二）应收明细账的记账程序的设计

销售发生时，按每一个客户设置应收账款明细账户进行核算。

应收账发生时，不做明细账记录，只是到期末，才根据有关凭证记录应收账款明细账。当销售成立时，将销售发票中的记账联和收款联分别存放；收到客户货款时，就抽取相应的记账联和收款联，直接做主营业务收入、银行存款和现金账户处理；期末，根据尚未抽取的收款联和记账联做主营业务收入的账户处理。

本 章 小 结

企业的供应环节相应要设计合理的会计处理程序，以保证经济业务有条不紊地进行，并通过对资金运动过程的控制，加强财务监督，防止可能出现的错误和弊端，提高会计工作的效率，保证会计核算的质量。企业的采购业务对企业的影响较大，因此，设计好物资采购管理制度、所使用的原始凭证及单据和业务会计处理程序有很重要的意义。

销售业务是指商品从出库、发运直至收回货款为止的整个过程的业务。销售业务的设计包括销售管理制度的设计、销售原始凭证的设计和销售业务流程的设计。具体包括销售合同的订立、销售商品货款的结算、销售商品的发运、货款的收回、各部门之间的协调工作、工作人员责任的界定等多方面。

企业在设计自己的采购和销售会计制度时，可从企业的实际出发，研究采购和销售的特点，企业机构设置，人员的配备，会计核算的要求，信息使用者的需求来设计。

复习思考题

1. 采购业务的内部控制要点有哪些？
2. 商业购进商品付款（单、货同到）业务处理流程如何设计？
3. 工业企业物资采购业务处理流程如何设计？
4. 采购业务记账程序如何设计？
5. 销售业务的内部控制要点有哪些？
6. 主要的销售业务凭证有哪些？
7. 零售商业销售业务流程如何设计？
8. 工业企业商品销售业务流程如何设计？
9. 销售业务记账程序如何设计？

第十一章

成本费用与税收业务会计制度的设计

本章主要介绍成本、费用、税收业务会计制度设计的意义、原则和内容。

成本业务会计制度是成本、费用与税收业务会计制度的最主要组成部分，成本业务会计制度设计主要介绍成本业务会计制度设计的目标与原则、成本计算和结转业务处理流程、实际成本核算方法体系下的成本业务会计制度设计、计划成本核算方法体系下的成本业务会计制度设计和成本业务基本会计凭证的设计等内容。

费用业务会计制度设计主要包括费用开支的审批制度、费用预算控制制度和费用责任制度的设计。

税收业务会计制度设计主要包括发票的申请、购买、保管、使用与退还制度、税收计算与复核制度、税收申报制度、税款缴纳制度、税收筹划制度的设计。

【重要概念】 成本业务会计制度　费用业务会计制度　税收业务会计制度

第一节　成本费用与税收业务会计制度设计概述

从损益计算的角度看，企业费用按其发生的阶段、形式与范围，可以分为生产成本、期间费用与由于承担税收义务而发生的税费。企业的制造成本与期间费用连同税收费用都是消耗资产所致，因此，正确核算并控制制造成本、期间费用以及税收不仅是正确计算损益、增大经营成果的基础，而且关系到企业资产的合理计价。另外，企业费用不仅代表企业一定时期的耗费，决定经济效益的高低，而且还意味着企业资产价值的补偿，是企业维持持续经营的基本条件。从长期来看，企业加强费用控制，合理降低费用，是企业获取有利竞争地位的条件之一。因此，成本、费用与税收业务会计制度的设计对有效控制成本、费用和税收的支出，提升企业成本、费用与税收的管理水平，提高企业经济效益具有重要的意义。

一、成本、费用与税收业务会计制度设计的意义

成本和费用的高低反映了企业生产经营管理工作的质量，是衡量企业生产经营管理水平、市场竞争能力和未来发展前景的重要标准之一，而企业的成本核算，尤其是制造企业的成本核算，方法多样，内容复杂。同时，税收作为以国家为主体，为实现国家职能，凭借政治权力，按照法定标准，无偿取得财政收入的一种特定分配形式，也形成了对企业当期损益的一种抵减，企业依法承担的税收费用种类较多。因此，设计科学、合理的成本、费用与税收业务会计制度，对于提升企业成本、费用与税收的管理水平具有十分重要的意义，具体表现为以下方面。

（1）有利于保证国家有关财经法规、制度的贯彻落实，有助于国家有关规定的落实实施。

（2）有利于企业强化产品生产过程的控制和管理，降低产品成本，控制生产费用，提高经济效益；规范企业的成本核算方法、程序及成本核算行为，明确经济责任，考核各方面工作成绩，保护财产的安全完整；提高企业成本核算的质量，为会计信息使用者及时提供真实、可靠的成本核算资料，为其进行经营预测、决策服务。

（3）有利于企业控制费用开支，合理降低费用；明确费用责任，树立全员参与、树立费用节约意识；保证费用支出的有效性；提供有关费用预算与实际支出情况信息，提供奖惩依据。

（4）有利于企业积极进行税收筹划、及时足额缴纳税款。

二、成本、费用与税收业务会计制度设计的原则

成本、费用与税收业务会计制度一般由各行业主管部门和企业在国家统一规定的原则基础上，结合各自的具体情况和要求进行设计。为使设计的成本、费用与税收业务会计制度科学、严密、合理，从而有利于加强成本、费用与税收业务管理，准确、及时地计算产品成本，正确核算成本、费用与税收业务，成本、费用与税收业务会计制度设计应符合以下基本原则。

（一）以国家有关规定为依据

财政部颁布的《企业会计准则》，对成本开支范围、成本核算原则、成本管理责任制、各项费用开支标准，以及所得税会计处理方法等都做出了明确的规定，税法对企业应承担的各项税务责任也做出了明确规定。因此，进行成本、费用与税收业务会计制度设计时，必须遵守《会计法》《中华人民共和国税法》《企业会计准则》及国家其他有关规定，将其原则精神贯穿于成本、费用与税收业务会计制度设计工作的始终。

（二）与企业的生产经营特点相适应

设计成本、费用与税收业务会计制度时，必须从企业的实际情况出发，与企业的经营规模、生产组织、生产工艺特点等相适应。如设计成本计算期，必须考虑企业的生产组织方式；设计产品成本计算方法，必须考虑企业的生产特点，即生产组织方式和生产

工艺特点，大量大批单步骤生产的可考虑采用品种法，大量大批多步骤生产的可考虑采用分步法等，因为产品成本是在生产过程中形成的，生产组织和生产工艺不同的产品，所采取的成本计算方法也不尽相同。只有这样，才能正确计算产品成本，及时准确地反映生产耗费情况。再如设计费用与税收管理制度时，必须结合企业实际工作中发生的费用和税收的种类与支出情况等因素。

（三）与企业成本、费用与税收管理要求相结合

企业的成本管理包括成本预测、成本决策、成本计划、成本控制、成本核算、成本分析、成本考核七个环节，这些环节互相联系、相互补充，贯穿生产经营活动的全过程。其中，成本核算是基础；企业的费用管理主要是指对管理费用、财务费用和销售费用这些期间费用进行管理，税收管理主要是指合理计税、节税和避税，既不违法，又能减轻企业税负。设计成本、费用与税收业务会计制度，要做到提供的成本、费用与税收业务的核算资料能够适应企业成本、费用与税收管理各个环节的要求，尽可能提供管理者所需要的信息。一项指标尽可能满足多方面需求，充分发挥其作用。如成本核算指标口径的设计，应与成本计划、成本分析、成本考核的口径相一致。

（四）切实贯彻内部控制制度

为了降低生产耗费、降低产品成本，保证成本计算的正确性，成本、费用与税收业务核算的准确性和及时性，应建立相应的内部控制制度。主要包括建立健全定额管理制度；原始记录制度；财产物资保管、盘点、收发制度；成本费用分析与考核制度等。

（五）妥善处理正确计算成本与简化核算手续的关系

正确计算产品成本、准确核算各项费用与税收，是企业成本、费用与税收业务管理的主要任务。因此，设计成本、费用与税收业务会计制度必须有利于正确计算产品成本、各项费用支出和税务支出。为了保证成本、费用与税负计算的正确性，设计成本、费用与税收业务会计制度时必须做到办理业务的手续严密、责任明确、程序清楚、方法科学、计算准确。同时，在满足上述设计要求的前提下，还应考虑成本效益原则与核算的及时性，避免不必要地增加核算程序、方法的层次和难度、人财物力耗费等情况的发生，应在保证成本、费用与税收业务核算质量的前提下尽量降低核算成本。

第二节　成本业务会计制度的设计

产品成本是工业企业单位为生产一定种类、一定数量的产品所发生的资金耗费，其经济实质可概括为：产品成本是生产经营过程中所耗费的生产资料转移的价值和劳动者为自己劳动所创造的价值的货币表现。它一般包括以下三部分内容：一是生产过程中消耗的劳动对象的转移价值，如已消耗的原材料、辅助材料、燃料、动力等；二是生产过程中劳动资料磨损转移的价值，如厂房、机械设备等固定资产的折旧费和工具等低值易耗品的摊销费等；三是劳动者为自己的必要劳动所创造的价值，如以各种形式表现的工

资等。产品成本的经济实质决定了它在工业企业单位的整个生产经营管理活动中占有举足轻重的作用。

一、成本业务会计制度设计的目标与原则

（一）产品成本的作用

1. 它是生产耗费的价值补偿尺度

企业的生产耗费必须用自身的生产成果销售收入来补偿，单位在取得销售收入后，必须把相当于成本的数额划分出来，用以补偿生产经营中的资金耗费。因此，在产品销售价格不变、期间费用不变的前提下，它决定了生产耗费是否能从销售收入中得到补偿。

2. 它是综合反映企业生产经营管理工作质量的重要指标

产品成本是一项综合性的经济指标，企业生产经营管理中各方面工作的业绩，都可以直接或间接地在成本中反映出来。如是否采用先进的工艺技术和设备，工艺流程设计是否科学合理，管理是否科学严谨，直接关系到劳动生产率水平的高低、产品成本的高低。

3. 它是制定产品价格的一项重要因素

单位产品销售价格的制定虽然受国家价格政策及其他经济政策、各种产品的比价关系、产品在市场上的供求关系及市场竞争态势等因素的影响，但产品成本在制定产品销售价格中起的是决定性的作用。

4. 它是企业进行经营决策的重要依据

在价格等因素一定的前提下，成本的高低直接影响着单位盈利的多少。因此，要进行正确的生产经营决策，成本是考虑的主要因素之一。

（二）成本业务会计制度设计的目标

成本业务会计制度设计的实质就是要设计出一个将产品成本核算与产品生产耗费控制相结合，并将其落实在产品成本核算过程中，即各项生产费用数据的收集、加工、账务处理和报告之中。设计一个全面、系统、科学、严密的产品成本会计制度，对于正确、及时地向有关方面提供成本信息，强化产品制造过程的成本控制，实施成本责任考核制度，改善企业成本管理水平具有重要意义。通过生产制造业务会计制度设计，应实现如下目标。

（1）明确产品成本核算程序，正确计算产品成本，反映产品成本的实际水平，为编制财务报告提供信息。

（2）及时向有关管理者提供在产品和产成品的成本耗费情况，考核成本计划的完成情况，并保证在产品和产成品的安全完整。

（3）划清各种费用界限，控制成本开支，提供降低产品成本的途径。

（4）建立成本责任制，考核成本责任。

（三）成本业务会计制度设计的原则

1. 成本核算与成本管理相结合

及时对产品制造所耗费的企业资源进行核算与控制是成本业务会计制度的根本任务。企业应针对生产制造业务的每一个环节或每一项作业，进行内部控制和核算方法的设计。

2. 成本会计核算与生产技术相结合

成本业务会计制度是否科学、有效，要看它是否适应企业的生产经营特点和管理要求。生产制造业务与企业的生产经营特点、管理要求具有密切的联系。为了便于控制各项生产耗费，考核成本控制业绩，成本会计制度必须与其生产特点和管理要求相适应。

3. 成本会计与责任会计相结合

为有效降低企业生产成本，加强成本管理，明确成本管理上的经济责任是搞好成本管理工作的重要前提之一，也是会计制度设计的重要任务。随着我国企业经营机制的不断完善，成本会计核算与管理的职能，从过去单纯计算事后成本的责任扩大到事前成本的预测决策，事中成本分解、落实、监督和控制，使经营的目标成本按责任部门、岗位和个人得到落实，并严格按照预定的目标控制成本支出，以求达到最佳成本效益。同时，还要进行事后实际成本计算，把实际成本资料与目标成本以及责任成本进行对比分析，以考核其经济责任与经济效益。

二、成本业务会计制度设计的内容

成本业务会计制度是成本、费用与税收业务会计制度的最主要组成部分，其设计主要包括以下内容。

（一）建立生产制造计划控制制度

生产制造计划控制是整个生产制造业务内部控制的起点，也是对生产制造过程进行有效控制的重要依据，它又可以分为确定生产需要和制订生产制造计划两部分。

1. 确定生产需要

生产需要总的说来是根据销售需要确定的，而销售需要的确定又取决于市场需求和企业的生产组织形式。对于大多数企业来说，其生产组织主要表现为两种形式：第一种是自产自销的生产组织，第二种是按某一特殊订单的要求组织生产。第二种生产组织形式下的生产需要确定比较简单，只要按照特殊订单采购材料，按产品质量、数量和交货时间组织生产即可。而在第一种生产组织形式下，企业的生产需要必须通过销售计划和现有产品存货水平两个要素来计算确定。这时企业必须建立销售计划制约生产计划、生产计划变动适应销售计划变动的计划控制制度和产成品最低存量保持制度。确定生产需要是一种决策行为，它必须由企业主要领导或其授权的人员组成决策委员会，依据相关信息进行科学分析、正确判断、审慎决定，并形成规范的决策制度，明确决策责任。

2. 制订生产制造计划

确定生产需要后就可以制订生产制造计划。由于生产制造计划的制订约束企业生产投入的多少，并影响未来产品的销售情况，企业在制订生产制造计划的过程中应注意征求各方面的意见，尤其应注意与销售计划的协调一致。在制订的生产制造计划中，除了标明产品投产数量、生产开始日期、产品完工日期、质量标准以及生产单位（车间）等内容外，还应尽可能准确地估算出产品生产所耗用的材料、工时和生产成本，从而为生产制造过程的实际成本控制提供依据。

（二）建立产品成本核算控制制度

产品的生产制造过程开始以后，随原材料的投入、人工工时的发生与机器设备的运转，各项生产费用也随之出现。这时将产品制造过程中发生的生产耗费正确及时地归集和分配到各种产品中去，提供产品成本核算资料，并监督各项生产费用发生的合理性，严格控制不应该发生的生产耗费，降低产品成本等问题就成为重要的管理工作。这些工作的最终效果必须依靠设计并执行健全的成本核算制度来保证。产品成本核算控制制度一般由成本核算的基础工作控制制度、成本责任控制制度和成本核算方法控制制度这三个相互联系的控制制度构成。

1. 建立成本核算基础工作控制制度

（1）界定成本开支的范围和标准。成本开支范围是指应计入产品成本的内容。设计成本核算制度，首先应根据国家的有关规定，明确本单位的成本开支范围，明确规定哪些费用可以计入成本，哪些费用不得计入成本。成本开支范围主要指应计入产品成本的费用，主要包括如下内容。

①直接材料。直接材料是指企业在生产产品和提供劳务过程中所消耗的、直接用于产品生产、构成产品实体的原料及主要材料、外购半成品（外购件）、修理用备件（备品配件）、包装物、有助于产品形成的辅助材料以及其他直接材料。

②直接人工。直接人工是指企业在生产产品和提供劳务过程中，直接从事产品生产的工人的职工薪酬。

③其他直接费用。其他直接费用是指企业发生的除直接材料和直接人工费用以外的、与生产产品或提供劳务有直接关系的费用。直接费用应当根据实际发生金额进行核算，并按照成本计算对象进行归集，直接计入产品的生产成本。

④制造费用。制造费用是指企业为生产产品和提供劳务而发生的各项间接费用，包括工资和福利费、折旧费、修理费、办公费、水电费、机物料消耗、劳动保护费、季节性和修理期间的停工损失费等。

（2）建立健全定额管理制度，制定必要的消耗定额。建立健全定额管理制度，制定必要的消耗定额，可使企业编制的计划建立在科学的基础上，使成本核算具有可靠的保证；同时也为开展成本控制和成本分析提供了客观的尺度。

这里的定额主要是指产品的消耗定额，是在生产经营过程中，对人力、物力、财力的利用应达到的标准。它是编制成本计划、分析和考核成本水平的基础，也是审核和控制成本的依据。设计成本核算制度应该根据单位当前设备条件和技术水平，充分考虑职工的积极因素，采用技术测定或经验统计估算，本着既要先进，又要切实可行的原则，制定物资消耗定额、费用定额和劳动定额，并据以审核各项耗费是否合理、是否节约，从而达到控制耗费，降低成本、费用的目的。与成本有关的定额主要有如下方面。

①物资消耗定额。物资消耗定额是指在一定的生产技术条件下，制造某种产品或完成某项工作所消耗的原材料、燃料、动力等的数量或金额。

②费用定额。费用定额是指为了控制费用开支所制定的定额限度，主要指制造费用各项目的定额。

③劳动定额。劳动定额主要包括产量定额和工时定额。产量定额是指单位时间内应当完成的某种产品或某项工作的数量。工时定额是指为了完成某项产品或某项工作所需的时间。

在生产过程中，要随着技术的进步、劳动生产率的提高、管理水平的提高适时对定额进行修订，以保持定额的先进性。

（3）建立健全与成本有关的各项业务管理制度。为了进行成本管理，正确计算成本，必须建立和健全与成本有关的财产物资管理、费用管理和工资管理等各项业务管理制度。具体包括如下方面。

①存货管理制度。存货管理制度设计的主要内容包括：存货的主要项目，存货的计价及核算管理，存货的计量、收发、领退和清查盘点管理，存货的定额核定及控制制度等。

②固定资产管理制度。固定资产管理制度设计的主要内容包括：固定资产的标准及分类，固定资产增加的业务手续及计价，固定资产的使用、维修、折旧及清查盘点，固定资产报废的标准和减少的业务手续，固定资产分析等。

③费用管理制度。费用管理制度设计的主要内容包括：费用预算管理、费用开支标准及费用分析制度等。

④工资管理制度。工资管理制度设计的主要内容包括：工资总额的构成及计算方法、工资发放的审批管理、工资费用的会计处理等。

（4）建立健全原始记录制度，制定合理的凭证传递流程。建立健全原始记录制度，制定合理的凭证传递流程，有利于加强企业经营管理，正确计算产品成本；同时也可为制定各项定额和编制成本计划提供依据。

原始记录是按照规定的格式，对企业生产经营中的具体事实所做的最初记录。它是提供计算数据的主要形式，是反映生产经营活动的原始资料，因此原始记录是进行成本预测、编制成本计划、进行成本核算、分析消耗定额和成本计划执行情况的依据。为进行成本核算和管理，单位必须设计出既符合成本计算需要、又符合各方面管理需要，既科学又简便易行、讲求实效的原始记录制度。企业应统一规定各种原始记录的格式、内容、填制方法和存档以及记录销毁等制度，并根据成本计算和内部控制的需要，制定各种原始记录的传递程序。

原始记录格式一般有两种：第一种是以专门的表格形式进行记录，或直接在记录簿、台账上进行记录；第二种是用单据的形式，即采用自制原始凭证进行记录。原始记录在内容上应设置经济活动的时间、内容、计量单位、数量、填制人及有关责任人签章等项目、栏次。

由于原始记录工作涉及单位内部各部门、车间，所以建立原始记录，应由会计部门会同计划部门、统计部门、生产部门、劳资部门、质检部门等共同完成。

（5）建立内部结算制度，制定内部结算价格。建立内部结算制度，制定内部结算价格，有利于贯彻执行成本责任制，正确考核企业内部各单位的业绩，明确经济责任；同时也有利于简化和减少成本核算工作，有利于成本计划和成本控制工作的开展。

内部结算是对企业内部各部门、车间之间的经济业务，运用货币形式进行等价交换结算，以明确经济责任。进行内部结算需做好内部结算价格、内部结算方式和内部结算组织三方面工作。内部结算价格是企业内部各单位之间计价结算的价格，即原材料、辅助材料、燃料、在产品、半成品和劳务等在内部转移时进行内部结算的依据。内部结算价格是根据各项定额和有关指标，由企业计划部门、会计部门、劳资部门、质检部门等共同制定，由单位统一颁行。内部结算价格的制定应尽可能符合实际并保持相当稳定。

2. 建立成本责任控制制度

成本责任控制制度就是通过设置成本费用责任中心，明确责任中心的成本控制目标，并将成本控制目标作为考核其成本责任或管理业绩，并据以实施奖惩的一种成本管理制度。成本费用责任中心大多是生产部门、劳务提供部门以及给予一定费用指标的管理科室。需要强调的是，成本责任控制制度所确定的成本控制目标要以各成本费用中心的可控成本为依据。所谓可控成本是指符合下面三个条件的成本。

（1）责任中心能够通过一定的方式了解将要发生的成本。

（2）责任中心能够对发生的成本进行计量。

（3）责任中心能够通过自己的行为对成本加以调节和控制。

成本的可控与不可控是相对而言的，它与责任中心所处管理层的高低、管理权限的大小以及控制范围的大小有着直接的关系。对于企业来说，所有的成本都应被看作可控成本，而对于企业内部的各个管理层次和责任中心来说，则既有其各自的可控成本，又有其各自的不可控成本。因此，企业在进行成本责任控制制度设计时，一项核心工作就是要解决相对于某个责任中心而言其可控成本项目，并以此为基础确定控制目标和责任奖惩。

3. 建立成本核算方法控制制度

成本核算方法控制制度主要表现在如何根据企业生产特点和管理要求，正确选择成本核算方法方面。企业生产特点对产品成本核算方法的影响，主要表现在成本计算对象的确定、成本计算期的选择、生产费用在完工产品和在产品之间的分配三个方面。企业采用何种成本核算方法计算产品成本，除了考虑生产特点外，还必须结合企业成本管理的要求，从而确定出适合企业生产特点和管理要求的成本核算方法。企业的生产特点和管理要求对产品成本核算方法的影响是多方面的，这也决定了每一种成本核算方法都有其自身的适应范围，成本核算方法控制制度就是保证企业选择科学合理的成本核算方法的内部控制制度。

三、成本计算和结转业务处理流程

（一）确定成本核算期间

由会计组织机构负责人（会计主管人员）按成本核算制度的规定，确定成本核算期间。种植和养殖业成本应按生产季节、施工成本应按季度、其他产品应按月计算产品生产成本。

（二）界定成本车间

由会计组织机构负责人（会计主管人员）按成本核算制度的规定，界定基本生产车间和辅助生产车间，再根据组织管理程序和生产工艺流程界定各独立的生产成本车间。

（三）确定成本核算对象

由会计组织机构负责人（会计主管人员）按成本核算制度的规定，结合产品及其生产工艺确定成本核算对象。

（四）确定成本核算项目

由会计组织机构负责人（会计主管人员）按成本核算制度的规定，确定成本核算项目。

（五）确定成本计算方法

由会计组织机构负责人（会计主管人员）按成本核算制度的规定，综合确定各成本计算方法。

（1）以产品品种作为成本核算对象的，采用品种法。

（2）以每批或每件产品作为成本核算对象的，采用分批法。

（3）以每种产品及各生产步骤作为成本核算对象的多步骤连续加工的，采用逐步结转分步法。

（4）以每种完工产品及各生产步骤作为成本核算对象的多步骤大批量装配式加工的，采用平行结转分步法。

（5）将产品结构、耗用原材料和工艺过程基本相同的各种产品适当合并作为成本核算对象的，采用分类法。

（六）确定成本明细核算级次

由会计组织机构负责人（会计主管人员）根据前项确定的综合结果，确定进行几级明细核算及其核算顺序，并确定相应明细账户。

（七）归集与分配成本费用

1. 归集成本费用

将当期发生的成本费用进行直接归集或分配归集。

（1）制表。由成本费用会计计算填制材料耗用汇总表、外购动力分配表、工资（福利和保险）费用分配表、折旧费计提分配表等相应的计算表，并签名或盖章。

（2）审核。由会计组织机构负责人（会计主管人员）对材料耗用汇总表、外购动力分配表、工资（福利和保险）费用分配表、折旧费计提分配表等相应的计算表审核无误后，签名或盖章。

（3）记账。由成本费用会计根据审核无误的材料耗用汇总表、外购动力分配表、人工（福利和保险）费用分配表、折旧费计提分配表等相应的计算表，填制记账凭证并进行其他相应账务处理。

2. 归集产品期末成本

期末时，按归集的成本费用，归集产品的期末成本。

（1）结转辅助生产车间制造费用。将“制造费用”账户各辅助生产车间发生的制造费用，全额结转计入“生产成本——辅助生产成本”账户的各相应车间及下一级制造费用明细账户。

①制表。由成本费用会计填制辅助生产车间制造费用向辅助生产成本结转明细表，并签名或盖章。

②审核。由会计组织机构负责人（会计主管人员）对辅助生产车间制造费用向辅助生产成本结转明细表审核无误后，签名或盖章。

③记账。由成本费用会计根据审核无误的辅助生产车间制造费用向辅助生产成本结转明细表，填制记账凭证并进行其他相应账务处理。

（2）交互分配辅助生产成本。结转各辅助生产车间相互提供的产品或劳务。辅助生产车间互相提供产品和劳务不多的，也可以不进行交互分配。

①制表。由成本费用会计填制辅助生产成本一次交互分配表，并签名或盖章。

②审核。由会计组织机构负责人（会计主管人员）对辅助生产成本一次交互分配表审核无误后，签名或盖章。

③记账。由成本费用会计根据审核无误的辅助生产成本一次交互分配表，填制记账凭证并进行其他相应账务处理。

（3）分配辅助生产成本。将各辅助生产车间发生的辅助生产成本，全额分配归集给各受益的车间或部门。

①制表。由成本费用会计计算填制辅助生产成本对外分配明细表，并签名或盖章。

②审核。由会计组织机构负责人（会计主管人员）对辅助生产成本对外分配明细表审核无误后，签名或盖章。

③记账。由成本费用会计根据审核无误的辅助生产成本对外分配明细表，填制记账凭证并进行其他相应账务处理。

（4）结转基本生产车间制造费用。将直接归集和分配归集在“制造费用”账户各基本生产车间发生的制造费用，全额转入“生产成本——基本生产成本”账户的各相应车间及下一级制造费用明细账户。

①制表。由成本费用会计填制基本生产车间制造费用向基本生产成本结转明细表，

并签名或盖章。

②审核。由会计组织机构负责人（会计主管人员）对基本生产车间制造费用向基本生产成本结转明细表审核无误后，签名或盖章。

③记账。由成本费用会计根据审核无误的基本生产车间制造费用向基本生产成本结转明细表，填制记账凭证并进行其他相应账务处理。

3. 分配产品间成本

将“生产成本——基本生产成本”账户各成本项目金额，在几种产品之间进行分配。

（1）制表。由成本费用会计计算填制产品共同耗费材料分配表、产品共同耗用直接工资和制造费用分配表，并签名或盖章。

（2）审核。由会计组织机构负责人（会计主管人员）对产品共同耗费材料分配表、产品共同耗用直接工资和制造费用分配表审核无误后，签名或盖章。

（3）记账。由成本费用会计根据审核无误的产品共同耗费材料分配表、产品共同耗用直接工资和制造费用分配表填制记账凭证并进行其他相应账务处理。

4. 分配完工产品和在产品成本

将基本生产成本各成本项目金额，在完工产品（或本步骤半成品）和在产品（或本步骤半成品）之间进行分配。

（1）制表。由成本费用会计计算填制在产品与完工产品生产成本分配表，并签名或盖章。

（2）审核。由会计组织机构负责人（会计主管人员）对在产品与完工产品生产成本分配表审核无误后，签名或盖章。

5. 分摊成本差异

实行计划成本核算的，月终应当将耗用材料的计划成本调整为实际成本。材料成本差异应按照材料类别或品种进行核算，不能使用一个综合差异率；按月分摊，不得在季末或年末一次计算；耗用材料应负担的成本差异，除委托外部加工发出材料可按上月的差异率计算外，其余都应使用当月的实际差异率。

（1）制表。由成本费用会计计算填制成本差异结转计算表，并签名或盖章。

（2）审核。由会计组织机构负责人（会计主管人员）对成本差异结转计算表审核无误后，签名或盖章。

（八）结转完工产品成本

由成本费用会计根据审核无误的在产品与完工产品生产成本分配表、成本差异结转计算表，填制记账凭证并进行其他相应账务处理。将各步骤半成品成本，结转记入“自制半成品”账户及明细账户（采用平行结转分步法进行成本核算的不结转）；将完工产品成本结转记入“库存商品”账户及明细账户。各种联产品，应当视同同类产品，计算其分离时的实际成本；分离后继续加工的，其成本应当包括分离时的实际成本和后续加工成本。生产的副产品，凡是对外出售的，应单独核算成本；不对外出售的，可以不单独核算成本。各生产车间一般应设置在产品实物台账，记录各种在产品的材料数量、各个阶段及工序中在产品的加工数量、完工数量、转出数量和结存数量。辅助生产车间制造的工、卡、模具和修理用备件等产品的成本核算，应当比照前述产品成本计算和结转业务处理程序办理；施工企业、种植业、养殖业的产品成本核算，根据本企业的产品品种或种类、生产过程、生产规模，参照前述产品成本计算和结转业务处理程序办理。

四、实际成本核算方法体系下的成本业务会计制度设计

实际成本会计制度是以企业实际发生的各项生产费用进行成本核算的一种成本会计制度，它强调在“实际费用”基础上进行成本核算与控制。这里的“实际费用”是指构成产品成本的料、工、费的实际消耗数量，如原材料实际消耗量、生产工时实际消耗量等，而在价格方面，如原材料单价、小时工资率、小时费用率等，则既可以采用实际价格，也可以采用计划价格，但最终必须以价格差异的形式将计划价格调整为实际价格，从而满足这种制度在“实际费用”基础上进行成本核算与控制的要求。实际成本核算方法体系下的成本业务会计制度设计成本核算方法体系设计的主要内容包括成本计算对象、成本计算期、要素费用与成本项目、成本计算方法、生产费用归集分配方式、成本业务会计凭证和成本计算与结转业务处理流程的设计。

（一）成本计算对象的设计

设计成本计算对象就是确定成本计算过程中以什么为中心来归集生产费用，即确定谁是这些费用的承担者。计算产品成本，首先要确定产品成本计算对象，然后在各个成本计算对象之间分配和归集费用，再在一个成本计算对象的完工产品和月末在产品之间分配和归集费用，以便分别计算各个成本计算对象的完工产品成本和月末在产品成本。成本计算对象的确定，取决于单位的生产特点和成本管理的要求。因此，成本计算对象的设计既要适应生产特点，又要满足加强成本管理的要求。

生产特点是指单位的生产组织特点和生产工艺特点。生产按生产组织特点划分，可分为大量生产、成批生产和单件生产。大量生产是指大量地、重复地生产同一品种或很少的几个品种的产品，如采煤、化工等产品的生产；成批生产是指按事先规定的产品批别和数量投入生产，分批重复地生产几种固定的产品，如塑料制品、衬衣等产品的生产；单件生产是指按照订货合同购货方的要求，生产个别的、专用的、性质特殊的产品生产，如重型机械、船舶、专用设备以及新产品试制等产品生产。成批生产按产品批量大小，又可分为大批生产和小批生产，大批生产每批产品数量较多，类似于大量生产；小批生产每批产品数量较少，接近于单件生产。

生产按生产工艺特点划分，可分为单步骤生产和多步骤生产。单步骤生产又称简单生产，是指工艺技术过程不能间断，或者不便于分散在不同地点进行的生产，如发电、采掘以及铸造等生产；多步骤生产又称复杂生产，是指工艺技术过程可以间断，生产可以分散在不同地点进行的生产，如纺织、冶金、机械制造、汽车制造等生产。多步骤生产按产品加工方式的不同，又可分为连续式多步骤生产和装配式多步骤生产。连续式多步骤生产是指产品的生产从原材料投入到制造出最终产品，需经过若干个连续性的生产

步骤，每一步骤生产的半成品都要转入下一步骤继续加工，直至最后一步骤生产出最终产品，如纺织、冶金等产品生产；装配式多步骤生产是指产品的生产，首先需要将各种原材料经过若干平行加工过程，分别加工成产品的零件、部件，然后将零件、部件经过装配形成产成品，如自行车、汽车等产品的生产。

成本管理要求是指对提供成本指标的要求，成本指标有产成品成本和半成品成本。任何一个单位的成本核算都必须提供产成品成本指标，而半成品成本是否提供，则视单位成本管理的要求而定。

生产特点和成本管理要求与成本计算对象的一般关系如表 11-1 所示。

表 11-1　生产特点和成本管理要求与成本计算对象的一般关系

生产组织	生产工艺特点	成本计算对象
大量生产	连续加工	产品加工步骤（需计算自制半成品） 或产品品种（不需计算自制半成品）
大量生产	平行加工	产品品种
成批生产	连续加工	产品批别或产品加工步骤
成批生产	平行加工	产品批别
单件生产	平行加工	产品品种

（二）成本计算期的设计

成本计算期是指单位按成本计算对象归集生产费用，计算产品成本的起止日期。成本计算期的确定主要取决于生产组织的特点。

1. 大量大批生产

由于连续不断地投入、产出产品，不可能在产品完工时立即计算成本，只能定期地在月末计算本月所生产的产品成本，所以，其成本计算期应以每月的起止日期作为成本计算的起止日期，而与产品的生产周期不一致，与会计报告期一致。

2. 单件小批生产

产品成本在某一批产品或某一件产品完工后才能进行计算，所以成本计算期与生产周期一致，从投入生产的月份开始到产品完工月份的月末作为成本计算期。

（三）要素费用与成本项目的设计

1. 要素费用的设计

要素费用是指费用按经济内容进行分类所形成的类别。通过对费用按经济内容进行分类反映，可以反映单位在一定时期内总共发生了哪些费用、数额各是多少，据以分析各个时期各种费用的构成和水平，满足单位统计核算的要求和成本管理的需要。生产费用按经济内容可分为劳动对象的耗费、劳动手段的耗费和活劳动的耗费，在工业企业中通常将这三方面的耗费进一步划分为以下费用要素。

（1）外购材料。外购材料指为进行生产经营而耗用的一切从外单位购进的原料及主要材料、半成品、辅助材料、包装物、修理用备件和低值易耗品等。

（2）外购燃料。外购燃料指为进行生产经营而耗用的一切从外单位购进的各种固体、液体和气体燃料。

（3）外购动力。外购动力指为进行生产经营而耗用的一切从外单位购进的各种动力。

（4）职工薪酬。职工薪酬指应计入产品成本和期间费用的职工工资、职工福利费等。

（5）折旧费。折旧费指按照规定的固定资产折旧方法计算提取的折旧费用。

（6）利息支出。利息支出指应计入财务费用的借入款项的利息支出减利息收入后的净额。

（7）其他支出。其他支出指不属于以上各要素但应计入产品成本或期间费用的费用支出，如旅差费、租赁费、外部加工费以及保险费等。

2. 成本项目的设计

成本项目指产品成本的构成要素，是根据成本管理要求，对计入产品成本的生产费用按用途进行的分类。设计成本项目的目的是通过成本核算，既提供产品的总成本和单位成本，同时又提供产品成本的构成情况，以满足成本管理的需要。在工业企业中，一般将成本项目设计为“直接材料”“直接人工”“制造费用”三个基本项目。

（1）直接材料。直接材料也称原材料，指直接用于产品生产、构成产品实体的原料、主要材料以及有助于产品形成的辅助材料费用、外购半成品、燃料、动力、包装物等。

（2）直接人工。直接人工也称职工薪酬，指直接参加产品生产的工人的工资和福利费等。

（3）制造费用。制造费用指间接用于产品生产的各项费用，以及虽直接用于产品生产，但不便于直接计入产品成本，因而没有专设成本项目的费用。

单位可根据生产特点和管理要求对成本项目做适当调整。在设计或调整产品成本项目时，应该考虑以下几个问题。

（1）费用在管理上有无单独反映、控制和考核的需要。

（2）费用在产品成本中所占比重的大小。

（3）为某种费用专设成本项目所增加的核算工作量的大小。

对于管理上需要单独反映、控制和考核的费用，以及在产品成本中所占比重较大的费用，应该专设成本项目；否则，为了简化核算工作，不必专设成本项目。如燃料和动力费用，如数额比较大，可将其从直接材料成本项目中分离，增设“燃料和动力”成本项目；又如在生产过程中可能发生的废品，如废品损失在产品成本中的比重较大，需要作为一项重点内容进行核算和管理，可增设“废品损失”成本项目。

（四）成本计算方法的设计

1. 成本计算的基本方法

产品成本计算方法是以一定的成本计算对象为依据，归集、分配生产费用并计算其成本的过程。如前所述，单位的生产组织、生产工艺特点和管理要求决定了不同的成本计算对象，这些成本计算对象归纳起来不外乎有产品品种、产品生产的批别和产品生产的步骤三种。以三种不同的成本计算对象为依据，归集、分配生产费用并计算其成本的方法，形成了成本计算的基本方法——品种法、分批法和分步法。

（1）品种法。品种法是按产品品种归集生产费用和计算产品成本的一种成本计算方法。品种法主要适用于大量大批单步骤生产的成本计算及大量大批多步骤生产，但管理上不要求分步骤计算产品成本的企业。

品种法的主要特点是以各种产品的品种作为成本计算对象，并据以设置产品成本明细账，按成本项目开设专栏归集生产费用，计算产品成本。由于大量大批生产的单位，其生产是连续不断进行的，应按月定期计算产品成本，所以，成本计算期与会计期间一致，与产品生产周期不一致。如果产品生产周期较短，月末没有在产品或在产品数量很少，算不算在产品成本对产品成本影响不大，可以不计算在产品成本；反之，则应根据具体情况采用适当的方法，将所发生的生产费用在完工产品和月末在产品之间分配。

品种法成本计算的基本程序如下所述。

①根据各项生产费用发生的原始凭证和其他有关资料，编制各要素费用分配表，分配各种要素费用。

②根据各要素费用分配表，登记产品成本计算单和各种明细账。

③根据辅助生产成本明细账所归集的全月费用，编制辅助生产成本分配表，采用适当的分配方法，在各受益部门之间分配，并据以登记有关费用明细账。

④根据制造费用明细账所归集的全月费用，编制制造费用分配表，在各种产品之间分配费用，并据以登记各产品成本计算单。

⑤根据产品成本计算单所归集的全部费用，采用适当的方法，在月末完工产品和在产品之间进行分配，确定完工产品成本和月末在产品成本。最后，编制完工产品成本汇总表，计算各种完工产品的总成本和单位成本。

（2）分批法。分批法是按产品的批别归集生产费用，计算产品成本的一种成本计算方法，通常适用于小批单件生产。在单件小批生产的单位中，产品的品种和每批产品的批量往往根据用户的订单确定，因而按照产品批别计算产品成本，往往也就是按照订单计算产品成本，因此，分批法又称订单法。

分批法的主要特点是以购买者的订单或企业事先规定的产品批别作为成本计算对象，并据以设置产品成本明细账，按成本项目开设专栏分别归集各种产品不同批别的产品费用，计算产品成本。企业一般根据订单开设生产令号，车间则根据生产令号组织生产，仓库根据生产令号准备材料，会计部门根据生产令号开设生产成本明细账，计算产品成本。分批法下，产品成本负担的起讫期是从订单开工至订单完工，所以成本计算是非定期的，成本计算期与生产周期相同，与会计报告期不一致。

在单件生产情况下，某张订单完工以前，其产品成本明细账所归集的生产费用，就是在产品成本，因而在月末计算成本时，不存在生产费用在完工产品与在产品之间分配的问题；如果是小批生产，批内产品往往同时完工，在月末计算产品成本时，或是全部已经完工，或是全部没有完工，因而一般也不存在生产费用在完工产品与在产品之间分配的问题；在批内产品跨月陆续完工并且出售的情况下，月末计算成本时，一部分产品已完工，另一部分尚未完工，这时就要在完工产品与在产品之间采用适当的方法分配生产费用，以便计算完工产品成本和月末在产品成本。

分批法成本计算的基本程序为，在开始生产时，财会部门应根据每一份订单或每一批产品生产通知单，开设一张成本明细账，计算程序与品种法基本相同，因此不再赘述。

（3）分步法。分步法是按产品的生产步骤归集生产费用、计算产品成本的一种成本计算方法。它主要适用于大量、大批的多步骤生产。为了加强各生产步骤的成本管理，不仅要求按产品品种计算产品成本，还要求按照产品生产所经过的生产步骤计算成本，从而提供各种产品及其各生产步骤的成本资料。

分步法的主要特点是以各种产品的产品品种及加工步骤作为成本计算对象，并据以设置产品成本明细账，按成本项目开设专栏分别归集各种产品不同步骤的产品费用，计算产品成本。在大量大批生产的情况下，产品生产连续不断进行，产品成本定期按月计算，与会计报告期一致，与生产周期不一致。在大量大批多步骤生产的情况下，原材料不断投入，产品不断产出，而且其生产周期较长，月末通常有一定数量在产品，因此必须将按加工步骤所归集的生产费用，采用适当的方法在完工产品与月末在产品之间进行分配。

分步法按是否需要计算和结转各步骤半成品成本分为逐步结转分步法和平行结转分步法两种。

①逐步结转分步法。逐步结转分步法也称计算半成品成本的分步法或顺序结转分步法，是指按各加工步骤归集生产费用，计算各加工步骤半成品成本，而且半成品成本随半成品实物转移，在各加工步骤之间顺序结转，最后计算出产成品成本的一种成本计算方法。该方法的主要特点是不仅反映最终产品成本，而且也反映各加工步骤半成品成本，以满足对半成品成本核算的需要。

逐步结转分步法按照半成品成本在下一加工步骤成本明细账中的反映方法不同，分为综合结转和分项结转两种方法。综合结转法是将各加工步骤所耗上一步骤的半成品成本不分直接材料、直接人工、制造费用等成本项目，而是以一个综合金额记入各该步骤产品成本明细账中的“自制半成品”成本项目。在这种结转方法下，必须对产成品成本中的“自制半成品”成本项目进行还原，将产成品成本还原为按原始成本项目反映的成本，以满足考核和分析产成品成本构成的需要。分项结转法是将各加工步骤所耗上一步骤的半成品成本，按原始成本项目记入各该步骤产品成本明细账中的各有关成本项目。

②平行结转分步法。平行结转分步法也称不计算半成品成本的分步法，是指各加工步骤只计算本步骤发生的生产费用和这些生产费用中应计入产成品成本的“份额”，不计算各步骤所产半成品成本，也不计算各步骤所耗上一步骤半成品成本，将相同产品各步骤份额平行结转、汇总，计算出产成品成本的一种成本计算方法。平行结转分步法按各加工步骤的各种产品设置产品成本明细账，归集其在本步骤加工发生的各项费用，但不包括所耗上一步骤半成品成本。月末采用一定的方法将各加工步骤所归集的生产费用在最终完工产品和广义在产品之间分配，计算出产成品成本在各加工步骤的份额。再将各加工步骤生产费用中产成品成本的份额平行结转、汇总，计算出产成品成本。平行结转分步法成本核算程序如图 11-1 所示。

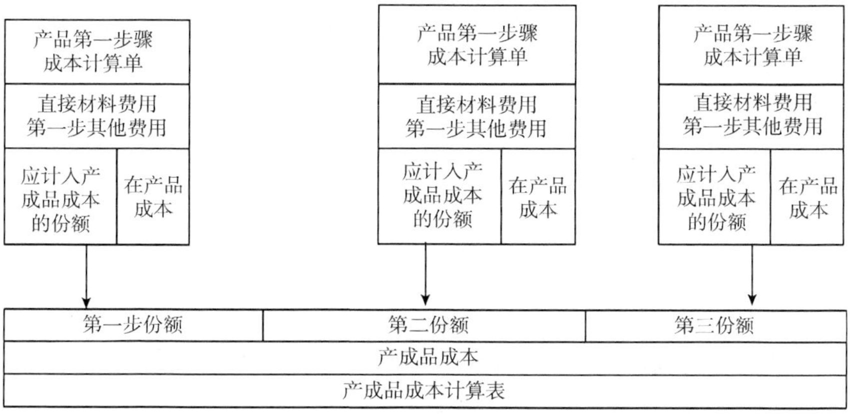

图 11-1　平行结转分步法成本核算程序

2. 成本计算的辅助方法

在实际工作中，除了上述三种基本方法以外，还采用一些其他的辅助成本计算方法。

（1）在产品品种、规格繁多的工业企业中，为了简化成本计算工作，可以采用一种简便的产品成本计算方法——分类法。

（2）在定额管理工作有一定基础的工业企业中，为配合和加强生产费用与产品成本的定额管理，可以采用一种将符合定额的费用和脱离定额的差异分别核算的产品成本计算方法——定额法。

（3）在西方发达国家，为了加强企业内部成本控制和分析，采用一种只计算产品的标准成本，而将成本差异直接计入当期损益的产品成本计算方法——标准成本法。

（4）为了更好地为企业的生产经营决策提供数据，还可采用一种只计算产品的变动成本，而将固定成本直接计入当期损益的产品成本计算方法——变动成本法。

在实际工作中，一个单位的各个车间，一个车间的各种产品，它们的生产特点和管理要求并不一定相同，所以在一个企业或一个车间中，就有可能同时应用几种不同的成本计算方法。

在设计成本开支范围的同时，还应制定各种费用开支标准，以便会计人员更好地把关和操作。如差旅费、办公费等管理性费用的开支标准。

（五）生产费用归集分配方式的设计

生产费用归集分配方式设计包括生产费用归集分配原则、分配标准、分配方法及分配程序等的设计。

1. 生产费用归集分配原则的设计

企业在成本形成过程中发生的各项生产费用，要通过归集和分配才能计入成本。每个单位都应制定生产费用归集和分配的一般性原则，作为具体操作的依据。这些一般性原则也是制定成本核算与管理制度必须体现的。生产费用应按以下一般性原则进行归集与分配。

（1）在生产费用归集分配的一般方法方面，凡费用发生时能直接确认归属对象的，应直接计入产品成本；凡多个成本计算对象共同发生的，不能直接确认归属对象的费用，应先通过中间环节进行归集，然后再采用适当的方法定期分配计入产品成本。

（2）在分配不能直接确认归属对象的费用时，应贯彻受益原则，谁受益谁负担，多受益多负担，少受益少负担。

（3）在生产费用核算和产品成本计算方面，要遵守实际成本这一会计核算的基本原则。一般规定不得以计划成本、估计成本、定额成本来代替实际成本。采用计划成本或定额成本核算的，必须在规定的成本计算期，调整为实际成本。

（4）在生产费用的确认与计量方面，应做到：严格成本开支范围；贯彻权责发生制和配比原则；正确区分五个费用界限，包括资本性支出与收益性支出的界限、产品制造成本与期间费用的界限、本期产品制造成本与下期产品制造成本的界限、各种产品的成本界限、完工产成品与期末在产品的成本界限。

2. 生产费用分配标准的设计

生产费用分配是否正确，关键取决于分配标准的选择是否科学合理。设计分配标准时，应遵循以下原则。

（1）相关原则。要求所选择的分配标准与待分配的特定费用之间存在客观的依存关系或因果关系。

（2）简便原则。要求作为分配标准的项目必须是数据资料易于取得、易于计量、易于计算的。

（3）稳定性原则。要求分配标准一经选定，应保持相对稳定，不得随意变动。

（4）有用性原则。要求分配标准的选择要有利于成本控制、成本分析，有助于加强成本管理。

分配生产费用的标准主要有三种：一是成果类标准，如产品的重量、体积、产量、产值等；二是消耗类标准，如生产工时、生产工资、机器工时、原材料消耗量或原材料费用等；三是定额类标准，如定额消耗量、定额费用等。

3. 生产费用分配方法的设计

生产费用分配包括两方面内容：一是要素费用在各受益对象之间的分配；二是生产费用在完工产品与在产品之间的分配。由于两方面分配性质不同，因此需分别设计与之相应的分配方法。

（1）要素费用分配方法的设计。要素费用分配的基本方法是比率分配法，其分配过程分两步：首先将分配对象除以分配标准，计算分配率；然后以某成本计算对象的分配标准乘以分配率，计算出各成本计算对象应负担的分配额。

①计入产品成本的各项要素费用的分配。计入产品成本的各项要素费用通常可以直接计入产品成本，但如果是多种产品共同发生的费用，需要通过分配计入产品成本。分配标准一般有如下几种。

材料费用的分配可按产品的重量、体积、产量、定额消耗量或定额费用比例等确定分配标准。

燃料费用的分配可按产品的重量、体积、所耗原材料的数量或费用，以及燃料的定额消耗量或定额费用比例等确定分配标准。

动力费用的分配可按产品的生产工时、机器工时或定额消耗量比例等确定分配标准。

人工费用的分配可按产品的生产工时比例等确定分配标准。

②制造费用的分配。制造费用的分配可按生产工人工时、生产工人工资、机器工时或年度计划分配率等确定分配标准。

生产工人工时比例分配法是按照各种产品所用生产工人实际工时的比例分配制造费用的方法，适用于原始记录和生产工时统计资料比较健全的车间。

生产工人工资比例分配法是按照计入各种产品成本的生产工人实际工资的比例分配制造费用的方法，适用于各种产品的机械化程度相差不多的车间。

机器工时比例分配法是按照各种产品生产所用机器设备运转时间的比例分配制造费用的方法，适用于产品生产的机械化程度较高的车间。

年度计划分配率分配法是按照年度开始前确定的全年度适用的计划分配率分配制造费用的方法，适用于季节性生产的单位。

③辅助生产成本的分配。辅助生产成本的分配可按直接分配法、一次交互分配法、计划成本分配法和代数分配法等确定分配标准。

直接分配法是指将各辅助生产车间发生的劳务费用，直接分配给除辅助生产车间以外的各个受益对象的一种分配方法。该方法适用于各辅助生产车间之间相互提供劳务不多，可以略而不计的单位。

一次交互分配法是指首先将各辅助生产车间直接发生的费用，在各辅助生产车间之间进行交互分配，然后将各辅助生产车间经交互分配后的费用总额，直接分配给除辅助生产车间以外的各受益对象的一种分配方法。该方法适用于各辅助生产车间相互提供劳务较多的单位。

计划成本分配法是指按产品、劳务的计划单位成本和实际耗用劳务的数量，分配辅助生产费用的一种分配方法。采用这一方法分配辅助生产费用时，分两个步骤进行：第一步，辅助生产车间为各受益对象（包括受益的其他辅助生产车间在内）提供的产品、劳务，一律按产品、劳务的计划单位成本进行计价分配；第二步，辅助生产车间实际发生的费用（包括辅助生产车间交互分配转入的费用）与按计划单位成本分配转出的费用之间的差异直接计入“管理费用”账户，结转当期损益，或再分配给辅助生产车间以外的各受益对象。该方法适用于产品、劳务的计划单位成本比较正确、稳定的辅助生产车间。

代数分配法是指应用代数联立方程的原理，先计算出辅助生产车间劳务、产品的单位成本，然后再根据各受益对象耗用劳务、产品的数量，分配辅助生产费用的一种分配方法。该方法分配的结果最为正确，但计算过程较复杂，主要适用于已经实现会计电算化的单位。

（2）完工产品和在产品之间费用分配方法的设计。生产费用经过归集分配后，成本计算单就集中反映了某种产品的全部生产费用。如果某种产品在计算期内已完工，计算单所反映的就是完工产品成本；如果该产品在计算期内尚未全部完工，则说明该费用还需在完工产品和在产品之间进行分配。

完工产品和在产品之间费用分配方法主要有两类：一是比率分配法，采用这类方法分配的结果比较准确、合理；二是扣减法，这类方法是首先确定期末在产品成本，然后用生产费用总额扣减期末在产品成本即为产成品成本。采用这类方法易于计算，但要求具有一定的前提条件，分配结果也欠准确。

常用的完工产品和在产品之间费用分配方法有以下几种。

①不计算在产品成本法。如果单位各月月末在产品数量很少，是否计算在产品成本，对完工产品成本的影响很小，为简化核算工作，可不计算在产品成本。那么，某种产品某月发生的生产费用，就是本月完工产品成本。

②按年初数固定计算在产品成本法。如果单位期末在产品数量较多，但各月之间在产品结存数量变化不大、比较固定，可将年初在产品成本作为各月期末在产品的成本，年终时根据在产品实际盘存量，予以调整。那么，某种产品某月发生的生产费用，就是当月完工产品的总成本。

③按所耗原材料费用计算在产品成本法。采用按所耗原材料费用计算在产品成本法，期末在产品成本按所耗用原材料费用进行计算。该方法适用于各月在产品数量较大、变化也较大、原材料费用在产品成本中所占比重较高的情况。为了简化核算手续，在产品成本可以只计算原材料费用，不计算其他费用，其他费用全部由完工产品成本负担。那么，某月某种产品的月初在产品成本与本月发生的生产费用之和，减去按原材料费用计算的月末在产品成本，便是本月完工产品成本。

④约当产量比例分配法。采用约当产量比例分配法，先根据月末在产品的盘存数量，按其完工程度和投料程度折合为相当于完工产品的产量，即约当产量，然后按完工产品产量和在产品约当产量的比例来分配该种产品生产费用。该方法适用于月末在产品数量较大，各月末在产品数量变化也较大，产品成本中各个成本项目的比重相差不大的产品。

⑤在产品成本按完工产品成本计算法。采用在产品成本按完工产品成本计算法，是将在产品视同完工产品，按在产品和完工产品的数量比例分配费用。该方法只适用于月末在产品已近完工，只是尚未包装或尚未验收入库的产品。

⑥定额成本法。定额成本法是用事先核定的单位在产品定额成本计算在产品成本，然后用生产费用总额扣减期末在产品定额成本即为产成品成本。该方法适用于定额管理基础较好，各项消耗定额或费用定额比较准确、稳定，而且各月末在产品数量变化不大的产品。

⑦定额比例法。采用定额比例法，其生产费用按照完工产品与月末在产品定额消耗量或定额费用的比例进行分配。该方法适用于定额管理基础较好，各项消耗定额或费用定额比较准确、稳定，但各月末在产品数量变化较大的产品。

五、计划成本核算方法体系下的成本业务会计制度设计

计划成本会计制度是指事前根据产品生产所需料、工、费的数量、金额与计划计算出计划成本，并将其与会计核算相结合形成的一种产品成本核算制度。计划成本会计制度的特点，是在计划成本的基础上计算实际成本，并利用计划作为标准与实际相比较，

从而确定成本差异、分析差异形成原因。实质上它是一种将成本计算和成本控制相结合的会计管理制度，其主要任务是为企业的成本管理提供信息。在会计核算上，它最终还是要计算出完工产品的实际成本。计划成本会计制度主要指标准成本核算会计制度。

（一）标准成本的分类

标准成本是指经过仔细调查分析和运用技术测定等科学方法制定的在有效经营条件下应该实现的成本，是根据产品的耗费标准定额和耗费的标准价格预先计算的一种目标成本。企业采用的标准成本有多种，按照制定标准成本所依据的生产技术和经营水平分类，分为理想标准成本、正常标准成本和现实标准成本。

1. 理想标准成本

理想标准成本是现有生产条件所能达到的最优水平的成本。它根据最少的耗费量、最低的耗费价格和可能实现的最高生产能力利用程度等条件制定。也就是说，它是根据资源无浪费、设备无故障、产出无废品、工时全有效的假设前提而制定的最低的标准成本。显然，由于其前提的苛刻，在现实经济生活中几乎无法实现，从而使得这种标准成本难以实际运用。

2. 正常标准成本

正常标准成本是根据正常的工作效率、正常的生产能力利用程度和正常价格等条件制定的标准成本。这里所谓“正常”，一般是指过去较长时期的实际数据的统计平均值，是指过去较长时期内所达到的平均水平。因此，用它来评价各个时期的业绩，往往不符合实际，用它来控制成本也不够积极。正常标准成本一般只用来估计未来的成本变动趋势。

3. 现实标准成本

现实标准成本是根据适用期合理的耗费量、合理的耗费价格和生产能力可能利用的程度等条件制定的切合适用期实际情况的一种标准成本。这种标准成本包容了一部分理论上不应存在，而现实中尚不能避免的设备故障、人工闲置等，是一种切实可行的标准成本。这种标准成本相当于定额成本法中的定额成本。它的用量标准相当于消耗定额，标准用量相当于定额消耗量，标准价格相当于计划价格。标准成本计算法一般采用这种标准成本概念。

（二）标准成本法核算程序

标准成本核算法，也称标准成本会计，是成本会计的重要组成部分。它是指以预先制定的标准成本为基础，用标准成本与实际成本进行比较，核算和分析成本差异的一种产品成本计算方法，也是加强成本控制、评价经济业绩的一种成本控制方法。标准成本法的核心是按标准成本记录和反映产品成本的形成过程和结果，并利用成本差异分析实现对成本的控制。其基本程序如下。

第一步，按照成本项目制定出各种产品的标准成本。

第二步，依据产品的标准成本进行产品成本核算。

第三步，分成本项目计算产品实际成本与标准成本的各种成本差异并进行相应账务处理。

第四步，分析各种成本差异，找出产生差异的原因，确定成本责任，进行成本考核。

由此可见，标准成本法的主要内容包括标准成本的制定、成本差异的计算、成本差异的账务处理和成本差异的分析。其中标准成本的制定是采用标准成本法的前提和关键，据此可以达到成本事前控制的目的；成本差异计算和分析是标准成本法的重点，借此可以促成成本控制目标的实现，并据以进行经济责任的考评。

（三）标准成本的制定

产品成本一般由直接材料、直接人工和制造费用三大部分构成，标准成本的制定也应就这三大部分分别确定。

1. 直接材料标准成本的制定

直接材料标准成本需按两项标准确定：直接材料用量标准和直接材料标准价格。直接材料用量标准亦即材料消耗定额，是指单位产品必须耗用的各种直接材料的数额。直接材料用量标准通常应根据企业的产品设计、生产工艺状况，并结合企业的经营管理水平，考虑降低材料消耗的可能等条件制定，所以该标准的制定最好由产品设计部门及相关管理人员负责。材料价格因受诸多因素的影响，其标准的确定相对较难。通常，直接材料标准价格应能反映目前市价及未来市场的变动情况，考虑最有利的采购条件，如经济采购批量、最经济的运输等，而且应在征询采购部门的意见后制定。在此基础上，直接材料标准成本可确定如下：

直接材料标准成本＝直接材料用量标准×直接材料标准价格

2. 直接人工标准成本的制定

直接人工标准成本由两项标准确定：直接人工用量标准和直接人工标准价格。直接人工用量标准即工时用量标准、工时标准或工时定额。工时既可以是直接人工生产工时，也可以是机器工时。直接人工标准价格即标准工资率，通常可由劳动工资部门根据用工情况制定。在不同工资制度下，标准工资率有不同表现形式：采用计件工资时，标准工资率就是标准计件工资单价。采用计时工资制时，标准工资率就是单位工时标准工资率。

单位工时标准工资率＝标准工资总额÷标准总工时

直接人工标准成本＝工时标准×标准工资率

3. 制造费用标准成本的制定

制造费用标准成本由制造费用用量标准和制造费用标准价格两个因素决定。制造费用用量标准即工时用量标准，其含义与直接人工用量标准相同。制造费用标准价格即标准费用分配率。

标准费用分配率＝标准制造费用总额÷标准总工时

制造费用标准成本＝工时标准×标准费用分配率

由于成本按其性态，可以分为变动成本和固定成本。前者随着产量变动而变动；后者相对固定，不随产量变动而变动。因此，制造费用也分为变动制造费用和固定制造费用两类，其标准成本的制定也应在此基础上进行。

（四）标准成本差异分析

成本差异是指实际成本与标准成本之间的差额。计算和分析成本差异的目的在于明确差异的程度，找出差异发生的原因，并决定采取纠正差异的措施，及时改进，提高效率，确定差异责任的归属。

1. 成本差异的种类

在标准成本计算法下，发生的成本差异是指实际成本偏离标准成本的差额。成本差异按照成本项目分类，可以分为直接材料成本差异、直接人工成本差异和制造费用成本差异等。这些差异还可以按照差异发生的原因，如用量差异（量差）和价格差异（价差）等进行划分。

2. 成本差异分析的方法

进行成本差异分析是采用标准成本制度的关键，下面具体说明直接材料成本差异、直接人工成本差异、变动制造费用成本差异和固定制造费用成本差异分析的方法。

（1）直接材料成本差异的分析。直接材料成本差异是指直接材料实际成本与其标准成本的差异，它由直接材料用量差异和直接材料价格差异两部分组成。

直接材料用量差异是指由于直接材料实际用量与其标准用量的差异而导致的直接材料成本差异；直接材料价格差异是指由于直接材料实际价格与其标准价格的差异而导致的直接材料成本差异。其分析公式为

直接材料成本差异＝直接材料实际成本－直接材料标准成本

直接材料用量差异＝（材料实际用量－材料标准用量）×材料标准价格

直接材料价格差异＝（材料实际价格－材料标准价格）×材料实际用量

直接材料用量差异的形成原因是多方面的，有生产部门的原因，也有非生产部门的原因。但总的来说，用量差异产生的原因主要有：产品设计变更，用料标准未做相应调整；制造方法或程序变更，用料标准未做相应调整；所用机器或工具变更；材料品质低劣，或规格不合；材料本身产量的变动；溢领材料，未予退库；操作工人的责任心强弱、技术状况、废品废料率的高低、设备工艺状况等；材料质量状况、材料规格的适应程度等，也会导致材料用量差异。正因为如此，材料用量差异的责任需要通过具体分析方能明确，但其主要责任部门往往是生产部门。

（2）直接人工成本差异的分析。直接人工成本差异包括直接人工效率差异和工资率差异。直接人工的效率差异即直接人工的用量差异，因为在既定产量下人工用量的多少反映着效率的高低；工资率差异即直接人工的价格差异。

直接人工成本差异＝直接人工实际成本－直接人工标准成本

直接人工效率差异＝（实际人工工时－标准人工工时）×标准工资率

直接人工工资率差异＝（实际工资率－标准工资率）×实际人工工时

直接人工效率差异的形成原因也是多方面的，如任用工人不当；工人工作调动频繁；

工人对公司政策或领班措施不满；材料品质低劣；工人经验不足；工人技术状况、工作环境和设备条件的好坏等，都会影响效率，但其主要责任部门还是生产部门。直接人工工资率差异的形成原因亦较复杂，如工资计算方法变更；工人类别或工资率与所做工作不配合；季节性或紧急性生产；工资制度的变动、工人的升降级、加班或临时工的增减等，都将导致工资率差异。一般而言，这种差异的责任不在生产部门，劳动人事部门更应对其承担责任。

（3）变动制造费用成本差异的分析。变动制造费用成本差异由效率差异和耗费差异两部分组成。变动制造费用效率差异即变动制造费用的用量差异，它是因实际耗用工时脱离标准而导致的成本差异；变动制造费用耗费差异即变动制造费用的价格差异，它是因变动制造费用或工时的实际耗费脱离标准而导致的成本差异。

变动制造费用成本差异＝变动制造费用实际成本－变动制造费用标准成本

变动制造费用效率差异＝（实际工时－标准工时）×变动制造费用标准分配率

变动制造费用耗费差异＝（变动制造费用实际分配率－变动制造费用标准分配率）×实际工时

变动制造费用效率差异的形成原因与直接人工效率差异的形成原因基本相同。变动制造费用耗费差异是变动制造费用开支额或工时耗费发生变动的情况下出现的成本差异，其责任往往在于发生费用的部门。

（4）固定制造费用成本差异的分析。固定制造费用成本差异是实际固定制造费用与实际产量标准固定制造费用的差异。

固定制造费用成本差异＝实际固定制造费用－实际产量标准固定制造费用

＝实际固定制造费用－实际工时×标准费用分配率

＝实际固定制造费用－实际产量标准工时×标准费用分配率

可见，固定制造费用成本差异是在实际产量的基础上算出的。由于固定制造费用相对固定，一般不受产量影响，因此，产量变动会对单位产品成本中的固定制造费用发生影响。产量增加时，单位产品应负担的固定制造费用会减少；产量减少时，单位产品应负担的固定制造费用会增加。这就是说，实际产量与设计生产能力规定的产量或计划产量的差异会对产品应负担的固定制造费用产生影响。也正因为如此，固定制造费用成本差异的分析方法与其他费用成本差异的分析方法才有所不同。

六、成本业务基本会计凭证的设计

为正确组织成本核算和加强成本管理，首先应设计既能体现管理要求又符合各项管理制度的生产经营过程中有关业务、环节的规范的业务凭证。

（一）领料凭证的设计

领料凭证分为领料单和限额领料单两种。

1. 领料单

领料单是一种一次性使用的领料凭证，通常适用于没有消耗定额或不常领用的材料。领料时可以一料一单，也可以多料一单。领料单应设置材料名称、计量单位、请领和实发数量、计划单价、金额及有关人员签章。领料单的一般格式如表 11-2 所示。

表 11-2　领料单

领用部门：　　　　仓库：　　　　编号：

用途：　　　　年　月　日

材料编号	材料名称及规格	计量单位	数量		计划单价	金额
			请领	实发		

审核　　仓库保管员　　领用人　　制单人

2. 限额领料单

限额领料单是一种多次使用的领料凭证，适用于有消耗定额的材料领用。这里的“限额”是指按产品生产计划和有关材料消耗定额确定的最高领用额。在限额之内的材料领用可以连续使用，超过限额的则无效。限额领料单一般是一料一单。限额领料单的一般格式已经在第三章“会计凭证的设计”中进行了相应介绍，此处不再赘述。

（二）退料凭证的设计

在生产过程中有两种退料情况：一种是将已领未用的材料退回仓库；另一种是将已领未用但下期继续使用的材料办理假退料手续。无论哪种情况都应填制退料单。退料单应设置退料部门和原因、材料名称、计量单位、退库和实发数量、计划单价、金额及有关人员签章。退料单的一般格式已经在第三章“会计凭证的设计”中进行了相应介绍，此处不再赘述。

（三）工资结算凭证的设计

工资结算凭证有考勤记录、工资结算单和工资结算汇总表等。

1. 考勤记录

考勤记录是反映职工出勤和缺勤情况，据以计算职工工资的原始记录。考勤记录的形式有考勤簿和考勤卡两种，现以考勤簿的设计为例加以说明。考勤簿应设置车间或班组、考勤时期、职工姓名和级别、出勤缺勤情况及考勤人员签章等项目、栏次。考勤簿的一般格式如表 11-3 所示。

表 11-3　考勤簿

车间或部门：

班组：　　　　　　　　　　　　年　　月　　　　　　　　　　　　考勤员

姓名	工号	职务	级别	出、缺勤情况								考勤统计					
				1	2	3				30	31	出勤	旷工	病假	事假	迟到早退	加班加点

2. 工资结算单

工资结算单是以车间或生产部门为单位编制的，是一个车间或部门的工资费用汇总。工资结算单应设置姓名、应发工资及津贴、应扣项目、实发工资及人员签名等项目、栏次。工资结算汇总表可参照工资结算单自行设计。工资结算单的一般格式如表 11-4 所示。

表 11-4　工资结算单

车间或部门：　　　　　　　　　　年　　月　　　　　　　　　　编号：

序号	班组	姓名	应发工资及津贴							应扣项目				实发工资	签名
			计件工资	计时工资	加班工资	奖金	伙食补助		合计				合计		
生产人员工资															
管理人员工资															
总计															

审核　　　　　　　　　　　　　　　　制单

（四）废品报告单的设计

废品报告单是产品生产部门填制的废品报告凭证。废品报告单应设置发生废品的生产单位、时间、产品名称、数量、原因、废损程度、是否可修复、估计损失、责任人赔偿数额、废品残值、可修复废品修复费用及净损失等项目、栏次。废品报告单的一般格式如表 11-5 所示。

表 11-5　废品报告单

车间：

班组：　　　　　　　　　　年　　月　　日　　　　　　　　　　编号：

<table>
<tr><td>产品名称</td><td></td><td>计量单位</td><td colspan="2"></td></tr>
<tr><td>订单号</td><td></td><td rowspan="2">废品数量</td><td>可修复</td><td></td></tr>
<tr><td>工序</td><td></td><td>不可修复</td><td></td></tr>
<tr><td colspan="2" rowspan="4">不可修复废品的料工价值
减：估计残值
减：责任人员的经济赔偿
不可修复废品净损失</td><td colspan="3"></td></tr>
<tr><td colspan="3"></td></tr>
<tr><td colspan="3"></td></tr>
<tr><td colspan="3"></td></tr>
<tr><td colspan="2" rowspan="6">可修复废品的修复费用
其中：原材料
工资
制造费用
合计：
减：责任人员的经济赔偿
可修复废品净损</td><td colspan="3"></td></tr>
<tr><td colspan="3"></td></tr>
<tr><td colspan="3"></td></tr>
<tr><td colspan="3"></td></tr>
<tr><td colspan="3"></td></tr>
<tr><td colspan="3"></td></tr>
<tr><td colspan="5">废品发生原因：</td></tr>
</table>

车间负责人　　　　　　　　技术检验员　　　　　　　　车间核算员

（五）停工报告单的设计

停工有计划停工和计划外停工，生产车间在停工期间发生的一切费用，包括生产工人工资、提取的福利费、燃料动力消耗和分摊的制造费用等各项费用，就是停工损失。生产单位发生停工，应编制停工报告单，说明停工情况。停工报告单应设置停工的生产单位、时间、停工原因、经济责任、停工损失等项目、栏次。停工报告单的一般格式如表 11-6 所示。

表 11-6　停工报告单

车间：　　　　　　　　　　　　　　年　　月　　日　　　　　　　　　　　　编号：

停工性质		停工期内费用	
停工范围		费用项目及摘要	金额
停工开始时间		维修工人工资	
停工结束时间		材料	
停工原因		其他	
责任人员		合计	
应否赔偿		减：经济赔偿	
理由		停工损失	

车间负责人　　　　　　　　　　　　车间核算员

（六）成本业务基本表格的设计

在生产费用中，有的费用是由一个部门或一种产品受益，有的是由几个部门或几种产品受益。由于几个部门或几种产品共同受益的费用不能直接归入各部门各产品成本，而需要将其通过一定的方法进行分配，因此，需要设计各种费用分配表。成本业务基本表格包括要素费用分配表、辅助生产费用分配表、制造费用分配表、产品成本计算单、完工产品成本汇总表等，这些成本业务基本表格作为会计凭证的构成部分，大多在第三章“会计凭证的设计”中做了相应介绍，此处仅就完工产品成本汇总表的设计进行说明。

完工产品成本汇总表是为了全面反映单位全部完工产品成本情况而设计的一张凭证。完工产品成本汇总表应设置各种产品的名称、产量、总成本、单位成本及各产品成本的构成情况（成本项目）等项目、栏次。完工产品成本汇总表的一般格式如表 11-7 所示。

表 11-7　完工产品成本汇总表

年　　月

成本项目	产品名称： 产量：		产品名称： 产量：		产品名称： 产量：		合　计
	总成本	单位成本	总成本	单位成本	总成本	单位成本	
直接材料 直接人工 制造费用							
产品成本							

制单：　　　　　　　　　　　　　　复核：

（七）标准成本卡的设计

在标准成本制度下，为了便于计算和列示产品的标准成本，通常应为每一种产品设计一张标准成本卡，按成本项目、用量标准和标准价格，计算汇总每种产品的单位标准成本。产品标准成本卡的一般格式如表 11-8 所示。

表 11-8　产品标准成本卡

成本项目	用量标准	标准价格	单位标准成本
直接材料			
直接人工			
变动制造费用			
固定制造费用			
产品单位标准成本			

第三节　费用业务会计制度的设计

成本开支范围的设计除了需要规定应计入产品成本内容外，还应明确规定不得计入产品成本的内容，期间费用是不得计入产品成本的支出之一。期间费用是指不能直接归属于某个特定产品成本的费用，其发生的期间容易确定，而难以判别其所应归属的产品，因而在发生的当期从损益中扣除。期间费用主要包括：行政管理部门为组织和管理生产经营活动而发生的管理费用，为筹集资金而发生的财务费用，为销售商品而发生的销售费用。

一、费用业务会计制度设计的内容

费用业务会计制度设计的主要内容包括以下方面。

（一）费用开支的审批制度

费用审批制度是费用业务内部控制的一个重要环节。根据费用开支的权责归属和管理责任，企业必须建立与之相匹配的费用开支审批制度。这一审批制度需要根据企业自身的财务管理体制以及成本费用管理体制的不同特征来制定。

（二）费用预算控制制度

费用预算控制主要是通过预算的编制、执行、考核与仲裁等程序来实现的，其中预算的编制是预算控制的起点与核心因素，它决定着预算的性质与预算控制的效果。预算的编制方法通常有固定预算、弹性预算、滚动预算与零基预算等。各种预算方法各有所长，也有所短，企业应根据自身的战略定位以及费用发生的特点，选择适当的方法编制费用预算，尤其应该注意各种方法的结合应用。

（三）费用责任制度

企业的费用都直接或间接地由人花费的。能够根据一定的标准或约定把企业费用指标分解到人，对于完善企业的权责利系统、实现全员参与的费用控制具有重要意义。但是，由于种种原因，这种分解指标要求的制度环境较高，一般企业难以具备。因此，选择一定的个人费用控制方法就显得尤为重要。企业针对个人常用的费用控制方法有以下几种。

1. 费用自负

费用由业务人员自行负担。其具体做法是：业务部门在核定佣金比率时，应把销售费用的支出考虑在内，一并归到佣金项下发给业务人员，业务人员必须在其佣金项下开支销售费用，不得向企业另行申报。

费用自负的办法，其好处是：处理简单、公平一致、有效保障企业利润、减少业务部门对业务人员监督的困难。其缺点是：如果以同一标准给予补贴，显然会出现不公平现象，如果根据不同的情况制定不同的标准，又会流于主观，发生偏误，同样会出现不公平现象。

2. 费用包干

费用包干的做法是：一次性拨付费用经费或逐期拨付费用经费，费用主体所花费用超过拨付经费金额的需要自理，而节约的经费归费用主体。其优点是能够调动费用主体节约费用的积极性。问题是经费金额的制定，如果制定得过高，会造成企业的浪费；如果制定得过低，就会损伤费用主体的合法利益。

3. 无限制报销法

无限制报销法又分为逐项列举报销法和荣誉制报销法。

（1）逐项列举报销法。逐项列举报销法允许业务人员就其所花费的业务费用逐项列举，不限额地予以报销。该种报销方法，由于没有额度限制，业务人员可以按其需要，灵活地、有效地运用业务经费；业务主管对其所属业务人员的行为，只做适当的控制和指导。因此，业务部门的效率可以得到充分的发挥，业务人员和业务主管也会很少有矛盾。其缺点是：业务人员很难精确地预测其直接销售费用，很容易养成业务人员过分地慷企业之慨，还容易造成私账公报。这种方法只能鼓励业务人员浪费，而不能敦促其节省。

（2）荣誉制报销法。荣誉制报销法与上述方法很相近，唯一不同的地方是不必逐项列举。业务人员只要定期在报告上注明费用支用总额，企业即照数付给。该种方法建立在对员工高度信任之上。该种方法可使主管与部属间的摩擦减到最小，而员工的士气可以发挥到最高。其优点与逐项列举报销法相似，其缺点是使企业负担很大的风险，稍有不慎，很可能就会造成滥支和浪费，因此大多数企业不使用该种方法。

4. 限额报销法

限额报销法是就业务人员所可能开支的费用，拟定一个最高限额。这种方法最大的优点是使业务主管能够精确地预测其直接推销费用，而且也可以防止业务人员过度的浪费。限额报销法又分为逐项限制法和总额限制法两种。

（1）逐项限制法。逐项限制法系就业务人员所可能开支的费用，逐项制定一个最高限额，如规定业务人员出差时，住宿费每晚不超过 100 元，每天生活补贴不超过 50 元，等等。

（2）总额限制法。总额限制法规定在一定期间内（如每日、每周或每月）业务人员所报销的费用总额，不得超过某一限额，至于各项费用的额度则不予以硬性规定，以使业务人员有适当的自主权。限额报销法最大的问题是限额的制定问题。尽管如此，限额报销法还是现代企业使用最广泛的一种费用管制方法。

二、费用业务核算方法的设计

企业所发生的费用信息既是企业外部的利益相关者做出经济决策的信息依据，又是企业内部管理者管理企业、计算损益、制定奖惩标准的重要依据。由于企业的外部信息使用者与内部管理人员对企业经营活动所发生的费用关注的侧重点不同，利用费用信息进行决策的性质不同，因此他们对费用信息提供的要求不同。这样，费用信息同成本会计信息一样，既需要满足提供有关费用信息的需要，还要满足责任考核的需要。为此，费用核算存在双轨制和单轨制两种核算体系。

（一）双轨制与单轨制

1. 双轨制

以双轨制方式设计内部会计制度时，企业应对各层次责任中心的职责内容分别设置账簿进行费用的记录和核算，以反映各责任中心的费用预算执行情况。双轨制设立方式的最大优点是便于理解、易于操作。实行双轨制设计费用核算制度时，企业可以完全按照管理的要求进行责任会计的核算，而不受会计制度的制约，具有较大灵活性，有利于费用情况及其责任的考核界定。但是双轨制也存在非常明显的缺陷，即重复设置两种核算系统必将导致大量的重复劳动，增加核算工作量；所提供的双重数据之间缺少直接联系甚至还可能导致两种核算之间的信息冲突，从而加大企业内部管理对信息可理解和利用的程度。因此，双轨制仅是一种权宜之计。企业应当积极创造条件向单轨制转换。

2. 单轨制

采用单轨制方式时，一般以传统的产品成本核算体系为基础设置账簿，用以计算产品的成本，在此基础上将各责任中心本期所发生的不可控费用剔除，以计算责任成本。责任成本的计算可通过编制调整表进行，也可在各成本费用中心的费用科目下，分别设置“可控费用”和“不可控费用”，分别记录各成本费用中心的可控成本和不可控成本，并将其在各种产品之间进行分配。各产品的可控成本之和即为其实际责任成本，各产品的可控成本与不可控成本之和即为实际产品成本。成本核算有完全成本法、变动成本法、制造成本法、作业成本法等多种方法。单轨制核算系统可以根据企业费用核算的需要实现它们的任意一种结合。单轨制设计形式免去了大量的重复工作，使企业更容易接受和推行，而且其产品成本和责任成本内之间的联系性强，能够清晰地表明产量变动与成本控制好坏而引起的成本变动，便于合理考核责任中心的工作业绩，能以更低的成本及时、有效地提供预算管理的相关信息，从而具有更广泛的使用性。本章就是按照单轨制来设计企业内部会计制度的。

（二）费用核算方法的设计

1. 账户设置

（1）销售费用。企业发生的销售费用在“销售费用”账户中核算，并按费用项目设置明细账，进行明细核算。“销售费用”的借方反映本期实际发生的各项销售费用，贷方反映期末转入“本年利润”科目的销售费用；“销售费用”账户结转“本年利润”账户后无余额。

（2）管理费用。企业发生的管理费用在“管理费用”账户中核算，并按费用项目设置明细账，进行明细核算。“管理费用”的借方反映本期实际发生的各项管理费用，贷方反映期末转入“本年利润”科目的管理费用；“管理费用”账户结转“本年利润”账户后无余额。

（3）财务费用。企业发生的财务费用在“财务费用”账户中核算，并按费用项目设置明细账，进行明细核算。“财务费用”的借方反映本期实际发生的各项财务费用，贷方反映期末转入“本年利润”账户的财务费用；“财务费用”账户结转“本年利润”账户后无余额。

2. 责任费用的核算

（1）责任费用核算特点。会计核算的功能之一为企业考核责任单位各部门及其人员的业绩。按照企业内部责任单位权责范围以及业务活动的特点不同，可将企业生产经营上的责任中心，划分为费用中心、利润中心和投资中心三类。考核、评价各类责任中心的业绩需要不同的会计信息指标。而提供这些信息是责任会计的核心任务。有关各类责任中心的业绩考核报表，已经在第七章讨论，这里只以成本中心为例讨论责任费用核算方法的设计。

费用中心是指有权发生并控制成本的单位。成本中心的工作成果不会形成可以用货币计量的收入，或工作成果不便于或不必进行货币计量，仅计量和考核发生的成本。对费用中心业绩的考核，主要是通过一定责任费用来衡量。

责任费用核算有如下主要特点。

①按照“谁负责，谁承担”的原则，以责任中心为对象进行成本的收集、核算，而制造成本法或完全成本法则按费用承担的客体（产品、批别、生产步骤）进行收集、核算成本费用信息，遵循的是“谁受益，谁承担”的原则。

②责任费用是可控费用，而不是应归属于各该中心的全部费用。由此，某费用中心的责任费用，即为该中心的各项可控费用之和。因而，对费用中心的业绩评价与考核应以其可控费用作为主要依据，不可控费用作为参考。所以，会计核算系统必须区分“可控费用”与“不可控费用”，并分别提供相关信息。

（2）责任费用核算的基础和条件。

①划分责任中心，明确规定职责范围。

②编制责任预算，确定各责任中心的业绩考核标准。

③区分各责任中心的可控与不可控费用。

④合理指定内部转移价格。

⑤建立健全严密的记录、报告系统。

⑥制定合理而有效的奖惩制度。

⑦评价和考核实际工作业绩。

⑧定期编制业绩报告。

（3）责任费用核算的账户体系。在单轨制方式下，责任费用核算只需在财务会计成本费用核算账户的基础上，进一步把全部费用在各责任中心区分开来，并且再把各责任中心的费用区分为其可控费用和不可控费用。具体可通过以下两种方式实现：责任费用的计算可通过编制调整表进行，也可在各成本费用中心的费用科目下，分别设置“可控费用”和“不可控费用”等二级或三级明细账，分别记录各成本费用中心的可控费用和不可控费用成本，并将其汇总，形成费用中心业绩考核的依据。

第四节　税收业务会计制度的设计

税收是指以国家为主体，为实现国家职能，凭借政治权力，按照法定标准，无偿取得财政收入的一种特定分配形式。营业税改为增值税后，企业上交的税种主要包括增值税、附加税和所得税三种。

一、税收业务会计制度设计的内容

税收业务会计制度是成本、费用与税收业务会计制度的另一重要组成部分，其设计主要包括以下内容。

（一）发票的申请、购买、保管、使用与退还制度

发票是指在购销商品、提供或接受服务以及从事其他经营活动中，记载往来业务内容，凭以收付款项或证明资金转移的书面商事证明，是财务收支的合法凭证，是会计核算的合法依据，也是税务稽查的重要依据。企业开出发票，往往意味着税收责任已经确立。因此企业必须健全发票的申请、购买、保管、使用与退还制度，建立购买审批制度、专人保管制度，以避免因发票管理混乱而导致超过实际业务水平的税收负担，包括因乱开发票、发票丢失而不挂失、出租出借发票以及由于发票管理混乱而被税务机关处予的罚款等。

（二）税收计算与复核制度

由于税种与征收标准的复杂多样，税收计算难免出现差错，为此，企业必须建立健全税收计算与责任复核制度，以避免企业因多交或少交税款而导致的直接或间接损失。

（三）税收申报制度

纳税申报是指企业按照法律、行政法规规定，在申报期限内就纳税事项向税务机关提出书面申报的一种法定手续。企业必须依法健全纳税申报制度，并由专人负责。

（四）税款缴纳制度

企业应当根据税务机关核定的税款缴纳方式，及时足额缴纳税款。在税款缴纳过程中合理安排税款缴纳的时间以实现与企业财务资源的合理搭配是一项重要工作。

（五）税收筹划制度

税收筹划应包括以下三项内容。

1. 避税筹划

避税筹划是指纳税人在税收法规许可的范围内，或者虽然没有明确许可，但也没有明确反对的范围内，通过合法或非违法的手段对经营活动和财务活动精心安排，以达到规避或减轻负担目的。避税筹划与节税筹划不同，避税筹划与逃税筹划也不同。逃税筹划是依靠非法手段来减少纳税义务，而避税筹划是以非违法的手段来逃避纳税义务。因此，对逃税筹划要绳之以法，加大打击和处罚力度，而针对避税筹划，只能采取措施堵塞漏洞、加强征管等反避税措施，一般不能依法制裁。

2. 节税筹划

节税筹划是指纳税人采用合法的手段达到不交税或少交税目的的经济行为。在税法规定的范围内，当存在许多纳税方案可供选择时，纳税人以税收负担最低的方式来处理财务、经营、交易事项。企业出于税务动机选择有利于自己的经营方式，而这种选择与立法精神不相矛盾时，就是节税筹划。例如，企业对资本结构的选择，是利用自有资本还是借入资本，都要进行税务筹划。

3. 税负转嫁

税负转嫁是指商品流通过程中，纳税人通过提高商品销售价格或压低商品供应价格的方法，将税负转嫁给商品购买者或商品供应者。税负转嫁也是纳税者客观避税的基本途径，转嫁意味着税负的实际承担者不是直接缴纳税款人，而是背后的隐匿者或潜在的代替者。税款的直接纳税人通过转嫁税负给他人，自己并不承担任何纳税义务，而仅仅是充当了税务部门与实际纳税人之间的中介桥梁。由于税收转嫁没有伤害国家利益，也不违法，因此，转嫁受到普遍青睐。利用转嫁减轻税收负担目前正成为十分普遍的经济现象。

二、税收业务核算方法的设计

由于所得税和附加税构成对企业当期损益的抵减，本章主要进行这两个税种的核算方法设计。

（一）所得税的会计核算方法设计

我国所得税会计处理方法是资产负债表债务法，该方法要求企业从资产负债表的角度出发，比较资产负债表上列示的资产及负债的账面价值及计税基础，将两者之间存在的差异区分为应纳税暂时性差异和可抵扣暂时性差异，并确认相应的递延所得税负债和递延所得税资产，最后在此基础上确定每一会计期间的所得税费用。其基本核算可以分为以下三个部分。

1. 确定递延所得税

（1）确定资产或负债的账面价值。按照相关会计准则规定确定资产负债表中除递延所得税资产和递延所得税负债以外的其他资产与负债项目的账面价值。资产、负债的账面价值是指企业按照相关会计准则的规定进行核算后在资产负债表中列示的金额。对于计提了减值准备的各项资产，是指其账面余额减去已计提的减值准备后的金额。

（2）确定资产或负债的计税基础。按照会计准则中对于资产和负债计税基础的确定方法，以适用的税收法规为基础，确定资产负债表中有关资产、负债项目的计税基础。

资产的计税基础是指企业收回资产账面价值过程中，计算应纳税所得额时按照税法规定可以自应税经济利益中抵扣的金额，即某一项资产在未来期间计税时按照税法规定可以税前扣除的金额。资产在初始确认时，其计税基础一般为取得成本。而在资产持有过程中，因会计准则规定与税法规定不同，会导致账面价值与计税基础产生差异。

负债的计税基础是指负债的账面价值减去未来期间计算应纳税所得额时按照税法规定可予抵扣的金额。绝大部分负债的偿还不涉及损益，即绝大部分的负债计税基础等于账面价值，不产生暂时性差异，只有极少数负债会产生暂时性差异。

（3）确定暂时性差异。以比较资产或负债的账面价值与计税基础来确定暂时性差异。暂时性差异是指资产、负债的账面价值与其计税基础不同产生的差额。因资产、负债的账面价值与其计税基础不同，产生了在未来收回资产或清偿负债的期间内，应纳税所得额增加或减少并导致未来期间应交所得税增加或减少的情况，形成了企业的资产和负债。在有关暂时性差异发生当期，符合确认条件的情况下，应当确认相关的递延所得税负债或递延所得税资产。根据对未来期间应纳税所得额的影响，暂时性差异可分为应纳税暂时性差异和可抵扣暂时性差异。

应纳税暂时性差异是指在确定未来收回资产或清偿负债期间的应纳税所得额时，将导致产生应税金额的暂时性差异，即在未来期间不考虑该事项影响的应纳税所得额的基础上，由于该暂时性差异的转回，会进一步增加转回期间的应纳税所得额和应交所得税金额，在其产生当期应当确认相关的递延所得税负债。应纳税暂时性差异通常产生于以下两种情况：一是资产的账面价值大于其计税基础，二是负债的账面价值小于其计税基础。

可抵扣暂时性差异是指在确定未来收回资产或清偿负债期间的应纳税所得额时，将导致产生可抵扣金额的暂时性差异。该差异在未来期间转回时会减少转回期间的应纳税所得额，减少未来期间的应交所得税。在可抵扣暂时性差异产生当期，符合确认条件时，应当确认相关的递延所得税资产。可抵扣暂时性差异一般产生于以下两种情况：一是资产的账面价值小于其计税基础，二是负债的账面价值大于其计税基础。

（4）确定递延所得税资产或负债的期末余额和本期发生额。根据确定的暂时性差异和所得税税率可得出递延所得税资产或负债的期末余额，再根据递延所得税资产或负债的期初、期末余额可确定本期的递延所得税资产或负债发生额。

2. 确定当期所得税

就企业当期发生的交易或事项，按照适用的税法规定计算确定当期应纳税所得额，将应纳税所得额与适用的所得税税率计算的结果确认为当期应交所得税。

3. 确定所得税费用

企业在计算确定当期所得税和递延所得税后，两者之和（或之差）就是利润表中的所得税费用。

可见，资产负债表债务法是在制定规范某类交易或事项的准则时，首先规范由此类交易或事项产生的有关资产和负债的确认、计量，然后再根据所定义的资产和负债的变化来确认收益，强调全面收益，认为收益的本质是某期间净资产的增加，不主张采用历史成本。这就要求企业在对资产和负债计量时采用现行价值或公允价值，应进一步完善对企业价值的报告，通过同时运用财务和非财务指标，更加充分地报告企业价值的驱动因素、价值创造活动及其业绩。

（二）附加税的核算方法设计

附加税是在增值税基础上附加的税种，只有交了增值税才需要缴纳附加税，附加税主要包括城市建设维护税、教育费附加和排污费（或河道工程修建维护管理费）。

三、税收业务相关表格的设计

企业在进行税收费用的核算过程中，常常要用到表 11-9～表 11-13，这里只列示主要相关表格的参考格式，而不做详细说明。

表 11-9　购领发票审批单

年　　月　　日

购领单位（个人）名称		经济性质		企业经办人	
购领单位（个人）住址		主管部门		营业执照号	
电话		财务负责人		税务登记号	
经营范围			经营方式		
申请购领发票事由： 申请人签章 年　月　日					
征管人员审核意见及购领发票类别：					
主管所长审批意见			指定购领税务机关		

表 11-10 发票领用存月报

纳税人名称　　　　　　　　填表日期：　　年　　月　　日　　　　　　金额单位：元

项目 种类	初期库存		基础领购		本期开具				本期作废或遗失		交回未开票数量		期末库存	
	份数	起止号码	份数	起止号码	份数	起止号码	销售额	税额	份数	发票号码	份数	发票号码	份数	起止号码
专用发票														
普通发票														
合计														

表 11-11 企业所得税预缴纳税申报表

年 月 日至 年 月 日

纳税人识别号： 金额单位：元（列至角分）

纳税人名称： 税款所属期：

	项目		本期金额	累计金额
1	一、按照实际利润额预缴			
2	营业收入			
3	营业成本			
4	利润总额			
5	加：特定业务计算的应纳税所得额			
6	减：不征税收入和税基减免应纳税所得额（请填附表 1）			
7	固定资产加速折旧（扣除）调减额（请填附表 2）			
8	弥补以前年度亏损			
9	实际利润额（4 行+5 行−6 行−7 行−8 行）			
10	税率（25%）			
11	应纳所得税额（9 行×10 行）			
12	减：减免所得税额（请填附表 3）			
13	实际已经预缴所得税额			
14	特定业务预缴（征）所得税额			
15	应补（退）所得税额（11 行−12 行−13 行−14 行）			
16	减：以前年度多缴在本期抵缴所得税额			
17	本月（季）实际应补（退）所得税额			
18	二、按照上一纳税年度应纳税所得额平均额预缴			
19	上一纳税年度应纳税所得额			
20	本月（季）应纳税所得额（19 行×1/4 或 1/12）			
21	税率（25%）			
22	本月（季）应纳所得税额（20 行×21 行）			
23	减：减免所得税额（请填附表 3）			
24	本月（季）实际应纳所得税额（22 行−23 行）			
25	三、按照税务机关确定的其他方法预缴			
26	本月（季）税务机关确定的预缴所得税额			
27	总分机构纳税人			
28	总机构	总机构分摊所得税额（15 行或 24 行或 26 行×总机构分摊预缴比例）		
29		财政集中分配所得税额		
30		分支机构分摊所得税额（15 行或 24 行或 26 行×分支机构分摊比例）		
31		其中：总机构独立生产经营部门应分摊所得税额		
32	分支机构	分配比例		
33		分配所得税额		
是否属于小型微利		□是 □否		

谨声明：此纳税申报表是根据《中华人民共和国企业所得税法》《中华人民共和国企业所得税法实施条例》和国家有关税收规定填报的，是真实的、可靠的、完整的。

法定代表人（签字）： 年 月 日

纳税人公章：	代理申报中介机构公章：	主管税务机关受理专用章：	
会计主管：	经办人：	受理人：	
	经办人执业证件号码：		
填表日期：	代理申报日期：	受理日期：	

表 11-12　城市维护建设税申报表

单位：

纳税人名称				所属时间	
行次	项目	代码	计税税额	税率	申报缴纳税额
1					
2					
3					
4	总计				

申报日期：　　　　纳税人盖章：　　　　税务机关盖章：

表 11-13　通用申报表（税及附征税费）

纳税人识别号：　　　　纳税人名称：

征收项目	税（费）款所属期起	税（费）款所属期止	计税（费）依据	税（费）率或单位税额	应税所得率	速算扣除数	本期应纳税（费）额	减免税（费）额	本期已缴税（费）额	本期应补（退）税（费）额
城建税										
教育费附加										
地方教育费附加										
生活垃圾处理费										
工会经费										
残疾人保障金										
合计	—	—	—	—	—	—				

办税人：　　　　申报日期：　　　　受理人：　　　　受理日期：　　　　受理税务机关：

本章小结

成本和费用的高低反映了企业生产经营管理工作的质量，是衡量企业生产经营管理水平、市场竞争能力和未来发展前景的重要标准之一，而企业的成本核算，尤其是制造业企业的成本核算，方法多样，内容复杂。同时，税收作为以国家为主体，为实现国家职能，凭借政治权力，按照法定标准，无偿取得财政收入的一种特定分配形式，也形成了对企业当期损益的一种抵减，企业依法承担的税收费用种类较多。因此，设计科学、合理的成本、费用与税收业务会计制度，对于提升企业成本、费用与税收的管理水平具有十分重要的意义。成本业务会计制度设计主要包括成本业务会计制度设计，主要介绍成本业务会计制度设计的目标与原则、成本计算和结转业务处理流程、实际成本核算方法体系下的成本业务会计制度设计、计划成本核算方法体系下的成本业务会计制度设计和成本业务基本会计凭证的设计等内容。费用业务会计制度设计的内容主要包括费用开支的审批制度、费用预算控制制度和费用责任制度的设计。税收业务会计制度设计主要包括发票的申请、购买、保管、使用与退还制度，税收计算与复核制度，税收申报制度，税款缴纳制度，税收筹划制度的设计。

复习思考题

1. 企业成本、费用与税收业务会计制度设计的原则有哪些?
2. 简述成本业务会计制度设计的内容。
3. 简述成本计算和结转业务处理流程的设计方法。
4. 简述费用业务会计制度设计的内容。
5. 简述税收业务会计制度设计的内容。
6. 试为某一大型生产制造企业设计成本计算和结转业务处理流程。

第十二章

对外投资会计制度的设计

企业为了合理有效地使用资金以获取经济利益，除了自身的生产经营以外，还可以购买股票、债券等形式对外投资获得利益，以实现其经营目标。从交易的目的性和经济内容角度，将对外投资划分为金融资产和长期股权投资。

本章主要研究交易性金融资产、持有至到期投资与长期股权投资业务的内部会计制度和流程设计。

【重要概念】 金融资产　交易性金融资产　持有至到期投资　长期股权投资

第一节　对外投资会计制度设计的目的和原则

企业对外投资就是将企业的资金投放于企业外部以取得投资收益；或者为了影响或控制其他企业的经营与财务政策，以保障本企业正常经营业务的顺利进行和扩大；或者为了积累资金，来满足未来特定用途需要等，而将企业的现金、实物资产或无形资产、期货、房地产、固定资产等对外投资，从而形成企业的各种投资。会计上的对外投资有广义和狭义之分。广义的对外投资包括各种债权投资、股权投资、期货投资、房地产投资等，狭义的对外投资只包括股票和债券投资，本章研究狭义的对外投资。

一、企业对外投资会计制度设计的目的

（一）优化资源配置，提高资产利用效率

资产是企业拥有或控制的经济资源，企业的生产经营活动就是运用资产取得收益，以使资本不断增值的过程，因此，企业必须利用现有的资产，提高其利用效率，以增加企业的收益。但企业在经营过程中，由于市场的变化或者企业管理的原因，有时会出现资产闲置，或资产报酬率下降，甚至亏损的情况。在这种情况下，企业就可以考虑利用现有的资产对外投资，进行资产的重新组合，以优化资源配置，增加企业收益。

（二）优化投资组合，降低经营风险

有时企业并不是因为出现了闲置资产，或资产报酬率下降才进行对外投资的，而是

出于降低经营风险的考虑。企业在经营过程中，由于经营领域单一，可能会产生较大的经营风险，一旦市场发生变化，则会给企业造成重大的经济损失。在这种情况下，企业就可以考虑将一部分资产投放于企业外部，以优化投资组合，降低经营风险。

（三）保护企业资产的安全与完整

各种行之有效的投资管理制度能使企业的各项投资活动在一种有条不紊和高效率的方式下进行运转。如果没有有效的对外投资管理制度，企业的各项投资资产就可能被盗窃、受损或被滥用，有关的会计凭证、账簿记录和统计计量等非实物资产也可能遭到破坏和毁损，导致各种贪污、舞弊行为的发生。所以，完善的各项投资制度可以在一定程度上保证财产物资及相关记录的安全性与完整性。

（四）强化企业管理，提高经济效益

加强企业管理是企业永恒的主题，管理的重心在决策，而决策的科学性则离不开正确可靠的管理制度。对于管理者来说，科学合理的管理制度能为管理者进行重大决策提供准确信息，从而正确决策，提高企业经济效益。若决策失误，会给企业带来各种投资风险，使企业蒙受各种损失。

二、对外投资会计制度设计的原则

（一）成本效益性原则

在设计对外投资的各项制度中，贯彻成本效益原则就是要运用科学化的经营管理方法以降低其成本，提高经济效益，力争以最小的控制或管理成本获取最大的经济利益，即实施各项投资管理制度所花费的代价不能超过因此所获得的收益。

坚持成本效益原则，我们在设计对外投资会计制度时，要有选择地控制，精心设计控制点，太多则不经济，太少则会失去控制的有效性。尽量精简机构和人员，改进控制方法和手段，减少过繁的手续和程序，避免重复劳动，使企业能因工作简化、效率提高而节省费用。花费少而控制效率高才是有效的控制系统。

（二）安全性原则

企业的对外投资一般都会面临许多风险，一般来说，风险越大，报酬率越高；风险越小，报酬率越低。因此，企业必须在投资报酬和风险之间权衡利弊，寻找一种能够按期收回本金并能获得投资收益的安全性的会计制度。因为企业的各种财产物资，特别是货币资金、有价证券等变现性较强的资产，很容易被挪用或盗窃，对于这些资产不是任何人都可随意接触、处理的，只有经过适当授权，方可接触或处理，以保证资产的安全与完整。另外，在设计投资会计制度时，应建立实存资产与账面资产定期核对控制制度，使其相互牵制，保证实物资产的完整性，当二者核对发生差异时，管理者可以及时采取措施，防微杜渐，确保账账相符、账实相符。

（三）权责明确、奖惩结合原则

企业在设计对外投资会计制度过程中，坚持权责明确原则，就是根据各岗位和部门的职能与性质，明确各部门及人员应承担的责任范围，赋予其相应的权限，规定操作规程和处理手续，确定追究、查处责任的措施与奖惩办法等，做到事事有人管、事事有人干，办事有标准，使权有所属、责有所归、利有所享，避免发生越权行为或争权夺利、互相推诿现象。同时应定期对各部门业绩进行考核与评价，并同其切身利益紧密挂钩，做到奖惩分明。

（四）信息反馈原则

按照系统论的观点，对于一个控制系统来说，不仅控制主体作用于受控系统，而且受控系统也会反作用于控制主体，即具有反馈功能。对外投资信息反馈是否及时，直接关系到会计制度设计的有效性。因此，坚持信息反馈原则，就是要根据信息反馈过程及各阶段特征，在企业内部设置严密的记录和报告等信息反馈系统，使各控制主体能够及时了解控制措施的执行情况，不失时机地行使权力，履行责任，调整投资活动，有效实现企业目标。

三、对外投资的形式

企业对外投资的形式多种多样，按不同的标准区分就有不同的形式。

（一）按投资的方式分类

按投资的方式可分为对外直接投资、对外债权投资、对外股票投资。

1. 对外直接投资

对外直接投资就是企业根据投资协议以货币资金、实物资产、无形资产等对其他企业进行投资，以取得投资收益或者实现对被投资企业控股的目的。

2. 对外债权投资

债券是某一社会经济主体为筹措资金而向债券投资者出具的按一定利率定期支付利息，并到期偿还本金的债权债务凭证。

3. 对外股票投资

企业通过购买其他企业的部分股权以实现对被投资企业控股的目的所进行的对外投资，是企业通过购买股票的形式实现的对被投资企业的控股。

（二）按投资的目的性和经济内容实质分类

按投资的目的性和经济内容实质可分为交易性金融资产投资、持有至到期投资、可供出售金融资产和长期股权投资。

1. 交易性金融资产投资

交易性金融资产是企业持有的目的主要是为近期出售的通常用于从价格或交易保

证金的短期波动中获利的资产。如企业从证券市场购入的股票、债券、基金等。

2. 持有至到期投资

持有至到期投资，是指符合下列条件的投资：一是到期日和回收金额固定或可确定；二是企业有能力持有至到期；三是企业有明确意图持有至到期。任何一个条件的不满足，都不能划分为持有至到期投资。如何判断企业有能力并且有明确意图把一项金融资产持有至到期，按《企业会计准则》给出的详细标准执行。在实际应用中，应该本着实质重于形式的原则来做具体判断。例如，企业从二级市场购入的固定利率 3 年期国债、浮动利率 2 年期债券等，如符合持有至到期条件，可以划分为持有至到期投资；购入的股权投资因其没有固定的到期日，不符合持有至到期的条件，不能划分为持有至到期投资。持有至到期投资通常具有长期性质，但期限较短（1 年以内）的债券投资，如符合持有至到期投资的条件，也可将其划分为持有至到期投资。

3. 可供出售金融资产投资

可供出售金融资产，是指初始确认时即被指定为可供出售的非衍生金融资产，以及除下列各类资产以外的金融资产：①贷款和应收账款；②持有至到期投资；③以公允价值计量且其变动计入当期损益的金融资产。例如，企业购入的在活跃市场上有报价的股票、债券和基金等，没有划分为以公允价值计量且其变动计入当期损益的金融资产或持有至到期投资等金融资产的，可归为此类。

4. 长期股权投资

长期股权投资是指能够取得并意图长期持有被投资单位股份的投资，包括股票投资和其他股权投资。

（1）股票投资。股票投资是指企业以购买股票的方式对其他企业所进行的投资。投资企业有权参与被投资企业的经营管理，并可根据股份有限公司经营的好坏，按持有股份的比例分享利润、分担亏损。如果股份有限公司破产，投资企业不但分不到红利，而且有可能失去入股的本金。因此，与债券投资相比，股票投资具有投资风险大、责任权利较大、获取经济利益较多等特点。

（2）其他股权投资。其他股权投资是指除股票投资以外具有股权性质的投资，一般是企业直接将现金、实物或无形资产等投资给其他企业而取得股权投资的一种投资。其他股权投资是一种直接投资，在我国主要是指联营投资。进行其他股权投资的企业，资产一经投出，除联营期满或由于特殊原因联营企业解散外，一般不得抽回投资；其他投资与股票投资一样，也是一种权益性投资。

综上所述，企业对外长期投资的形式不同，其内部管理和控制制度也不同，其中对外直接投资涉及资产的管理部门、使用部门、保管部门、投资部门（设立专门部门称为投资部门，如果不设立专门部门其业务合并在财务部门）、财务部门等；而对外债权投资和对外股票投资在采用购买形式时，其业务处理程序只涉及财务部门、投资部门和管理部门。

第二节　对外投资管理制度的设计

无论是哪种形式的投资，其成功和失败的结果对于一个企业未来的发展都会产生重大影响。尤其对于资本并不十分雄厚的企业来讲，投资失败带来的阴影，往往需要经过多年后才能摆脱。为了使投资既达到获利或控制的目的，又使投资风险降到最低限度，必须建立健全对外投资的管理制度，以确保投资目标的顺利实现。

一、对外投资管理制度的基本业务

（一）制订对外投资的计划并报管理当局审批

对外投资必须制订投资计划，详细说明准备投资的对象、投资的目的、影响投资收益的因素等。投资计划在执行前必须报管理当局严格审查，审查的主要内容有：证券市场的估计是否合理；投资收益的估算是否正确；投资的理由是否恰当；计划购入证券能否达到投资的目的等。所有计划及其审批应当用书面文件予以记录。

（二）取得证券或其他投资

企业可以将暂时多余不用的货币资金用于购买各种有价证券，当然这些有价证券应有公开买卖市场，可以随时抛售变现，以满足企业资金周转的需要；可以持有至到期，以满足企业长远经营的需要；可以是风险和收益都很大的股票投资；也可以通过与其他单位联合进行投资。

（三）正确核算投资收益

对于股票或债券类投资，无论是企业拥有的还是由他人代管的，都要进行完整的会计记录，并对其增减变动及投资收益的实现情况进行会计核算。具体而言，应对每一种股票或债券分别设立明细账，并详细记录其名称、面值、证书编号、数量、取得日期、证券商（经纪人）名称、购入成本、收取的股息和利息等。对于联营类的投资也应设置明细账，核算投资收益和投资收回等业务，并对投资形式（如流动资产、固定资产、无形资产等）、投向（接受投资单位）、投资计价以及投资收益等做出详细记录。

（四）收回证券或其他投资

企业可以通过转让证券或证券到期实现投资的收回，其他投资已经投出，除联营合同期满，或由于其他特殊原因联营企业解散外，一般不得抽回投资。

二、对外投资管理制度设计的目标

（一）保证投资活动经过适当审批程序

企业根据投资的形式、投资项目、接收投资方的具体情况等来设置相应的审批程序。首先由投资部门编制投资计划，交审批部门审批，审批部门设置时注意应做好职务分离制度，如授权投资的审批职务应和执行该项业务的职务分离；执行该项业务的职务应和记录与保管该项业务的职务相分离等。其次审批应重点检查重大投资是否经过科学合理论证，操作时是否有一定的风险控制制度。通过以上的努力，使具体的呈报和审批手续，在投资活动的初期就得到严格的控制。

（二）保证投资活动符合政府的投资法规

政府颁布有关投资的法规、条例旨在使一切投资交易活动按照合法的程序来进行，并使这些交易活动得到有效的管理和控制。事实上，投资者正是依靠这些法规或条例，使自己的投资利益得到了保障，或者使自己的投资风险大为降低。在许多国家，投资者由于没有按照投资法规来进行投资交易活动，最终导致投资利益受到损害的例子屡见不鲜。设立内部控制制度的目的，就是要各种投资的交易手续、程序、各种文件记录以及账面的反映和财务报表的揭示等均符合政府的投资法规，防止与政府不合拍的行为发生，同时保护自身投资利益。

（三）保护投资资产的实际存在

有价证券投资资产的流动性仅次于现金，所以它们被不法分子挪用或盗窃的可能性较大。此外，不同证券在不同日期还有一定的利息或股息收入，如果没有适当的控制制度，它们较易被冒领或转移。鉴于这些原因，保管好投资证券是投资业务内部控制制度的重要目标。企业管理者应尽可能地、不断地完善内部控制制度，堵塞一切投资证券可能被盗窃或挪用的漏洞。

（四）保证投资资产在账面和报表上合理地反映

财务报表的使用者总希望真正了解企业的真实财务状况，财务会计准则也要求企业为不同的财务报表使用者提供合理又有用的财务信息。由于投资资产的价值变化很大，财务报表使用者必然会担心报表反映的价值是否真实合理。企业欲使股东和审计人员对其所提供的财务信息感到可信，就必须对投资资产的计价和反映进行有效的控制，防止计价方法的不恰当运用和记账上的错误及其弊端出现。

（五）使投资收益得到合理的揭示

投资收益代表了企业整个经营活动成果的一部分，作为企业一部分所有权拥有者的股东，出于对自身利益的关心，自然要求企业合理地揭示投资收益；另外，企业投资收益中的应纳税额是国家财政收入的一个组成部分，政府机构对企业是否合理地揭示投资收益极为关注。企业应通过内部控制制度为合理确定投资收益时间和投资收益计算方法，以及为划清投资收益和投资的界限提供基本保证，以取得审计人员和政府机构对其投资收益揭示的信赖。

三、对外投资管理制度的设计

一般情况下，对外投资活动的管理制度主要内容包括下列九个方面，企业可根据自身的实际情况来调整。

（一）合理的职责分工

合理的职责分工指合法的投资业务，应在业务的授权、业务的执行、业务的会计记录以及投资资产的保管等方面都有明确的分工，不得由一人同时负责上述任何两项工作。例如，投资业务在企业高层管理机构核准后，可由高层负责人员授权签批由财务经理办理具体的股票或债券的买卖业务，由会计部门负责进行会计记录和财务处理，并由专人保管股票或债券，这种合理的分工所形成的相互牵制机制有利于避免或减少投资业务中发生错误或舞弊的可能性。具体而言，合理的职责分工应达到如下方面。

（1）投资计划的编制人不能同时掌握该计划的审批权。

（2）负责证券购入与出售业务的职员不能同时担任会计的记录工作。

（3）证券的保管人必须同负责投资交易账务处理的职员在职责上分离。

（4）参与投资交易活动的职员不能同时负责有价证券的盘点工作。

（二）财务分析制度

投资业务，同其他经营业务相比，一般具有高收益、高风险的特征。企业应设立一种有效的财务分析制度，帮助减少投资风险和选择最佳的投资对象与时机。财务分析工作应由熟悉整个企业生产经营活动过程和企业未来发展规划，同时具备投资分析技能的人员负责。企业也可以根据实际情况，聘请证券分析专家、市场分析专家或其他投资咨询公司来处理相关工作。财务分析制度应当规定如下方面。

（1）分析正常生产经营和计划中扩大生产经营情况下所需的营运资本额，核查企业的资金存量。

（2）根据生产经营计划，编制和调整资本预算。

（3）了解分析本行业或其他行业中盈利较高公司的经营政策和财务状况。

（4）及时跟踪了解证券市场的相关政策和上市公司的资料。

（5）编制财务分析报告，定期向最高管理者或董事会送交。

（三）投资审批制度

企业对外投资以前，应编制详细的投资计划。投资计划的编制应以财务分析的结果为依据，详细说明准备投资的对象及其投资理由；投资的性质和目的；影响投资收益的潜在因素分析；投资回收期分析等。

投资计划在正式执行前必须进行严格的审批。一般情况下，企业根据投资的性质和金额建立授权审批制度。如果投资行为属少量的闲置现金进行临时性的短期投资，投资计划可由董事会授权的一位高级职员（通常是财务经理）来负责审批：如果投资金额较大或属长期投资性质，审批一般由企业董事会进行。审批的内容主要包括：投资的理由是否恰当；投资行为与企业的战略目标是否一致：投资收益的估算是否合理无误；影响投资的其他因素是否充分考虑等。

所有投资决策都应当经审批确认后，方可正式执行。投资决策的有关书面文件应进行连续编号归档，以便日后查询。

（四）投资资产取得的控制制度

投资计划必须以经过财务经理或董事会审核批准的文件作为执行指令。企业一般委托证券经纪人从事证券投资行为。选择证券经纪人一般应考虑以下因素：以往与企业合作的记录；担任证券经纪人的资格；从事证券交易的经历等。企业应与证券经纪人签订明确的委托合同，明确双方的权利与义务。

经纪人为委托人购置证券，必须取得投资企业有效的投资指令。该指令通常应明确规定购置证券的最高价格、最低投资报酬率和指令的有效期限。经纪人不得从事任何超出授权范围的投资行为。经纪人应填写成交通知书，内容应包括投资指令号、最高价格和最低投资报酬率、证券名称、数量、面值和实际成交价格等。成交通知书应由财务经理或其授权的其他职员进行审核，以证实购入证券的数量和价格及投资报酬率是否符合投资指令。

如果一项投资指令，经纪人需要分期执行或购置不同的证券，良好的内部控制制度要求经纪人对指令已执行的结果分期填制成交通知书。

（五）健全的资产保管制度

企业对投资资产（指股票和债券资产）一般有两种保管方式。一种方式是由独立的专门机构保管，如在企业拥有较大的投资资产的情况下，委托银行、证券公司、信托投资公司等机构进行保管。这些机构拥有专门的保存和防护措施，可以防止各种证券及单据的失窃或毁损，并且由于它与投资业务的会计记录工作完全分离，可以大大地降低舞弊的可能性。另一种方式是由企业自行保管，在这种方式下，必须建立严格的联合控制制度，即至少要由两名以上人员共同控制，不得一人单独接触证券。对于任何证券的存入或取出，都要将债券名称、数量、价值及存取的日期、数量等详细记录于证券登记簿内，并由所有在场的经手人员签名。财务经理或其他被授权人应当定期检查银行等机构送来的证券存放情况记录，并将这些记录同财务经理签署的证明文件存根和公司有关证券账户的余额相核对。

（六）投资资产处置的控制制度

投资资产处置的控制程序基本上与取得的控制程序相同，即任何有价证券的出售必须经财务经理或董事会的批准；代公司进行证券出售活动的经纪人应受到严格的审定；经纪人同投资者之间的各种通信文件应予记录保存，反映经纪人处置证券结果的清单应根据处理指令受到检查。如果投资资产的处置为不同证券之间的转移，则该业务应同时置于证券取得和处置的控制制度之下。如果处置的结果是收回现金，还应结合现金收入的控制方法，对投资资产处置进行控制。

（七）详尽的会计核算制度

企业的投资资产无论是由企业自行保管还是由他人代管，都要进行完整的会计记录，并对“交易性金融资产”“持有至到期投资”“可供出售金融资产”“长期股权投资”的增减变动及投资收益进行相关会计核算。同时对上述各账户的明细账的设置尽可能的详细，能对总分类账起到说明、补充的作用。

（八）严格的记名登记制度

除无记名证券外，企业在购入股票或债券时应在购入的当日尽快登记于企业名下，不能以企业任何个人名义来署名和登记。这对于正确反映企业所拥有的各种投资证券，防止有人在没有得到管理者或董事会核准授权的情况下，利用其个人的名义来冒领、转移或出售企业的证券，或非法获取应归企业所有的利息或股息，往往能起到有效的控制作用。

（九）完善的定期盘点制度

对于企业所拥有的投资资产，应由内部审计人员或不参与投资业务的其他人员进行定期盘点，检查是否确为企业所拥有，并将盘点记录与账面记录相互核对以确认账实的一致性。企业自行保管的有价证券实物应由与投资业务无关的独立职员定期进行盘点，检查其实存情况。由于有价证券的实物盘点无须像存货那样花费大量时间，通常也不会影响其他业务的正常进行，因此盘点工作应每月进行一次或一年进行多次。盘点工作必须由两个以上职员共同进行。所有证券的盘点内容和结果应详细记录在盘点清单上，并将盘点清单记录逐一同证券登记簿和投资明细账进行核对。如委托银行等机构代为保管证券，负有证券盘点职责的职员，应定期将银行等机构送来的证券存放清单同证券登记簿和投资明细账相核对，检查它们是否相一致。如果发现不一致的情况，应及时追查。在盘点或检查过程中，发现的实存数量同账面记录数之间的差异，在没有得到董事会或由董事会指定的专人批准前，不得进行账面调整。

案例 12-1　宏大集团投资管理制度

为加强企业对外投资管理，加强各部门对投资项目的深入认识和了解，确保项目投资的可靠和可行。经充分论证后，凡达到立项要求的重大投资项目，应符合企业投资管理制度。

第一章　总则

第一条　为了规范本公司项目投资运作和管理，保证投资资金的安全和有效增值，实现投资决策的科学化和经营管理的规范化、制度化，使本公司在竞争激烈的市场经济条件下，稳健发展，赢取良好的社会效益和经济效益，特制定本制度。

第二条　本公司及属下各单位在进行各项目投资时，均须遵守本制度。

第三条　本公司及属下各单位的重大投资项目由总经理办公室和董事会审议决定，由总经理和各项目经理负责组织实施。

第四条　本公司项目投资管理的职能部门为公司投资发展部(以下简称“投资部”)，其职责范围另文规定。

第二章　项目的初选与分析

第五条　各投资项目的选择应以本公司的战略方针和长远规划为依据，综合考虑产业的主导方向及产业间的结构平衡，以实现投资组合的最优化。

第六条　各投资项目的选择均应经过充分调查研究，并提供准确、详细资料及分析，以确保资料内容的可靠性、真实性和有效性。项目分析内容包括：

1. 市场状况分析；
2. 投资回报率；
3. 投资风险（政治风险、汇率风险、市场风险、经营风险、购买力风险）；
4. 投资流动性；
5. 投资占用时间；
6. 投资管理难度；
7. 税收优惠条件；
8. 对实际资产和经营控制的能力；
9. 投资的预期成本；
10. 投资项目的筹资能力；
11. 投资的外部环境及社会法律约束。

凡合作投资项目在人事、资金、技术、管理、生产、销售、原料等方面无控制权的，原则上不予考虑。由公司进行的必要股权投资可不在此例。

第七条　各投资项目依所掌握的有关资料并进行初步实地考察和调查研究后，由投资单位（下属公司或公司投资部）提出项目建议，并编制可行性报告及实施方案，按审批程序及权限报送公司总部主管领导审核。总部主管领导对投资单位报送的报告经调研后认为可行的，应尽快给予审批或按程序提交有关会议审定。对暂时不考虑的项目，最迟五天内给予明确答复，并将有关资料编入备选项目存档。

第三章　项目的审批与立项

第八条　投资项目的审批权限：100 万元以下的项目，由公司主管副总经理审批；100 万元以上 200 万元以下的项目，由主管副总经理提出意见报总经理审批；200 万元以上 1000 万元以下的项目，由总经理办公室审批；1000 万元以上的项目，由董事会审批。

第九条　凡投资 100 万元以上的项目均列为重大投资项目，应由公司投资部在原项目建议书、可行性报告及实施方案的基础上提出初审意见，报公司主管副总经理审核后按项目审批权限呈送总经理或总经理办公室或董事会，进行复审或全面论证。

第十条　总经理办公室对重大项目的合法性和前期工作内容的完整性，基础数据的准确性，财务预算的可行性及项目规模、时机等因素均应进行全面审核。必要时，可指派专人对项目再次进行实地考察，或聘请专家论证小组对项目进行专业性的科学论证并交由办公室或董事会签署予以确立。

第十一条　投资项目确立后，凡确定为公司直接实施的项目由公司法定代表人或授权委托人对外签署经济合同书及办理相关手续；凡确定为二级单位实施的项目，由该法人单位的法定代表人或授权委托人对外签署经济合同书及办理相关手续。其他任何人未经授权所签订的合同，均视无效。

第十二条　各投资项目负责人由实施单位的总经理委派，并对总经理负责。

第十三条　各投资项目的业务班子由项目负责人负责组阁，报实施单位总经理核准。项目负责人还应与本公司或二级单位签订经济责任合同书，明确责、权、利的划分，并按本公司资金有偿占有制度确定完整的经济指标和合理的利润基数与比例。

第四章　项目的组织与实施

第十四条　各投资项目应根据形式的不同，具体落实组织实施工作：

1. 公司全资项目，由总经理委派项目负责人及组织业务班子，进行项目的实施工作，设立办事机构，制定员工责任制、生产经营计划、企业发展战略以及具体的运作措施等。同时认真执行本公司有关投资管理、资金有偿占有以及合同管理等规定，建立和健全项目财务管理制度。财务主管由公司总部委派，对本公司负责，并接受本公司的财务检查，同时每月应以报表形式将本月经营运作情况上报公司总部。

2. 投资项目控股的，按全资投资项目进行组织实施；非控股的，则本着加快资金回收的原则，委派业务人员积极参与合作，展开工作，并通过董事会施加公司意图和监控其经营管理，确保利益如期回收。

第五章　项目的运作与管理

第十五条　项目的运作管理原则上由公司分管项目投资的副总经理及项目负责人负责。并由本公司采取总量控制、财务监督、业绩考核的管理方式进行管理，项目负责人对主管副总经理负责，副总经理对总经理负责。

第十六条　各项目在完成工商注册登记及办理完相关法定手续成为独立法人进入正常运作后，属公司全资项目或控股项目，纳入公司全资及控股企业的统一管理；属二级企业投资的项目，由二级企业进行管理。同时接受公司各职能部门的统一协调和指导性管理。协调及指导性管理的内容包括：合并会计报表，财务监督控制；年度经济责任目标的落实、检查和考核；企业管理考评；经营班子的任免；例行或专项审计等。

第十七条　凡公司持股及合作开发项目未列入会计报表合并的，应通过委派业务人员以投资者或股东身份积极参与合作和开展工作，并通过被投资企业的董事会及股东会贯彻公司意图，掌握了解被投资企业经营情况，维护公司权益；委派的业务人员应于每季度（最长不超过半年）向公司递交被投资企业资产及经营情况的书面报告，年度应随附董事会及股东大会相关资料。因故无委派人员的，由公司投资部代表公司按上述要求进行必要的跟踪管理。

第十八条　公司全资及控股项目的综合协调管理的牵头部门为企业管理部；持股及合作企业（未列入合并会计报表部分）的综合协调管理的牵头部门为公司投资部。

第十九条　对于贸易及证券投资项目则采用专门的投资程序和保障、监控制度，具体办法另定。

第六章　项目的变更与结束

第二十条　项目的变更，包括发展延伸、投资的增减或滚动使用、规模扩大或缩小、后续或转产、中止或合同修订等，均应报公司总部审批核准。

第二十一条　项目变更，由项目负责人书面报告变更理由，按报批程序及权限报送总部有关领导审定，重大的变更应参照立项程序予以确认。

第二十二条　负责人在实施项目运作期内因工作变动，应主动做好善后工作，如属公司内部调动，则须向继任人交接清楚方能离岗。属个人卸任或离职，必须承担相应的经济损失，违者，所造成的后果，应追究其个人责任。

第二十三条　项目的中止或结束，项目负责人及相应机构应及时总结清理，并以书面报告公司。属全资及控股项目，由公司企管部负责汇总整理，经公司统一审定后责成有关部门办理相关清理手续；属持股或合作项目由投资部负责汇总整理经公司统一审定后，责成有关部门办理相关清理手续。如有待决问题，项目负责人必须负责彻底清理，不得久拖推诿。

第七章 附 则

第二十四条 本制度于颁布之日起实施。未尽事项按本公司有关制度执行和办理。

第二十五条 本暂行规定由本公司董事会负责解释。

第三节 对外投资业务会计处理程序的设计

任何一项投资业务都应科学合理地设计其业务程序，从而实现企业对外投资获得经济利益的目标，同时防止各种侵害企业财产等违法行为的发生。对外投资业务流程主要分为交易性金融资产流程设计、持有至到期投资和长期股权投资合并的有价证券流程设计。

一、对外投资原始凭证和单据的设计

科学合理地完成对外投资业务的基本流程，应有各种凭证和准确无误的会计记录，才能保证各项目标的顺利实施。

（一）股票

股票，是企业作为股东取得的证明其持有发行公司股份的凭证。常见的股票凭证和单据包括如下几种。

1. 股东名鉴表设计

股东名鉴表的一般格式如表 12-1 所示。

表 12-1 股东名鉴表

姓名	性别	出生年月日	住址	所有股权	金额
合　计					

2. 股东印鉴表设计

股东印鉴表的一般样式如表 12-2 所示。

表 12-2　股东印鉴表

股东名称：　　　　　　　　　　　　　户号：

印鉴式样	附记 住址： 户籍： 身份证号： 出生日期： 电话： 本卡启用日期：

主管证券：　　　　　　　　　　　　　印鉴卡管理人：

3. 股东地址变更登记申请书设计

股东地址变更登记申请书的一般格式如表 12-3 所示。

表 12-3　股东地址变更登记申请书

新地址	县市	区镇	里村
	路街	弄	号
	电话：		
股东： 户名： 日期：　年　月　日	原印鉴		

股　东	登记股东名簿	核对印鉴

4. 股息红利领款收据设计

股息红利领款收据的一般格式如表 12-4 所示。

表 12-4 股息红利领款收据

收据号码：　　　　　　　　　　　　　　　年　　月　　日

股东户名		持有股数		应领股息红利总额			扣缴所得税	应交印花税	实领金额
		股息	红利	股息	红利	合计			
	新股								
	旧股								

上项应领股息红利总额已经收到

股东印鉴　　　　　　　　　　　股东：　　　　　　　　　　　公司印鉴

身份证：

统一号码：

代发机构：　　　核对人：　　　付款日期：　　　登账人：　　　主要负责人：

5. 股票转让过户申请书

股票转让过户申请书与股东继承过户申请书的一般格式如表 12-5、表 12-6 所示。

表 12-5 股票转让过户申请书

年　　月　　日

<table>
<tr><td colspan="6">过户股票详细内容</td></tr>
<tr><td colspan="3">票面股数</td><td colspan="3">股票号码</td></tr>
<tr><td colspan="3">股</td><td colspan="3">字第</td></tr>
<tr><td colspan="3">股</td><td colspan="3">字第</td></tr>
<tr><td colspan="3">股</td><td colspan="3">字第</td></tr>
<tr><td colspan="3">股</td><td colspan="3">字第</td></tr>
<tr><td colspan="3">股</td><td colspan="3">字第</td></tr>
<tr><td colspan="3">股</td><td colspan="3">字第</td></tr>
<tr><td colspan="3">股</td><td colspan="3">字第</td></tr>
<tr><td colspan="3">合　　计</td><td colspan="2">股</td><td>字</td></tr>
<tr><td rowspan="4">受让人</td><td>姓名</td><td></td><td>户名</td><td></td><td>印鉴</td></tr>
<tr><td>住址</td><td colspan="3"></td><td rowspan="2"></td></tr>
<tr><td>户籍</td><td colspan="3"></td></tr>
<tr><td>身份证</td><td colspan="3">（统一编号）　　　　号</td><td>印鉴</td></tr>
<tr><td rowspan="2">出让人</td><td>姓名</td><td></td><td>户名</td><td></td><td rowspan="2"></td></tr>
<tr><td>住址</td><td colspan="3"></td></tr>
</table>

表 12-6　股东继承过户申请书

票面股数	字号别	继承股票号码	张数	股数
股		第　　　　号		
股		第　　　　号		
股		第　　　　号		
股		第　　　　号		
股		第　　　　号		
合　计			张	股

6. 股票投资登记簿的设计

股票投资登记簿的一般格式如表 12-7 所示。

表 12-7　股票投资登记簿

发行公司名称：

股票种类：　　　　股票代码：　　　　面值：

买入					卖出					买卖损益	结存	
日期	股数	价格	费用	成本	日期	股数	价格	费用	收入		股数	成本

（二）债券

债券，是企业作为债权人取得的依据法定程序发行、约定在一定期限内还本付息的有价证券。常见的凭证包括如下几种。

1. 债券投资登记簿设计

债券投资登记簿的一般格式如表 12-8 所示。

表 12-8　债券投资登记簿

发行公司：　　面值：　　发行价：

债券种类：　　发行日：　　到期日：

日期	数量	买入		卖出		损益	应收利息日	实收利息日	利息收入额	溢折价摊销	实际利息收入
		市价	金额	市价	金额						

2. 投资基金有关记录的设计——质权设定登记申请书

质权设定登记申请书的一般格式如表 12-9 所示。

表 12-9　质权设定登记申请书

申请人（质权人）：

住址：

提供人（出质人）：

住址：

名称	填发年月日	所有权者	信托单号码	金额

3. 投资基金有关记录的设计——质权设定登记承认书

质权设定登记承认书的一般格式如表 12-10 所示。

表 12-10　质权设定登记承认书

名称	填发年月日	所有权者	信托单号码	金额

（三）经济人通知书

经济人通知书，是企业投资经济人进行投资活动的书面记录，内容应包括投资指令号、最高价格和最低投资报酬率、证券名称、数量、面值和实际成交价格等。成交通知书应由财务经理或其授权的其他职员进行审核，以证实购入证券的数量和价格及投资报酬率是否符合投资指令（格式略）。

（四）债券契约

债券契约，是一张明确企业与发行企业双方所拥有的权利与义务的法律性文件，其内容一般包括：债券发行的标准；债券的明确表述；利息或利息率；受托管理人证书；登记和背书；如系抵押债券，说明所担保的财产；债券发生拖欠的情况，如何处理；以及对偿债及基金、利息支付、本金返还等的处理。

（五）投资协议

投资协议，是企业进行其他投资时与被投资单位签订的表明互相权利义务关系的法律文件（格式略）。

二、对外投资业务会计处理程序的设计

（一）交易性金融资产业务流程设计

交易性金融资产业务流程设计主要包括如下内容。

1. 资金分析

企业对外投资以前，财务部门负责人根据现金实存数与经营活动短期需要支付的款项，进行综合分析，在资金出现结余时，可以利用闲置资金，作为交易金融资产进行临

时投资，以提高资金的使用效果。

2. 投资分析

投资部门收集有关证券交易方面的资料进行分析，确定交易性金融资产具体投资品种。

3. 审批

投资部门将交易性金融资产投资分析报告转给企业投资审批委员会审批，获得批准后，投资部门即可进行有价证券的购买活动。

4. 付款

出纳人员根据有价证券的买卖情况，及时办理相应的付款手续。

5. 记账

会计人员根据有关付款凭证编制记账凭证、登记会计账簿，同时登记有价证券备查簿，详细登记有价证券的相关情况。

6. 保管

企业对投资获得的有价证券应进行妥善保管，防止各种证券及单据失窃或毁损。

7. 出售

根据企业投资审批委员会的授权，投资部门的负责人有权决定抛售所购买的有价证券。

交易性金融资产业务流程如图 12-1 所示。

（二）购入有价证券（包含持有至到期投资和长期股权投资）业务流程设计

（1）投资部门编制“股票（债券）投资计划建议书”，经过投资审核委员会审稿批准后，编制“证券购入通知单”一式两联，一联留存，另一联交会计部门审批，审批后转交出纳人员，要求付款。

（2）出纳人员根据通知开出支票，经审核盖章后交投资部门。

（3）投资部门将支票交证券公司，并收到证券公司开出的有关单据，交会计部门。

（4）会计部门收到付款凭证及有关单据，登记证券投资总账及明细账。

购入有价证券（包含持有至到期投资和长期股权投资）业务流程如图 12-2 所示。

参考文献

董惠良. 2010. 企业会计制度设计（第三版）[M]. 上海：立信会计出版社
段春明，柳延峥. 2015. 财务与会计制度设计理论与实务（第三版）[M]. 大连：东北财经大学出版社
李端生. 2013. 会计制度设计[M]. 大连：东北财经大学出版社
李凤鸣. 2010. 会计制度设计[M]. 上海：复旦大学出版社
企业会计准则编审委员会. 2006. 企业会计准则——应用指南[M]. 上海：立信会计出版社
屈志凤. 2010. 会计制度设计[M]. 天津：天津大学出版社
孙光国，等. 2014. 会计制度设计（第五版）[M]. 大连：东北财经大学出版社
于长春. 2013. 会计制度设计（第三版）[M]. 北京：首都经贸大学出版社

投资管理制度的基础上，设计相应的原始凭证或者单据，同时对投资在各部门之间的业务往来设计投资业务流程。投资业务流程，主要是从交易性金融资产到有价证券的取得、持有期收益以及出售进行的设计，对每个部门如何具体操作都做了翔实的设计，对企业投资实际工作具有一定的指导意义。

复习思考题

1. 根据自身的现金结余情况，设计交易性金融资产的投资流程。
2. 以某企业为例设计其股票投资的业务流程。
3. 设计一个企业的投资管理制度。